Der
Traum
vom
guten
Leben

W0076109

Konzeption, Gestaltung, Satz und grafische Realisierung	Projektgruppe für Typografie an der Hochschule für Künste Bremen: Claudia Eckhof, Andreas Fey, Suse Kopp, Karen Mischke, Elisabeth Plass, Martin Zech, Renate Zettel
in Zusammenarbeit mit	Eckhard Jung
Redaktion	Karin Beiküfner
Umschlagfoto	Staatliche Landesbildstelle Hamburg
Schriften	Stempel Garamond 9p Berthold Futura halbfett 7p, 9p und 18p
Papier	PraxiMatt 115g
Scans	mixed pixel services, Rotenburg/Wümme
Belichtungen	Headline, Bremen
Druck und Bindung	Druckhaus Beltz, Hemsbach Gedruckt auf säurefreiem und chlorfrei gebleichtem Papier Printed in Germany Sonderausgabe 1999
Die Deutsche Bibliothek CIP-Einheitsaufnahme	Andersen, Arne: Der Traum vom guten Leben: Alltags- und Konsumgeschichte vom Wirtschaftswunder bis heute /Arne Andersen. -Sonderausgabe - Frankfurt/Main; New York: Campus Verlag, 1999 ISBN 3-593-36298-8

Arne Andersen

Der Traum vom guten Leben

Alltags- und Konsumgeschichte vom Wirtschaftswunder bis heute

Campus Verlag
Frankfurt/New York

Inhalt

Konsumgesellschaft und »gutes Leben«

»How much is enough?«, fragte 1992 der amerikanische Soziologe Alan During in seiner Untersuchung über die Konsumgesellschaft und die Zukunft der Erde. *(During)* Die nordamerikanischen Navaho-Indianer kamen in ihrem Leben noch mit 263 Gegenständen aus, für die sie eigene Begriffe schufen. Wir dagegen umgeben uns heute mit einer Warenwelt, die mehr als 100 000 Gegenstände zählt. Und das Warenangebot nimmt ständig zu.

Unsere Gesellschaft definiert sich über den uneingeschränkten Konsum. Was wir haben, was wir kaufen und mit welchen Dingen wir uns umgeben, das bestimmt unser Lebensgefühl. Konsumieren ist ein Grundrecht und vermittelt demokratische Grundwerte wie Freiheit und Gleichheit: Jeder darf das konsumieren, was er möchte. Jeder hat die freie Auswahl. Der Konsum kennt keine Unterschiede. Vor der Waschmaschine, der Stereoanlage oder der Urlaubsreise sind alle gleich. Die sozialen Unterschiede sind dadurch nicht aufgehoben, doch nicht mehr die Klassenauseinandersetzungen und die soziale Frage scheinen die gesellschaftlichen Kontroversen zu bestimmen, sondern die individuellen Möglichkeiten, an der bunten Warenwelt teilhaben zu können. Der schöne Schein bestimmt das Bewußtsein.

Diese schöne neue Welt steigert die Güterproduktion ins Unermeßliche, verbraucht massenhaft fossile Energie und andere Ressourcen, erfindet immer neue chemische Verbindungen. Das westliche Zivilisationsmodell stößt mit der Globalisierung der Produktionsweise und des Konsums der »entwickelten« Länder jedoch allmählich an seine Grenzen *(Meadows),* und es fällt uns schwer, diese Grenzen zu erkennen – die Kosten unseres Lebensstils wahrzunehmen. Akute soziale Auseinandersetzungen und internationale Kriegs- und Krisenherde überlagern immer wieder die chronische Krise dieses Modells.

Die heutige konsumistische Lebensweise, die uns so selbstverständlich ist und die in unterschiedlichsten Lebensstilen zum Ausdruck kommt, wurde entscheidend in den 50er und 60er Jahren geformt. In dieser Periode wandelten sich viele Luxusgüter, die lange Zeit nur wenigen zugänglich waren, zu weitverbreiteten Gebrauchsgütern für viele. Was einst überflüssig war, wurde selbstverständlich.

Kaum ein Zeitabschnitt in der deutschen Geschichte ist rückblickend für die Mehrheit der Bevölkerung so positiv besetzt wie die »Wirtschaftswunderjahre«. Die 50er und 60er Jahre gehören zu den seltenen Phasen in der deutschen Geschichte, in denen es nur aufwärts ging. Diese scheinbar krisenfreien Jahrzehnte des materiellen Aufschwungs lösten den »kurzen Traum der immerwährenden Prosperität« *(Lutz)* aus und weckten zum ersten Mal in der Geschichte der Moderne auch in den Arbeiterfamilien die – berechtigte – Hoffnung,

sich Wünsche noch zu eigenen Lebzeiten erfüllen zu können, die
bis dahin nur unerreichbare Träume von einem guten Leben gewesen
waren.

Der Wirtschaftshistoriker Werner Abelshauser hat das »Wirtschaftswunder«, die Periode von der Währungsreform bis zur Krise
1966/67 als die »Langen Fünfziger Jahre« bezeichnet. *(Abelshauser
1987)* Diese Einteilung entspricht nicht nur ökonomischen Gesichtspunkten, auch im öffentlichen Bewußtsein sind die 50er Jahre
erst mit der Rezession 1966/67 und der sich anschließenden Studenten-
und Jugendbewegung zu Ende gegangen.

Für den heutigen Alltag der Bundesbürger haben diese langen
50er Jahre fast paradigmatische Bedeutung. Für die Mensch-Natur-
Beziehung stellen sie eine Epochenschwelle dar, deren Bedeutung
größer ist als die der industriellen Revolution. Fast alle naturwissenschaftlichen Parameter, die für die rapide Verschlechterung der
natürlichen Gleichgewichtssysteme kennzeichnend sind, wie etwa der
CO_2-Gehalt in der Atmosphäre, verzeichneten in dieser Phase einen
deutlichen Anstieg. Umwelthistoriker sprechen deshalb auch
vom »1950er Syndrom« in Anlehnung an einen Krankheitsbegriff.
(Thomas, Pfister)

Diese Veränderungen können nicht ohne den Wertewandel,
ohne die Veränderungen der Mentalitäten erklärt werden. In den ersten
Nachkriegsjahren standen noch eindeutig Sparsamkeitsideale im
Vordergrund, die mit einem möglichst langen, wenn nicht gar lebenslangen Gebrauch von Gütern und Ressourcen verbunden waren.
Zunehmend wurde diese Perspektive durch den Wunsch abgelöst, etwas
Neues zu besitzen. Man konnte es sich nun leisten, Dinge, die zwar
noch funktionsfähig oder reparabel waren, wegzuwerfen und durch
neue zu ersetzen. An die Stelle elementarer Bedürfnisbefriedigung
traten der Komparativ – noch größer, noch schneller, noch sauberer –
und der Superlativ. Das Schönste, Beste, Modernste mußte es sein.
Und – diese veränderte Haltung durfte auch noch Spaß machen.

Mit dem wachsenden gesellschaftlichen Reichtum nahm die subjektive Bedeutung der Klassen- oder Schichtenzugehörigkeit ab.
Die Arbeit war nicht mehr der einzige Sinn des Lebens, an die Stelle von
Verzicht und Pflichterfüllung traten zunehmend Hedonismus und
Selbstverwirklichung. Die sich dabei herausbildenden Lebensstile
bestimmen mittlerweile das kulturelle, politische und wirtschaftliche
Leben der Bundesrepublik. Auch wenn dabei immer wieder neue
Begriffsmünzen in Umlauf kommen und noch die kurzlebigste Modewelle zum Lifestyle hochstilisiert wird, so ist allen Lebensstilen
doch die Individualisierung sowie eine zunehmende Entkopplung der

alltäglichen Lebensführung von den sozialen Klassen und Schichten gemeinsam. *(Vester)*

Was für den einen der GTI ist, mag für den anderen der Indientrip sein – in beiden Fällen definiert sich »gutes Leben« in erster Linie durch die Konsummöglichkeiten. Der begeisterte Einstieg in das konsumistische Schlaraffenland ist vor dem Hintergrund der Kriegs- und Nachkriegsnot verständlich. Aber er blieb nicht ohne ökologische Folgen.

Der Weg zum guten Leben im Warenparadies und seine materiellen und mentalen Folgen sind Thema dieses Buches. Denn erst im Verständnis dieser Entwicklungsmuster liegen die Möglichkeiten und Chancen, einen Lebensstil zu entwerfen, der den Geboten der Nachhaltigkeit und Ressourcenschonung verpflichtet ist, ohne sie als Verzicht zu empfinden. Ziel ist es also nicht, den Konsumverzicht zu propagieren, zumal die Forderung, den Gürtel enger zu schnallen, sich in der Regel an diejenigen richtet, die unterdurchschnittlich am gesellschaftlichen Wohlstand partizipieren. Es geht vielmehr um eine Neubestimmung dessen, was wir als westliche Lebensweise, als »gutes Leben« verstehen wollen. Die Verwirklichung eines neuen Wirtschaftsmodells, basierend auf dem Prinzip der nachhaltigen Entwicklung, ist untrennbar mit der Entwicklung neuer Lebensstile verbunden, die gesellschaftlich konsensfähig sind und sich in den Werthaltungen eines jeden einzelnen wiederfinden.

Wie alles anfing

»Ach, die 50er Jahre! Das waren bestimmt die schönsten und die lustigsten Jahre überhaupt … Ja, daß man jetzt endlich wieder leben konnte, ohne Krieg … Das war wie eine Neugeburt, … man fing an zu leben.« *(Schmidt, S. 191)* So beschrieb Anfang der 80er Jahre eine 60jährige Angestellte ihre Erinnerung an diese Zeit. Nach den Schrecken des Krieges und der Not der ersten Nachkriegsjahre, dem Hunger und den Wohnungsproblemen war das Leben endlich wieder lebenswert.

Die Vermögen erfuhren um 1950 einen gewaltigen Schub und wachsen immer noch gewaltig. *(Miegel, S. 182)* Bis zur Jahrtausendwende werden die Haushalte in der Bundesrepublik ihre Vermögen innerhalb von weniger als zwei Generationen verneunfacht haben. Eine für frühere Generationen völlig undenkbare Erweiterung der Erfahrungsmöglichkeiten ist zum Maßstab des wachsenden Wohlstandes geworden. In der Erinnerung vieler Zeitgenossen sind die entbehrungsreichen Kriegs- und Nachkriegsjahre zu einer kurzen Episode zusammengeschmolzen, zum Ausgangspunkt für eine stetige Erhöhung des Lebensstandards, von der die meisten nicht einmal zu träumen gewagt hätten.

Das »Wirtschaftswunder«

Es war um 1950 noch keineswegs ausgemacht, wohin die Reise ging. Stagnation und weitere Krisen schienen sogar eher wahrscheinlich als ein Wirtschaftsaufschwung. Die Entwicklung der Lebenshaltungskosten und der Bruttostundenlöhne führte nach den Jahren der Not noch nicht zu dem kontinuierlichen Reallohnanstieg, der später die Grundlage des Konsumismus bilden sollte. Die Währungsreform im Juni 1948, die – heute zum Mythos verklärt – gemeinhin als Beginn des Wirtschaftswunders angesehen wird, wirkte sich auf die Lebenshaltungskosten zunächst keineswegs positiv aus. *(Abelshauser 1979, S. 241)*

Dennoch, nach dem Währungsschnitt am 21. Juni 1948 waren die Geschäfte und Schaufenster voller Waren, von denen die meisten Deutschen geglaubt hatten, sie würden sie für lange Zeit überhaupt nicht mehr zu Gesicht bekommen. Der Schriftsteller Hans Werner Richter, Initiator und Organisator der Gruppe 47, erinnerte sich an seine erste Begegnung mit dieser neuen Warenvielfalt: »Unterwegs kamen wir an einem kleinen Geschäft vorbei, in dem wir vorher auf Marken eingekauft hatten, ein an sich armseliger Tante-Emma-Laden, und hier erst begann für uns das Wunder der Währungsreform, das eigentliche Wunder. Der Laden sah völlig verändert aus, er barst geradezu von Waren. Die Auslagen waren geschmückt mit allen Gemüsearten, die es gab: Rhabarber, Blumenkohl, Weißkohl, Spinat, alles, was wir so lange entbehrt hatten.« *(Richter, S. 69)*

Der Tante-Emma-Laden war nach Kriegsende wieder gut gefüllt mit Waren aller Art.

Doch dieses »Traumland aus Kohl und Spinat« hatte seinen (ständig steigenden) Preis. Während der aus der NS-Zeit von den Besatzungsmächten übernommene Lohnstopp noch bis November 1948 aufrechterhalten wurde, kletterten die Lebenshaltungskosten schnell. Im Dezember waren Nahrungsmittel knapp 20 Prozent teurer als noch ein halbes Jahr zuvor. Wer Geld hatte, konnte sich buchstäblich alles kaufen. Selbst ein Volkswagen war innerhalb kürzester Frist lieferbar. Allerdings mußte man statt des von Hitler 1936 festgesetzten nominellen Höchstpreises von 990 RM nun 5 300 DM auf den Tisch legen. *(Abelshauser 1987, S. 18)* Mit einer Politik des knappen Geldes versuchte die Deutsche Notenbank mit Erfolg den inflationistischen Preisauftrieb zu stoppen. Gleichzeitig halbierte sich jedoch das Wachstumstempo der deutschen Industrie. Die Arbeitslosenquote kletterte im Herbst 1949 erstmals wieder auf über 10 Prozent, und Anfang 1950 waren über zwei Millionen Menschen arbeitslos.

Die Furcht, »daß das neue Geld in Kürze auch nicht mehr wert sein wird als das alte«, *(zit. n. Gries 1991, S. 331)* bestimmte den Gemütszustand in der jungen Republik. Von Aufbruchsstimmung konnte keine Rede sein, im Gegenteil. Das spätere Wirtschaftswunder zeichnete sich für die Mehrheit der Bundesbürger 1950 nicht einmal am Horizont ab, und noch 1951 äußerte knapp die Hälfte aller Westdeutschen bei einer Umfrage, sie hätten keine gute Meinung von Wirtschaftsminister Ludwig Erhard. Nur 14 Prozent der Befragten waren mit seiner Politik einverstanden. *(Schmidtchen 1961, S. 60f.)* Dieses Ergebnis erstaunt wenig, denn in derselben Umfrage behauptete die Mehrheit der Befragten auch, es gehe ihnen 1951 schlechter als noch im Jahr zuvor. Dabei sahen die meisten durchaus die Fortschritte und bemerkten die zunehmende Normalisierung des Alltagslebens.

Doch aufgrund ihrer Lebenserfahrung hatte die Generation der damals 40jährigen wenig Anlaß zu glauben, daß nun eine längere, krisenfreie Periode bevorstand: Sie hatten als Kinder die Not und das Elend des Ersten Weltkrieges und der Nachkriegsjahre erlebt und waren mit der Hyperinflation des Jahres 1923 aufgewachsen. Als junge Erwachsene hatten sie an den Folgen der Weltwirtschaftskrise gelitten und als junge Mütter oder Väter den Bombenkrieg oder die Front überlebt. Jede kurze Blüte im privaten Leben – der erste Job und die erste Liebe in den 20er, die Heirat und das erste Kind in den 30er Jahren – war untrennbar mit wirtschaftlichen und gesellschaftlichen Krisen oder Katastrophen verknüpft.

Erst nach den Erfahrungen des langen Aufschwungs gewann die Währungsreform ihre zentrale Bedeutung als Beginn einer bundesdeutschen Normalität. Wenn sich ein damaliger Jugendlicher heute daran erinnert, daß er zusammen mit seinen Kollegen statt des sonst nur vorhandenen »Dröppelbieres« in der Gaststätte Wein bekommen konnte und sie die 3,50 DM für diese erste Flasche von ihrem Kopfgeld zusammenlegten, dann erhielt die Verwandlung des dünnen Biers in Wein eine lebensprägende Bedeutung erst im Rückblick. *(Niethammer, S. 83f.)*

In einem Bericht, den der liberale Bremer Wirtschaftssenator Gustav Wilhelm Harmssen für die Ministerpräsidenten der amerikanischen und britischen Besatzungszone erstellt hatte, beschrieb er die Stimmung, die 1947 in weiten Teilen der Bevölkerung herrschte: »Das Wort ›es hat ja doch alles keinen Zweck‹ hört man in Deutschland in der breiten Masse der Bevölkerung mehr als bei denjenigen, die im wirtschaftlichen und politischen Leben täglich unmittelbar gegen die

In den späten 50er Jahren verteilte auch die IG Metall Lebensmittelpakete an bedürftige Mitglieder.

Hemmungen ankämpfen. Der ›Mangel an Initiative‹ und die ›Selbstbemitleidung‹ ... sind nur die äußeren Erscheinungsformen der durch den sozialen und politischen Zusammenbruch und durch die Spannungen in der weltpolitischen Lage von außen her in Deutschland bewirkten Lähmung und Hoffnungslosigkeit.« *(Harmssen, Heft 3, S. 25)*

Wenngleich sich die Not und der Hunger der ersten Nachkriegsjahre verringerten, änderte dies kaum etwas an der pessimistischen Grundhaltung. Im stillen rechneten viele immer noch mit einem krisenhaften Einbruch, ohne jedoch genau zu wissen, wie er aussehen könnte. Die Befürchtungen schienen durchaus nicht unbegründet: Der Strom etwa wurde auch noch Jahre nach Kriegsende regelmäßig abgeschaltet. Wegen akuten Kohlemangels mußte das Bundeswirtschaftsministerium beispielsweise im Oktober 1951 erneut massive Stromeinschränkungen verfügen.

Dennoch war 1951 das Jahr der Wende hin zu lang anhaltendem, stetigem Wachstum. Der Ausbruch des Korea-Krieges im Juni 1950 und die nachfolgende Korea-Krise bescherten der deutschen Wirtschaft eine immense Nachfrage nach Investitionsgütern und einen entsprechenden Exportboom. Dank sinkender Arbeitslosigkeit und steigender Löhne fanden Konsumgüter ebenfalls raschen Absatz. Der reale Pro-Kopf-Verbrauch erreichte erstmals wieder das Niveau des Vorkriegsjahres 1936.

Mitte der 50er Jahre war Borgwards »Leukoplast-Bomber« die »Nachkriegslimousine des kleinen Mannes«.

Im Jahr 1951 nahm Ludwig Erhard auf Drängen der Westmächte, besonders der USA, von seiner ursprünglichen Position Abschied, die Wirtschaft der Bundesrepublik über den Konsumgütersektor aufzubauen. Statt dessen sollte nun in erster Linie die Investitionsgüterindustrie gefördert werden. Damit konnte er dem nachdrücklichen Wunsch der USA nach Unterstützung im Korea-Krieg besser entsprechen.

Während die Bundesregierung zwar einerseits den Bergbau und die Investitionsgüterindustrie mit Milliardenbeträgen subventionierte, hielt der Wirtschaftsminister andererseits an seiner hohen Wertschätzung des Konsums fest. In seiner Bundestagsrede am 14. März 1951 bezeichnete Erhard die freie Konsumwahl als eines der »wesentlichen demokratischen Grundrechte«. *(Verhandlungen des Deutschen Bundestages, S. 4800)* Die Konsumfreiheit wurde als höchstes Rechtsgut postuliert, das verfassungsmäßigen Rang besaß. Die Bevölkerung sah in der folgenden gewaltigen Reallohnsteigerung die Durchsetzung des »Erhardschen Grundrechts«.

In den Jahren von 1950 bis 1963 nahm die Industrieproduktion real um 185 Prozent zu, und nur wenige Länder konnten diesem Wachstumstempo folgen. *(Ambrosius, S. 108)* Aus der Not entstand eine wirtschaftliche Tugend: Die zahlreichen Vertriebenen und Flüchtlinge bildeten das erforderliche qualifizierte Arbeitskräftepotential der boomenden deutschen Nachkriegswirtschaft. *(Uffelmann, S. 20f.)*

Gleichzeitig wandelte sich die Struktur der westdeutschen Industrie: *(Polster/Voy, S. 59ff.)* Die Chemie, der Maschinen- und Fahrzeugbau sowie die elektrotechnische Industrie gewannen mehr und mehr an Bedeutung. Zwar hatte sich der Wandel mit dem Aufstieg der chemischen Industrie vor dem Ersten Weltkrieg schon angedeutet,

zum Tragen kam er aber erst in den 50er Jahren. Die Massenmotorisierung – der Fahrzeugbestand stieg in der Bundesrepublik von 500 000 Autos im Jahr 1950 auf über vier Millionen 1960 –, der wachsende Haushaltsgerätepark und der zunehmende Einsatz chemischer Verfahren bei der Herstellung von Alltagsprodukten förderten diese Entwicklung. Die Erfolgsgeschichte dieser neuen Leitsektoren der zweiten industriellen Revolution spiegelte sich auch auf dem Arbeitsmarkt wider. 1950 setzte eine Entwicklung ein, die bis heute andauert: War damals jeder vierte Arbeitsplatz des verarbeitenden Gewerbes in diesen Branchen angesiedelt, war es 1990 bereits knapp jeder zweite.

Die neue Industriestruktur veränderte auch die wirtschaftliche Geographie der Bundesrepublik. Das heutige Nord-Süd-Gefälle läßt sich auf die Verlagerung wichtiger Industriestandorte in den 50er Jahren zurückführen. *(Polster/Voy, S. 60)* Wegen der Insellage wanderte die Elektroindustrie aus Berlin ab und siedelte sich – wie beispielsweise Siemens – im Süden an. Der Wegfall des sächsischen Industriereviers führte zur Ansiedlung vieler Unternehmen im Südwesten der Republik. Das Ruhrgebiet als traditionelles Zentrum der Schwerindustrie verlor seine Führungsrolle an das Rhein-Main-Gebiet, den Stuttgarter sowie den Münchner Raum.

Die Produkte der vier Schlüsselindustrien der zweiten industriellen Revolution (Chemie, Maschinen- und Fahrzeugbau sowie Elektroindustrie) veränderten ab 1950 die Lebensweise der Bevölkerung nachhaltig. Im Gegensatz zur alten Industriegesellschaft zeichnete sich die aufkommende Konsumgesellschaft durch eine enge Verbindung von Konsum und Produktion aus. Lebte die Schwerindustrie des 19. Jahrhunderts in erster Linie von ihren industriellen Kunden, sind die neuen Industrien ohne den privaten Verbraucher kaum überlebensfähig.

Seine neue wirtschaftliche Stärke bezog das Nachkriegsdeutschland aus der Massenkaufkraft. Während sich bis 1950 der Lohn- und Lebenshaltungsindex fast parallel entwickelten, vervierfachten sich bis 1990 die Löhne im Verhältnis zu den Lebenshaltungskosten – eine sensationelle Chance für den Massenkonsum. *(Berechnungen n. Stat. Jahrbücher)* Ein bedeutender Teil dieses Zuwachses entstand allein aus der gestiegenen Produktivität der Unternehmen.

Neben der rasch wachsenden Kaufkraft erleichterte die Durchsetzung der industriellen Massenproduktion den Übergang zum Konsumismus. Erst zu Beginn der 50er Jahre setzte sich die Fließband- und Fließarbeit in Deutschland im betrieblichen Alltag durch. *(Vahrenkamp)*

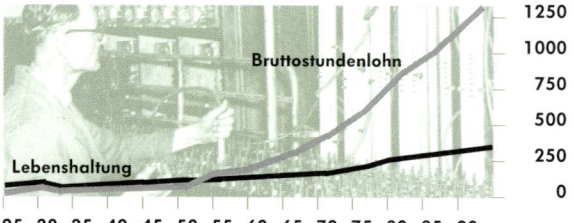

Löhne und Preise in Deutschland/BRD, 1925–1990 (1950=100)

Die Einführung der nahezu vollautomatischen Schokokuß-Produktion bei Dickmann in Iserlohn *(Radkau 1993, S. 143)* läutete 1950 die Rationalisierung in der Konsumgüterproduktion ein. Andere Unternehmen zogen nach, die Firma Miele in Gütersloh beispielsweise begann 1957 mit der Fließbandfertigung von Waschvollautomaten.

Der zweite Faktor, auf dem der wirtschaftliche Aufschwung beruhte, war das billige und reichliche Energieangebot. Zwar wird die Bedeutung billiger Energie für den Produktionsprozeß häufig überschätzt – nur in sehr wenigen Industrien betragen die Energiekosten mehr als 10 Prozent der Gesamtkosten –, dennoch förderte die Verbilligung des Erdöls ab 1958 die konsumistische Lebensweise: Preiswerteres Heizöl ließ sich in Zentralheizungen nutzen, billigeres Benzin war der Treibstoff für die Massenmotorisierung, und günstigeres Flugbenzin erlaubte eine Ausweitung des Flugverkehrs. Während die Privathaushalte direkt von den sinkenden Energiepreisen profitierten, spielten sie in der bundesdeutschen Industrie bestenfalls eine Nebenrolle als zusätzlicher »Nährstoff« des langanhaltenden Aufschwungs. *(Siegenthaler, S. 99)* Lediglich in der Chemieindustrie kam dem Rohstoff Erdöl eine besondere Bedeutung zu, allerdings weniger als Energieträger, sondern als Grundstoff vieler neuer Produkte vom Lippenstift bis zum Plastikeimer. Nicht zufällig verzeichnete die Kunststoffverarbeitung schon zwischen 1950 und 1960 mit 834 Prozent das höchste Wachstum aller Industriebranchen.

Nicht nur Unternehmer rieben sich die Hände, auch Arbeiter erlebten den Aufschwung als persönlichen Gewinn an Lebensqualität. Der wachsende Wohlstand schuf die Grundlage eines klassenübergreifenden Grundkonsenses in der bundesdeutschen Gesellschaft der 50er und 60er Jahre. Dazu trugen die sozialpolitischen Weichenstellungen der Jahre 1956 und 1957 entscheidend bei. 1956/57 hatten die Schleswig-Holsteiner Werftarbeiter im längsten Streik der Geschichte der Bundesrepublik die Lohnfortzahlung bei Krankheit erkämpft und damit eine wichtige Angleichung an die Angestellten erreicht. Der Bundestag verabschiedete wenige Monate später das Gesetz zur Verbesserung der wirtschaftlichen Sicherung der Arbeiter im Krankheitsfalle und beendete so eine wesentliche versicherungsrechtliche Diskriminierung der Arbeiter.

Noch bedeutender war die nahezu einstimmig vom Bundestag verabschiedete Rentenreform von 1957. Bis dahin sollte die Rente lediglich einen Absturz in die materielle Not verhindern und ein Existenzminimum garantieren. Mit dem nun offenbar dauerhaft steigenden Bruttosozialprodukt bestand die Chance, den während des Erwerbslebens erreichten Lebensstandard auch als Rentner beizubehalten.

Die Bindung sämtlicher Beiträge zur Rentenversicherung an die Lohn- und Gehaltshöhe sowie die Dynamisierung der Renten beendeten den bisherigen finanziellen Einbruch am Ende des Erwerbslebens. Die Renten stiegen bei Arbeitern sofort um 65, bei den Angestellten um 72 Prozent. Die Angestelltenwitwen erhielten sogar fast verdoppelte Rentenbezüge. *(Ritter, S. 160)*

Das Wirtschaftswunder erfaßte alle Bevölkerungsschichten. Zählte die Statistik in der Weimarer Republik kontinuierlich rund 30 Prozent Arme, sank deren Anteil an der Gesamtbevölkerung zu Beginn der 60er Jahre – bei höherem Niveau – auf 8 Prozent. Gleichzeitig stiegen die Unternehmergewinne. Die Parole: »Wohlstand für alle«, die am Vorabend der Bundestagswahl 1957 der damalige Wirtschaftsminister Ludwig Erhard auf dem CDU-Parteitag in den Mittelpunkt seiner Programm-Rede gestellt hatte, schien sich in den 60er Jahren zu bewahrheiten.

Das Modell der sozialen Marktwirtschaft war seit dem Godesberger Programm der SPD von 1959 unbestritten, es ging lediglich noch um das Verhältnis von sozialer Verantwortung und Marktgeschehen. Gegen diesen Konsens kam innerhalb der Sozialdemokratie keine

Gruppierung mehr an. *(Grebing, S. 656)* Der Sozialismus, besonders der Staatssozialismus, hatte als Gegenmodell zur Marktwirtschaft im Kalten Krieg durch die Arbeiterunruhen 1953 in der DDR, den Ungarn-Aufstand 1956 und den Mauerbau 1961 erheblich an Attraktivität verloren. Doch noch mehr als durch die Unterdrückung demokratischer Bestrebungen waren es die mangelnden wirtschaftlichen Erfolge und der deutlich niedrigere Lebensstandard der sozialistischen Staaten, die diese Staatsform in den Augen der Mehrheit diskreditierten. Mit ihren Weihnachtspaketen konnten die Westdeutschen ihren ostdeutschen Bekannten und Verwandten den immer größer werdenden Vorsprung der Bundesrepublik auf wirtschaftlichem Gebiet und die zunehmende Verfügbarkeit von Lebensmitteln und Konsumgütern deutlich vor Augen führen – bis hin zum offiziellen Ende des Staatssozialismus 1989.

Die 1,36 Millionen Stimmen (5,7 %), die die KPD bei der ersten Bundestagswahl 1949 noch erreichte, schmolzen dahin. 1972 konnten sich für die neu gegründete DKP gerade noch 115 000 Wähler (0,3 %) begeistern. Sicher trugen die massiven staatlichen Repressalien gegenüber Kommunisten und das KPD-Verbot auch dazu bei, daß der Kommunismus als politische Utopie bedeutungslos wurde. Entscheidend für diese Entwicklung waren jedoch die Erfahrungen des Wirtschaftswunders und der Vergleich beider Systeme im Hinblick auf Wohlstand und Lebensqualität. Dagegen kam eine kommunistische oder linkssozialistische Gesellschaftsalternative nicht mehr an.

Auf der anderen Seite beschränkte sich die politische Haltung der Arbeiterschaft keineswegs auf »Friede, Freude, Eierkuchen« und die Vorstellung, Arbeiter und Unternehmer säßen nun in einem Boot. Bis weit in die 60er Jahre stellten Untersuchungen immer wieder gerade im Ruhrgebiet das »dichotomische Bewußtsein« des »Wir da unten und ihr da oben« fest. Zwischen 1950 und 1974 fragten die Allensbacher Meinungsforscher in regelmäßigen Abständen Arbeiter und Angestellte, ob sie glaubten, die Fabrikanten versuchten von sich aus, ihre Wünsche so gut es ginge zu erfüllen, oder ob sie dazu erst durch Gesetze gezwungen werden müßten. Es waren nie mehr als 30 Prozent, die an die Gutwilligkeit der Unternehmer glaubten. *(Allensbacher Jahrbücher, 1957-1976)* Allerdings war die früher typische Haltung eines systemoppositionellen Klassenbewußtseins eher dem allgemeinen Wunsch nach Gerechtigkeit gewichen, der im Kapitalismus der Bundesrepublik (noch) nicht erfüllt war.

In den 60er Jahren stellten Vertrauensleute der IG Metall fest, daß sich ihre Kollegen außerhalb des Betriebes nicht mehr als Arbeiter zu erkennen gaben, sich »dem Besitzbürgertum in Lebensstil und Meinung« anpaßten und so taten, »als ob man sich von ›den anderen‹

nicht unterscheide«. Damit setzte sich die Erosion klassischer sozial-demokratischer Milieus fort. Nicht zuletzt steckte darin auch der Wunsch, die gleiche gesellschaftliche Anerkennung zu erhalten, die den Angestellten schon zuteil geworden war. *(Zit. n. Mooser, S. 216)* Dies gelang am ehesten, indem man die Lebens- und Konsumge-wohnheiten der Klasse oder Schicht übernahm, die Vorbildfunktion erfüllte.

Das vielzitierte Wirtschaftswunder war im Alltag aller Schichten und Klassen erfahrbar. »Klar, wenn ich mein Leben mit dem meines Vaters vergleiche, der auch Malocher war, möchte ich nicht mehr tauschen. Fernseher, Auto und jedes Jahr in Urlaub, das war für ihn nicht drin.« *(Herr L., geb. 1923)* So blickte ein 70jähriger Auto-mechaniker Anfang der 90er Jahre auf sein Leben in den 50er Jahren zurück.

Anhand des statistischen Warenkorbes läßt sich die Entwicklung der Konsumgewohnheiten bundesdeutscher Haushalte nachvollziehen. Da sie sich ständig veränderten – neue Produkte tauchten auf, alte verschwanden vom Markt – mußte der Warenkorb von seiner ersten Nachkriegserhebung 1952 bis 1995 siebenmal revidiert werden.

In den ersten drei Änderungen galt es vor allem, dem ausgeweite-ten Warenangebot zu folgen. Während 1952 noch 335 Waren und Dienstleistungen ausreichten, um das Konsumverhalten eines vier-köpfigen bundesdeutschen Arbeitnehmerhaushalts nachzuvollziehen, ließen die Statistiker den Warenkorb 1970 auf 725 Positionen anwach-sen. *(Wirtschaft und Statistik 1952, S. 540f., 1961, S. 55*f., 1973, S. 723f.)* Innerhalb von zwanzig Jahren hatte sich die Warenwelt, die den Konsumalltag des durchschnittlichen Bundesbürgers charakterisierte, mehr als verdoppelt. Danach stieg die Anzahl der erfaßten Waren zwar noch weiter an, doch die Vielfalt wurde teilweise zusammengefaßt. Tauchten 1970 für Urlaubsreisen im Sommer sechs Posten auf (See, Voralpen, Österreich, Italien, Spanien (Flug), Mittelmeer-Kreuzfahrt), hieß es 1976 nur noch auf einer Position »Urlaubsreisen im Sommer«. Um angemessen die Reiselust der Deutschen zu beschreiben, be-nötigten die Statistiker 1970 noch 230 Preise. 1976 flossen mehr als 1 000 Einzelpreisreihen in nur noch zwei Warenkorbpositionen ein, dem Sommer- und Winterurlaub. *(Wirtschaft und Statistik 11/1979, S. 810)* Die qualitative Veränderung des Warenkorbs verrät aber noch wesentlich mehr als nur die Entwicklung einer konsumistischen Lebensweise. Sie läßt auch Rückschlüsse auf ihre Auswirkungen zu. 1958 tauchten Apfelsinen und Bananen im Korb auf, 1976 fielen leere Konservengläser sowie Gummiringe und 1985 die Heizölkanne weg. Die Apfelsinen zeigen eine Veränderung der Lebensmittelversorgung an: Nicht mehr nur der regionale Markt, sondern das Nahrungsmittelangebot der ganzen Welt stand erstmals in den 50er Jahren den Verbrauchern zu bezahlbaren Preisen zur Verfügung. Wenn Einmachutensilien für Privathaushalte in den 70er Jahren keine Rolle mehr spielten, dann war das selbsteingemachte Obst durch energieintensive Fernimporte oder durch genauso energieintensive Tiefkühlfrüchte ersetzt worden. Die Heizölkanne, mit der die Haushalte ihre Einzelölöfen versorgten, wurde nicht mehr gebraucht, weil die Wohnungen ihre Wärme inzwischen fast ausschließlich aus Sammelheizungen bezogen. *(Wirtschaft und Statistik 1/1990, S. 50)*

Schritt für Schritt ins Paradies

Die Veränderung der Lebensgewohnheiten verlief jedoch keineswegs gleichmäßig, sondern in Sprüngen und Wellen. Im Verlauf der Konsumentwicklung der Bundesrepublik lassen sich sechs bis sieben Schwerpunkte ausmachen: Als erste und im Bewußtsein der Bundesbürger der frühen 50er Jahre markanteste gilt die sogenannte Freßwelle; danach ging es Schlag auf Schlag: Bekleidung/Schuhe 1949 bis 1952; Hausrat 1952 bis 1957; Verkehr 1960 bis 1979; Reisen 1962 bis 1966 und 1972 bis 1980; Wohnung/Miete 1963 bis 1969 und ab 1979.

Die ersten drei Konsumwellen in den 50er Jahren (Nahrungsmittel, Bekleidung, Hausrat) befriedigten in erster Linie die Grundbedürfnisse. Die Massenmotorisierung und die Reisewelle ab den 60er

Jahren erweiterten hingegen den Lebensstandard vom Lebensnotwendigen zum Wohlstand. Fassen wir die Ausgaben für Nahrungsmittel, Bekleidung und Hausrat zum Konto für Lebensnotwendiges, dem Basalkonto, zusammen und Getränke/Tabak, Verkehr, Bildung/Freizeit und persönliche Güter/Reisen zum Wohlstandskonto, konnte sich die Durchschnittsfamilie immer mehr Dinge leisten, die nicht zum unmittelbaren Grundbedarf gehörten.

1950	1960	1970	1980	1990	
79.7	73.7	69.6	59.0	53.3	Basalkonto
17.9	23.2	31.5	38.1	43.0	Wohlstandskonto

In den unmittelbaren Nachkriegsjahren konnte von Konsumoptionen und -alternativen noch keine Rede sein. Der Münchner Ernährungsreferent, Stadtrat Weiß, gab im März 1947 die bis dahin schlechteste Monatszuteilung aus: Die tägliche Lebensmittelration betrug nur noch 21,4 Gramm Nährmittel, ebensoviel Fleisch, 17,8 Gramm Zucker, 7,1 Gramm Fett, 357 Gramm Roggenbrot, 1/10 Liter Milch, 429 Gramm Kartoffeln, 2,2 Gramm Käse und 4,5 Gramm Kaffee-Ersatz – zusammen 1 075 Kalorien. »Ich beobachte hin und wieder die Hausfrauen in den Läden, und nicht selten sehe ich Tränen der Verzweiflung. Die gegenwärtigen Rationen würden in normalen Zeiten einer Hausfrau kaum eine Woche reichen.« *(Weiß, zit.n. Gries 1991, S. 195f.)*

In dieser Situation rechtfertigte ein hoher Würdenträger der Katholischen Kirche, der Kölner Kardinal Frings, den Überlebens-Diebstahl: »Wir werden uns erforschen müssen, jeder für sich, ob er das siebte Gebot treu befolgt hat, das das Eigentum des Nächsten schützt. Wir leben sicher in Zeiten, in denen der staatlichen Obrigkeit mehr Rechte über das Eigentum der einzelnen zustehen als sonst und in denen ein gerechter Ausgleich zwischen denen, die noch manches gerettet haben, stattfinden muß. Wir leben in Zeiten, da in der Not auch der einzelne das wird nehmen dürfen, was er zur Erhaltung seines Lebens und seiner Gesundheit notwendig hat, wenn er es auf andere Weise durch seine Arbeit oder durch Bitten nicht erlangen kann.« *(Zit. n. Kistler, S. 58)* Das Synonym »fringsen« stand fortan für die abgesegnete, illegale Beschaffung von Lebensmitteln und Heizmaterial.

Im Juli 1947 fragte die »Süddeutsche Zeitung« *(19.7.)* ihre Leser: »Kaufen Sie Schwarz?« Ob Oberwachtmeister, Stadtrat oder Oberstaatsanwalt, alle besserten ihre Rationen auf dem Schwarzmarkt auf. Ein Kriegsheimkehrer faßte die Diskussion zusammen: »Ich kann mir nichts kaufen, denn ich habe kein Geld, aber wenn ich welches hätte, würde ich ohne alle Hemmungen vom Schwarzen Markt beziehen. Auf Moral pfeife ich, wenn mein Magen knurrt. Man hat es nun endlich soweit gebracht, daß wir bei jedem anständigen Gedanken über unsere Gedärme stolpern. Deshalb hätte ich auch nicht die geringsten Gewissensbisse, mir das zu verschaffen, was wohl zu den primitivsten Menschenrechten gehört – genug zu essen.«

Dem Krieg, dem sie entronnen waren, folgte eine Phase, die die mittlere und ältere Generation an den Steckrübenwinter 1916/17 im Ersten Weltkrieg erinnerte. Der plötzliche Kriegstod wurde durch den schleichenden Hungertod abgelöst. »Der Hunger lehrte mich die Preise; der Gedanke an frisch gebackenes Brot machte mich ganz dumm im Kopf, und ich streifte oft abends stundenlang durch die Stadt und dachte nichts anderes als: Brot. Meine Augen brannten, meine Knie waren schwach, und ich spürte, daß etwas Wölfisches in mir war. Brot. Ich war brotsüchtig wie man morphiumsüchtig ist. … Noch jetzt … überkommt mich die Erinnerung an die wölfische Angst jener Tage, und ich kaufe Brot, wie es frisch in den Fenstern der Bäckereien liegt«, so beschrieb Heinrich Böll 1955 die Erinnerung an den Hungerwinter 1946/47. *(Böll 1987, S. 664)*

Doch während die Bombennächte Schicksalsschlägen glichen, bei denen keiner vorher wußte, ob es ihn, sein Haus, seine Straße, seine Stadt erwischen würde, konnte man sich des Hungers erwehren, wenn auch mehr schlecht als recht. Der Schwarzmarkt war weit mehr als nur ein zweiter illegaler Markt, er war ein unentbehrliches Versorgungsnetz, mit dessen Hilfe sich der einzelne durchschlagen konnte, und wurde zum Erfahrungshorizont einer zukünftigen Gesellschaft, deren Grundlage die Marktwirtschaft werden sollte. Der Tüchtige und Clevere setzte sich durch. Die schulterzuckende Resignation dieser Jahre mit ihrem Standardkommentar: »Es hat ja doch alles keinen Zweck …« galt lediglich den höheren Sphären der Politik und der gesellschaftlichen Zukunft. Im Alltag hingegen entfalteten sich ungeahnte Aktivitäten, um das eigene Überleben zu sichern.

Als Bezugszeitraum für die beginnende Normalität der frühen 50er Jahre galten die 30er Jahre, in denen sich die Familien das letzte Mal über eine längere Phase hinweg ausreichend ernähren und sich sogar den einen oder anderen kleinen »Luxus« hatten erlauben können. Nicht zufällig betonte die Werbung nach der Währungsreform immer wieder die Vorkriegsqualität der angepriesenen Waren. Wie sehr die Sehnsucht nach angemessener Ernährung und nach dem »kleinen Besonderen« die Wunschvorstellung für künftige Friedenszeiten bestimmte, hatte eine Umfrage der Gesellschaft für Konsumforschung während des dritten Kriegsjahres gezeigt: »Wenn man die Wünsche betrachtet, die nach dem Krieg erfüllt werden sollen, so ist bei allen eigentlich das erste Bedürfnis, sich einmal ernährungsmäßig an dem zu laben, was jetzt nur beschränkt zu kaufen ist … ›Es genügt‹, schrieb ein Korrespondent, ›eine einmalige Befriedigung an Nahrungsmitteln, die jetzt nicht erhältlich sind (Windbeutel mit Schlagsahne und ähnliche leckere Sachen). Mir läuft beim Schreiben das Wasser im Munde zusammen.‹« *(Zit. n. Wildt, S. 27)*

Wahl des »Mister Berlin«
1951.

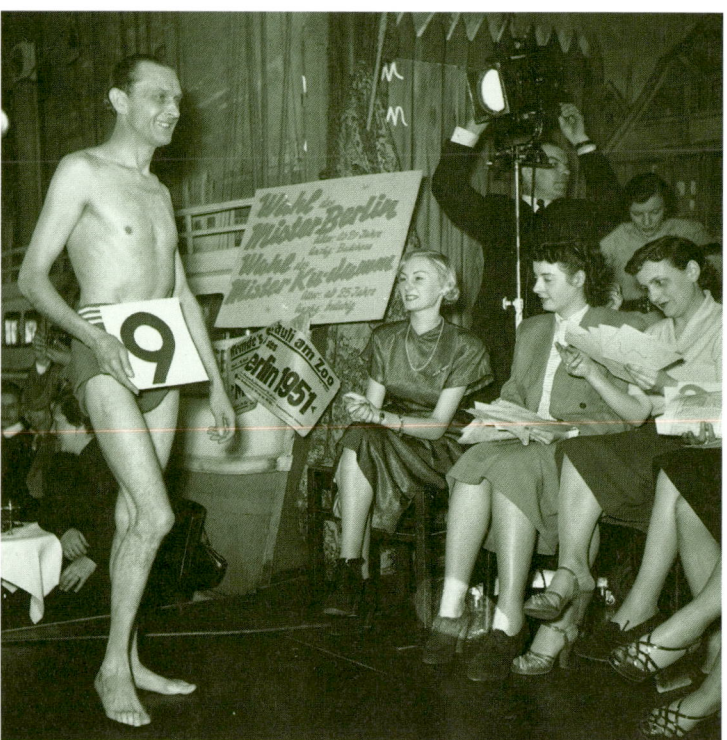

Die Not der ersten Nachkriegsjahre prägte sich den meisten Bundesbürgern so tief ein, daß ihnen die Verbesserung ihrer persönlichen Lebenssituation in den 50er Jahren um so wunderbarer erschien. Die Ernährungssituation stand im Mittelpunkt und war deshalb Ausgangspunkt der ersten Konsumspitze im Nachkriegsdeutschland.

Die Teller füllten sich. Mit dem panierten Schnitzel, das den Tellerrand nach Wiener Art überragte, konnte die Hausfrau beim Sonntagsessen im beginnenden Wirtschaftswunder nichts falsch machen.

Die starke Figur wurde zum Statussymbol des Erfolgs. Als Trümmerfrauen der unmittelbaren Nachkriegsjahre galt der weiblichen Bevölkerung die Anerkennung, der Aufschwung der 50er Jahre war Sache der kräftigen, wohlbeleibten Männer. Nicht zufällig lautete ein Wahlkampfslogan der CDU in den 60er Jahren für den langjährigen

Wirtschaftsminister und Nachfolger Adenauers als Bundeskanzler, ihren Spitzenkandidaten Erhard: »Laßt den Dicken ran!«

Um die weitere Entwicklung der Konsummuster in der bundesdeutschen Bevölkerung zu verfolgen, werfen wir einen Blick auf die Haushaltsausgaben einer Durchschnittsfamilie zwischen 1949 und 1990 *(Stat. Jahrbücher, eigene Berechnungen)*: Die Ausgaben für Nahrungsmittel nahmen wie kein anderer Posten über den gesamten Zeitraum des Bestehens der Bundesrepublik gleichmäßig ab. Die grundlegenden Bedürfnisse wie Essen und Trinken waren bald abgesichert, und die wachsenden Haushaltseinkommen konnten zunehmend für andere Dinge ausgegeben werden. Von allen aufgeführten Posten steigerte die Bevölkerung bis 1990 dennoch ihre nominalen Ausgaben für Lebensmittel 1952 und 1953 am schnellsten. *(Fotiadis, S. 318)*

Als der Überlebenskampf allmählich überwunden war, wurden weitergehende Wünsche und Bedürfnisse frei. Nach den Entbehrungen der Kriegsjahre konnte mit relativ geringen Mitteln und ohne weitergehende finanzielle Verpflichtungen neues Lebensgefühl demonstriert werden. *(Rode, S. 35f.)* Wirtschaftswissenschaftler sprachen vom »demonstrativen Konsum«.

Eine alleinstehende Frau berichtete über ihre Kleidungssituation vor der Währungsreform: »Das Wichtigste war, daß ich diese Militärhosen ergattert hatte. Sie konnten Geld haben wie sonst noch was, aber dafür gab es ja nichts zu kaufen, es gab keine Textilien. Da wurden Schlafdecken eingefärbt, mein Sonntagsmantel war eine schwarz gefärbte Schlafdecke. Der Mantel war damals ein Vermögen wert. Röcke, die nicht mehr ganz in Ordnung waren, wurden gewendet, und Strümpfe wurden gestopft. Gestopft haben wir eigentlich immer, es war ja ständig etwas kaputt.« *(Zit. n. Meyer/Schulze 1984, S. 113)*

Ausgaben für den privaten Verbrauch eines 4-Personen-Arbeitnehmer-Haushaltes mit mittlerem Einkommen, 1949–1990

	49	50	55	60	65	70	75	80	85	90
Nahrung	48.5	46.5	41.5	38	34	30	25.5	24	22	20
Getränke/Tabak	4.5	6	6.5	6.5	6	5	4	4	4	4.5
Bekleidung/Schuhe	12.5	13.5	13.5	13.5	12	11	10	9.5	8	8
Miete	10	10.5	9.5	10.5	11	15.5	15.5	16.5	19.5	21.5
Energie	4.5	5.5	5.5	4.5	4.5	4.5	5	6.5	7.5	5.5
Hausrat	6	6.5	9.5	10	10	9	10	9.5	8	7
Gesundheit/Körperpflege	2.5	2.5	2.5	3	3.5	3.5	3	3	3	3.5
Verkehr/Nachrichten-übermittlung	2.5	2	3	5	9.5	11	14	14	15	16
Bildung/Freizeit	8.5	7	8.5	8.5	6.5	7.5	9	8.5	9	10.5
Persönliche Güter/Reisen	-	-	-	-	3	3	4	5	4	3.5

Nach den Vorbildern aus den Modemagazinen schneiderten sich viele Frauen ihre Garderobe selbst.

Es erstaunt wenig, daß die Familien nach der Währungsreform zunächst die zerschlissene Kleidung und Wäsche ersetzten. Ob mit Kleinkrediten oder mit dem eigenen Lohn bezahlt – neben dem Essen wollten sowohl Männer als auch Frauen sich endlich wieder anständig anziehen. Die Kleidungsstücke galten selbst Ende der 50er Jahre noch immer als die Waren, mit denen man am ehesten das Selbstbewußtsein und das eigene Ansehen steigern konnte. *(Rinsche, S. 141f.)* Mit weitem Abstand rangierte die Anschaffung guter Kleidung vor der eines Autos und einer schönen Wohnungseinrichtung.

Dabei dominierte noch immer die Sparsamkeit. So berichtete Frau B., eine 1919 geborene Bergarbeiterfrau aus dem Ruhrgebiet: »Ich glaub', Schuhe waren das erste. Schuhe habe ich mir gekauft. … Ich habe meine Kleider immer geschont, ich hab' die immer lange gehabt… Man hat sich auch schon ein bißchen für Mode interessiert.« *(Frau B., zit. n. Einfeldt, S. 177)* Doch trotz dieses Interesses ging man behutsam mit den Konsumgütern und knappen finanziellen Ressourcen um.

1955 verfügte die bundesdeutsche Durchschnittsfamilie schon über einen relativ gut bestückten Kleiderschrank, wie eine Umfrage des Instituts für Demoskopie in Allensbach zeigte. *(Lenz, S. 55)* Im Durchschnitt besaßen im Sommer 1955 die Männer drei, die Frauen fünf »gute« Kleidungsstücke. Nur 2 Prozent verfügten nicht über eine »Sonntagskleidung«. Gleichzeitig hingen bei den meisten zwei »ordentliche« Mäntel in der Garderobe, vermutlich für Winter und Sommer, und zwei Drittel aller Bundesdeutschen besaßen 1955 drei Paar Schuhe.

Die Kleidungswelle wurde deutlich als solche wahrgenommen, weil es das erste schicke, wieder neu gekaufte Kleid bedeutete oder eben das erste Paar Perlonstrümpfe überhaupt. »Schlimmer als bei einem Bomben-Attentat wurde das Erdgeschoß eines Warenhauses zugerichtet, als es von über 2 000 Frauen erstürmt wurde. Die kühnen Eroberinnen waren von einem Inserat für Nylonstrümpfe angelockt worden. Die Anzeige warnte: ›Kommen Sie nur, wenn Sie die Kraft von zehn Frauen in Ihren Muskeln verspüren. Beschweren Sie sich nicht, wenn Ihre Frisur beim Weggehen aussieht wie ein Spatz nach dem Bad! Rechnen Sie keinesfalls damit, mit heilen Schienbeinen davonzukommen‹, so beschrieb 1947 eine Broschüre ›Was jede Frau über Nylon wissen sollte‹ den ersten Verkauf von Nylonstrümpfen in einem New Yorker Kaufhaus zu einem Preis, der auch von der Normalkonsumentin zu bezahlen war.« *(Zit. n. Andersen, Plastik, S. 213)* Ganz so begeistert verhielten sich die Frauen in der jungen Bundesrepublik zwar nicht, dennoch erinnern sich viele noch an den Tag, an dem sie das erste Paar Nylonstrümpfe erstanden: »Ich weiß es noch genau. Es war 1951. Ich bin mehrfach um die Auslage mit den Strümpfen rumgeschlichen. Eigentlich konnte ich sie mir nicht erlauben, aber ich habe heimlich etwas Wirtschaftsgeld abgezweigt, was ich bis dahin nie gemacht hatte. Stolz wie eine Filmdiva habe ich dann das Paar ARWA erstanden.« *(Interview mit Frau A., geb. 1921)*

Schon einige Jahre später waren Nylonstrümpfe selbstverständlich geworden. In der Mitte der Dekade hatten die meisten Bundesbürger ihren Grundbedarf an Kleidung gedeckt. Bis 1965 rangierten die Ausgaben für Kleidung in einem durchschnittlichen Arbeitnehmerhaushalt nach wie vor an zweiter Stelle.

Die Kleidungswelle schwappte noch einmal über, als Ende der 50er Jahre neue und preiswerte Materialien wie Perlon, Dralon oder Nyltest auf den Markt kamen oder erheblich billiger wurden. *(Glastetter, S. 244)* Kostete etwa ein Paar Nylons 1950 noch im Durchschnitt 7,91 DM, so war der Preis bis 1964 auf 2,75 DM gefallen. *(Seeberg, S. 56)* Mit einem Stundenlohn konnten die Frauen 1964 achtbis neunmal so viele Strümpfe kaufen wie noch 14 Jahre zuvor. Doch mit dem gesunkenen Preis wich auch der erotische Mythos dieser Beinkleider, und aus Strapsen wurden praktische, aber eher langweilige Strumpfhosen.

Da mußte Mann schon genau hinschauen: Wahl der »Strumpfkönigin Düsseldorf« 1952.

Die dritte Konsumwelle betraf den Hausrat, besonders Möbel und Haushaltsgeräte. Noch 1950 wohnten knapp 40 Prozent aller Bundesdeutschen zur Untermiete oder in Notwohnungen, 1956 waren es nur noch knapp 25 Prozent. *(Abelshauser 1987, S. 82)*

Die Integration der Vertriebenen und Flüchtlinge sowie ihre Versorgung mit Wohnraum in den 50er Jahren zählten zu den großen Leistungen der Bundesrepublik. Die Wohnungen wurden größer und mit dem zusätzlichen Wohnraum, der nun zur Verfügung stand, wuchs der Wunsch, wieder richtig ausgestattet zu sein, eine »komplette Einrichtung« zu haben. Dazu zählten zumindest die Wohn- und Schlafzimmergarnitur. *(Saldern, S. 251)* Ein 1 200 DM teures Schlafzimmer entsprach 1950 knapp 20 Arbeiter-Monatslöhnen, dennoch gehörte diese Ausstattung zur Vorstellung von einem normalen Leben. Die Wohnungseinrichtung galt als Symbol für den Beginn einer Ehe, für den Start in ein Leben mit Familie, für das private Glück. Sie sollte entsprechende Qualität haben und ein Leben lang halten.

Der Wunsch, flexibler zu sein, war noch sehr versteckt. So berichtete die Hausgehilfin Frau D., die 1949 einen Bergmann heiratete: »Ja, wenn es nach mir gegangen wäre, hätte ich ein Schlafzimmer gekauft, für 680 Mark und fertig. Dann hätte ich eventuell später mal ein neues gekriegt. So habe ich das alte heute noch. Das war natürlich einmalig schön. Eiche, Volleiche. … Aber mein Mann wollte vor meinen und seinen Geschwistern nicht, daß das irgendwie billige Brocken sind.« *(Frau D., geb. 1920, zit. n. Einfeldt, S. 173)*

Ab 1952 fanden sich immer mehr Bundesbürger bereit, ihr Geld für Möbel und Hausrat auszugeben oder einen entsprechenden Kredit aufzunehmen. Bis 1955 hatten sich 57 Prozent der von Allensbach Befragten neue Möbel im Anschluß an die Währungsreform gekauft. *(Lenz, S. 52)*

Im Bild der 50er Jahre erscheinen immer wieder Nierentisch, Tütenlampe und Cocktailsessel als zeitgenössische Wohnlandschaften. Doch gerade in der Anfangsphase des Wirtschaftswunders, der Phase der ersten Wohnungseinrichtung, dominierten die Vorstellungen von bürgerlicher Repräsentationskultur – massige Couchgarnituren, Bücher- oder Schrankwände und Ölgemälde über dem Sofa. *(Brunhöber, S. 198)* Mit dem Wohnzimmer konnten der gesellschaftliche Aufstieg und die (bürgerliche) Normalität demonstriert werden. Die multifunktional genutzte Einraumwohnung war nur noch eine Erinnerung an schlechte Zeiten.

Für viele Familien begann in der dritten Konsumwelle die Phase der elektrischen Haushaltshilfen. Die Ausgaben für solche Geräte stiegen zwar nur von 1,5 auf 1,8 Prozent der Haushaltsausgaben, doch

im Bewußtsein bedeutete die erste Waschmaschine wesentlich mehr. »Das Tollste war dann, als die Waschmaschine endlich im Keller stand. Sie kam an einem Tag, als meine Mutter bei uns zu Besuch war. Für sie war es unvorstellbar, daß ein ganz normaler Haushalt jetzt so eine Maschine haben sollte. ›Ist bei euch der Luxus ausgebrochen‹, so ihr ungläubiger Kommentar.« *(Frau A., geb. 1921)*

Bei der Allensbach-Frage »Was meinen Sie, was von diesen Dingen müßten Sie noch besitzen, um sagen zu können: jetzt geht es mir gut, jetzt habe ich einen angemessenen Lebensstandard?«, standen Mitte der 50er Jahre mit weitem Abstand der elektrische Kühlschrank und die Waschmaschine an der Spitze der Wunschliste, gefolgt vom Staubsauger. *(Lenz, S. 56)* Bis Mitte der 60er Jahre hatten die beiden letztgenannten Einzug in die meisten Haushalte gehalten. *(Seeberg, S. 70)*

Das einzige Haushaltsgerät, das sogar vor 1949 erstmalig angeschafft worden war, war die mechanische Nähmaschine. Sie war eher Hilfsmittel in der Kleidungswelle, um mit Stoffen oder Militärrestbeständen improvisieren zu können.

Im Sommer 1955 hatten noch knapp 40 Prozent der Bundesbürger erklärt, daß sie in den sieben Jahren seit der Währungsreform »über ihre Kräfte arbeiten mußten«. Verständlich, daß man sich dafür auch etwas gönnen wollte. Die Zuversicht in eine sorgenfreie Zukunft wuchs, und Ende der 50er Jahre konnte man daran denken, sich auch größere Wünsche zu erfüllen.

Das Auto stand zu diesem Zeitpunkt zwar erst auf Platz 13 der männlichen Wunschliste, bei Frauen lediglich auf dem 17. Platz, dennoch nahm es in den Gesprächen schon einen breiten Raum ein. 1956 schrieb ein Autor: »Der Verkehr nimmt in den Unterhaltungen der gegenwärtigen Deutschen jetzt beinahe die nämliche Rolle ein wie das Wetter bei den Engländern.« *(Fischer, S. 45)* Der Privatwagen war nicht nur als Wunsch in allen Bevölkerungsschichten präsent, sondern er war auch hochgradig ideologisch besetzt. Der Individualverkehr stand für Freiheit und Demokratie. Für Wilhelm Röpke, einen der Väter der sozialen Marktwirtschaft, wurde diese Verkehrsfreiheit sogar zur vornehmsten Freiheit, zu der »man sich diesseits des Eisernen Vorhangs gegen die Anfechtungen des Kollektivismus bekennen« konnte. *(Röpke, in: Der Volkswirt)*

Noch 1950 lagen die Haushaltsausgaben für Verkehr an letzter Stelle, ab 1973 waren die Kosten für den Privatwagen mit 12 Prozent nach Nahrungsmittel (27 %) und Miete (15,5 %) zur drittgrößten Ausgabengruppe aufgestiegen. Der Motorisierungsgrad der Bevölkerung stieg seit Beginn der 50er Jahre bis heute kontinuierlich an.

Der Autoboom läßt sich zwar nicht auf einzelne Jahre reduzieren, dennoch gingen die 60er Jahre als das Jahrzehnt der Massenmotorisierung in die Geschichte der Bundesrepublik ein. Während 1954 noch 4/5 der Autos geschäftlich angeschafft wurden, hatte sich Ende der 60er Jahre das Verhältnis umgekehrt. Nun ließen Privatpersonen mehr als 80 Prozent aller Pkw auf ihren eigenen Namen zu.

Die wachsende Bevölkerungsdichte, die zunehmende räumliche Trennung von Wohnen und Arbeiten sowie die Verlagerung von nahen Einkaufsstätten auf die »grüne Wiese« führten zu einer Siedlungsstruktur der langen Wege und machten den Privat-Pkw unabdingbar. (Ballerstedt, S. 481) Als in den 60er Jahren etwa 100 000 Menschen aus Düsseldorf in die Nachbargemeinden zogen, war nicht mehr das Fahrrad oder der öffentliche Nahverkehr die verbindende Klammer, sondern der Individualverkehr. (Borscheid, S. 125) Das Auto war jedoch von Anfang an mehr als bloße Transportmöglichkeit. Es war das Symbol des gestiegenen Lebensstandards und ein Prestigeobjekt, das für Freunde, Kollegen und auch jene Nachbarn, die man nicht gern in die eigene Wohnung lassen wollte, unübersehbar die soziale Position, Einkommen und Wohlstand demonstrierte.

Ende der 60er Jahre reichte es Volkswagen, auf einer Anzeige einen leeren Käfer mit der großformatigen Unterschrift zu präsentieren: »Da weiß man, was man hat.« Zwischenzeitlich nannten selbst knapp zwei Drittel aller Arbeiterhaushalte einen Wagen ihr eigen. (Stat. Bundesamt, Fachserie M, Reihe 18)

Ich erinnere mich noch an das Jahr 1969, als ich, gerade 18 Jahre alt geworden, mit meinem Vater zusammen die Fahrschulbank drückte und wir gemeinsam überlegten, welchen Wagen die Familie anschaffen sollte. Noch immer habe ich das Bild der zahlreichen Autoprospekte und den Traum des erschwinglichen kleinen Sportwagens (dem Fiat 850 Spider) vor Augen, doch letztlich setzte sich mein Vater mit der familienfreundlichen, viertürigen Alternative, dem in meinen Augen langweiligen Peugeot 204, durch. An die Anschaffung des zweiten Wagens drei Jahre später erinnere ich mich nicht mehr. Nicht nur, weil ich nicht mehr zu Hause wohnte, sondern weil der Reiz des Neuen verflogen war. Das Auto gehörte inzwischen zum Alltag.

Die Automobilisierungswelle endete 1979. Bis zu diesem Jahr stieg der Anteil des Einkommens, der für den eigenen Wagen ausgegeben wurde, kontinuierlich. Lediglich 1966/67, in der ersten Krise nach den langen Jahren des Aufschwungs, sanken noch einmal kurzfristig die Ausgaben für den Privatwagen. In dieser Rezession, die das Ende des Wirtschaftswunders signalisierte, stieg die Zahl der Arbeitslosen erstmalig seit den 50er Jahren wieder für damalige Verhältnisse dramatisch

auf knapp 500 000. Die Familien überlegten genauer, welche Konsumgüter sie sich noch leisten wollten und welche Anschaffung zunächst
verschoben werden konnte.

Die letzte große Konsumwelle betraf das Reisen. Sie setzt sich aus
zwei deutlich voneinander zu trennenden »Wogen« zusammen: Die
erste zeichnete sich in den Jahren 1962 bis 1966 ab, die zweite von 1972
bis 1980. Schon der Nationalsozialismus hatte an die Sehnsucht
nach Natur und Ferne im organisierten Massentourismus der »Kraft
durch Freude«-Bewegung angeknüpft. Diese Gefühle waren auch im
Nachkriegsdeutschland noch präsent, so daß beispielsweise der DGB
1955 in einem Aktionsprogramm mit dem Slogan »Urlaubsgeld
erschließt die Welt« für ein tarifliches Urlaubsgeld warb. *(Mertsching,
S. 21)* Doch das Fernweh fand seinen Ausdruck zunächst in Schlagern
wie die »Capri-Fischer«, die diese Sehnsucht beschworen und ein
Millionenpublikum erreichten. Für einen Urlaub fehlte jedoch das Geld.
Alltagssorgen und vielleicht auch die Erfahrungen der Kriegs-
gefangenschaft oder die gerade überwundene Heimatlosigkeit der Vertriebenen ließen kaum den Wunsch nach fernen Ländern aufkommen.
Mitte der 50er Jahre standen deshalb hauptsächlich Reiseziele in
Deutschland hoch im Kurs, allen voran Bayern und der Schwarzwald.

1962 kletterte der Anteil derjenigen, die sich einen Urlaub fern der Heimat gönnten, erstmals über 30 Prozent. Für die meisten war dies die erste Begegnung mit anderen deutschen Landschaften. *(Studienkreis für Tourismus, Tabelle 1)* In Sonderzügen ging es mit Reiseveranstaltern wie Scharnow, Hummel oder Touropa in den Norden oder Süden der Republik. Doch schon bald löste das eigene Auto die Bahn als Hauptverkehrsmittel für den Urlaub ab.

Nach der Erkundung der Bundesrepublik setzte in den 70er Jahren in einer zweiten Reisewelle das große Fernweh ein. 1972 verreisten mehr als 20 Millionen Deutsche, davon mehr als 10 Millionen ins Ausland. Im gleichen Jahr flogen mehr als 10 Prozent mit dem Flugzeug in die Ferien, und die deutschen Touristen erschlossen sich im Urlaub immer fernere Regionen. 1980 hatte die Gesamtzahl der Urlauber ihren Höchststand erreicht. Wer bis dahin nicht verreiste oder verreisen konnte, der blieb auch in den 80er Jahren zu Hause.

Wellenartig hatten die Bundesbürger ihren Konsumstandard erhöht und erweitert. Zunächst dominierten noch die basalen Wünsche wie Essen, anständige Kleidung und Hausrat. Bald wurden sie von Bedürfnissen abgelöst, die über das Lebensnotwendige hinausgingen. Allerdings benötigten sie zu ihrer Realisierung das zunächst noch fehlende Kleingeld. Während die 50er Jahre das Sich-mehr-leisten-Wollen symbolisierten, sind die 60er Jahre durch das Sich-mehr-leisten-Können charakterisiert. Der allmähliche Einstieg in die schöne bunte Warenwelt war verbunden mit einer Veränderungen der Wahrnehmung, der Mentalitäten, die den Weg in die Verschwendungsgesellschaft bereitete.

Über Jahrhunderte hinweg war die Sparsamkeit eine selbstverständliche Tugend, jede andere Haltung galt als verwerflich. In den Not- und Mangelzeiten der 40er Jahre wurde aus der Tugend ein unmittelbarer Zwang; Beschränkung und Sparsamkeit waren nun nicht mehr freiwillig, sondern Folgen des Krieges, von denen man sich so schnell wie möglich lösen wollte. Unabhängig, ob Not- oder Normalzeiten, bis in die 50er Jahre deckte die Mehrheit beim Warenkauf lediglich ihren alltäglichen Bedarf, und die Ökonomen schenkten diesem Alltagskonsum keine Beachtung. Er war zu »normal«, um sich mit ihm zu beschäftigen, da erschien die Produktion in jeder Hinsicht interessanter. Erst als Massenphänomen erregte der Konsum die Aufmerksamkeit der Ökonomen, Historiker und Soziologen. Sie registrierten eine »Eigengesetzlichkeit des Konsums« und proklamierten den Übergang von einer Bedarfsdeckungs- zur Bedarfsweckungswirtschaft. *(Imobersteg, S. 26 u. 11)*

Die Freßwelle

Im Rückblick auf die frühen 50er Jahre taucht oft das Bild eines gutgenährten Bundesbürgers auf, der sich an einem überbordenden Teller gütlich tut. Der »Wohlstandsbauch« demonstrierte die erfolgreiche Überwindung der Nachkriegsnot. Sich endlich sattessen zu können, war die beste Medizin gegen die Erinnerung an den Mangel. Von Gesundheitsproblemen und Übergewicht war trotz der unübersehbaren Leibesfülle noch nicht die Rede, statt dessen kokettierten selbst Zeitgenossen mit dem Begriff der »Freßwelle«. Obwohl diese Welle schon nach kurzer Zeit verebbte, prägte sie die frühe Bundesrepublik. Nahrungsmittel waren von allen Gütern am ehesten erschwinglich, bei der Durchsetzung neuer Konsummuster kam ihnen daher eine Schlüsselfunktion zu.

Reichlich und gut mußte es sein. Doch dem Essen sind natürliche Grenzen gesetzt: Mehr als sattessen geht nicht. Deshalb konnte nur über eine Ausdifferenzierung der Lebensmittel das leibliche Wohl weiter gesteigert werden. Und das Nahrungsmittelangebot weitete sich rasch aus. Der regionale Markt war nicht länger der Maßstab, sondern immer mehr das Angebot des gesamten Globus, das einen ersten Hauch von Exotik in den Alltag brachte. Eine Reise nach Hawaii blieb zwar für viele Jahre noch ein unerfüllbarer Traum, ein Vorgeschmack zog aber zumindest als Toast-Kreation in den 50er Jahren in die Wohnstuben ein.

Für dieses Füllhorn neuer und bisher unbekannter Dinge waren der Laden um die Ecke und der wöchentliche Bauernmarkt bald zu klein geworden. Größere Läden, Supermärkte schufen ein bis dahin in der Bundesrepublik nicht bekanntes, aber willkommenes Einkaufsparadies. Der Wunsch nach Geschmacksvielfalt, saisonunabhängigem Genuß und schneller Zubereitung brachte ganz neue Zweige der Lebensmittelindustrie hervor. Die Tiefkühlkost und andere industriell hergestellte Nahrungsmittel wie die Tütensuppe eroberten die bundesdeutsche Küche. Was als Freßwelle mit dem Schweinebraten begann, zu dem der regionale Markt das Gemüse beisteuerte, endete mit verpackter und eingeschweißter Tiefkühlpizza, die – geschmacklich genormt – in Kiel genauso mundete wie in Freiburg. An beiden Orten hinterließ sie den gleichen Abfallberg.

»Wenn ich drei Wünsche frei hätte...«

Die Sparsamkeit im Umgang mit Lebensmitteln hatte zum Alltag der deutschen Familien in der Zwischenkriegszeit gehört. Das Besondere, ein Stückchen »gute« Butter oder eine Tasse echten Bohnenkaffees, war nur sonntags auf den Tisch gekommen. Andererseits war selbst in Krisenjahren, in denen sich Arbeiterfamilien sowie Haushalte kleiner

Die Freßwelle

Endlich wieder echter Bohnenkaffee – die Nachkriegsdeutschen durften wieder genießen.

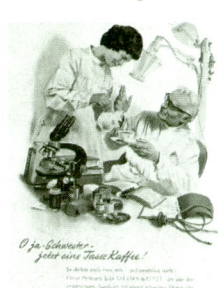

JACOBS KAFFEE *wunderbar*

Kartoffelpuffer mit wenig Fett – ein Lesertip: Kartoffelpuffer sind ein beliebtes Gericht, das man sich nur selten leisten kann, weil es so viel Fett schluckt. Ich reibe deshalb die geschälten Kartoffeln fein, vermische sie aber bis zu einem Drittel mit heiß durchgepreßten, gekochten Kartoffeln. Dann füge ich gehackte Küchenkräuter bei und 1 Ei und paniere sie. Diese Puffer werden aufs eingefettete Backblech gelegt und im heißen Ofen knusprig und braun gebacken.

Angestellter und Beamter besonders einschränken mußten, Hunger eine ausgesprochen seltene Erfahrung. Das änderte sich jedoch in den ersten Nachkriegsjahren.

Im August 1946 veröffentlichten die Nürnberger Nachrichten einen Bericht über Schulaufsätze der siebten Klasse einer Mädchenschule zum Thema »Wenn ich drei Wunsche frei hätte …«: »Einen heißen Hauptwunsch findet man fast bei allen 37: ›Ich wünsche mir mehr zu essen‹. Die Mädchen erbitten sich Brot oder eine gute Getreideernte, eine größere Lebensmittelzuteilung auf Marken, mehr Zucker oder mehr Fett. Eine von ihnen schreibt mit sorgfältiger Schrift: ›Ich wünsche mir einen Kuchen, aber das kann meine Mutter nicht machen, denn wir haben ja nicht einmal Brot.‹ Und der Herzenswunsch von zwei Vierzehnjährigen ist, ›sich einmal richtig satt essen zu können – essen zu dürfen, was mir schmeckt‹.« *(Zit. n. Protzner, S. 22)*

Die Sorge und der Kampf um eine ausreichende Lebensmittelversorgung bestimmten zu dieser Zeit das Leben der meisten Deutschen. »Meine Mutter konnte buchstäblich aus nichts etwas machen. Die hat uns Leberwurst gemacht aus Mehl und Majoran und Brotaufstrich aus Hefe und Basilikum. Das wurde so etwas mit Wasser angedickt. Das war zwar nichts Kräftiges, aber schmeckte gut wegen dem Gewürz, das sie dazu gesammelt hat. Und aus Kartoffeln hat sie alles mögliche gemacht: Puffer, sogar Brot und Kuchen wurden mit Kartoffeln gebacken … Wenn meine Mutter nicht so erfinderisch gewesen wäre, hätten wir die Jahre bestimmt nicht überstanden.« *(Zit. n. Meyer/Schulze 1989, S. 235)*

Wie sehr die Parole von Mackie Messer »Erst kommt das Fressen, dann die Moral« aus der Brechtschen Dreigroschenoper in die Nachkriegswirklichkeit deutscher Familien einzog, zeigt das folgende Interview mit einer Frau, geb. 1914, die mit ihrem Kind, den Eltern, dem Bruder sowie der Schwägerin und deren Kindern zusammenleben mußte: »Streit gab es dauernd, weil das Essen nie reichte. Brot, Zucker, Kartoffeln und was wir sonst noch so hatten, hab’ ich im Küchenschrank eingesperrt. Den Schlüssel hab’ ich immer bei mir. Und eines Tages hat mein Vater, weil der es vor Hunger nicht mehr ausgehalten hat, den Schrank von hinten aufgebrochen und alles auf einmal gegessen. … Das einzige, was mich solche Situationen hat ertragen lassen, war die Hoffnung, daß die Zeiten auch mal wieder besser würden.« *(Meyer/Schulze 1989, S. 248)*

In dieser Lage konnte sogar der Schmerz, den der Tod eines nahen Familienangehörigen mit sich brachte, eine ganz besondere Linderung erfahren: Wenn der benachbarte Bäcker die Trauerfamilie fragte, ob sie lieber einen Friedhofskranz wolle oder einen Maiskuchen. Die

Mehr Butter?
Um die Butter zu strecken, seien die nachstehenden Auswege angeraten: 50 g frische Butter weich, jedoch nicht warm werden lassen. Unter stetem Rühren 20-40 g frische, ungesüßte Kondensmilch einrühren, und das Gemisch unter etwelchem Umrühren unter dem kalten Wasserstrahl steif werden lassen. Es kann nach Belieben noch mit gutem Senf, Dicksaft oder Honig vermischt werden und als Brotaufstrich verwendet werden.

Falscher Honig
Zutaten: 1/2 l Buttermilch, 250 g Zucker, 3 Tropfen Zitronen-, 3 Tropfen Vanillearoma, 2 geriebene Äpfel. Buttermilch mit Zucker und den Aromastoffen in einem Topf zum Kochen bringen. Unter ständigem Rühren etwa eine halbe Stunde kochen lassen, bis die Masse dicklich wird. Die geriebenen Äpfel zugeben und noch einmal aufkochen lassen. Dann kaltstellen.

Hinterbliebenen entschieden sich verständlicherweise gegen die Symbolik und für den materiellen Trauerbeweis, den Kuchen. *(Niethammer, S. 62)* Diese »glücklichen« Umstände waren jedoch leider nicht beliebig wiederholbar.

In den Zeitungen fanden sich beinahe täglich hilfreiche Ratschläge in Form von Hinweisen auf Alternativnahrungsmittel oder Rezeptvorschlägen für besonders sparsame und sättigende Speisen.

Hinweise auf genießbare Wildgemüse und -kräuter, die das Jäger- und Sammlerdasein beflügelten, waren besonders gefragt: »Auf unserem Heimatboden gedeihen etwa 50 Wildgemüsearten, die wir in größerem und kleinerem Ausmaß irgendwie verwerten können. Ersatz für den im Vorfrühling fehlenden Chicorée ist der Löwenzahn auf Äckern und Kleefeldern. Je früher er gehobelt wird, desto zarter ist er. Auf ungepflügten Stoppelfeldern erlebt er, weil die Blätter abwärts und die Wurzeln nach oben zu liegen kommen, im Frühjahr eine gewisse Bleichung wie der echte Chicorée. Ein so gebleichter Löwenzahn wird von den Franzosen mit Vorliebe genossen. Sollte er uns in Verbindung mit Ackersalat und etwas Zwiebeln nicht auch munden?« *(Zit. n. Protzner, S. 14)*

Die Frauenzeitschriften waren voller Tips für eine sparsame Küchenführung, um die Nahrungsmittel bis zum Letzten zu nutzen, mit Zusatzstoffen zu strecken oder um die Menge zu vergrößern: »Sollte wieder Marmelade zugeteilt werden, dann rate ich, diese um das zwei- bis dreifache zu strecken. Man nimmt dazu das im Sommer eingemachte, ungezuckerte Fruchtmark oder, wo dieses fehlt, geriebene Mohrrüben oder geriebenen Kürbis. Auch ein Teil geriebener Roter Rüben kann genommen werden, ohne daß der Geschmack leidet. Die so gestreckte Marmelade wird noch eine Weile eingekocht und reicht dann bedeutend länger.« *(Frauenwelt, zit. n. Kuhn, S. 198)*

Der Begriff der sparsamen Hausfrau war noch in den 20er und 30er Jahren positiv konnotiert. Sie war das beifällige Gegenbild einer verschwenderischen und leichtsinnigen Haushaltsführung. Dies änderte sich angesichts der Nachkriegssituation. Was vorher noch als Tugend der Hausfrau galt und zur Nahrungsmittelwerbung eingesetzt wurde *(Andersen 1996, S. 222)*, war zur Überlebenskunst geworden. Aus der Not heraus entwickelten die Frauen in dieser Zeit eine ungeahnte Phantasie, um sich und ihrer Familie das nackte Überleben zu sichern. Die besseren Zeiten, auf die sie hofften, sollten das Gegenteil der erlittenen Mangel-Sparsamkeit sein. Das Ideal der Sparsamkeit konnte angesichts seiner Verknüpfung mit der Erfahrung des Hungers und der Lebensmittelknappheit nicht mehr aufrechterhalten werden. Nach der Währungsreform konnten sich die Familien zum ersten Mal seit Jahren (wieder) Dinge leisten, von denen sie in den Jahren zuvor nur geträumt hatten. Endlich konnte man sich wieder einmal etwas richtig Gutes gönnen, eine Tasse Bohnenkaffee oder echten Butterkuchen. Angesichts dessen, was dieser kleine Luxus nach den Hungerjahren bedeutete, waren gesundheitliche und ernährungsphysiologische Argumente kein Thema.

An die Stelle eines ökonomisch bestimmten Zwangsbedarfs trat nun immer stärker der freie Wahlbedarf. Geschmacksunterschiede konnten sich herausbilden, und die Monotonie des Kriegs- und Nachkriegsspeisezettels wich dem ausgeweiteten Angebot. Dennoch besaßen die tiefverwurzelten Ernährungsmuster bis weit in die 70er Jahre Gültigkeit. *(Teuteberg 1979, S. 337)* Freitags war immer noch Fischtag, aber jetzt kamen nicht mehr bloß eingelegte Heringe auf den Tisch, sondern auch Kabeljau und Fischstäbchen.

Zunächst ging es jedoch in den ersten Jahren nach der Währungsreform um die schlichte Wiederbelebung der alten Ernährungsgewohnheiten, die nun wieder möglich erschienen. Bis 1950/51 verdoppelte sich der Reinfettverbrauch auf tägliche 102 Gramm. *(Wildt, S. 77)* Diese »Kalorien-Aufholjagd« *(Protzner)* dauerte bis 1954/55, als der tägliche Pro-Kopf-Verbrauch mit knapp über 3000 Kalorien seinen höchsten Stand in der Geschichte der Bundesrepublik erreichte.

38	50	60	70	
57	35	22	15	Roggenmehl/-brot
52	62	56	46	Weizenmehl/-brot
173	186	132	102	Kartoffeln
51	50	49	64	Gemüse
21	40	81	92	Frischobst
5	8	22	21	Südfrüchte
25	28	30	34	Zucker
29	19	30	40	Schweinefleisch

Jahresverbrauch ausgewählter Nahrungsmittel in kg 1938–1970

Die Freßwelle

1952 meldeten die Zeitungen erstmalig das Übergewicht des Durchschnittsdeutschen. Während Männer eineinhalb Kilo zuviel mit sich herumtrugen, war es bei den Frauen ein Kilo. Die Zeiten des Hungers und des Untergewichts (bis zu zwölf Kilo im Hungerwinter 1946/47) waren vorbei. Die Bayern veranstalteten Weißwurstweltmeisterschaften, bei denen der Sieger mehr als 20 Stück der süddeutschen Spezialität verdrücken mußte. *(Protzner, S. 29)* Wenngleich dieses große Fressen als landsmannschaftliche Gaudi galt, so zeigt es besser als manche Ernährungsstatistik den Wandel an: weg von einem sparsamen, überlegten Umgang mit Lebensmitteln hin zur lustvollen Verschwendung.

Mit den veränderten Eßgewohnheiten entwickelten sich gleichzeitig neue Konsummuster. Der Fleischkonsum erreichte in den 50er Jahren erst allmählich wieder das Vorkriegsniveau. Das niedrige Niveau im Jahr 1950 erklärt sich jedoch nicht aus neuen Eßgewohnheiten – in den direkten Nachkriegsjahren war kein noch so mageres Schwein seines Lebens sicher gewesen. Der Bestand war zu Beginn der 50er Jahre allerdings so dezimiert, daß auch beim besten Willen das Angebot nicht der Nachfrage entsprach. Danach stieg zwar der jährliche Fleischkonsum kontinuierlich, doch waren nun magere Fleischsorten gefragt. Nicht mehr das fette Schwein des Bauern stand in der Verbrauchergunst obenan, sondern das gezüchtete Hybridschwein der Großtierfarmen, dessen Muskelfleischanteil erheblich erhöht werden konnte. *(Schön, S. 101)*

Der Anteil anderer Nahrungsmittel wie Roggenmehl/-brot und Kartoffeln sank während der gesamten Wirtschaftswunderphase rapide. Das schwere, dunkle Roggenbrot galt als unmodern, es erinnerte zu sehr an die entbehrungsreichen Zeiten, die man soeben überwunden hatte. Die Verbraucher sehnten sich nach leichtem, luftigem Brot, nach dem schneeweißen Kastenweißbrot, wie es die amerikanischen Militärbäckereien produzierten. *(Lauter, S. 124)* Doch man erlaubte sich zunächst nur sonntags den Genuß des leichten Weißbrotes. Ich kann mich noch gut erinnern, wie ich mich immer auf den gelegentlichen

Besuch meines Onkels freute, der Diät halten mußte und deshalb nur Weißbrot essen durfte, denn nun kam auch ich in den Genuß dieser Brotsorte, die sich im Alltag nicht auf unserem Abendbrottisch befand. In den 60er Jahren gesellte sich das industriell gefertigte Toastbrot dazu. Weizenmehlprodukte waren vor den 50er Jahren der sozialen Ober- und Mittelschicht vorbehalten, nun konnten sich auch weniger privilegierte Schichten diesen Genuß leisten.

Die glücklichen Hausfrauen mit ihren selbstgebackenen Kreationen zeigten sich stolz dem fotografierenden Ehemann.

Der Kartoffelverzehr verringerte sich ebenfalls erheblich. In den Notjahren war die Kartoffel häufig das einzige Nahrungsmittel, das den Familien für warme Mahlzeiten zur Verfügung stand. Da die »Erdäpfel« auch bei geringen Mengen den Hunger stillten, waren sie beliebt – die DDR-Gastronomie erfand für sie die treffende Bezeichnung »Sättigungsbeilage«. Kartoffeln waren nichts, was man genießt, sondern etwas, womit man den Hunger stillt. Auch das wachsende Angebot an Gemüse und Fleisch, die Alternativen Reis sowie Nudeln trugen dazu bei, daß Kartoffeln immer seltener auf dem Speisezettel standen.

Noch Mitte der 50er Jahre kam Reis bloß als Suppeneinlage oder Milchreis oder gelegentlich als Beilage zu besonderen Sonntagsgerichten wie Hähnchenragout mit Spargel auf den Tisch. Aber schon 1961 brachten zwei Drittel der bundesdeutschen Haushalte regelmäßig Tafelreis auf den Teller. Ende der 50er Jahre begannen Reisimporteure, ihr Produkt in einem Kochbeutel anzubieten, um dem Hausfrauenunglück des klebrigen Reis' vorzubeugen und die Körnigkeit zu gewährleisten. Gerade berufstätige Frauen oder Mütter sahen in dieser neuen Verpackungsidee einen Zeitgewinn und eine Arbeitserleichterung. An die Stelle der Kartoffeln von »nebenan« war so in vielen Fällen der Reis getreten, ein Importprodukt, das über mehrere tausend Kilometer hinweg herbeigeschafft und zusätzlich industriell bearbeitet und verpackt werden mußte.

Von Beginn des Jahrhunderts bis 1960 verzehrten die Deutschen jährlich – von kleinen Schwankungen abgesehen – die gleiche Menge Gemüse. Doch in den 50er und noch stärker in den 60er Jahren veränderten sie ihre Verbrauchsgewohnheiten deutlich. Das vorher allseits beliebte Gärungs- und Essiggemüse (Gurken, Sauerkraut, Kürbis) – das Sauerkraut galt bei Ausländern als deutsches Nationalgericht und die amerikanischen Soldaten prägten deshalb im Zweiten Weltkrieg für die Deutschen den Spitznamen »The Krauts« – wurde immer mehr durch Frischgemüse und Salat ersetzt. Gemüseimporteure führten neue Sorten ein, und die Saison von einzelnen Arten konnte auf das ganze Jahr ausgedehnt werden.

Die Verbilligung des Erdöls Ende der 50er Jahre ermöglichte auch den wirtschaftlichen Einsatz von Treibhäusern. Der Konsument orientierte sich nun nur noch an seinem Geschmack. Regionale Angebote spielten nicht mehr die entscheidende Rolle, die saisonalen Schwankungen wurden immer geringer. Wie wenig ausgeprägt die Vorstellung von den heimischen Erntezyklen war, verdeutlicht ein Interview mit einer Schrebergärtnerin über diese Zeit: »Niemand wollte mehr mit zum Garten. Niemand wollte heute Bohnensalat und morgen Bohneneintopf: ›Oh Gott, schon wieder Bohnen!‹ Die wollten Ostern Blumenkohl essen, und nicht, wenn der Blumenkohl da war. Die wollten nicht Bohnen im Sommer essen, nein im Winter, wenn die ganz teuer waren, dann wollten sie's essen. Es gab fast für das gleiche Geld auf dem Wochenmarkt schon das Gleiche.«
(Zit. n. Wildt, S. 89)

Die Vorkriegshausfrau wußte noch sehr genau, wann die verschiedenen Nahrungsmittel Saison hatten und sie preisgünstige Vorräte anlegen konnte. Dieses Wissen war nun entwertet. Statt dessen mußte sich die Nachkriegskonsumentin in einer als verwirrend empfundenen größeren Warenvielfalt orientieren, um ihre Kaufentscheidungen zu treffen. Anstelle der eigenen Erfahrung oder des vererbten Familienwissens verließ sie sich nun notgedrungen immer häufiger auf die Aussagen des Handels.

Obst und Südfrüchte erfreuten sich bei den Bundesbürgern einer wachsenden Beliebtheit. Während vor dem Krieg Obst ein ausgesprochen regionales Produkt gewesen war, wandelte sich das Bild nach der Währungsreform. Der Anschluß an den europäischen Agrarmarkt sorgte dafür, daß die Verbraucher nun das ganze Jahr über Früchte essen konnten. Äpfel und Birnen waren zwar noch immer die beliebtesten, doch durch den Import verloren die inländischen Anbieter an Bedeutung, und die Saison für diese Früchte verlängerte sich. Gleichzeitig kamen mit Aprikosen und Pfirsichen aus Italien, Spanien oder Griechenland Obstsorten auf den Markt, die deutsche Bauern aufgrund der klimatischen Verhältnisse nur an wenigen Orten anbauen konnten. Mit erschwinglichen Südfrüchten war bald das ganze Jahr Obstsaison. In den 50er und 60er Jahren entwickelte sich die Bundesrepublik zum weltgrößten Südfruchtimporteur, und die eingemachten heimischen Früchte verloren ihren Reiz. Die Erdbeeren, die es im Winter sonntags als Nachtisch zum noch selbstgemachten Vanillepudding gab, hatten dann längst ihre leuchtend rote Farbe verloren, und der fruchtige Geschmack der frischen Erdbeere war dem einer zuckrig-süßen, weich-grauen Masse gewichen, die nur noch sehr entfernt an Obst erinnerte. Sie konnten mit den frischen Südfrüchten nicht mehr konkurrieren.

Der Traum von den Südfrüchten: Lieferung, Verpackung, Begutachtung und Verkauf.

Fanden sich Apfelsinen noch Anfang der 50er Jahre fast ausschließlich zu Weihnachten auf den bunten Tellern, aß 1960 jeder Deutsche monatlich knapp zwei Kilogramm Südfrüchte, zumeist Apfelsinen oder Bananen. Wie unbekannt die Südfrüchte für Kinder und Jugendliche in der direkten Nachkriegszeit waren, beschreibt der Erzähler Uwe Timm in einer autobiografischen Studie: »Die Archäologie der Wünsche«: »Saß 1946, im Winter, in der Küche und übte schreiben. … Da kam Vater in die Küche, verbarg etwas hinter dem Rücken. Mit einer schnellen Bewegung legte er eine Frucht auf mein Heft, eine nie gesehene Frucht, von der ein nie gerochener Duft ausging, die Schale porig und doch glatt, lag sie mir in der Hand, und nach einem kurzen Zögern biß ich in diese Orange. Eine die Zunge überziehende Bitterkeit. Die Erwachsenen lachten.« *(Timm, S. 15)*

Der Zuckerverbrauch stieg ebenfalls kontinuierlich an, wenn auch nicht in dem Maße wie bei Südfrüchten. Das ist allerdings weniger auf den direkten Konsum zurückzuführen als vielmehr auf den »versteckten« Zucker in Süßigkeiten, Schokolade oder anderen industriell hergestellten Lebensmitteln. Wies der steigende Verzehr an Obst und Südfrüchten auf die Globalisierung des Marktes hin, stand der des Zuckers für eine zunehmend industrielle Nahrungsmittelproduktion. Die Freßwelle knüpfte Anfang der 50er Jahre einerseits mit dem lang ersehnten Fleischgenuß an alte Konsummuster an, andererseits setzte sie auf demonstrativen Konsum. Für relativ wenig Geld konnte man z.B. mit einem Pfund Apfelsinen Eindruck schinden. Sie standen für Dinge, die sich die Normalfamilie bisher nicht oder noch nicht leisten konnte. Dem Genuß der Apfelsine kam als ehemalige

Luxusware der Oberschicht symbolische Bedeutung zu. Die Apfelsinen machten damit eine Karriere, die in den 80er Jahren der Lachs wiederholen sollte. Auch er ist heute durch industrielle Zuchtmethoden so preiswert geworden, daß er sich – wie die meisten Produkte – zu einer Allerweltsspeise entwickelt hat.

Doch die Lust am Genuß, die sich noch an den alten Ernährungsgewohnheiten orientierte, zeigte rascher als erwartet gesundheitliche

Folgen. »Der Spiegel« *(16/1954)* machte in einem Artikel unter dem Titel
»Managerkrankheit, wen die Götter lieben ...« die fettreiche Kost
für die steigende Zahl der Herzinfarkte bei der deutschen Führungselite
verantwortlich. Das Thema »gesunde Ernährung« wurde fortan zum
Dauerbrenner in den Gazetten und Gesprächsthema Nummer eins. 1971
beschrieb beispielsweise der Hamburger Mediziner Joachim Kühnau in
einem Aufsatz die veränderte Ernährungssituation und wies darauf hin,
daß durch die Erleichterung der körperlichen Arbeit die täglich
zugeführte Kalorienzahl sinken müsse. Doch die Westdeutschen hielten,
was ihre Eßgewohnheiten anging, an der »Traditionswelt des vor-
industriellen Zeitalters« fest. *(Kühnau, S. 1267)*

 Nicht nur die Eßgewohnheiten, sondern auch die Orte des
Essens wandelten sich. Noch zu Beginn der 50er Jahre gab es in bundesdeutschen Familien ein feststehendes Ritual: Die Hausfrau bereitete
das Frühstück, das aber nicht zusammen eingenommen wurde. Dafür
traf man sich mittags zu Hause zur warmen Mahlzeit. *(Lenz, S. 54)*

 Mit gestiegenem Einkommen und wachsender Entfernung
zwischen Wohnung und Arbeitsplatz wurde das gemeinsame Mittagessen immer seltener. Auch die ersatzweise von der Frau geschmierten
Mittagsbrote konnten in den 60er Jahren zunehmend entfallen, an ihre
Stelle trat die warme Mahlzeit in der Kantine oder Gaststätte.

 Erst 1958 hielten es die Statistiker für nötig, im Preisindex für
Lebenshaltung die Position »Fertige Mahlzeiten (Verbrauch in Gaststätten)« mit neun Promille einzuführen. Damit rangierte dieser
Ausgabenposten noch hinter den monatlichen Kosten für Streichleber-
wurst. Schon vier Jahre später ließ ein vierköpfiger Arbeitnehmerhaushalt bereits 3,8 Prozent seines Einkommens in Gaststätten.

 Das Kantinenangebot verstärkte den Zugriff auf zahlreiche Produkte der Nahrungsmittelindustrie. Da die schwere körperliche Arbeit an Bedeutung verlor, erwies sich auch das traditionelle kalorienrei-
che Essen als überholt. Entsprechend dem Beschleunigungs-
paradigma des Wirtschaftswunders ersetzte nun die kleine Mahlzeit
zwischendurch, der Schnellimbiß immer häufiger das reguläre
Mittagessen. Man bekam sein Essen dort ohne Wartezeit – und zudem
billiger. *(Welz, S. 62)* Der Österreicher Friedrich Jahn machte es
mit seinen Wienerwald-Restaurants in Deutschland vor: 1955 eröffnete
er in Schwabing das erste Restaurant, in dem es eine begrenzte Auswahl
preisgünstiger, standardisierter »Brathendln«-Gerichte gab. Von
dort aus setzte er seinen Siegeszug durch die gesamte Republik fort, und
Anfang der 80er Jahre gab es über 450 solcher Lokale, die mithalfen,
die Bundesdeutschen an eine rasche und preiswerte Gastronomie
zu gewöhnen. *(Glaser, Bd. 2, S. 88)* Die schnelle Mahlzeit setzte sich

Und mittags in den Imbiß statt zur Ehefrau, eine ganz neue Erfahrung für den Mann.

»Irenchen's Geburtstag mit den Vegesackern im Alt-Wien«, aus einem Familienalbum von 1956.

bei allen Bevölkerungsgruppen durch, unterschiedliche Imbiß-angebote in den 80er Jahren sicherten die soziale Differenzierung. Der türkische Döner-Imbiß hat heute genauso seinen Kundenstamm wie McDonald's oder die konventionelle Imbißbude mit ihrem Fritten- und Würstchenangebot. Während jedoch der türkische Ladenbesitzer mit seinem zum Teil selbstgemachten zusätzlichen Angebot und der handwerklichen Zubereitung des Fleisches noch an die Tradition klassischer, regionaler Küchen anknüpft, bezieht die Imbißbude ihre industriell gefertigten Würstchen zumeist von einer Großschlachte-rei, während McDonald's sein international standardisiertes Angebot feilbietet, dessen Grundlage zumindest in der Bundesrepublik fast ausschließlich deutsche Produkte großindustrieller Herstellung sind. Doch gerade der Bulettenriese, der 1971 sein erstes Restaurant in Deutschland eröffnete, verzeichnete das größte Wachstum: Allein zwi-schen 1988 und 1993 verdoppelte sich die Anzahl seiner Gäste in den nunmehr knapp 500 Lokalen auf eine halbe Milliarde. (*Pater, S. 7; Tucher von Simmelsdorf, S. 13ff.*)

Die Integration der Speisegaststätte in den familiären Alltag der 60er Jahre und ausländische Urlaubserfahrungen weckten die Neu-gier, nun auch in der Freizeit mit der Familie oder Freunden ein Restaurant aufzusuchen. Man ging »zum« Balkan-Grill oder – noch exotischer – »zum« Chinesen. Der darin versteckte bestimmte Artikel deutet darauf hin, daß die Auswahl am Ort begrenzt war. Selbst in Großstädten wie Hamburg gab es noch 1970 nur eine sehr geringe Zahl ausländischer Restaurants, in denen man an normalen Werktagen abends ohne Reservierung einen Platz erhielt. Der »exotische« Geschmack wurde jedoch nach und nach demokratisiert und bezog immer mehr nationale Küchen aller Kontinente in den bundesdeutschen Genußalltag ein.

Toast Hawaii: Die Internationalisierung des Angebots

Zwei Faktoren bestimmten die Internationalisierung des Angebots: zum einen importierte Deutschland zahlreiche bisher kaum bekannte Gemüse- und Obstsorten, zum anderen tauchten wenig verbreitete Nahrungs- und Genußmittel auf, die den »American Way of Life« symbolisierten. Zwei Produkte wurden in den ersten Nachkriegsjahren zu Symbolen des amerikanischen Lebensstils: Kaugummi und die US-Zigaretten.

Kaugummis gehörten für die GIs zur Kampf- und Feldverpflegung, und jeder Soldat verbrauchte fünfmal soviel wie ein amerikanischer Zivilist. Kaum ein älteres Kind oder Jugendlicher konnte diesem freigiebig verteilten Geschenk der Siegermacht widerstehen. Für viele war es die erste Berührung mit der amerikanischen Kultur. Der kleine Streifen stillte zwar nicht den Hunger, doch er weckte für längere Zeit durch das Kauen die Illusion, etwas zu sich zu nehmen. Gerade sein scheinbar unendlicher Kaugenuß erhob ihn über das kurzzeitige Vergnügen eines Stückchens Schokolade. Dieses zutiefst amerikanische Produkt versprach als Zeichen der neuen Welt das Ende der Kriegsentbehrungen. Gleichzeitig war es einer der ersten Markenartikel auf dem Markt des Massenkonsums. In einem Werbefeldzug, der auch in den USA einmalig war, hatten schon 1915 alle 1,5 Millionen US-Telefonteilnehmer vier Gratisstreifen von Wrigley erhalten. *(Panati, S. 144; Strasser)* Damit verband die Firma ihr Produkt gedanklich mit einem sichtbaren Zeichen des Fortschritts: Wrigley's Spearmint gehörte genauso zum fortschrittlichen Amerika wie das Telefon. Und er setzte sich mit dem gleichen Tempo durch.

Im Deutschland der Weimarer Republik blieb jedoch der einzige deutsche Kaugummiproduzent, die Bicamint Kaugummi GmbH mit ihrem Produkt Kau-Boy erfolglos und mußte Konkurs anmelden. Der Kaugummi wurde für die Deutschen erst in der Nachkriegszeit zum begehrenswerten Genußmittel. Besonders bei Kindern kam das Päckchen Kaugummi als Ersatzwährung zu hohen Ehren. *(Pries, S. 166)*

Das Gummiprodukt belegte nicht nur die Internationalisierung des Geschmacks. Seine veränderte Zusammensetzung wies schon auf die

Toast Hawaii vom
Fernsehkoch
Clemens Wilmenrod,
Zutaten für vier Portionen:
4 Scheiben Toastbrot,
16 Scheiben dünn ge-
schnittener Lachsschinken,
8 Ananasscheiben aus
der Dose,
4 Scheiben leicht schmel-
zender Käse-Scheibletten,
Rosenpaprika oder
Cayennepfeffer, eventuell
4 Cocktailkirschen.
Das getoastete Brot mit
Butter bestreichen. In einer
Pfanne die Schinken-
scheiben in etwas Butter
anbraten, je vier Scheiben
auf eine Brotschnitte
geben und mit je zwei
Ananasscheiben
bedecken. Darauf eine
Scheibe Käse legen.
Mit Paprika oder
Cayennepfeffer über-
stäuben und im Grill oder
Ofen nur so lange
überbacken, bis der Käse
gerade zu schmelzen
beginnt. Eine Cocktail-
kirsche am Spießchen
krönt das Ganze und gibt
der Komposition noch
einen zusätzlichen Reiz.

künftige Synthetisierung von Lebensmitteln hin: Während der
Urkaugummi noch aus reinem Chicle, dem eingedickten Milchsaft des
mexikanischen Sapotillbaumes bestand, ersetzten die Hersteller die
natürlichen Rohstoffe in den 50er Jahren durch synthetische der Erdölchemie wie Polyäthylen und Polyisobutylen. 1994 erzielte die Kau-
gummiindustrie in Deutschland einen Umsatz von 958 Millionen DM.

Zwar waren Zigaretten kein originär amerikanisches Produkt,
sie erhielten aber als Ersatzwährung besondere Bedeutung.
Entsprechend verschob sich der Rauchergeschmack: Statt der vorher
gefragten Orient-Zigarette aus südeuropäischen und vorderasiatischen
Tabaken erschien die Lucky Strike – aus amerikanischen Sorten, dem
American Blend, hergestellt – als Genuß, der auf eine gelobte
Konsumwelt hinwies. Gerade der Gegensatz von nationalsozialistischer
Propaganda und Wirklichkeit auf der einen und den ersten
Alltagserfahrungen mit amerikanischen Soldaten auf der anderen Seite
prägte die Vorstellung von den USA als Land des Überflusses und
des Wohlstandes. Eduard Beaucomp beschrieb 1994 in der »Frankfurter
Allgemeinen Zeitung« *(21.10.1994)* seine erste Begegnung mit
der Siegermacht vor 50 Jahren: »Nach verbissenen, verzweifelten, aus-
gezehrten Rückzugsdeutschen hatten wir Kinder angesichts der
wohlgenährten, sportlichen und großmütigen Amerikaner (die freund-
lichsten waren die Schwarzen) ein wahres Griechenerlebnis. Sie
verteilten haufenweise Lebensmittel, warfen das, was sie nicht brauchten, aus den Panzern. Ihre Müllkippen wurden zum Mekka für die
versprengte, hungernde Bevölkerung. Es bedurfte keiner Umerziehung,
die Westbindung wurde schnell zur Überlebens-, ja zur Herzenssache.«

Die Care-Pakete erfüllten eine doppelte Funktion: Sie linderten
den Hunger und waren Vorboten einer anderen, scheinbar entbehrungs-
freien Lebensweise, mit der sich die deutsche Hausfrau in ihrem
Alltag erst vertraut machen mußte. Das »tönende Kochbuch« von Radio
München lieferte Hinweise für die Verarbeitung von noch unbekannten
Produkten und die »Süddeutsche Zeitung« *(30.7.1946)* steuerte weitere
Tips bei: »An Dosengemüsen kamen bis jetzt teilweise Spinat, Erbsen,
Bohnen, Tomaten, Sauerkraut, Mais und Tomatensaft zur Verteilung.
Der Mais ist schon als fertige Mahlzeit in der Dose, er schmeckt süß und
ist wohl für einen Großteil der Bevölkerung etwas ›komisches Neues‹.
Der Blattspinat muß gekocht, je nach Art und Belieben zubereitet
werden. Der köstliche Inhalt der Dosen macht es verständlich, daß die
Amerikanerin viele Zutaten für ihre Mahlzeiten aus Dosen nimmt.«
(Zit. n. Gries 1991, S. 208)

Die neue Warenwelt bestand nicht nur aus unbekannten Produkten, sondern auch aus bisher kaum genutzten, anderen Darreichungs-

Und nach der Schule
zusammen eine eiskalte
Cola trinken gehen.

formen, wie z.B. der Konservendose. Innerhalb weniger Jahre verzehnfachte sich der monatliche Verbrauch von Gemüsekonserven.
(Heineke, S. 107) Verzehrte jeder Vier-Personen-Haushalt 1949 gerade
26 Gramm Dosengemüse oder -obst, waren es fünf Jahre später
381 Gramm. Entsprechend wuchs die Konservenindustrie: 1950 produzierte sie 51,6 Millionen Dosen, schon fünf Jahre später verließen mit
137,9 Millionen mehr als doppelt so viele Dosen die Fabriken.

Auch die Schulspeisungen erweiterten die Geschmackssinne der
Kinder mit bisher nicht bekanntem Kartoffel-Tomatenbrei, Eiscreme-
pudding, Schokoladengetränk und weißen Brötchen amerikanischer

Herkunft. Amerika mußte als Land gelten, in dem Milch und Honig oder doch zumindest Eiscreme flossen. Entsprechend fielen die Dankesbriefe Münchner Schülerinnen und Schüler an ihre Wohltäter aus:

»Das Essen schmeckt so wunderbar, es kommt ja aus Amerika!«
»Und wir sind auch sehr zufrie'n mit den Ami-Kalorien.«
»Die Ami-Speisung ist sehr fein, sie dürfte fast noch mehrer sein!«
(Zit. n. Gries, S. 211)

Die unterschiedliche Versorgung in den Westzonen und in der sowjetischen Besatzungszone führte für die Westbewohner zur Erkenntnis, im richtigen Teil zu wohnen. Jede Banane, jedes Care-Paket und jeder Kaugummi ließen diese Erkenntnis erneut spürbar werden. Wenn es um Internationalisierung und Amerikanisierung geht, dann darf das amerikanischste aller Genußmittel nicht fehlen: Coca-Cola. Obwohl es in Deutschland seit 1929 auf dem Markt war und selbst die Nationalsozialisten – trotz der (rein-)deutschen Konkurrenz von Afri-Cola – es z.B. als Ausstatter der Olympischen Spiele 1936 in Berlin schätzten, wurde das Getränk erst durch den Zweiten Weltkrieg zu einer weltweiten Ikone des »American way of life«. Im Zweiten Weltkrieg hatte die Coca-Cola GmbH mit finanzieller Unterstützung der Regierung jedem US-Soldaten seine tägliche Flasche für 5 Cent versprochen. Um dieses Versprechen einzulösen, hatte das Unternehmen auf Kosten der Regierung 59 Abfüllanlagen nach Europa transportiert. Noch heute wird die geheim gehaltene Grundsubstanz in den USA hergestellt und exportiert. Franchise-Unternehmen in aller Welt füllen das Substrat zu Cola auf.

Das Unternehmen warb im Nachkriegs-Deutschland mit einer Hand, die die Cola-Flasche wie die Fackel der Freiheitsstatue hielt; darunter stand: »Symbol der Freundschaft«. *(Gries 1989, S. 198)* Die USA verschenkte das kolahaltige Getränk offenbar als Geste der Freundschaft. Coca-Cola war nicht nur ein Getränk, Coca-Cola war eine Lebensform, und Coca-Cola zu trinken Ausdruck einer Weltanschauung. *(Reck, S. 1248; Bandhauer-Schöffmann, S. 25)* In einer Titelgeschichte lobte die US-amerikanische Wochenzeitschrift »Time«, deren Ausgabe vom 15. Mai 1950 im übrigen das erste und einzige Mal ein Produkt zierte, die Colaproduzenten für ihren tapfer geführten Kampf gegen den Kommunismus: »Sie haben sich erfolgreich gegen die konzertierten Attacken der Kommunisten gewehrt, die den Drink als abscheulich, imperialistisch und giftig bezeichnet hatten. ... Im Norden ist Belgien gefallen. Ilja Ehrenburg, die rote Koryphäe, zufällig zu Gast in Brüssel, reagierte mit Empörung, als er einen Mann dabei erwischte, daß er in einem Café für sich und sein unschuldiges

Kind ein Glas Coca-Cola bestellte. Doch die Warnung, eine Person, die anfinge, Coca-Cola zu trinken, müsse sich nicht wundern, wenn sie über kurz oder lang zu noch ganz anderen, finsteren Dingen übergehen würde, half nichts. Der Mann blieb bei seiner Absicht.« *(Time, 15.5.1950, zit. n. Biedermann, S. 107)*

Während in der Nachkriegs-Schweiz das Unternehmen damit warb, alle Arbeitskräfte seien Einheimische und die Betriebe befänden sich zu 100 Prozent in inländischem Besitz, bemühten sich in Deutschland seit 1951 zahlreiche Brauer, Süßmosterzeuger, Winzer, Molkereien und Sprudelfabrikanten über eine »Koordinationsstelle für deutsche Getränke« das Vordringen der »braunen Soße« zu verhindern. Vergeblich. Schon 1947 war Coca-Cola nach einer Umfrage zum bekanntesten alkoholfreien Getränk avanciert.

Ob es sich wirklich langfristig durchsetzen würde, war zu diesem Zeitpunkt aber noch unklar. »Dat Tüch, das süppt hier nemmes!« *(Zit. n. Wildt , S. 106)* Diese Skepsis eines Bierbrauers im Ruhrgebiet, der das Getränk als Konzessionär herstellen sollte, war nicht ganz von der Hand zu weisen. Besonders bürgerliche und Beamtenkreise standen dem amerikanischen Getränk eher ablehnend gegenüber. So erklärte die Tochter (geb. 1955) aus einem Arzthaushalt: »Das Getränk kam bei uns nicht auf den Tisch. Auch bei der Mehrheit meiner Klassenkameradinnen lehnten die Eltern Coca-Cola ab. Eine richtige Begründung dafür gab es nicht: Wenn ich überhaupt mal nachfragte, hieß es nur, Cola ist nicht gesund.« *(Interview mit Frau V., 1996)*

Doch der Siegeszug war nicht aufzuhalten. Die Werbekampagne, die in den USA unter dem Slogan »after the pause that refreshes« von Anfang der 30er bis in die 50er Jahre lief, wurde mit der Übersetzung: »Mach' mal Pause. Trink Coca-Cola« ab 1955 zu einem Motto der (späten) 50er Jahre. Sie traf das Lebensgefühl der Deutschen, die für ihren Wiederaufbau hart arbeiten mußten. Geschickt knüpfte das Unternehmen an den Arbeitsmythos an, um sein Getränk in den Alltag zu integrieren.

Allerdings hatte man dabei übersehen, daß in der Bundesrepublik alkoholfreie Getränke als Familiengetränke galten, die von der Hausfrau auch für die Kinder eingekauft wurden. Die kleine Cola-Flasche war lediglich für den schnellen Verbrauch bestimmt, wie er in Arbeitspausen oder Gaststätten üblich war. Erst mit der Einführung einer neuen Flaschengröße – bewußt als Familienflasche bezeichnet – konnte das Getränk die deutschen Haushalte erobern und zur Konsumnormalität werden. *(Bennemann, S. 111)*

Während sich Coca-Cola mit seiner Kampagne zu einem zeit- und generationslosen Getränk entwickelte, versuchte sich die deutsche

Konkurrenz von Afri-Cola mit einer Werbekampagne des bekannten Fotografen Charles Wilp Ende der 60er Jahre der neuen Jugendkultur zu öffnen. Gegenüber dem amerikanischen Original war das deutsche Plagiat allerdings nur sehr kurze Zeit erfolgreich.

Coca-Cola veränderte die Trinkgewohnheiten der Bundesbürger entscheidend. Das industrielle Produkt hatte den regional erzeugten Fruchtsaft verdrängt, und die regionalen Brausehersteller mußten den nationalen und globalen Marken weichen.

Unter Umweltgesichtspunkten erscheinen die Folgen dieser Entwicklung weniger gravierend, denn sowohl Coca-Cola als auch andere bekannte Erfrischungsgetränke werden heute von regionalen Unternehmen hergestellt, und die Umweltbelastung durch den Transport der Grundsubstanz aus den USA ist gering, verglichen beispielsweise mit den Transportleistungen für einen Bio-Joghurt. In erster Linie führte diese Globalisierung der Märkte zu einer Nivellierung des Geschmacks, bei der regionale Getränke und Säfte eine immer unbedeutendere Rolle spielten.

Während viele Familien Coca-Cola nur zögerlich in ihre alltäglichen Konsumgewohnheiten integrierten, wurden exotische Lebensmittel uneingeschränkt positiv aufgenommen. Bestimmte Zubereitungen und Rezepte bildeten einen Brückenschlag zwischen dem »American Way of Life« und den neuen Früchten. Das bekannteste Rezept der 50er Jahre war der Toast Hawaii.

Die Ananas galt als der exotische Genuß schlechthin. Als frische Frucht war sie in den 50er und 60er Jahren nur ein seltener Gast in der deutschen Küche. Die Hausfrau behalf sich mit der billigeren Dosenvariante, die sie auch deshalb bevorzugte, weil die sperrige Frucht schon mundgerecht zubereitet war. Mit diesem Obst konnte die Familie deutlicher als mit anderen Nahrungsmitteln demonstrieren, daß man sich etwas leisten konnte, daß man Geschmack hatte. Die Komposition mit weißem Toastbrot, fremden Gewürzen (Cayennepfeffer, Rosenpaprika) und dem teuren (Lachs-)Schinken repräsentierte den gestiegenen Lebensgenuß, für den Produkte der ganzen Welt zur Verfügung standen. Im Gegensatz zu Industrieprodukten wie Coca-Cola war die Ananas als Symbol für Ferne und Sehnsucht unumstritten. Die noch unerreichbare Karibik gab mit dem Toast Hawaii ein kurzes Gastspiel in den deutschen Küchen.

In den 50er und 60er Jahren gönnten sich die Deutschen solche Genüsse nur zu besonderen Gelegenheiten. Erst als in den folgenden Jahrzehnten diese Produkte dank günstigerer Transportpreise und -technik erheblich billiger angeboten wurden, eroberten sie auch den bundesdeutschen Alltag.

In der Arbeitspause wird jetzt lieber eine kalte Coca Cola gezischt, statt der langweiligen Milch, die Mutter immer mitgegeben hat.

Etwa bis Mitte der 60er Jahre beförderten Kühlschiffe beispielsweise die Bananen nur als ganze Staude. Die Schauerleute im Hafen mußten die 50 Kilogramm wiegenden Stauden zunächst selbst aus dem 12 Grad Celsius kalten Laderaum in den Kühlschuppen schleppen. Sie erhielten zwar bald Unterstützung durch einen Bananenelevator, auf den sie die Früchte hievten, der Umschlag konnte aber erst erheblich gesteigert werden, als die Bananen im Ursprungsland in Kartons verpackt und palettiert, in immer größer werdenden Kühlschiffen transportiert, direkt zum Einzelhandel kamen. Noch in den 60er Jahren lohnte sich die Hafenrundfahrt im Hamburger Hafen auch deswegen, weil der Besucher gelegentlich eine Banane direkt beim Entladen zugeworfen bekam. Bereits zehn Jahre später war der Fruchtimport so durchrationalisiert, daß der Besucher auf der Hafenrundfahrt keine Chance mehr gehabt hätte, auch nur eine Banane zu Gesicht zu bekommen. Damit war allerdings auch der Reiz der Banane verschwunden, der vor einigen Jahren nur noch einmal bei der deutschen Wiedervereinigung für die ehemaligen DDR-Bewohner wach wurde. Die Banane gehört heute zum deutschen Alltag wie der dazugehörige Karton, den viele jüngere Bundesbürger als Umzugskiste oder privaten Altpapiercontainer schätzen.

Nicht mehr die Erreichbarkeit – alles ist jederzeit verfügbar –, sondern allein der Geschmack entscheidet beim Kauf. Kiwis aus Neuseeland, Chrysanthemen aus Afrika oder Apfelsinen aus Israel können innerhalb von 24 bis 48 Stunden nach der Ernte zum deutschen Verbraucher geflogen werden. Flugzeuge mit größerer Reichweite und Ladekapazität sowie billiges Flugbenzin ließen diese Waren zu immer erschwinglicheren Preisen auf den Markt kommen. Der Apfel aus dem Alten Land muß selbst in seiner Erntezeit mit dem weltweiten Angebot konkurrieren. Die Erde erscheint als globaler Garten, in dem zu jeder Jahreszeit Erntesaison ist. Das Lebensmittelgeschäft, das in erster Linie regionale Produkte und lose Waren verkaufte, mußte nun diese ganze Welt beherbergen. Selbst wenn sich die Regalflächen bogen, reichte der Platz nicht mehr aus, um das gewachsene Angebot aufzunehmen.

Die Selbstbedienung: »Eine Verheißung«

1960 beschrieb der Soziologe Ernest Zahn das Verschwinden der alten Verkaufsgeschäfte als Fortschritt, der die Distanz zwischen Käufer und Ware verringern half: »Mit dem Verschwinden des Verkaufspersonals wird die Theke hinfällig, der uralte Ladentisch, das Symbol jener imaginären Grenze zwischen Angebot und Nachfrage, jener Schranke, an der der Handel so oft Selbstzweck und Zeitvertreib war, der Preis ›ausgeredet‹, die Qualität überprüft, die Quantität umständlich gewogen, gemessen oder gezählt und schließlich verpackt werden mußte.« *(Zahn, S. 105)* Das kleine Einzelhandelsgeschäft mit winziger Verkaufsfläche konnte die Menge und Vielfalt neuer, überregionaler Markenartikel nicht mehr bewältigen.

Ein Bremer erinnert sich an die Warenbeschaffung des großelterlichen Einzelhandelsgeschäftes: »Da die weitgereisten Handelsvertreter das Geschäft meiner Großeltern nur in großen Abständen sahen, versuchten sie zuweilen, sich deren Langzeitgedächtnis mit einer launigen, ganz individuell ihren fabelhaften Persönlichkeiten angepaßten Werbelyrik einzuprägen. Man mochte den Namen des einen oder anderen längst vergessen haben, wenn er wieder einmal in der Ladentür stand und seinen Hut zog. Aber sobald er seine Vorstellung mit der Frage: ›Und wer schaut immer wieder rein?‹ eröffnet hatte, erinnerte man sich auch schon der Fortsetzung seines Sermons, die er unweigerlich dazu liefern würde: ›Von Essig Kühne der Saure Hein!‹« *(Mammen)*

Dieser persönliche Verkauf war bei nur wenigen, überregionalen Markenartikeln Anfang der 50er Jahre noch denkbar. Mit der Ausweitung des Markenangebots hatte sich der Verkaufsladen mit persönlicher Bedienung wirtschaftlich überlebt. Die Margarine etwa, die gelb leuchtend und duftend in einem großen, offenen Holzzuber lose – nur in Pergamentpapier eingepackt – verkauft wurde, verschwand in goldglänzendem Packpapier in genormten 500-Gramm-Stücken. Die Zeiten, in denen der Kunde seine individuelle Menge bekam, waren unwiderruflich vorbei. Er konnte bald nicht mehr nur

Die persönliche Bedienung in der Drogerie wurde – nicht anders als im Lebensmittelhandel – nach und nach von Selbstbedienungsmärkten verdrängt.

eine Sorte (»Und was sagt immer euer Boß, in jedem Haus die gute Voss«) haben, sondern mußte sich zwischen verschiedenen Marken entscheiden.

Beim Käse führte der Siegeszug der Selbstbedienung zu ganz neuen Produkten. Zwar wurde Schmelzkäse schon seit den 20er Jahren industriell hergestellt, doch setzte er sich erst in der Nachkriegszeit durch. *(Wildt, S. 95)* Dieses Produkt aus Käseresten, Käsefarbe, Schmelzsalzen, Konservierungsmitteln, Farbstoffen und Gewürzen wurde damals nachgerade zu einer Ikone des Essens der 50er Jahre. Der Schmelzkäse war in seiner Verpackung praktisch und abfallos, d.h. ohne Rinde, er konnte schnell auf das Brot geschmiert werden, seine bunten Variationen – paprikarot, kräutergrün – ließen ihn zu hübschen Farbtupfern auf dem Tisch eines jeden Partybuffets werden.

Die letzten Bilder einer untergehenden Epoche. Bedienungsgeschäfte mußten schon bald den SB-Läden weichen.

Die holländische Landwirtschaft konnte nur allgemein für ihren »Käse aus Holland« werben. Sie versuchte, über ihre blonde »Frau Antje«, die nicht zu kokett wirken durfte, auf ihre vielfältigen Produkte aufmerksam zu machen. Da hatte es der industrielle Schmelzkäse mit seinen Markenbezeichnungen Velveta oder Milkana wesentlich leichter. Die Geschmacksvielfalt, die die vielen regionalen Käsesorten auszeichnete, wurde durch den künstlich erzeugten einheitlichen Geschmack ersetzt.

Die Warenbestellungen nahm nun nicht mehr der Handelsvertreter nur für sein Unternehmen entgegen, sondern Einzelhandelsgenossenschaften wie Edeka oder Zusammenschlüsse selbständiger Einzelhändler wie Spar oder Vivo (viele Vorteile) versorgten die Geschäfte mit der gesamten Warenpalette. Diese Handelsorganisationen erhielten gegenüber den Lebensmittelproduzenten Mengenrabatte und konnten gleichzeitig neue Produkte bundesweit einführen. Die nichtorganisierten Einzelhändler bestritten 1957 noch ein Viertel des gesamten Lebensmittel-Einzelhandelsumsatzes – nur die Bäcker und Fleischer setzten mehr um. Ihr Anteil sank innerhalb von sieben Jahren auf unbedeutende 2,3 Prozent.

Dieser Prozeß, der im nachhinein so zwingend erscheint, war keineswegs frei von Friktionen. Der Einzelhandel hatte Angst um seine

Selbständigkeit und wehrte sich zu Beginn der 50er Jahre heftig gegen die neue Verkaufsform. Zu diesem Zeitpunkt bestand in der jungen Bundesrepublik noch ein Verkäufermarkt. Wer Ware hatte, konnte sie fast zuteilen. Ladenhüter, Marketing oder Probleme der Markterschließung waren weder bekannt noch existent. Den Einzelhändler verband ein fast persönliches Verhältnis zu seinen Kunden. Sie kamen aus der Nachbarschaft, jeder kannte jeden, jeder redete mit jedem und – über jeden. Das Einzelhandelsgeschäft in der Straße oder im Dorf war Kommunikationstreff und Nachrichtenbörse der einkaufenden Frauen.

Für dieses informelle System war auch der Ladenschluß kein unüberwindliches Hindernis: Wer beim Einkaufen das Mehl vergessen hatte, konnte beim Ladeninhaber klingeln und sicher sein, die gewünschte Ware noch zu erhalten. So erstaunt es wenig, wenn die Edeka 1952 die Selbstbedienung grundsätzlich ablehnte und der Hauptverband des Deutschen Lebensmitteleinzelhandels im selben Jahr per Präsidialbeschluß diese Verkaufsform für seine Mitglieder als nicht geeignet verwarf. *(Wildt, S. 178)*

Dennoch registrierte eine Wirtschaftlichkeitsstudie fast aller 98 im Mai 1952 bestehenden Selbstbedienungsläden einen Umsatzanstieg von 93 Prozent bei der Umstellung von Bedienung auf Selbstbedienung. *(Henksmeier, S. 14)* Die Einzelhandelsverbände hielten die Studie jedoch unter Verschluß. Sie wollten diese »Fehlentwicklung« verhindern, weil sie den Ruin vieler Händler befürchteten. Ganz unrecht hatten sie damit nicht, denn die Umstellung eines normalen Verkaufslokals auf Selbstbedienung sprengte den Etat eines Kaufmanns: Sie hätte im Jahr 1956 rund 38 000 DM für 100 Quadratmeter gekostet. Für Einzelpersonen schien dieser Weg nicht begehbar zu sein.

Besonders die wiederbelebten, aus der Arbeiterbewegung entstandenen Konsumgenossenschaften spielten bei der Durchsetzung der SB-Idee eine entscheidende Rolle. Sie hatten sich zur Aufgabe gesetzt, die Arbeiterschaft mit billigen, aber hochwertigen Nahrungsmitteln zu versorgen. Am 30. August 1949 eröffnete die Konsumgenossenschaft Produktion in Hamburg den ersten Selbstbedienungsladen im Nachkriegsdeutschland. *(Henksmeier, S. 11)* Auf 276 Quadratmetern wurden rund 600 Artikel angeboten - eine in dieser Zeit kaum vorstellbare Warenvielfalt. Frau A. (geb. 1921) aus Hamburg erzählte von ihren ersten Erfahrungen mit der Selbstbedienung bei der Produktion: »Eigentlich war ich ja skeptisch, mit einer Konsumgenossenschaft hatte ich nichts am Hut. Aber ich war es leid, zum teuren Laden an der Ecke zu gehen. Meistens fehlte dann dort noch das ein oder andere, und ich mußte sowieso einen weiteren Laden aufsuchen. Zum Milch holen gab es ein Extrageschäft, da wurde die Milch noch per Hand in die mitgebrachte Kanne gefüllt und der lose Quark in Cellophan abgepackt. Das Brot kaufte ich selbstverständlich beim Bäcker. Aber es waren immer mehrere Wege damit verbunden. Da erschien die ›Pro‹ wie eine Verheißung. Alles war da, es ging schnell und obendrein auch noch etwas billiger als bei unserem Kaufmann um die Ecke.« *(Interview Frau A.)*

1952 stellten die Konsumgenossenschaften die Hälfte aller SB-Läden in der Bundesrepublik. Die günstigeren Preise und die raschere Adaption des Selbstbedienungsgedankens ließen die Genossenschaften sowohl zum Feind- als auch zum Vorbild der Einzelhändler werden. »›Und guckt mal da‹, wies mein Großvater aus dem Schaufenster, ›da schiebt die Brüningsche schon wieder nach'e Chaussee, zum Konsum.‹ Der Konsum war der schlimmste Feind unseres Ladens, weil er alles ein bißchen billiger verkaufen konnte.« *(Mammen)*

Kritische Stimmen im Lager der Konsumgenossenschaften befürchteten, diese Verkaufsform würde die Konsumenten zum Diebstahl verführen. Doch die Arbeiterbewegung interpretierte in ihrem Fortschrittsglauben die Rationalisierung der Selbstbedienung als Gewinn für die Kaufkraft der Arbeitnehmer.

Wegen der hohen Einrichtungskosten entwickelten die Genossenschaften einen Zwitter zwischen Selbstbedienung und Bedienungsladen, das »Tempo-Geschäft«. Dort bediente man den Käufer noch klassisch am Tresen, die Bezahlung erfolgte dann separat an einer modernen Aufrechnungskasse.

Um die Selbstbedienung durchzusetzen, bedurfte es der Erziehung des Verbrauchers. Eine Dissertation aus dem Jahr 1952 beschrieb ausführlich den Vorgang des Einkaufens in einem Selbstbedienungsgeschäft: »Gleich am Eingang stehen Drahtkörbe aufgestapelt, von denen der Kunde einen für seine Einkäufe nimmt. (Zur Eröffnung eines Selbstbedienungsladens empfiehlt es sich, einen oder mehrere ›gute Geister‹ im Laden walten zu lassen. Diese empfangen den Kunden an der Türe und machen ihn mit der für ihn ungewohnten Form des Einkaufs vertraut.) Ist ein größerer Einkauf geplant, so steht ein Einkaufswagen zur Verfügung, um der Hausfrau das Tragen der schweren Last zu ersparen. Alsdann bewegt man sich ganz zwanglos im Laden und nimmt sich von den Regalen, Inseln oder Gondeln die Waren, die für den Einkauf vorgesehen sind. … Die Preise sind an den Regalen angebracht, außerdem ist jeder der verpackt zum Verkauf gelangenden Artikel bei entsprechend großem Sortiment mit dem Preis ausgezeichnet, um der Kassiererin ein reibungsloses Registrieren zu ermöglichen. Eine Befragung des Ladenpersonals nach dem Preis erübrigt sich also. … Hat nun der Kunde alle seine Einkäufe getätigt, so begibt er sich an die Kasse. Dort werden die Waren von der Kassiererin dem Drahtkorb entnommen und die einzelnen Preise an der Kasse registriert. Der Gesamtbetrag, der auf einem dem Kunden ausgehändigten Bon ausgewiesen ist, wird der Kassiererin übergeben. Sodann packt die Hausfrau die Waren in ihre Einkaufstasche oder in eine große Papiertüte und verläßt den Laden.« *(Riethmüller, S. 15f.)*

Zu diesem Zeitpunkt gab es bundesweit weniger als 100 Selbstbedienungsläden, so daß eine Gebrauchsanweisung für diesen Ladentyp notwendig zu sein schien. Von der Kommunikationsfunktion des alten Bedienungsgeschäftes war dabei nichts mehr geblieben. Eine anonyme Kassiererin hat lediglich für das reibungslose Registrieren der Preise zu sorgen.

1938 hatte Herbert Eklöh, der Pionier der deutschen Selbstbedienung, den ersten SB-Laden in Osnabrück mit allerdings nur mäßigem Erfolg eröffnet. Auch zu Beginn der 50er Jahre war er von seinem Erfolg nicht vollständig überzeugt: Die Menschen stauten sich »scheu vor den Eingängen der modernen Selbstbedienungsläden und brauchten oft Wochen und Monate«, um sich mit der neuen Verkaufsform anzufreunden. *(Eklöh, S. 44)* 1958 führte er den Einkaufswagen ein. Bei der Eröffnung des neuen Supermarktes ohne jegliche Einkaufskörbe stieß er auf massive Ablehnung seines Personals. Es befürchtete, die Kunden könnten den Laden wegen dieses Zwanges meiden. In der Tat gab es kritische Stimmen, die sich weigerten, »der Firma Eklöh zuliebe kinderwagenähnliche Gefährte vor sich« herzuschieben. Die Proteste waren jedoch nur von kurzer Dauer, und der Lebensmittelhändler konnte seinem Publikum berichten, daß der Durchschnittseinkauf in diesem Laden erheblich gestiegen sei.

Als sich in der zweiten Hälfte der 50er Jahre abzeichnete, daß das Wirtschaftswunder andauern würde, und der Handel wachsende Umsätze registrierte, schien die Selbstbedienung wirtschaftlich lohnend, sinnvoll und unverzichtbar zu sein. Überall wurde nun umgerüstet. Aus einigen wenigen Läden waren innerhalb von zehn Jahren bereits über 50 000 geworden. 1964 lag der Umsatz der SB-Geschäfte zum ersten Mal über denen der Bedienungsläden. Und 1967 konnte der Präsident des Deutschen Lebensmitteleinzelhandels, Walter Steffen, zu Recht feststellen: »Kein Land der Welt – auch Amerika nicht, dem die Priorität zufällt – hat in so wenigen Jahren eine so totale Verjüngung und Modernisierung seines Lebensmittelhandels erlebt wie die Bundesrepublik Deutschland.« *(Steffen, zit. n. dynamik im handel S. 179)*

Zeitersparnis und Bequemlichkeit waren für viele Konsumenten gute Gründe, Selbstbedienungsläden den traditionellen Ladengeschäften vorzuziehen. Die Bindungen an den Stadtteil oder das Dorf hatten sich verringert und die dortige Gemeinschaft erschien immer weniger als der Lebensmittelpunkt. Die verschiedenen Klassen unterschieden sich in ihren Einkaufsgewohnheiten immer weniger. Die (nicht-sozial-demokratische) Beamtenfamilie kaufte nun in der bis dahin verschmähten Konsumgenossenschaft ein, sie wurde sogar wegen des zusätzlichen Preisvorteils Mitglied.

In den Supermarktketten und den Genossenschaftsläden konnte keiner mehr anschreiben lassen. Diesen Wettbewerbsnachteil machten die neuen Geschäfte jedoch mit ihrem Rabattmarkensystem wett. Beim regelmäßigen Einkauf in der immer gleichen Ladenkette war das Rabattheftchen bald vollgeklebt und der nächste Einkauf war (fast) kostenlos. Wer viel kaufte, wurde belohnt – so die Botschaft. Demgegenüber hatte sich die vielgliedrige Sparbüchse im Tante-Emma-Laden überholt. Wer wollte noch mit dem dort eingeworfenen Wechselgeld sparen, wenn das Angebot lockte?

Der Einzelhändler an der Ecke war bald nicht mehr die einzige Kaufinstanz, sondern ein Angebot unter mehreren in der Stadt. In dieser Konkurrenz entschied die vermeintliche Modernität. Dies verdeutlicht die Aussage einer Bergarbeiterfrau aus dem Ruhrgebiet: »Ich war natürlich da schon dahintergekommen, in der Filiale von Röper einkaufen, war ja auch nicht weit von uns, und die Verwandten kauften immer noch im regulären Bäckerladen und haben bis zuletzt da gekauft. … Jedenfalls habe ich gesehen, daß ich viel schneller vorankam wie die ganze Verwandtschaft.« *(Zit. n. Einfeldt, S. 168)*

»Schneller voranzukommen« war nicht nur eine Frage der Geldersparnis, sondern auch eine der größeren Beweglichkeit und Flexibilität, sich neuen Gegebenheiten anzupassen. Wenn diese preisgünstige und schnelle Einkaufsmöglichkeit noch in der Nähe der eigenen Wohnung bestand, gab es keinen Grund, auf die Vorteile der Selbstbedienung zu verzichten. »In all diesen organisatorischen Überlegungen bekam der Faktor Zeit eine neue, vorrangige Bedeutung«, schrieb schon 1955 ein Experte des Einzelhandels, und er fuhr fort: »Das SB-System widerspiegelt in eindrucksvoller Weise die psychische Situation des ungeduldigen, sich dauernd in Zeitnot befindlichen Menschen und trägt damit der Mentalität des städtischen Konsumenten ausgesprochen Rechnung.« *(Stehlin, S. 69)* Nur gelegentlich relativierten »fortschrittliche Käuferinnen« die Vorteile der Selbstbedienung, etwa wenn sie den vermeintlichen Zeitgewinn hinterfragten und feststellen mußten, daß die gewonnene Zeit durch langes Schlangestehen vor der Kasse wieder verloren ging.

Bei einer 1959 durchgeführten Umfrage in Baden-Württemberg zog bereits knapp die Hälfte aller Befragten die Selbstbedienung vor, lediglich 39 Prozent wünschten eine persönliche Beratung. *(Südwestdeutscher Einzelhandelsverband, S. 38)* Als Gründe nannten die Befürworter die gute Einkaufsmöglichkeit, ungestörte Auswahl, eine günstige Geschäftslage und die große Auswahl. Der günstige

Preis im SB-Laden spielte kaum eine Rolle, eher das Gegenteil war der Fall. Die Geringerverdienenden legten wesentlich mehr Wert auf die persönliche Bedienung als die Besserverdienenden. Der Hauptablehnungsgrund bei den Familien mit geringen Einkommen war die Furcht, das umfangreiche Angebot könne zu einem größeren Einkauf verleiten als dem Geldbeutel zuträglich sei. Aber vermutlich war es auch die unausgesprochene, aber realistische Befürchtung, daß im Supermarkt die Möglichkeit des Anschreibenlassens entfiel. Besonders der jüngere, berufstätige Großstädter galt als innovativer SB-Käufer. Am geringsten war die Akzeptanz auf dem Land bei Bauernfamilien. Eine Interviewerin des beauftragten Meinungsforschungsinstitutes faßte ihre Erfahrung aus Neu-Ulm wie folgt zusammen: »Besonders die älteren Semester entschieden sich für die persönliche Bedienung. Bei Frauen muß der Klatsch und Tratsch mit dem Verkaufspersonal eine größere Rolle spielen. Die Jüngeren, vornehmlich männlichen Geschlechts, entschieden sich für die Selbstbedienung. Sie wollen nicht angesprochen werden und so schnell wie möglich fertig sein. Es schien mir, als sei für die letztgenannte Gruppe das Einkaufen ein notwendiges Übel, während die erstgenannten, auch ohne einen Kauf tätigen zu wollen, gern mal in ein Geschäft gehen, nur um des Gesprächs und der Unterhaltung willen.« *(Südwestdeutscher Einzelhandelsverband, S. 44)*

Der enge Zusammenhang zwischen der Massenproduktion von Konsumgütern und der Entwicklung eines als modern bezeichneten Lebensstils war den Zeitgenossen durchaus bekannt. In einem ersten Handbuch zur Verbraucherpolitik forderten die beiden Autoren vom Handel neue Verkaufsmethoden, denn: »Massenfertigung erfordert Massenabsatz. Darüber hinaus wünscht der Verbraucher moderne Läden, die ihm einen seinem Lebensstil entsprechenden Einkauf ermöglichen. Zum modernen Menschen gehören moderne und neuzeitliche Läden. Zudem bedeutet Zeit Geld: Der Verbraucher, vor allem die Berufstätigen, bevorzugen Läden, in denen sie schnell einkaufen können.« *(Bock / Specht, S. 147)*

Gegenüber diesem neuen Lebensgefühl der jüngeren Generation hatte das kleine, gemütliche Bedienungsgeschäft mit dem regional begrenzten Angebot kaum noch eine Chance. Besonders bei Einladungen an Freunde oder bei Partys wollte man mit exotischen Häppchen und Getränken die große weite Welt ins eigene Heim holen. Der Kaufmann an der Ecke hatte nur eine Chance, wenn er diesem Trend folgte und seinen Laden umrüstete. Umgekehrt fiel in den Supermärkten die »Hemmschwelle«. Man sah ein neues Produkt, eine unbekannte Frucht, wurde neugierig, griff zu und probierte aus.

Man mußte sich nicht die Blöße geben, am Ladentisch danach zu fragen, nicht zu wissen, was es war, wie es schmeckte und womöglich, wie man es aussprach. Bis 1971 stieg die Zahl der Selbstbedienungsgeschäfte auf ihren Höchststand (86 398). Während in den nächsten fünfzehn Jahren zahlreiche dieser Läden ihre Pforten wieder schließen mußten, wuchs die Verkaufsfläche kontinuierlich. Anders die Bedienungsläden: Ihre Zeit schien bereits Ende der 50er Jahre abgelaufen zu sein. Immer weniger Einzelhandelsgeschäfte mit Bedienung, immer weniger Tante-Emma-Läden überlebten. Erst ab Anfang der 80er Jahre pendelte sich ihre Zahl auf sehr niedrigem Niveau ein.

Doch die Selbstbedienungsläden wurden nicht nur immer größer – die durchschnittliche Verkaufsfläche stieg um mehr als das Vierfache auf knapp 600 Quadratmeter –, ihr Warenangebot wuchs ins Unermeßliche. 1958 zählten die Ökonomen durchschnittlich 998 Artikel in den SB-Läden. *(Lambertz, S. 126ff.)* Dreißig Jahre später, 1988, verkauften diese Geschäfte 6 000 Artikel, die größeren SB-Center sogar 13 000, und die SB-Warenhäuser führten mit durchschnittlich 24 000 Produkten 24mal so viele wie ihre Vorgänger über ein Vierteljahrhundert zuvor. Besonders die 60er Jahre waren die Zeit der explosiven Sortimentserweiterung. So hatte die coop-Kette von 1966 bis 1969 trotz der wirtschaftlichen Rezession ihr Sortiment nahezu verdoppelt. Jedes Jahr kamen etwa 1 500 neue Artikel auf den Markt, von denen sich etwa 400 einen Platz in den Regalen erobern konnten.

Eine Gegenüberstellung der Sortimente von 1958 und 1988 zeigt, daß sie sich nicht nur ausgeweitet, sondern auch verschoben hatten. Ursprünglich hatten die Grundnahrungsmittel den Umsatz bestimmt, der von Frischwaren hatte gerade 16 Prozent betragen. Ende der 80er Jahre war das Frischwarensortiment bereits zur Hälfte am Umsatz beteiligt. Statt 21 Artikel boten die Selbstbedienungsläden 1988 nun durchschnittlich 117 Sorten Obst und Gemüse an. Aus 65 Frischmilch-

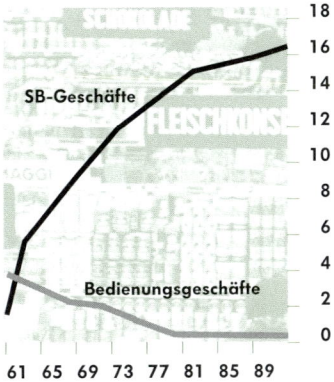

Selbstbedienung
und Bedienungsgeschäfte
Verkaufsflächen
in Mio. qm, 1961–1988

| 1958 | | 1988 | | |
Artikel	Umsatzanteil	Artikel	Umsatzanteil	
204	49	1243	51	Frischwaren
576	42	3093	38	Nahrungs- und Genußmittel
181	9	1674	11	Nonfood
998	100	6010	100	Gesamtsortiment

produkten 1958 waren in der zweiten Erhebung 565 verschiedene
Molkereiprodukte geworden.

Als sich Mitte der 60er Jahre immer mehr Familien ein eigenes
Auto leisten konnten, war der Handel nicht mehr nur auf erste Lagen
in der Stadt oder an den Hauptstraßen angewiesen. Immer mehr SB-
Märkte nutzten die günstigeren Bedingungen und siedelten sich in
Randlagen oder »auf der grünen Wiese« an. Der Platz spielte für diese
Verbrauchermärkte oder SB-Warenhäuser kaum noch eine Rolle.
Da sie ihre Kunden nur mit einem überbordenden Angebot locken
konnten, erreichten sie bisher unbekannte Dimensionen. 1966
etwa eröffnete in Freiburg die Unternehmensgruppe Mann auf einem
25 000 Quadratmeter großen Gelände ihr Wertkaufcenter mit einer
Verkaufsfläche von 7 500 Quadratmetern. 18 Kassen, die mit einem
Computerbuchungssystem verbunden waren, sorgten für einen raschen
Kundendurchlauf. Gleichzeitig wußte die Geschäftsleitung über die
verkauften Bestände, Marktrenner und Ladenhüter sofort Bescheid.
Das Einkaufen war von einer »handwerklichen Einzelleistung« mit persönlicher Kommunikation zu einer »industriellen Arbeit« geworden.
Nicht nur der Ort war anonymer, auch zur Ware bestand kein
persönlicher Bezug mehr. Die vom Milchmann in den 50er Jahren noch
selbst geschlagene und abgepackte Sahne war ihm als Person direkt
zuzuordnen. Bei allen gestalterischen Anstrengungen blieben die industriell abgepackten 250-Gramm-Sahnebecher einer Großmolkerei,
die es fortan in den Selbstbedienungsläden ausschließlich gab, anonym.
Die neue Ladengröße inspirierte auch die Autogestaltung. War der
VW-Käfer für die herbeigeschleppten Einkaufstaschen konzipiert, die
man problemlos auf der Rückbank abstellte, paßte sich der Golf dem
Großeinkauf auf der grünen Wiese an. Seine große Heckklappe forderte
dazu auf, Tüten und Getränkekisten direkt aus dem herangerollten
Einkaufswagen umzuladen.

Diese Entwicklung ist jedoch noch lange nicht beendet, im
Gegenteil. Die ehemalige DDR wurde zu einem Paradies für
Handelsketten. Ohne Rücksicht auf die Stadtstruktur umschließen
Einkaufszentren die Großstädte. Die vier rings um Leipzig plazierten
Zentren etwa übersteigen mit ihrem Angebot die Kaufkraft aller

Leipziger bei weitem. Doch auch im Westen entstehen immer neue Märkte der Superlative. Das 1996 in Oberhausen eröffnete Centro braucht zum Überleben die Kaufkraft aus einem Umkreis von über 100 Kilometern. Schon jetzt zeigen sich für benachbarte Städte, wie etwa Mülheim, die Folgen. Die Innenstädte – früher Symbol von Lebendigkeit und Konsum – verwandeln sich in periphere Lagen.

Für diejenigen, die sich kein Auto leisten konnten, entwickelte der Handel das Konzept eines Billigladens, den Discounter. Schon 1953 hatte Karl Albrecht das Prinzip beschrieben: »Ich bin überzeugt, daß diese beiden Grundsätze, der des kleinen Warenangebotes und der des billigsten Preises, voneinander nicht zu trennen sind.« Doch erst 1962 eröffnete er zusammen mit seinem Bruder Theo den ersten Aldi-Laden nach strengem Discount-Prinzip mit 350 bis 400 Artikeln. *(Henksmeier, S. 35)* Erst zu diesem Zeitpunkt war ein entsprechend begrenztes Niedrigpreis-Sortiment denkbar, ohne die Knappheits- und Mangelsparsamkeits-Vorstellungen der Nachkriegsjahre wiederzubeleben. Gegenüber dem standardisierten Massenangebot hatten regionale Produzenten, die nicht in der Lage waren, die gesamte Ladenkette in der Bundesrepublik zu bedienen, keine Chance mehr. Die Durchsetzung der Selbstbedienung als Verkaufsprinzip bedeutete wesentlich mehr als den Sieg der Rationalisierung im Handel. Der Konsumakt veränderte sich grundlegend: vom persönlich vermittelten Verkauf hin zu einer unpersönlichen eigenen Entscheidung. Früher

Das amerikanische Einkaufserlebnis setzt sich auch hierzulande durch: der Supermarkt.

war die Bedienung noch als Vermittlerin zwischen Käufer und Ware, als Beratungsinstanz aufgetreten. Sie war darüber hinaus Teil des sozialen Lebens, die persönliche Beziehung zwischen Verkäufer und Käufer entsprach einer handwerklichen Produktionsweise. Gleichzeitig versperrte der Ladentisch den direkten Zugang zu den Produkten. Der Käufer wollte beraten und nach der Kaufentscheidung für seine kluge Wahl gelobt werden.

Mit der Errichtung und Entwicklung der SB-Läden hin zu großen Supermärkten war dies immer weniger möglich. Der Kunde mußte in Eigenverantwortung einkaufen, die Ladentheke fehlte, es entwickelte sich der direkte Kontakt zum Produkt. Obwohl das größere Warenangebot eine fachliche Beratung eher notwendiger gemacht hätte, entfiel sie nun ganz.

Der Einkauf ist damit zu einem Akt industriellen Verhaltens geworden. Man bewegt sich mit dem Einkaufswagen wie auf einem Fließband an unzähligen Produkten vorbei. Die Ware selbst muß für sich werben, den Anschein erwecken, die gewünschte zu sein. Der Stau an der Kasse ist nicht mehr die Chance für Kommunikation, sondern wird als Stockung der bis dahin reibungslos verlaufenden Einkaufsarbeit wahrgenommen.

Die Verpackung: »Häßlichkeit verkauft sich schlecht«

Mit dem Massenkonsum und der Selbstbedienung setzte sich auch die industrielle Verpackung durch. Die USA galten dabei als großes Vorbild: »Die amerikanische Art der Lebensmittelverpackung ist äußerst fortschrittlich, und wir bewundern die Weißblechdosen und luftdichten Kartonverpackungen. Die Qualität der Waren entlockt unseren so genügsam gewordenen Hausfrauen manches Ah und Oh. Trockenmilch und Trockenei erhalten bestimmt den meisten Beifall. Beide Pulverprodukte sind in Blechdosen verpackt, werden von einer New Yorker Firma hergestellt und wurden schon während des Krieges für die Verpflegung der amerikanischen Soldaten verwendet«, lobte die »Süddeutsche Zeitung« (30.7.1946) die amerikanische Verpackungsindustrie. Es war jedoch nicht nur die Genügsamkeit, die diese Bewunderung hervorrief. Den deutschen Verbrauchern war die ansprechende und praktische Verpackung der amerikanischen Nahrungsmittel eher unbekannt.

Zwar benutzten einige Markenartikel eine industrielle Verpackung schon vor dem Zweiten Weltkrieg, zum Teil sogar schon vor dem Ersten Weltkrieg, wie etwa die Maggi- (1887) oder die Odol-Flasche (1893). Die bekannten Verpackungen von Dr. Oetker Backpulver oder von Bahlsens Leibniz-Keksen standen nicht nur für den Schutz der

Ware, sondern dienten ebenso als Blickfang für das Produkt. Leibniz-Keks galt als der einzige »ofenfrische« Keks; diese Assoziation vermittelte allein die Verpackung. Doch diese Markenprodukte waren Ausnahmen im Vorkriegs-Einzelhandel.

Die Mehrheit der Lebensmitteleinkäufe spielte sich auf Wochenmärkten oder in kleinen Kaufmannsläden ab. Die Waren wurden zumeist lose und markenlos in Schüben, Säcken, Holzfässern, Tongefäßen oder Glashäfen aufbewahrt. Die wunderschönen Himbeerbonbons, die äußerlich die Frucht nachempfanden und die Zunge rot färbten, und die in Zitronenform gepreßten, gelben Zitrusbonbons konnten einzeln gekauft und genossen werden. Beim Kauf mehrerer Süßigkeiten gab es eine weiße Spitztüte mit kleinen, blauen Ornamenten. Kein Markenname zierte das Glasgefäß. Die einzige Variation in der Verpackung von »richtigen« Lebensmitteln war die Größe und die Farbe der Tüte. Für Obst und Gemüse wählte der Händler eine größere braune mit der stilisierten Zeichnung verschiedener Fruchtsorten, die die Aufschrift »Eßt mehr Obst« trug. Selbst das erste Selbstbedienungsgeschäft in Osnabrück verkaufte mangels Alternativen 1938 die meisten seiner Waren lose. Der Besitzer Ecklöh ließ seine Verkäuferinnen lediglich Waren vorverpacken, weil das Abwiegen und Verpacken im Beisein der Kunden zu viel Zeit in Anspruch nahm. Diese erste Form der Rationalisierung basierte aber immer noch auf der Handarbeit im Geschäft und hatte noch wenig mit industrieller Tätigkeit zu tun.

Die amerikanischen Hilfslieferungen nach Kriegsende demonstrierten die Möglichkeiten der industriellen Verpackung. Sie war vor dem Zweiten Weltkrieg in den USA für Lebensmittel wesentlich weiter verbreitet als in Deutschland, doch erst die Kriegswirtschaft brachte ihren Durchbruch. *(Gebhard, S. 10)* Wegen mangelnder Verpackung mußten zum Teil bis zu 75 Prozent der Nachschubgüter als Verlust abgeschrieben werden. Erst daraufhin entwickelte Vorschriften ließen die Verlustquote sinken und schon die Care-Pakete waren das Ergebnis dieser Vorschriften. Im Korea-Krieg hatte die US-Armee nur noch einen Nachschubausfall von 5 Prozent.

Die amerikanische Industrie hatte schon 1946 Orangensaftdosen auf den Markt gebracht, weil sich herausstellte, daß immer mehr Verbraucher zum Frühstück ein Glas Orangensaft tranken. Die Früchte mußten über große Entfernungen aus Florida oder Kalifornien transportiert werden, um dann vom Konsumenten mühselig ausgepreßt zu werden. Der fertige Saft wurde ein Erfolg, und bereits 1950 verkaufte der Handel 800 000 Hektoliter. Der deutsche Autor, der das neue Produkt 1957 beschrieb, fragte zwar noch skeptisch, ob man das alles auf die hiesigen Verhältnisse übertragen könne. Aber seine Begeisterung war unüberhörbar, insbesondere als er sich über die Bestrahlung von Lebensmitteln ausließ: »Seit einiger Zeit wird in den Vereinigten Staaten an der Herstellung von Atom-Konserven gearbeitet. Die in Zellglasbeutel (Cellophan-Beutel, A. A.) verpackten Lebensmittel werden auf einem Fließband an einer Elektronenschleuder vorbeigeführt und mit Betastrahlen oder den stärker durchdringenden Gammastrahlen beschossen. Dadurch werden die Mikroorganismen und fäulnisfähige Fermente vernichtet.« *(Gebhard, S. 11)*

Fast 50 Prozent aller Verpackungen umhüllten Nahrungsmittel. *(Bruchhausen, S. 15)* Die Verpackungsindustrie konzentrierte sich daher besonders auf die Lebensmittelbranche. Die unmittelbare Nachkriegszeit kannte lediglich 28 genormte Getränkeflaschen, 1955 war ihre Zahl bereits auf 2 000 gestiegen. Das Deutsche Normungsinstitut (DIN) versuchte 1939 die Verpackung mit 50 Normen zu erfassen; zehn Jahre nach Kriegsende existierten bereits 170 Normblätter für die verschiedenen Behältnisse wie Tüten, Deckel, Verschlüsse usw. Das Interesse an einer weitergehenden Vereinheitlichung der Verpackung blieb allerdings gering: »Innerhalb der freien Marktwirtschaft mit ihrer Betonung der Unternehmerinitiative und der damit verbundenen Eigenschaft, schöpferisch zu wirken, scheint kein Raum für eine derartige Normenregelung zu sein, die in kollektiver Weise jede verpackungsmäßige Sonderleistung nivelliert.« *(Gebhard, S. 23)*

Sowohl die Industrie als auch der Handel hatten ein großes Interesse an verpackten Produkten, wenn auch aus unterschiedlichen Gründen: Die Industrie hoffte, auf diese Weise unverwechselbare Waren, Markenartikel, zu kreieren. Der Verbraucher sollte nicht länger einfach Margarine verlangen, sondern eine bestimmte Marke – z.B. Rama – , obwohl sich dieses Produkt von anderen Sorten in keiner Weise unterschied, abgesehen von der goldgelb glänzenden Umhüllung. Die Verpackung war mehr als nur Schutzhülle, sie war Werbeträger und sollte zugleich zum Kauf genau dieses Produktes anregen. Form und Gestaltung mußten einzigartig sein, um dieses Produkt von allen anderen abzuheben. Der Erfolg blieb nicht aus. So notierte die Familie Z. aus Kiel in ihren Haushaltsbüchern ab 1953 nicht mehr nur Margarine, sondern die gekaufte Marke. *(Wildt, S. 93)*

Der Handel dagegen erhoffte sich mit verpackten Waren in erster Linie einen erheblichen Rationalisierungsschub. Eine Zeitstudie, die 1952 durchgeführt wurde, bestätigte die Erwartung: Der Verkauf von einem Pfund losen Reis dauerte 1 Minute und 13 Sekunden, bei einer Vorverpackung verkürzte sich dieser Vorgang auf 5 Sekunden.

Noch 1953 mußte die Verpackungsindustrie eine Kampagne »gegen die Bedürfnislosigkeit in der Verpackung beim Endverbraucher« *(zit. n. Wildt, S. 205)* einleiten. Nur vier Jahre später läßt sich die wachsende Bedeutung der Verpackung mit einem »neuartigen Lebensstil« in Verbindung bringen. Zwei Faktoren waren für den veränderten Stellenwert der Verpackung ausschlaggebend: Zum einen wurde zunehmend mehr Wert auf Bequemlichkeit gelegt, zum anderen verfügten die Verbraucher über mehr Freizeit, die unter dem Motto »Zurück zur Natur« gestaltet wurde. Gerade diese Bewegung habe Anstöße für eine verbesserte Verpackung gegeben: »Leichte Transportmöglichkeit, einfache Entnahme- und Verschlußmöglichkeit, hygienische Aufbewahrung des Inhalts, Angabe von Gebrauchsanweisungen und Erläuterungen, portionsmäßige Größe – alles das sind Eigenschaften, die der Mensch heute nicht mehr missen will.« *(Gebhard, S. 28)* Die Camping- und Freizeitwelle, auf die hier Bezug genommen wird, rollte erst langsam an, und nur ein kleiner Teil der deutschen Bevölkerung frönte diesem Vergnügen. Dennoch gab sie zahlreiche Impulse für Verpackungen. Noch entscheidender war: Man verband nun eine bestimmte Verpackung mit Modernität und praktischer Handhabung. Die alte Gewohnheit, altes Packpapier sorgfältig glattzustreichen und wiederzuverwenden, der 1953 noch 60 Prozent aller Bundesbürger folgten, erschien angesichts neuer Materialien und besserer Verpackung altmodisch und überholt.

Selbst Kartoffeln, die bis Mitte der 50er Jahre zumeist direkt beim Bauern im Zentner bestellt und eingekellert wurden, gab es ab 1955 in Portionsbeuteln à 5, 25 und 50 Kilogramm. Besonders das Landwirtschaftsministerium forderte neue Verpackungsformen. 1954 verkaufte die Milchwirtschaft drei Millionen 1-Liter-Packungen, und das Ministerium propagierte den endgültigen Einstieg in die Einwegpackungen für Milch, in der Hoffnung, den Frischmilchabsatz von 0,35 Liter pro Tag und Kopf – einer im Vergleich zur Schweiz und den USA niedrigen Menge – erheblich zu steigern. *(Kluge, Bd. 1, S. 207)*

1955 konnte das Marktforschungsinstitut Emnid den Großkaffeeröstern melden, daß sich zwei Drittel aller Kunden für eine fabrikverschlossene Markenpackung aus Papier, Metallfolie oder einer Dose entschieden hatten. Die Verbraucher hatten dies mit der besseren Aroma- und Frischhaltung begründet.

Das Interesse am höheren Umsatz schließlich war Industrie und Handel gemeinsam. Die Werbewirtschaft bemühte sich um die ansprechende Gestaltung der Produkte, die auch im SB-Markt für sich selbst sprachen. Dabei hatten die Werbefachleute klare Vorstellungen von ihrer Arbeit: »In diesem ›Wunderland‹ muß die Ware selbst so verlockend und ansprechend sein, daß sie ganz allein beim Käufer ankommt, die Produktgestaltung muß durch in die Tiefe gehende Verbraucherforschung dem derzeitigen Marktleitbild von dieser Ware voll entsprechen. Darüber hinaus ist die Verpackung die wichtigste Brücke, die durch Bildhaftigkeit, Farbe und Textgestaltung ihren Inhalt seelisch eingänglich macht und den Impulskauf allein auszulösen vermag.« (Bickel, S. 133)

Verpackung im Wandel der Zeiten: 1938, 1956, 1969 und 1987.

Bei Rama gelang es den Gestaltern vorbildlich, diesem Anspruch gerecht zu werden. Margarine hatte es in den 50er Jahren gegenüber der »guten Butter« schwer und wurde in vielen Familien nur als billiger Ersatz angesehen. Der Hersteller Union Lebensmittel hatte die Rama der 20er und 30er Jahre in einer schlichten gelben Verpackung mit stilisiertem blauem Band, die an ein kleines Päckchen mit Schmuckband erinnerte, verkauft. Mit einem »h« im Markennamen als Rahma weckte sie Assoziationen an Milchprodukte. Im Wirtschaftswunder-Deutschland reichte der Name allein jedoch nicht aus. Der Hersteller wickelte sein Produkt nun in goldfarbenes Papier und warb für das Kunstfett aus der Retorte der Lebensmittelchemie mit einer jungen holländischen Bäuerin in Landestracht unter dem Slogan »Delikateß-Margarine«. Mit Aussagen wie »naturfeiner Geschmack«, »mit Eigelb und Vitaminen, ohne künstliche Farbstoffe« versuchte man ihr den Makel eines »Ersatz-Produktes« zu nehmen. Die Käuferinnen sahen Butter zwar weiterhin als besonders wertvollen Brotaufstrich an, dennoch konnte die Markenmargarine ihren Umsatz steigern und zum meistverkauften Kunstfett der Nachkriegszeit werden.

Die deutschen Produzenten folgten amerikanischen Marktstrategen. Der amerikanische Werbefachmann Raymond Loewy hatte in seinem in Deutschland weit verbreiteten Buch »Häßlichkeit verkauft sich schlecht« schon 1953 darauf hingewiesen, wie sehr Farbe und

Form der Warenverpackung den Absatz beeinflußten. *(Loewy, S. 48ff.)* Die Werbefachleute hatten deshalb längst Psychologen an der Gestaltung von Verpackungen beteiligt, die ihnen Hinweise auf die Farbgebung lieferten: Mit der Farbe Braun würde im allgemeinen Schokolade, Kakao oder Kaffee assoziiert, während Gelb Molkereiprodukte versinnbildlichte. »Bedeutet die Farbe etwas Schlechtschmeckendes oder gar Giftiges, wie dies z.B. bei bestimmtem Rot und Grün oder Violett der Fall ist, so wäre eine solche Wahl für das Schicksal des Produkts verhängnisvoll.« *(Kropf, S. 107)*

Die deutsche Verpackungsindustrie boomte, und der Erfolg ihrer Produkte war unübersehbar. Ende der 80er Jahre erzielte diese Branche bereits einen Umsatz von über 30 Milliarden DM – ebensoviel wie die deutsche Textilindustrie. *(Grefermann, S. 17)* Innerhalb von 30 Jahren versechsfachten sich die in Deutschland hergestellten Verpackungsmengen. *(RG Verpackung im RKW, 1955–1995)* Die Zahl der Verpackungen wuchs aber wesentlich dramatischer, denn der Industrie gelang es, ihren Materialeinsatz pro Verpackung erheblich zu reduzieren. Die Konservendose von 1953 wog noch 110 Gramm, 1974 lag ihr Gewicht bei 80 Gramm. Für die Herstellung von 25 000 Kaffeemilchdosen benötigte man 1953 1 Tonne Weißblech, 21 Jahre später waren es nur noch 0,63 Tonnen. Gleichzeitig substituierte die Industrie schwere Verpackungsmaterialien, z.B. Glas, durch wesentlich leichtere, zumeist Kunststoffe. *(Bruchhausen, S. 97)*

Bis zur ersten Ölpreiskrise 1973/74 wuchs die produzierte Menge kontinuierlich. Bei den dann steigenden Kunststoffpreisen ging der Lebensmittelhandel nicht mehr so großzügig mit Verpackungen um. Für die Plastiktüte wurde nun erstmals ein kleiner Geldbetrag von 10 Pfennig erhoben. Die Öffentlichkeit begann, Verpackungen wiederzuverwenden, so daß deren Herstellung zeitweilig stagnierte.

Nicht nur die Verpackungsmenge, auch das Verpackungsmaterial veränderte sich. 1955 bestanden knapp 60 Prozent aller Verpackungen

Packmittelproduktion in 1000 Tonnen 1953–1992

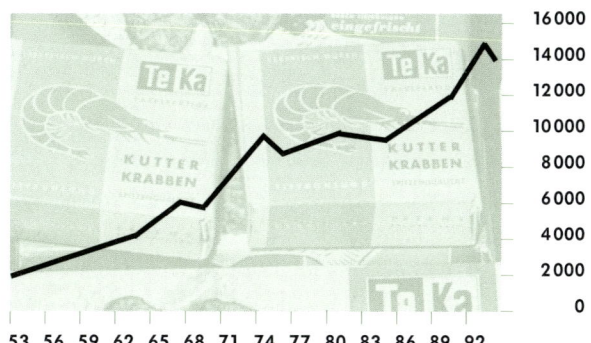

16000
14000
12000
10000
8000
6000
4000
2000
0

53 56 59 62 65 68 71 74 77 80 83 86 89 92

aus Papier oder Pappe, und der Kunststoffanteil lag bei unter
1 Prozent. Dieses Verhältnis wandelte sich rasch: Papier und Pappe
machten 1960 erstmals weniger als 50 Prozent aus, und der Plastikanteil stieg im folgenden Jahrzehnt auf über 20 Prozent. 1956 kostete
eine Tonne Kunststoff in der Herstellung noch 8 500 DM, bis 1970
fielen die Kosten um knapp die Hälfte. Demgegenüber erhöhten sich für
alle anderen Materialien die Preise. Trotz der Verteuerung des Plastiks
infolge der Erdölkrise ist heute eine Tonne Kunststoff nominell
noch billiger als Mitte der 50er Jahre.

Kunststoffe waren das Verpackungsmaterial der späten 50er
und 60er Jahre schlechthin. *(Teuteberg 1995, S. 129)* Ende der 80er Jahre
verkaufte die Kunststoffindustrie knapp 30 Prozent ihrer Produkte
für Verpackungszwecke, in erster Linie für Nahrungsmittel.

Das Kaiserliche Patentamt hatte schon 1912 das erste Patent auf
den Kunststoff Polyvinylchlorid, bekannt als PVC, erteilt. Doch
erst 1935 konnte die IG Farben das noch spröde und instabile Material
durch den Zusatz von schwermetallhaltigen Stabilisatoren, Gleitmitteln
und Weichmachern zu einem verarbeitbaren Kunststoff entwickeln.
(Henseling, S. 14) Im Haushalt der 30er Jahre waren Kunststoffe nur als
Gehäuse für Haushaltsgeräte und Radios bekannt. In den 50er Jahren
kamen flexible Plastik-Materialien zum Masseneinsatz. Plastik war
nun allseitig verwendbar. Ein Zeitgenosse lobte 1957 das PVC als den
Werkstoff der modernen Zeit, der »in Gestalt einer effektvoll genarbten,
modernen Handtasche die heutige Frauenwelt begeistert, der als
Dekorationsfolie oder Wandbespannung unsere Innenräume ziert, der
sich als bunte Markise über unseren Köpfen spannt, der als neuzeit-
licher, abwaschbarer Bucheinband den Bibliophilen, als aufblasbares
Schwimmtier unsere Kinderwelt erfreut, als Getränkeleitung
Flüssigkeiten befördert, dient in chemischen Betrieben zum Aufbau
hochbeständiger Apparate, führt als Abgaskanal saure Gase oder
Dämpfe, kleidet als moderner Faserstoff für Spezialzwecke arbeitende
Menschen, die gegen aggressive Wirkungen geschützt werden sollen,
oder behebt als ›Antirheumatiker-Unterwäsche‹ die Schmerzen
geplagter Zeitgenossen.« *(Hausen 1957, S. 306)*

1952 stellte die deutsche Chemie gerade 23 100 Tonnen PVC
her, bis 1990 steigerte sie ihre Produktion um über 5 700 Prozent auf
1,32 Millionen Tonnen. *(Informationen des VCI, Frankfurt, Stat. Bundesamt, Fachserie 4)* Doch das PVC war nur eine von ca. 50 Kunststoffgruppen. Für die Verpackungsindustrie spielten nur die billigeren
eine Rolle: Polyäthylen, Polypropylen, Polyäthylenterephthalat und
Polystyrol. Innerhalb dieser Kunststoffgruppen gab es wiederum bis zu
50 verschiedene Produkte mit unterschiedlichen Eigenschaften.

Besonders fasziniert waren Handel und Konsumenten von der durchsichtigen Zellglasverpackung, bekannt unter dem Markennamen Cellophan. Durch seine Transparenz konnte der Kunde die Ware wie bisher in Augenschein nehmen, gleichzeitig schützte das neue Material vor unhygienischen Zugriffen. Ganze Produktgruppen wie Fleisch- und Wurstwaren, aber auch Obst und Gemüse konnten so als Selbstbedienungsartikel verkauft werden. Der französische Soziologe und Kulturkritiker Jean Baudrillard hat die Doppeldeutigkeit der durchsichtigen Verpackung beschrieben: »Es materialisiert vor allem die fundamentale Zwiespältigkeit in der Stimmung: Nähe und Distanz, Vertraulichkeit, Mitteilsamkeit und Zurückgezogenheit. Man blickt hindurch, ohne fassen zu können.« *(Baudrillard 1974, S. 55)* Die persönliche Atmosphäre des Einzelhandelsgeschäftes mit Bedienung, mit dem ihm eigenen Geruch der frischen und bekannten Waren, trat hinter der neuen, schnelleren und rationelleren Selbstbedienung zurück.

Selbst Milchprodukte, die aus der jeweiligen Region kamen, wandelten sich über ihre Verpackung zu einem national erhältlichen Industrieprodukt mit internationalen Zutaten. Der Siegeszug des Joghurts Mitte der 60er Jahre konnte erst beginnen, als die Kunststoffbecher die 100 Gramm schweren Glasbehälter ablösten. Sie wogen weniger als ein Zehntel. Dadurch konnten die Molkereien längere Transportwege in Kauf nehmen und zu überregionalen Anbietern werden, zumal der verbesserte Alufolienverschluß ihre Haltbarkeit erhöhte. *(Umweltbundesamt, S. 87)* Die werbewirksame Rückkehr zu umweltfreundlicherem und wiederverwendbarem Glas in den 80er Jahren war jedoch kein Gewinn für die Gesamtökobilanz dieses Milchproduktes. Die Zutaten des aus Stuttgart stammenden Landliebe-Joghurts mußten Tausende von Kilometern zurücklegen: Die Erdbeeren stammen aus Polen; die Firma Zentis in Aachen verarbeitet sie zum Fruchtkonzentrat und transportiert sie nach Stuttgart zur Molkerei; die Aluminiumverschlüsse werden aus Holland importiert, das Pappgebinde aus Österreich; nur die Milch kommt aus dem näheren Umkreis. Jedes einzelne 150-Gramm-Glas hat so einen Transportweg von etwa zehn Metern mit einem 40 Tonner-Lkw zurückgelegt. *(Böge, S. 131ff.)* Dabei gilt diese im Glas verkaufte Marke als umweltfreundlich und die Sorte Wilderdbeeren als besonders natürlich.

Neue »Verpackungen« veränderten auch eindrucksvoll den Bierkonsum. *(Pritzl, S. 209ff.)* Bis in die ersten Nachkriegsjahre hinein wurde das Bier überwiegend offen ausgeschenkt. Selbst zu Hause bevorzugte der biertrinkende Mann Faßbier. Er schickte zu diesem Zweck seine Kinder in die Kneipe, um in einem Maßkrug das Getränk holen zu lassen. 1938 füllten bayerische Brauereien noch knapp zwei Drittel ihrer Produkte im Faß ab. 1953 erklärte bei einer Befragung knapp die Hälfte aller Verbraucher, sie würden ihr Bier nur zu Hause trinken, es sei gemütlicher und billiger. Da die Frauen fast ausschließlich die Einkäufe erledigten, brachten die Brauereien kleinere Flaschen auf den Markt. Sie konnten »praktischer befördert werden, z.B. in der Einkaufstasche der Hausfrau«. Bier wandelte sich von einem Kneipengetränk für Männer zu einem Familiengetränk, das die Erwachsenen auch zum Essen tranken. Von 1951 bis 1959 stieg der Bierkonsum im Bundesgebiet von 38 auf 89 Liter, in Bayern von 82 auf 162 Liter. Das Flaschenbier hatte sich endgültig durchgesetzt. Die Dortmunder Union-Brauerei, die 1948 nur 17 Prozent ihres Bieres in Flaschen abfüllte, steigerte diesen Anteil bis 1958 auf knapp 50 Prozent. 1959 bevorzugten in Bayern schon zwei Drittel der Biertrinker Flaschen. *(Bennemann, S. 202)*

Zu ihrer Durchsetzung unterstützten die Brauereien den Einzelhandel bei der Finanzierung der Kühlvitrinen, um dem Verbraucher den gewohnten, kühlen Biergenuß zu ermöglichen. *(Riethmüller, S. 104f.)* Das einzig Störende für Verbraucher und Handel waren die leeren Flaschen. Die Hausfrau mußte sie wieder mit zum Laden schleppen und der Handel wertvolle Ladenfläche bereithalten, um das Altglas anzunehmen. Die Glasindustrie entwickelte deshalb in den 60er Jahren die wesentlich leichteren Einwegglasflaschen. Wog eine 0,33-Liter-Getränkeflasche Anfang der 60er Jahre noch ca. 450 Gramm, so brachte sie Ende des Jahrzehnts nur noch 225 Gramm auf die Waage. *(Bruchhausen, S. 97)* Mit einer Werbekampagne unter dem Motto: »Ex und Hopp!« versuchte die Verpackungsindustrie die neuen Einwegflaschen durchzusetzen.

Das gewählte Motto war dabei wesentlich mehr als nur der Slogan eines Industriezweiges: Es symbolisierte das veränderte Verhalten der konsumierenden Bevölkerung. Sie konnte sich nicht nur mehr leisten, sondern sie konnte es sich sogar erlauben, Dinge wegzuwerfen, die eigentlich noch brauchbar waren und in früheren Zeiten auch Verwendung gefunden hätten.

Selbst in Gaststätten, die früher fast alles wiederverwerteten und die ihre Essensreste häufig der Landwirtschaft zur Verfügung gestellt hatten, hielt die Verpackung Einzug. Besonders die Fast-Food-Ketten trugen zum Anstieg der Einweg-Verpackungen bei. Allein McDonald's produzierte davon Anfang der 90er Jahre jährlich bis zu 30 000 Tonnen. *(Pater, S. 28)*

Die rasch steigende Verpackungsmenge mußte auch entsorgt werden. Vor Einführung des Grünen Punktes bestand nach

Berechnungen des Umweltbundesamtes das Volumen des Hausmülls zu 50 Prozent aus Verpackungen aller Art. *(Grefermann, S. 31)* Doch noch in den 50er und 60er Jahren war der wachsende Müllberg kein Problem. In einem Land, in dem fast alles statistisch erfaßt wurde, gab es bis 1971 keine Zahlen über den eingesammelten Müll. Erst 1971 berechneten Statistiker die Müllmenge eines jeden Bundesbürgers: Sie kamen auf 263 Kilogramm Hausabfall.

Die Bundesbürger wurden sich langsam der Folgen ihres bisherigen Müllverhaltens – »Aus dem Auge, aus dem Sinn« – bewußt. Die Politik war dem gern gefolgt, doch die Müllgebirge waren nun nicht mehr zu übersehen. Der Journalist Theo Löbsack schrieb schon 1971: »Anrüchigster Teil der Umweltgefahren, mit dem wir das ›Nest der Menschheit‹ von morgen beschmutzen, ist die sogenannte Müll-Lawine.« *(Löbsack, S. 1285)* Der Bundestag verabschiedete deshalb 1972 das erste Abfallgesetz, um eine umfassende Überwachung der Abfallentsorgung zu ermöglichen. 1975 beschloß die sozialliberale Bundesregierung ihr erstes Abfallwirtschaftsprogramm. Die Müllvermeidung hatte danach oberste Priorität. *(Schenkel / Faulstich, S. 108)* Doch die Müllberge wuchsen weiter. Ende des Jahrzehnts war mit 380 Kilogramm der einstweilige Höchststand erreicht. Innerhalb von zehn Jahren hatte sich die Hausmüllmenge pro Kopf um knapp 45 Prozent erhöht. Lediglich die Zahl der aufgedeckten Müllskandale deutete auf einen Bewußtseinswandel hin.

Wohlstandsgesellschaft heißt immer auch Müllgesellschaft.

Nicht nur die Menge wuchs, auch die Zusammensetzung veränderte sich: »Uns Wohlstandsbürgern präsentiert sich das anrüchige Problem inzwischen in der Vielgestaltigkeit dessen, was der Mensch nicht mehr braucht. Der heutige Müll ist ein erstaunlich buntes Sammelsurium. Er besteht aus Glas und Papier, aus Blech und Textilien, Knochen und Speiseresten, aus ranzig gewordenen Salben, aus Medikamenten und ätzenden Flüssigkeiten, aus Kartons und

Kunststoff, aus Möbeln, Gummi, demolierten Kühlschränken, alten Nähmaschinen, Autowracks und Tierkadavern.« *(Löbsack, S. 1287)*

Die Vielgestaltigkeit des Mülls führte zu Problemen. Der steigende Anteil von Papier und Pappe, die die Haushalte wegen fehlender Öfen nicht mehr verbrennen konnten, hatte den Brennwert des Abfalls erhöht und ließ die Müllverbrennung lohnend werden. Der steigende Plastikanteil aber setzte zunehmend Schadstoffe frei, mit denen die Betreiber nicht gerechnet hatten. Man wußte um die Gefährlichkeit von Chlorprodukten, nicht umsonst galt Chlorgas als eines der gefährlichsten Giftgase. Bei den ersten Versuchen der industriellen Produktion von PVC hatte sich Anfang der 30er Jahre Salzsäure abgespalten. Doch erst durch zahlreiche Krankheitsfälle bei Arbeitern in PVC-Betrieben Anfang der 70er Jahre dämmerte den Verantwortlichen, daß die Verbrennung von PVC-haltigem Müll problematisch sein könnte. *(Henseling, S. 16)* Als Mitte der 80er Jahre Brandexperten bei einem Feuer in einer Kölner Drahtfabrik das Seveso-Gift Dioxin nachwiesen und auf die Verbrennung von PVC zurückführten, geriet dieser Kunststoff endgültig in die öffentliche Kritik.

Weder die Deponierung noch die Verbrennung konnten die Müll-Lawine stoppen. Die Hausmülldeponien fraßen immer mehr kostbaren Grund und Boden in Stadtnähe, und die Müllverbrennung erwies sich als risikoreich. Als umweltfreundliche Alternative verordnete Anfang der 90er Jahre der damalige Bundesumweltminister Klaus Töpfer den Gelben Sack. In ihm sollten Wertstoffe gesammelt werden, um sie wiederzuverwerten. Seit den 80er Jahren hat sich die Hausmüllmenge nicht mehr wesentlich erhöht, sie stagniert seitdem auf hohem Niveau. Die Verpackungslawine hingegen ist noch immer nicht gestoppt.

Der Sieg der Verpackung über die lose Ware in den 50er und 60er Jahren war mehr als nur die Durchsetzung von Markenartikeln und die Einführung der Selbstbedienung. Er verschob gleichzeitig die Bedeutung des reinen Gebrauchswertes der Lebensmittel. Auch Nahrungsmittel unterlagen fortan einer Warenästhetik, der sich kaum jemand entziehen konnte. So wie sich die Agroindustrie darum kümmerte, daß die Äpfel immer glatter, roter und grüner wurden, sorgte die Verpackungsindustrie dafür, daß Reis nicht mehr als unverändertes Naturprodukt, sondern als »parboiled« im Kochbeutel und weiterer Umhüllung größeren Absatz fand. Neben dem erwarteten kulinarischen Genuß bekam der Einkauf einen ästhetischen Reiz. Die direkte Aura, die man durch das Betasten und den Geruch in sich aufnehmen konnte, war einer indirekten, industriell hergestellten Ware gewichen.

Tiefkühlkost: »Die kalte Wahl«

»Der anspruchsvolle Verbraucher mit hohem Realeinkommen verlangt dagegen eine bestimmte Gemüseart zu jeder Jahreszeit in einem bestimmten Zustand. Er ist nicht bereit, sich seinen Speisezettel von dem Saisonangebot bestimmen zu lassen und auch nur zeitweise auf die Vorteile des verarbeiteten Gemüses zu verzichten«, so beschrieb ein Kieler Wirtschaftswissenschaftler 1958 die Wünsche besserverdienender Konsumenten. *(Heineke, S. 43)*

Wenn es das ganze Jahr über frisches Obst und Gemüse von fast allen Kontinenten gab, warum sollte es dann nicht möglich sein, einheimische Produkte das ganze Jahr über genießen zu können? Zwar gab es schon vorher Formen der Konservierung, etwa das Einkochen oder das Salzen. Beide Verfahren waren aus der Not geboren, Obst und Gemüse, Fleisch und Fisch möglichst lange nach ihrer Ernte bzw. der Schlachtung oder dem Fang aufzubewahren. Die Lebensmittel veränderten bei diesen Verfahren jedoch das Aussehen und den Geschmack. Am besten konservieren ließen sie sich durch Kälte, aber das war bis Ende des 19. Jahrhunderts nur dort möglich, wo die Natur es erlaubte. Man mußte Eisgruben bauen oder Eisbarren, die man im Winter aus den zugefrorenen Flüssen herausgeschlagen hatte, in kühlen Gewölben lagern, damit sie bis in den Sommer hinein hielten. Alles in allem blieben derartige Methoden aber marginal. *(Hellmann, S. 229f.)*

Erst die Entwicklung der künstlichen Kältetechnik durch Carl Linde seit 1870 führte zur technisch-industriellen Anwendung dieser Konservierungsmethode. Die Kältekonservierung wurde zunächst im Fischfang eingesetzt. Der dänische Fischhändler A. J. Ottesen entwickelte das Schockgefrieren, bei dem der Fisch in ein bis drei Stunden auf rund minus 20 Grad eingefroren und damit fast unbegrenzt haltbar gemacht wurde. *(Teuteberg 1993, S. 143)* In Deutschland setzte das Unternehmen Nordsee die Ottesensche Erfindung in großindustrielle Praxis um. Um 1925 rüstete es die ersten Tiefkühlfangschiffe aus, die den Fisch noch an Bord filetierten und tiefgefroren. Dem amerikanischen Fischereibiologen Clarence Birdseye gelang es schließlich, die Tiefkühltechnik im großen Stil auch auf andere Produkte anzuwenden. Sein Platten-Froster-Verfahren verzichtete auf den Kontakt zwischen Gefriergut und Salz, wie es noch bei Ottesen zum Erreichen der tiefen Temperaturen notwendig gewesen war. Damit konnte Birdseye auch kartonverpacktes Obst und Gemüse einfrieren. Seine »Quick Frozen Foods« wurden in den USA der 30er Jahre ein riesiger Erfolg. Im Zweiten Weltkrieg benutzten sowohl die Alliierten als auch die deutschen Truppen in ihrem Nachschub Tief-

kühlkost, die nach dem Birdseye-Verfahren hergestellt war.
Das Oberkommando des Heeres rühmte sich, dieses Verfahren 1940 in
Zusammenarbeit mit einer Tochter des Unilever-Konzerns in
Deutschland eingeführt zu haben. *(Hilck/Auf dem Hövel, S. 34)*

In den ersten Notjahren der jungen Bundesrepublik fehlten jedoch
die Voraussetzungen, um die Tiefkühlkost auf breiter Basis durchzu-set-
zen. Die Haushalte hatten keinerlei Möglichkeiten, gefrorene
Nahrungsmittel längere Zeit aufzubewahren. Kühlschränke – insbesondere mit einem 3-Sterne-Gefrierfach – galten als absoluter Luxus.
Der Versuch einiger Unternehmen, mit tiefgefrorenem Gemüse 1948/49
auf den Markt zu kommen, scheiterte kläglich.

**Carl Linde entwickelte
die künstliche Kältetechnik
und wurde damit zum
Wegbereiter des frostigen
Vergnügens.**

Im Frühjahr 1956 nahm das Landwirtschaftsministerium in Zusammenarbeit mit Industrie und Handel im Raum Köln-Bonn einen
Absatztest für tiefgefrorene Erzeugnisse vor, um der deutschen
Landwirtschaft weitere Märkte zu schaffen. Der Test wurde ein der-
artiger Erfolg, daß er wegen Warenmangels vorzeitig abgebrochen
werden mußte. *(Heineke, S. 113)* Bei der Umrüstung auf
Selbstbedienung erhielten deshalb viele Geschäfte auch eine kleine
Kühlvitrine. 1955 hatten sich erst 2 500 Geschäfte eine Tiefkühltruhe
angeschafft, 1964 wurde die 100 000. Truhe in einem SB-Geschäft
installiert. Doch das Sortiment war Ende der 50er Jahre mit 21 Artikeln
noch wenig imponierend. *(Lambertz, S. 129)*

Wenngleich die meisten Einzelhaushalte zu diesem Zeitpunkt
keine eigene Kühlmöglichkeit besaßen, konnten sich Familien in
ländlichen Regionen bis 1960 durch Gemeinschaftsgefrieranlagen mit
350 000 Einzel-Lagerfächern an Tiefkühlnahrung gewöhnen. *(Von Poser
und Groß-Naedlitz, S. 151)* Die Benutzer froren dort in erster Linie

eigene Produkte aus Hausschlachtung oder dem Obst- und
Gemüseanbau ein. Man brachte der neuen Technik fast unbegrenztes
Vertrauen entgegen und versprach sich eine unbegrenzte Haltbarkeit:
»Beim Einfrieren war man gespannt, wie es wieder ›rauskommt‹ …
Am Anfang hat man Wunder und was g'moint, wie lange man das auf-
heben kann!« *(Interview mit Frau A. G., zit. n. Krieg, S. 145)*
1956 aß jeder Deutsche 150 Gramm Tiefgekühltes pro Jahr, schon fünf
Jahre später verzehrte er mit 1 900 Gramm mehr als das Zehnfache.
Über 60 Prozent aller bundesdeutschen Hausfrauen hatten zu diesem
Zeitpunkt schon tiefgefrorene Lebensmittel gekauft. Besonders
beliebt waren Geflügel, Gemüse und Fisch.

Die Tiefkühlwirtschaft revolutionierte neben dem Fischfang
ebenfalls die deutsche Geflügelwirtschaft. Der Cuxhavener Fischmehl-
produzent Heinz Lohmann begann am 1. Januar 1956 in einer
ehemaligen Fischmehlfabrik mit der Produktion der ersten deutschen
Tiefkühlhähnchen. *(Hilck /Auf dem Hövel, S. 52)* Binnen kurzer Zeit
baute er den größten europäischen Mast- und Zuchtbetrieb für
Geflügel auf. Seine Goldhähnchen – so der Markenname – waren bald
in jedem Supermarkt, der eine Gefriertruhe besaß, zu haben. Die
Tiefkühlkost ebnete siedlungs- und regionalspezifische Unterschiede
ein. Aus der Festtagsgans oder -ente wurde bald das Sonntags-
tiefkühlhähnchen, und der Fisch setzte nun als Stäbchen seinen Siegeszug von der Küste und größeren Städten aufs Land und in kleine
Gemeinden fort.

Den Großstädtern bot sich die Chance, über das globale Angebot hinaus die heimischen Sorten (Spinat, Erbsen, Wurzeln) das ganze
Jahr zu genießen und die traditionellen Gerichte saisonunabhängig
auf den Tisch zu bringen. Die Konservenkost war demgegenüber nur
eine geschmackliche Notlösung, wie die folgende Äußerung einer Hamburger Hausfrau (geb. 1923) zeigt: »Ich kann mich noch gut an die
erste Packung Tiefkühlerbsen im Winter 1959/60 erinnern. Während das
Dosengemüse doch immer etwas metallen schmeckte, waren die
Tiefkühlerbsen nach dem Auftauen so frisch und knackig wie aus dem
Schrebergarten der Eltern.« *(Frau L.)*

Die Werbung für Tiefkühlkost zielte auf die berufstätige Hausfrau
und Singles, die schnell eine schmackhafte Mahlzeit zaubern wollten.
Die Hausfrauen könnten damit 70 Prozent der Zeit einsparen, die
sie sonst normalerweise für das Kochen einplanen mußten, versprachen
die Werbekampagnen der Elektrizitätswirtschaft. Mit Delikateß-
angeboten wie tiefgefrorenen Forellen und Eiscreme oder dem Vor-
kochen und dem Einfrieren des ganzen Menüs hatte die Hausfrau nun
endlich Gelegenheit, ein arbeitsfreies und entspanntes Wochenende

zu genießen – das Essen für die Familie mußte ja jetzt nur noch aufgewärmt werden. Die Fünftagewoche der kochenden Hausfrau war für die Stromerzeuger keine unmögliche Vision mehr. *(Stender 1993, S. 94f.)* Es stellte sich zwar heraus, daß die behaupteten 70 Prozent Zeitersparnis nicht erreicht werden, aber der Zeitgewinn war dennoch unübersehbar. *(Heineke, S. 41)*

Anstelle einzelner Komponenten setzten die Hersteller bald auf vollständige Tiefkühl-Fertigmenüs. Schon in den 40er Jahren hatte man sich in den USA diese zukünftige Form der Ernährung wie folgt ausgemalt: »Das Fleisch wird tonnenweise unter der Aufsicht weltberühmter Köche gekocht und in Behälter verpackt. Eine Minute vor dem Essen setzt dann die Hausfrau die vorgekochte gefrorene Mahlzeit in einen speziellen Elektroofen. Dieser Ofen arbeitet mit Hochfrequenz-Radiowellen, die alle Mahlzeiten gleichmäßig durchdringen, in wenigen Minuten klingelt eine Glocke, und das ganze Essen springt heraus wie ein Toast.« Und der in den USA lehrende Schweizer Historiker Sigfried Giedion kommentierte diese Vorstellung: »Die Hausfrau vergeudet dabei doch keine Zeit mit dem Öffnen der Konservenbüchsen und mit dem Warten, bis das Essen warm ist. Alles geschieht augenblicklich. Sie braucht nicht einmal zu spülen, denn die Plastikbehälter werden fortgeworfen.« *(Giedion, S. 654)*

Diese Vision war allerdings nicht ganz frei von Enttäuschungen, wie ein amerikanischer Essenstester 1957 berichten mußte: »In einem typischen Supermarkt können die Kunden heute attraktiv verpackte, tiefgekühlte vollständige Mahlzeiten erhalten – samt Fleisch, Kartoffeln, Gemüse, Tunke und sogar ›Cranberry‹-Sauce –, welche nur im Ofen kurz aufgewärmt werden müssen, um zum Essen bereit zu sein. Und nach dem Essen sind keine Pfannen und Teller zu waschen. Die Verpackung selbst ist eine kombinierte Kochpfanne und Platte, und man wirft sie nach dem Essen einfach weg. Indessen muß ich zugeben, daß diese Essen in bezug auf den Geschmack immer noch etwas zu wünschen übriglassen.« *(Silvers, S. 22)*

Doch wegen der verlockend schnellen Zubereitung kamen auch in Deutschland immer mehr Fertiggerichte auf den Tisch. Ihr Anteil am Gesamtverbrauch von Tiefkühlprodukten lag zwar noch 1960 bei weniger als einem Prozent, aber schon 20 Jahre später beanspruchten sie ein Siebtel des Platzes in den Verkaufstruhen der Geschäfte.

Den größten Boom erlebten die TK-Produkte in den 80er Jahren: 1990 war jede vierte gekaufte Packung ein Fertiggericht oder eine Tiefkühlpizza. *(Deutsches Tiefkühlinstitut)* In ihrer schnellen und einfachen Zubereitung sind sie die scheinbar optimalen Mahlzeiten für berufstätige Singles und Eltern. Ein Zehnjähriger hat kein Problem, die Pizza in den Backofen oder das Fertigmenü in die Mikrowelle zu schieben. Alle Beteiligten sind zufrieden – die Eltern, weil das Kind eine warme Mahlzeit gehabt hat, das Kind, weil Pizza sowieso zu seinen Lieblingsgerichten gehört. Die Verwandlung von der handgemachten und belegten Pizza aus ihrer Ursprungsregion in Süditalien zu einem tiefgekühlten Industrieprodukt eines Lebensmittelkonzerns verweist eindrucksvoll auf die Veränderungen der Ernährungsgewohnheiten in der Bundesrepublik.

Die Tiefkühlkost konnte nicht nur neue Produkte bieten, sondern auch an deutsche Gewohnheiten anknüpfen und herkömmliche Produkte wie Kartoffeln in neuer Form präsentieren: Pommes Frites für den Hausgebrauch entwickelten sich neben den Fertiggerichten zum großen Renner der Tiefkühltruhe. 1989 machte die Tiefkühlindustrie bereits 22 Prozent ihres Umsatzes mit den gefrorenen Kartoffeln – Tendenz steigend. Noch in den frühen 50er Jahren galt diese Art der Kartoffelzubereitung als besondere Delikatesse, die den Gaststätten vorbehalten war. Über die rasch zunehmende Zahl der Schnellimbisse demokratisierte sich der Pommes-Frites-Genuß. Der französische Name wurde eingedeutscht und als Pommes gingen sie in den Varianten »mit Mayo«, »mit Ketchup« oder mit beidem als »Pommes rot-weiß« in einer spitzen Papiertüte über den Tresen. Diesen Genuß konnte man sich auch nach Hause holen, als Beilage zu einem guten Sonntagsessen für die ganze Familie oder als schnelle, moderne »Sättigungsbeilage«, die besonders bei Kindern und Jugendlichen Anklang fand.

Das Sonntagshähnchen kam nicht mehr aus Omas Hühnerstall, sondern aus der Tiefkühltruhe.

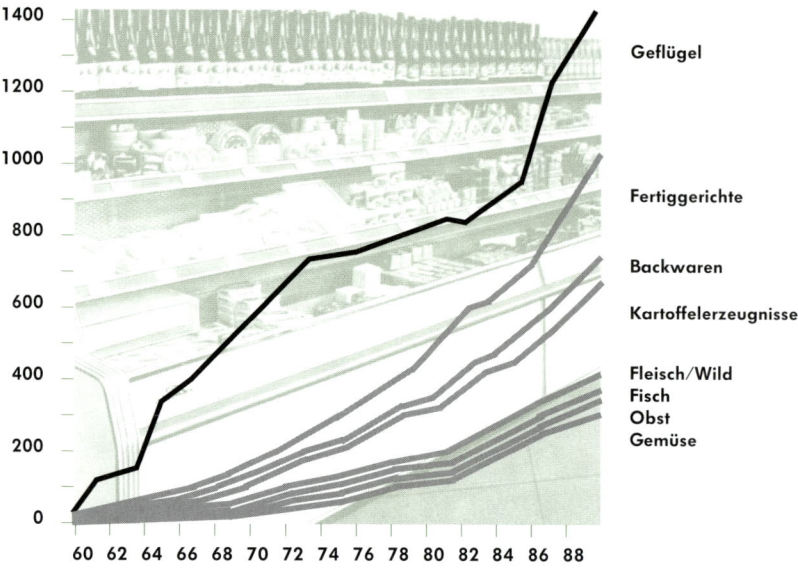

Geflügel

Fertiggerichte

Backwaren

Kartoffelerzeugnisse

Fleisch/Wild
Fisch
Obst
Gemüse

60 62 64 66 68 70 72 74 76 78 80 82 84 86 88

Verbrauch von
Tiefkühlkost
in 1000 Tonnen
1960–1989

Der Bundesbürger steigerte im Lauf der Jahre seinen Appetit auf Gefrorenes beträchtlich. Bis 1990 hatte er die verspeiste Menge auf 15 Kilogramm verhundertfacht. Von der Vorstellung, bei dieser Kost handele es sich um Delikatessen für den Normalverbraucher zu erschwinglichen Preisen, war der Handel rasch abgekommen. Heute gilt Tiefgekühltes in der Sprache der Marketing-Strategen als »Convenience-Produkt«, als Bequemlichkeits-Essen, dessen Bedeutung weiter wächst. *(Aubry, S. 138)*

Diese Bequemlichkeit hat jedoch ihren ökologischen Preis. Über gestiegene Transportkilometer und verstärkte industrielle Herstellung hinaus zeichnen sich die Tiefkühlprodukte durch einen hohen Energieverbrauch aus.

Um die enzymatische Reaktion in den Lebensmitteln weitgehend zu unterbinden und so eine lange Haltbarkeit zu garantieren, darf die Kühlkette nicht unterbrochen werden. Sie besteht aus sieben bzw. acht Gliedern, in denen jeweils Temperaturen von -18 bis -40 Grad nötig sind:

- Schnell-/Schockgefrieren bei -40°
- Lagerung im Herstellungsbetrieb bei mindestens -24°
- Transport bei -25° bis -23°
- Lagerung im Zentralkühlhaus/Großhandelslager bei -25° bis -23°
- Transport zum Auslieferungslager bei -23° bis -20°
- Transport zum Einzelhandel bei -20° bis -18°
- Einzelhandels-Kühltruhe bei -21° bis -18°
- Verbraucher-Tiefkühlfach mindestens -18°

Durch die Einführung von Kühl- und Tiefkühlmöbeln in den Selbstbedienungsmärkten soll sich dort allein im Jahr 1961 der Energieverbrauch verdoppelt haben. *(Stender 1995, S. 168)* Um seine Tiefkühlwaren richtig zu lagern, verbrauchte jeder westdeutsche Konsument 1989 420 kWh Strom im Jahr. Ein Mensch müßte Tag für Tag 14 Pkw mit einem Gewicht von 1,5 Tonnen in den dritten Stock tragen, um die entsprechende Energie aufzubringen!

Landwirtschaft: »...und ewig stinken die Felder«

Die Industrialisierung der Lebensmittelherstellung beschränkte sich nicht nur auf Konservierungsmethoden und die Entwicklung neuer Produkte. Während sich die Konsumenten daran gewöhnten, tiefgekühlte Erbsen und vorfabrizierte Fertigmenüs zu essen, ersetzten auch in der Landwirtschaft industrielle Produktionsmethoden nach und nach die traditionellen Formen. In den Jahren seit 1950 entwickelte sich die Landwirtschaft zur Agroindustrie, und die Veränderungen dieses Wirtschaftszweiges haben die Lebensweisen und die Umwelt in der Bundesrepublik wesentlich stärker verändert, als es auf den ersten Blick vermuten läßt.

Nach einem Handbuch zur Verbraucherpolitik, das Ende der 50er Jahre erschien, sollte die Landwirtschaft die Verbraucher mit ausreichenden, billigen und vielseitigen Nahrungsmitteln versorgen. *(Bock/Specht, S. 159f.)* Deshalb forderten die Autoren ihre Intensivierung, denn »die Hälfte der Zeit der Landarbeit wird unproduktiv und sinnlos vertan«. Flurbereinigung und Technisierung reichten nach ihrer Ansicht nicht aus, »wenn die deutschen Landwirte nicht durch Erziehung und Ausbildung einen solchen Grad geistiger Beweglichkeit erreichen, daß sie die wissenschaftlichen Methoden moderner Landbestellung elastisch den jeweiligen Bedürfnissen anpassen können«. In seiner sehr populären Schrift »Wer wird die Scheunen füllen?« kritisierte der Landwirtschaftsexperte Hermann Priebe die Antiquiertheit des bäuerlichen Denkens und forderte die Umwandlung der Höfe in kapitalistische Betriebe mit allen Konsequenzen. Rationalität und die technisch-ökonomische Revolution müßten in das Dorf einziehen, um die agrarische Produktivität zu steigern. Es könne nicht angehen, daß es in der zunehmend technisierten Welt der 50er Jahre einen Wirtschaftszweig gebe, der noch entscheidend von äußeren Einflüssen wie Wetter, Wachstumsrhythmen und Fruchtbarkeitsgesetzen abhängig sei.

Damit formulierten sowohl die Autoren des Verbraucherhandbuchs als auch Priebe ein Dilemma, das erst in den 80er und 90er Jahren allmählich offenkundig geworden war. Artgerechte Tierhaltung und ökologische Landwirtschaft waren zu Beginn des Jahrhunderts die Regel, weniger aus moralischen und ökologischen Gründen als vielmehr wegen der noch nicht vorhandenen technischen Geräte und industriellen Methoden, chemischen Düngemittel und pharmazeutischen Produkte.

Noch 1951 schrieb der damalige Landwirtschaftsminister Wilhelm Niklas: »Schon der Ausfall einiger Lebensmittel-Dampfer kann zu Schwierigkeiten führen. Es muß auf alle Fälle gesichert oder erreicht werden, daß die deutsche Landwirtschaft so viel Nahrungsmittel erzeugt, daß sie in der Lage ist, wenigstens vorübergehend eine Notversorgung der Verbraucher durchzuführen.« *(Zit. n. Kluge, S. 87)* Bis zum Ende der 50er Jahre war die Sorge um eine krisenfreie und ausreichende Ernährung Grundlage des wirtschaftspolitischen Handelns. Es mußten die Voraussetzungen geschaffen werden, um die Versorgung der Bundesbürger mit billigen Nahrungsmitteln zu gewährleisten. Dieses Ziel wurde erreicht: Für einen Nettostundenlohn konnte sich ein Arbeiter 1950 gerade einmal 390 Gramm Koch-

Rindfleisch erlauben; vierzig Jahre später bekam er dafür mehr als das Vierfache, 1,7 Kilogramm. Zu Recht lobte sich 1996 der Deutsche Bauernverband: »Die Landwirtschaft ist die Inflationsbremse Nummer eins.« *(Zit. n. Bremer Nachrichten, 4./5.4.1996)* Gleichzeitig sank der Anteil der Landwirtschaft am Bruttoinlandsprodukt von knapp 10 auf 1,5 Prozent.

Doch sehen wir uns die Folgen dieser Entwicklung etwas genauer an. Noch 1968 zeichneten bei einer Befragung von hessischen Schülern über die Situation der Bauern und der Landwirtschaft viele ein geradezu idyllisches Bild: *(Nitzschke, S. 37f.)* Die Landwirte galten als »Glückspilze«, die in der freien Natur, umgeben von schönen Pflanzen und glücklichen Tieren arbeiten durften. In dieser Vorstellung spielten moderne Technik oder Landmaschinen keinerlei Rolle. Das Bild entsprach zu diesem Zeitpunkt jedoch längst nicht mehr der Realität. Aber durch die vergleichsweise geringen Veränderungen in der Landwirtschaft in den Jahrzehnten oder sogar Jahrhunderten zuvor war die Vorstellung vom idyllischen Landleben, zu dem das Bild vom Bauern mit einem Pferdegespann gehört, tief verankert. Noch um 1950 gab es tatsächlich über 1,6 Millionen Pferde als Zugtiere, und die reale Pferdestärke bestimmte die bäuerliche Arbeit in den zumeist kleinen Familienbetrieben.

Fast ein Viertel aller Beschäftigten arbeitete zu diesem Zeitpunkt noch in der Landwirtschaft. Dieser Teil der alten, traditionellen Welt verschwand in den folgenden zwei Jahrzehnten fast völlig oder paßte sich den industriellen Anforderungen des Massenmarktes an. 1970 lebten nur noch 8,5 Prozent aller Erwerbstätigen direkt von der Landwirtschaft, 1994 war ihr Anteil auf unter 3 Prozent gesunken. Noch eindrucksvoller sind die absoluten Zahlen: Von über fünf Millionen Beschäftigten in diesem Wirtschaftszweig Ende der 40er Jahre blieben Anfang der 90er Jahre knapp 900 000 mit weiterhin abnehmender Tendenz. *(Stat. Jahrbücher, verschiedene Jg.)*

Damit wandelte sich auch der Charakter der Bundesrepublik. In der jungen Republik spielte die Landwirtschaft sowohl ökonomisch als auch kulturell eine bedeutende Rolle . Heute dagegen stellen die Bauern in vielen Dörfern eine Minderheit dar, und die neuen Bewohner, die auf das Land gezogen sind, beschweren sich über den Geruch der frisch gedüngten Felder oder das morgendliche Krähen der letzten verbliebenen Hähne. *(Der Spiegel 40/1996)*

Noch in den 50er Jahren hatte die Mehrheit der Deutschen persönliche Beziehungen zum Land, und es gab kaum jemanden, der nicht verschiedene Rinderarten voneinander unterscheiden konnte, etwa die Schwarz-Bunte aus Schleswig-Holstein oder das braun-weiße

Fleckvieh aus dem Allgäu. Anfang der 90er Jahre sandten bei einem Malwettbewerb ein Drittel der Kindergartenkinder ihre Bauernhofposter mit lilafarbenen Kühen ein. *(Tornow)* Die reale Kuh war in der Vorstellung der Kinder von dem virtuellen Milka-Werbetier abgelöst worden. Landleben und Landwirtschaft kamen im Alltag der Kinder nicht mehr vor, sie wurden zu einem abstrakten Begriff.

Nicht nur Kinder, auch Erwachsene konnten sich kaum noch ein Bild von den Veränderungen machen, die sich auf diesem Sektor abspielten. Die Auswirkungen von schlechten Witterungsbedingungen, die im 19. Jahrhundert nationale Ernährungskrisen und -katastrophen hervorgerufen hatten, führen nun bestenfalls zu leichten Preisschwankungen. Eine miserable Apfelernte im Alten Land bei Hamburg wird durch süddeutsche oder französische Produkte ersetzt. Die Auflösung der alten agrarischen Strukturen veränderte sowohl die Wahrnehmung des Landlebens als auch die Landschaft.

Entscheidender Motor dieser Veränderungen waren die Flurbereinigungsverfahren in den 50er und 60er Jahren. Knapp die Hälfte der gesamten landwirtschaftlichen Nutzfläche des späteren Bundesgebietes sollte zunächst neu zugeschnitten werden. *(Kluge, S. 72)* Man wollte dabei kleinere landwirtschaftliche Flächen zu größeren »nach neuzeitlichen, betriebswirtschaftlichen Gesichtspunkten« *(Flurbereinigungsgesetz 1953, §1)* zusammenlegen. Die Ergebnisse schienen für die Flurbereinigung zu sprechen: Die Flächengrößen wuchsen, die Ernteerträge nahmen zu.

Landwirtschaftsexperten präsentierten 1965 am Beispiel eines Dorfes in Schleswig-Holstein ihre Erfolge *(Gummert/Werschnitzky, S. 20ff.)*: Die einzelnen Bauern in Bohmstedt (Nordfriesland) hatten vor der Regulierung bis zu 29, danach im Durchschnitt nur noch 6 Felder zu bearbeiten. In vielen Bereichen stiegen die Ernteerträge um über ein Viertel. Die Tatsache, daß in diesem Zeitraum von 1956 bis 1961 zugleich zwölf Höfe (= 12,5 %) aufgeben mußten, erwähnten die Untersuchenden zwar beiläufig, erläuterten dies aber nicht.

Auf die typische schleswig-holsteinische Knicklandschaft nahmen Flurbereiniger und Bauern keine Rücksicht: Die Hecken auf der Geest und die kleinen Gräben, die die Niederung durchzogen, galten als überflüssig und produktivitätshemmend. Sie wurden beseitigt, um größere durchgehende Flächen zu schaffen.

Damit veränderte sich nicht nur das Landschaftsbild, sondern auch die Artenvielfalt, und die Anzahl der Tiere nahm rapide ab. *(Heydemann/Meyer, S. 183)* Den goldgrünen Laufkäfer (Carabus auratus) mit seiner erzgrünen, stark gerippten Oberfläche und seiner glänzenden, schwarzen Unterseite kannte noch zu Beginn der

Artenabnahme 1951/52–1978/82	Individuenabnahme 1951/52–1978/82	Acker-Ökosystem
52%	50%	Wintergetreide/Sandboden
32%	21%	Wintergetreide/Lehmboden
15%	19%	Hackfrucht/Sandboden
45%	27%	Hackfrucht/Lehmboden

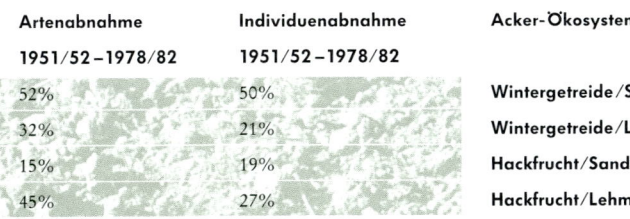

Veränderungen der Biodiversität durch Landwirtschaft 1951–1982

50er Jahre jedes Kind. 1981 teilten Heydemann und Meyer aufgrund ihrer Untersuchungen von Artenvielfalt auf Lehmböden in Schleswig-Holstein lapidar mit: »Häufigkeitsgrad: fast ausgerottet«.

Der Rückgang der Artenvielfalt ist in erster Linie auf die Flurbereinigungsarbeiten zurückzuführen. Für die Öffentlichkeit blieb dieser Prozeß unbemerkt, weil er schleichend stattfand und weil sie die Veränderungen in der Landschaft immer weniger wahrnahm. Doch die ökonomischen Ergebnisse reichten vielen Fachleuten nicht aus: »Die Flurbereinigung bisheriger Art hat den großen Fehler, daß sie an der bestehenden Größenstruktur der Betriebe nichts ändern kann, es aber in Zukunft müßte.« *(Zit. n. Kroés, S. 72)* Noch 1960 hatten knapp 75 Prozent aller Bauernhöfe eine Fläche von weniger als 10 Hektar; 1989 war ihr Anteil auf unter 50 Prozent gesunken.

Die Mechanisierung und Chemisierung ab den 50er Jahren verwandelten die früher für die Region produzierende Landwirtschaft in einen Zulieferer der national oder sogar global agierenden Nahrungsmittelindustrie. Immer mehr und stärkere Ackerschlepper ersetzten die alte Pferdekraft. *(Rais, S. 696ff.)* Bis 1970 stieg ihre Anzahl kontinuierlich. Danach gönnten sich die Bauern eher leistungsstärkere Traktoren. Zeitungen setzten später das Ende der 50er Jahre mit dem Beginn der »Trecker-Zeit« gleich *(Neue Westfälische, 31.5.1988, zit. n. Radkau 1993, S. 151).* Der Mähdrescher, noch in den 20er Jahren Symbol amerikanischer Landwirtschaft, tauchte in den 50er Jahren immer häufiger in bundesdeutschen Dörfern auf, zunächst auf größeren Höfen oder als Gemeinschaftsfahrzeug.

Auch diese »Erfolgsgeschichte« der Modernisierung der Landarbeit hatte ihre Kehrseiten. Die als sinnvoll erachtete Mechanisierung trieb die kleinen und mittleren Familienbetriebe in eine Kostenfalle, aus der es zwei Auswege zu geben schien: Entweder man gab den Betrieb auf und versuchte sich bestenfalls als »Mondscheinbauer«, der nun in der Stadt sein eigentliches Einkommen sicherte, oder man sprang auf das sich immer schneller drehende Rad der Agro-Industrialisierung auf. Um die Erträge zu steigern, mußte man sich offenbar von den natürlichen Gegebenheiten wie Boden, Witterung und Klima so unabhängig wie möglich machen. Technik und chemische Industrie

Männer und ihre Maschinen – auf dem Lande gehörte das einfach zusammen.

boten die geeigneten Hilfsmittel an. Das Arbeiten auf der Basis von Erfahrungen, die über Generationen überliefert waren, galt als unökonomisch und rückschrittlich. Mit Hilfe von Traktoren und Mähdreschern, Düngemitteln und Bioziden machten sich moderne Bauern die bearbeitete Natur weitestgehend untertan. Der Ernteertrag wuchs, neue Pflanzenzüchtungen zeigten bessere Ergebnisse, ihre höhere Anfälligkeit, z.B. für Pilzbefall, konnte man mit einem Fungizid scheinbar in den Griff bekommen.

Die ökonomischen Notwendigkeiten und der Glaube an den chemischen Fortschritt, der Ertragssteigerungen ohne Nebenwirkungen versprach, führten zu einem explosionsartigen Anstieg des Düngemittel- und Pflanzenschutzmitteleinsatzes. *(Rat von Sachverständigen für Umweltfragen, S. 145)* In den Jahren des Wirtschaftswunders blühte die Düngemittelindustrie förmlich auf. Der Stickstoffeinsatz stieg wie nie zuvor in der Geschichte. Die Ernteerträge wuchsen, doch ihre Steigerungsraten konnten bis Mitte der 80er Jahre nicht mit denen des Düngers mithalten.

Der hohe Stickstoff-Düngerverbrauch erwies sich bald als problematisch. Im Gegensatz zu anderen Düngern wird Stickstoff nicht an feste Bodenbestandteile gebunden, so daß wesentliche Teile schnell wieder ausgewaschen werden und als Nitrat im Grundwasser das daraus gewonnene Trinkwasser unbrauchbar machen. Der Einsatz stagniert seit den 80er Jahren auf hohem Niveau.

Doch gerade in diesem Jahrzehnt spürte die Bevölkerung in weiten Teilen der Bundesrepublik zum ersten Mal am eigenen Leib die schleichende Veränderung in der Landwirtschaft. Immer mehr Trinkwasserbrunnen wurden geschlossen, weil der Grenzwert von 50 Milligramm Nitrat pro Liter zum Teil bis zum sechsfachen überschritten wurde.

Der Bürgermeister auf der Nordseeinsel Föhr mußte etwa 1987 Mineralwasser-Gutscheine für Eltern mit Kleinkindern austeilen, weil der Nitratanteil im Leitungswasser die Gesundheit der Kinder ge-

Stickstoff-Eintrag in kg/ha 1900–1990

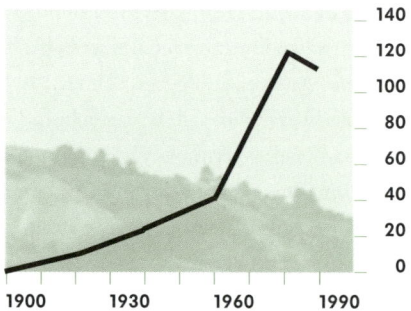

fährdete. *(Der Spiegel, 32/1988, S. 37)* Ende der 80er Jahre konnte nur
jedes zweite bundesdeutsche Wasserwerk seinen Kunden nitrat-
armes Trinkwasser bieten. Heute werden noch immer ca. 200 Kilogramm Stickstoff-Dünger auf jeden Hektar Ackerboden ausgebracht.
(Loske, S. 64)

Die Biozide (u.a. Herbizide, Fungizide, Insektizide) versprachen
den Landwirten, den natürlichen Feinden ihrer Erzeugnisse schneller,
nachhaltiger und weniger arbeitsintensiv Herr zu werden. Die Maikäfer
konnten sie in vorchemischen Zeiten nur erfolgversprechend be-
kämpfen, indem jeder einzelne von ihnen mühselig abgesammelt wurde.
Wieviel einfacher war da das Besprühen mit DDT, das in wenigen
Arbeitsstunden alle Maikäfer ums Leben brachte; es schien zudem weniger gefährlich zu sein als die bis dahin eingesetzten arsenhaltigen
Pflanzenschutzmittel. Warum also sollte der einzelne Landwirt auf
diese Methode der Ertragssicherung und -steigerung verzichten?

Allein von 1971 bis 1980 stieg die abgesetzte Wirkstoffmenge an
Bioziden um knapp 70 Prozent auf fast 33 000 Tonnen. *(Industrie-
verband Agrar e.V.)* Die Folgen zeigten sich erst viel später. 1995 stellte
Greenpeace eine Studie vor, in der in fast ganz Bayern, einem
großen Teil von Baden-Württemberg, in Niedersachsen und Schleswig-
Holstein, aber auch in anderen Bundesländern die festgestellten
Biozidmengen über dem EG-Grenzwert für das Grundwasser lagen.
Ein entscheidendes Grundnahrungsmittel, das Wasser, ist flächen-
deckend pestizidverseucht. *(Der Spiegel, 2/1995, S. 33)*

Nicht minder gravierend als der Ackerbau veränderte sich auch
die landwirtschaftliche Tierhaltung. Den Bauern, der noch Anfang
der 50er Jahre einige Kühe oder Schweine gehalten hatte, auf dessen Hof
einige freilaufende Hühner ihr Futter suchten und der das Fleisch zumeist an einen örtlichen Schlachter für den lokalen und regionalen
Verbrauch lieferte, gab es Ende der 60er Jahre nicht mehr. Er mußte
sich spezialisieren, etwa als Geflügelbauer, der für einen nationalen
Markt produzierte.

Das bundesweit vertriebene Tiefkühlgeflügel förderte die industrielle Hühnerhaltung in ungeahntem Maße. Allein in dem als Hähnchen-
paradies bekannten Landkreis Vechta in Niedersachsen verdoppelte
sich zwischen 1970 und 1980 der Hühnerbestand von 7,8 Millionen auf
14,6 Millionen Stück Federvieh. Um ihre Gülle loszuwerden,
pflanzten die Geflügelfabriken Mais, der besonders gülleresistent ist
und als stärkehaltiges Futtermittel zugefüttert werden kann. Der
Geruch dieser Felder wurde zum neuen Wahrzeichen dieser Gegend
und inspirierte Filmemacher zu Titeln wie »Und ewig stinken
die Felder«. Die massenhaft ausgebrachte Gülle trug zu den steigenden

	1950	Prozent	1987	Prozent	
Energieverbrauch	73	31	21	4	**Menschliche Arbeit**
in der Landwirtschaft	84	36	0	0	**Tierische Arbeit**
in 10^{12} kJ	23	10	263	48	**Brenn-/Treibstoffe/Strom**
	54	23	263	48	**Externe Energie**
Externe Energie:	244	100	547	100	**Summe**

Energieeinsatz für die Herstellung von Düngemitteln, Maschinen und importierten Futtermitteln.

Nitratbelastungen im Trinkwasser bei, und der Maisanbau veränderte sichtbar die Landschaft. 1989 waren über eine Million Hektar, das entspricht etwa der Fläche Schleswig-Holsteins, Maisland – zwanzigmal soviel wie noch dreißig Jahre zuvor.

Dieser Wandel in der Landwirtschaft schlug sich nicht zuletzt in einem wesentlich höheren Energieaufwand nieder. *(Heinz/Reinhardt, S. 228)* Der Einsatz menschlicher und tierischer Arbeitskraft ist vernachlässigbar klein geworden, demgegenüber hat sich der Energieverbrauch für die Hilfs- und Betriebsmittel um das Elffache gesteigert.

In den Versorgungsnöten der Nachkriegsjahre setzten die Bundesbürger in die Landwirtschaft ihre Ernährungserwartungen und -hoffnungen. Sie rationalisierte erfolgreich und streifte damit ihr Image als rückschrittlicher Wirtschaftszweig ab. Gleichzeitig rückte sie im Bewußtsein des einzelnen immer mehr in den Hintergrund. Erst in den 80er Jahren erinnerte man sich wieder an die Landwirtschaft, als die Folgen ihrer Industrialisierung im Alltag unmittelbar spürbar wurden. Die periodisch wiederkehrenden und in den Medien präsentierten Lebensmittelskandale – von nitratverseuchtem Trinkwasser, Salmonellenbefall der Legebatterien-Hühner, Antibiotika-Rückständen im Schweinefleisch bis hin zum Rinderwahnsinn – führten zu einer veränderten Wahrnehmung, und die Einstellung zu bestimmten Nahrungsmitteln änderte sich – allerdings jeweils nur sehr kurzfristig. Nachdem die Landwirtschaft in den Wirtschaftswunderjahren fast völlig aus dem Blickfeld geraten war, wird ihr heute wieder verstärkt die Aufmerksamkeit der Öffentlichkeit zuteil. Nun betrachtet man ihren Umgang mit der Natur kritisch wie bei kaum einem anderen Wirtschaftszweig.

Mutters kleine Helfer

»Ich backe gern, ich koche gern, aber dieses Putzen, das schafft mich. Und dafür gibt's auch noch keine richtige Technik. Sicherlich, es gibt den Staubsauger, aber den muß man auch in die Hand nehmen. Oder Fensterputzen! Ach Gott, da müßte es irgendwas geben, da sollte die Industrie mal was entwickeln: 'nen richtigen ›Meister Propper‹, den man ins Zimmer stellen kann und dann rumwirbeln läßt.« *(Eine Hausfrau, geb. 1935, zit. n. Meyer/Schulze 1994, S. 50)*

Am Wandel des Konsumverhaltens hatten elektrische Haushaltsgeräte wesentlichen Anteil. Es gab sie zwar zum Teil schon seit Beginn des Jahrhunderts, doch für eine Arbeitnehmerfamilie waren sie unerschwinglich, und Frauen aus den unteren Schichten kamen bestenfalls als Dienstmädchen damit in Berührung. Dies änderte sich in der Nachkriegszeit. Die Geräte versprachen ihren Besitzerinnen nicht nur Arbeitserleichterung, sondern erfüllten tatsächlich die Erwartungen – zumindest was schwere körperliche Arbeit anging.

Die Haushaltsgeräte wandelten jedoch auch ihren Charakter. Was vor zwei Generationen noch undenkbar erschien, wurde zur Selbstverständlichkeit. Der Ehemann legte sie seiner Frau unter den Weihnachtsbaum. Ein amerikanischer Publizist kommentierte treffend: »Wenn die Frau heute einen rosa Mixer oder ein neues Staubsaugermodell unter dem Weihnachtsbaum findet, freut sie sich gewöhnlich darüber. Man stellt sich Großmutters Überraschung vor, hätte sie einen hölzernen Kochlöffel gefunden oder einen mit einer Schleife verzierten Mop!« *(Wolff, S. 183)*

Allein in der Küche besitzt heute jeder bundesdeutsche Haushalt zehn bis fünfzehn Elektrokleingeräte. Sie werden vor allem in der Weihnachtszeit gekauft und bilden vermutlich das Trostpflaster für mangelnde Beteiligung des männlichen Haushaltsmitglieds an der Hausarbeit. *(Torniepoth, S. 61)* Im Gesamthaushalt befinden sich im Durchschnitt 30 elektrische Geräte, vom Elektrorasierer, der elektrischen Zahnbürste über die Stereoanlage, vom Radiowecker bis zum E-Rasenmäher.

Die Familien schafften Haushaltsgeräte in erster Linie an, um die körperlichen Mühen der Hausarbeit zu vermindern. Die Elektrifizierung der Haushalte ging aber wesentlich weiter. Elektrogeräte konnten nicht nur die alltägliche Arbeitsbelastung vermindern, sondern sorgten auch für das nötige häusliche Vergnügen. Dank elektrischer Haushaltshilfen blieb noch genügend Zeit und Kraft, sich anderen, angenehmeren Dingen zuzuwenden. Plattenspieler und Stereoanlage, Fernseher und Video sorgten für die notwendige Entspannung im eigenen Heim.

Nicht nur Bauknecht weiß, »was Frauen wünschen«

Im Sommer 1955 führte das Institut für Demoskopie in Allensbach eine Umfrage zur sozialen Wirklichkeit in der Bundesrepublik durch. Dabei interessierte die Meinungsforscher auch, welche Konsumgüter die Bundesbürger zu einem »angemessenen Lebensstandard« zählten. *(Lenz, S. 56)* Die ersten Anzeichen des materiellen Wohlstandes und des Massenkonsums hatten deutliche Spuren in Form von Wünschen hinterlassen. Zum ersten Mal in der Menschheitsgeschichte schienen sie für eine Mehrheit realisierbar, wenn auch nicht allesamt gleichzeitig und sofort.

Auf der Wunschhitliste dominierte die Technik, und Spitzenreiter waren eindeutig Haushaltsgeräte: Die drei ersten Plätze sowohl bei Männern als auch bei Frauen belegten Maschinen, die die Arbeit im Haushalt erleichtern halfen. Danach setzten die Männer andere Prioritäten. Da sie sich kaum an der Hausarbeit beteiligten, richteten sie ihr Augenmerk auf eine angenehmere Freizeitbeschäftigung. Der Fernsehapparat rangierte auf der männlichen Wunschskala zusammen mit dem Staubsauger mit 29 Prozent auf Platz drei. Im Gegensatz dazu betrachtete ihn nur jede fünfte Frau als Gegenstand eines angemessenen Lebensstandards. Die Mühen der Nachkriegszeit und der ersten Jahre des Wirtschaftswunders ließen die Arbeitserleichterung und ein schönes Zuhause mit Polstersessel und Bodenteppich verlockender erscheinen als die Tele-Vision.

Noch größer war die Diskrepanz beim Auto. Obwohl es sich die Durchschnittsfamilie Mitte der 50er Jahre keineswegs leisten konnte,

Wünsche für einen angemessenen Lebensstandard BRD, 1955 in Prozent	Insgesamt	Männer	Platz	Frauen	Platz	
	49	48	1	50	1	Elektrischer Kühlschrank
	35	34	2	37	2	Elektrische Waschmaschine
	31	29	3	32	3	Staubsauger
	27	26	5	28	4	Polstersessel
	26	24	6	28	4	Großer Bodenteppich
	25	29	3	21	11	Fernsehempfänger
	24	24	6	24	8	Heißwasserbereiter
	23	20	9	25	6	Stehlampe
	23	20	9	25	6	Elektrische Küchenmaschine
	21	20	9	21	11	Couch
	21	19	12	22	9	Nähmaschine
	21	19	12	22	9	Wäscheschleuder
	18	21	8	15	17	Personenwagen
	17	17	14	18	14	Musikschrank
	16	17	14	16	15	Fotoapparat

nahm es in der männlichen Traumwarenwelt einen zentralen Platz ein. Lediglich den Realisten unter den Männern waren andere Objekte wie der große Bodenteppich noch wichtiger. Bei den Frauenbegehrlichkeiten spielte der Wagen eine marginale Rolle. Er landete abgeschlagen auf dem 17. Platz der weiblichen Wunschliste.

Die Frauen sorgten dafür, daß ihre Familien das Geld eher für nützliche Haushaltsgegenstände ausgaben: »Ich hab dann darauf bestanden mitzuentscheiden, was mit unserem Geld passiert und was angeschafft wird. Zum Beispiel habe ich durchgesetzt, daß dann zuerst ein Kühlschrank angeschafft wurde, bevor wir angefangen haben, für unser Auto zu sparen.« *(Frau O., geb. 1910, zit. n. Meyer/Schulze 1985, S. 181)*

Wenn es allein um Arbeitserleichterung gegangen wäre, dann hätte die Waschmaschine unangefochten Platz eins belegen müssen. Sie versprach, dem schweren Waschtag ein für allemal ein Ende zu machen. Dennoch lag der Kühlschrank eindeutig in der Gunst vorn. Für jede zweite Frau gehörte der Kühlschrank unverzichtbar zu einem guten Lebensstil.

Der amerikanische Publizist Vance Packard, der mit seiner Kritik an der Werbung, die unter dem Titel »Die geheimen Verführer« Ende der 50er Jahre erschienen war, weltweit für Furore sorgte, hatte einen der Gründe für die Kühlgeräte-Vorlieben ausfindig gemacht: »Die Psychologen fanden es bezeichnend, daß die Haushaltsgefriertruhe in breiten Kreisen nach dem 2. Weltkrieg beliebt wurde, als viele Familien nicht allein der Ungewißheit der Ernährung, sondern ziemlich aller Dinge voll innerer Angst lebten. Diese Menschen gedachten gern der früheren Zeiten voll Sicherheit und Geborgenheit, was sie unterbewußt in ihre Kindheit zurückversetzte, wo es die Mutter gab, die sie niemals enttäuschte, und wo Liebe eng mit Nahrung spenden verknüpft war. Die Forscher schlußfolgerten: ›Für viele verkörpert der Froster die Gewähr, daß immer Nahrung im Hause ist, und Nahrung im Haus bedeutet Sicherheit, Wärme und Geborgenheit.‹« *(Packard, S. 94)*

Nicht zufällig hatten die Nationalsozialisten neben dem Volkswagen als zweites neues Massenkonsumgut den »Volks«-kühlschrank propagiert. Er spielte im Zusammenhang mit den Bemühungen um die als kriegswichtig angesehene Nahrungsmittel-Autarkie eine wichtige Rolle. 1936 wurde er im Rahmen der Kampagne »Kampf dem (Lebensmittel-)Verderb!« popularisiert, und der Erfolg blieb nicht aus. »Die Nachfrage war so groß, daß in den kleinen Größen die Lagerbestände der Firmen nicht ausreichten und teilweise Lieferschwierigkeiten entstanden.« *(Elektrizitätswirtschaft, Jg. 1937, S. 67, zit. n. Böschen, S. 61)*

Diese Euphorie war übertrieben, denn mit weniger als 100 000 Geräten 1937 besaß nicht einmal ein Prozent aller Haushalte einen Kühlschrank. Er blieb ein Luxus-Konsumgut für Besserverdienende. Der Elektrokühlschrank kostete zu diesem Zeitpunkt viermal soviel wie ein Natureisschrank, und sein Fassungsvermögen von 70 bzw. 90 Litern war eher bescheiden. *(Teuteberg 1993, S. 133ff.)* Aber er faszinierte alle, denn er versprach, die sparsame Haushaltsführung zu unterstützen und galt als Symbol des Fortschritts.

An diese Bilder knüpften in den 50er Jahren die Elektrogerätehersteller, aber auch die Verbraucher selbst an. Der Vorschlag des christsozialen Finanzministers Schäffer, den Kühlschrank mit einer Sondersteuer für Luxusgüter zu belegen, wurde kaum ernsthaft diskutiert. Statt dessen forderte Prof. Müller-Armack, einer der geistigen Urheber der sozialen Marktwirtschaft, daß Güter des gehobenen Bedarfs über Kleinkredite »auch minderbemittelten Verbraucherschichten nahegebracht werden, um den Lebensstandard zu heben.« *(Müller-Armack, in: Welt der Arbeit, 5.6.1953)* Das Wirtschaftsministerium hatte zu diesem Zweck eine Sonderaktion vorgeschlagen, in der der Handel Kühlschränke mit einer 30monatigen Teilzahlung anbieten sollte. Unter der Überschrift »Einen Kühlschrank in jeden Haushalt!« polemisierte die Gewerkschaftszeitung »Welt der Arbeit« gegen den Vorschlag, über Teilzahlungsgeschäfte den Einstieg in die Konsumwelt zu ermöglichen. *(Theunert)*

Wirtschaftsminister Ludwig Erhard griff höchstpersönlich in diese Debatte ein. Es ging um die Grundzüge seiner Wirtschaftspolitik, und der Kühlschrank stand als Symbol im Mittelpunkt der Diskussion. Für Erhard war er zu diesem Zeitpunkt noch immer ein Luxusartikel. Der Massenkonsum könne sich aber nur entfalten, wenn der Luxus von heute zum allgemeinen Konsum von morgen werde, verteidigte er den Vorschlag seines Ministeriums: »Durch die Konsumfinanzierung aber ist eine erweiterte Produktion (z.B. an Kühlschränken) eingeleitet worden, und aus dieser Produktion entsteht neues Einkommen, das seinerseits wieder kaufend zum Markt drängt.« *(Erhard)*

1955 forderte die CDU/CSU-Bundestagsfraktion von der Bundesregierung, die Anschaffung von arbeitssparenden Geräten zur Entlastung der Hausfrau attraktiver zu machen. Ihr schwebte dabei vor, die Anschaffungskosten von der Lohn- und Einkommenssteuer abzusetzen. Da diese Geräte explizit als Ersatz für die nicht mehr vorhandenen Haushaltshilfen gelten sollten, scheute sich das Bundeswirtschaftsministerium, entsprechenden Vorschlägen zu folgen, um keine Debatte um die Kosten der Hausarbeit auszulösen. *(Orland, S. 238)*

Das alte Sparsamkeitsideal, das noch dem nationalsozialistischen Slogan »Kampf dem Verderb!« zugrunde gelegen hatte, spiegelte sich in der ersten Hälfte der 50er Jahre in der Kühlschrank-Werbung wider, die an das nationalsozialistische Konzept eines Volkskühlschrankes anknüpfte. 1952 warb ein Gerätehersteller in der Frauenzeitschrift Constanze mit der Zeile: »Arme Fliege bittet um eine kleine Gabe, da alle Lebensmittel jetzt im Alaska-Volkskühlschrank sind!« *(Zit. n. Stender 1993, S. 87)* Die Hamburger Elektrizitätswerke bewarben die Kühltechnik mit folgendem Verschwendungsszenario: »An einem hellen Sonnentage stand der Mülleimer behaglich und prall gefüllt unter dem Spülstein, wie immer. Eben hatte die Hausfrau ihn wieder tüchtig versorgt. Neben Staub und Blechbüchsen die üblichen Wurstzipfel, die den Sonnenstrahlen am Vortag nicht standgehalten hatten, harte Brotschnitten, Käsestücke, auf denen der Schimmel wahre Orgien feierte, dazu Fleisch und Fischreste, eingetrockneten Rettich, angefaulte Tomaten und Salat. Je tiefer die Strahlen der Sonne in die Küche drangen, desto glücklicher war der phlegmatische Geselle.« *(Zit. n. Stender 1995, S. 150)*

Diese Wegwerforgie hatte allerdings nur wenig mit der Realität der meisten Haushalte zu tun, wie Frau H. (geb. 1935) verdeutlichte: »Also Kühlschränke gab's ja kaum, als ich damals geheiratet habe. Ich bin jeden Tag einkaufen gegangen, hab' alles in kleinen Mengen, aber frisch eingekauft. Das mußte man ja auch, wenn man keine Gelegenheit zum Kühlen hatte. Die Milch mußte sofort abgekocht werden, die war frisch aus dem Kuhstall, die war ja nicht behandelt wie heute. Und die Margarine beispielsweise, die wurde im Sommer in einem Steintopf mit einem Glaseinsatz im Wasser aufbewahrt. ... Ja, es konnten eben immer nur kleine Portionen gekauft werden, und es wurde so gekocht, daß keine Reste anfielen. Wenn etwas übrig blieb, wurde es gleich am nächsten Tag gegessen. Weggeworfen wurde früher ja nichts.

Das kam nicht in Frage. Erst wurden die Reste weggegessen, dann wurde neu gekauft.« *(Frau H., zit. n. Meyer/Schulze 1994, S. 17)*

Sehr zu ihrem Leidwesen konnte Frau H. keine Vorratshaltung betreiben und mußte täglich einkaufen. Die Selbstbedienung mit ihren verpackten Waren bot Abhilfe, und Frau H. rationalisierte nun ihren bisher täglichen Einkauf. Die Milch mußte nicht mehr jeden Tag vom Milchladen, das Brot vom Bäcker und der Aufschnitt bei der Fleischerei geholt werden. Im SB-Geschäft war alles zu erhalten, sie konnte größere Mengen und Sonderangebote auf Vorrat einkaufen. Der Kühlschrank schuf die notwendigen Voraussetzungen, all diese Lebensmittel zu Hause angemessen aufzubewahren.

Der wohlgefüllte Kühlschrank war gleichermaßen Symbol einer fortschrittlichen Lebensweise und einer fürsorglichen, modernen Hausfrau. Entsprechend warb Bauknecht 1959: »Da glänzt ein hellrotes Weingelee, dort warten Kugeln aus Sardellenbutter neben dem geeisten Obstsalat. Und der Rest der schönen Zitronencreme kann ruhig noch bis morgen stehen. Er bleibt ja köstlich frisch. Die leere Ecke rechts aber, die lockt am meisten, gerade weil sie leer ist und gefüllt werden muß. Unser schöner ›Bauknecht‹ soll doch tatsächlich und restlos ausgefüllt werden.« *(Zit. n. Stender 1993, S. 87)*

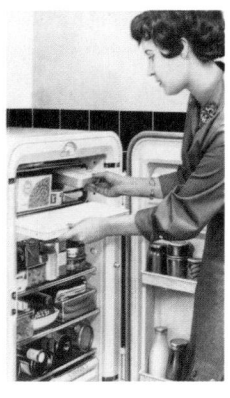

Vor allem die Eiswürfel wurden zum Inbegriff dieser neuen Lebensweise: »Und dann im Sommer – '59 war so'n wahnsinnig heißer Sommer – wir waren alle am Deich, ganz Bremerhaven war am Deich. Ich weiß noch, das war so'n heißer Tag, und wir sind dann nach Hause gelaufen und waren alle sehr ausgetrocknet. Nach Hause, und da hatte ich die großen Flaschen Coca-Cola, und da waren Eisstücke im Kühlschrank, Vater kriegte seine Flasche Bier, kalt, Kinder Cola und Eisstücke.« *(Zit. n. Wildt, S. 147)* Die Frau hatte damit ihre Pflichten als moderne Hausfrau bestens erfüllt: Mann (kaltes Bier) und Kinder (Cola mit Eis) waren zufrieden.

Ich erinnere mich selbst noch recht gut an den ersten Bosch-Kühlschrank, der Anfang der 60er Jahre in die Küche kam, und an das selbstgemachte Erdbeereis. Das Dr.-Oetker-Eispulver in der silbrigen Verpackung verwandelte die geschlagene Sahne nach mehrstündigem Aufenthalt im kleinen Gefrierfach zu einer steinharten Eismasse, was jedoch dem Geschmack keinen Abbruch tat. Dieses Eis war auch von Kinderhand einfach zuzubereiten und durfte auf keinem Geburtstag fehlen.

In jenen Jahren war der Kühlschrank für viele Familien das Statussymbol schlechthin. Sowohl bei kleineren Festen, den besonders in der Mittelschicht gern gefeierten Cocktailpartys, aber ebenso bei unangemeldeten Gästen leistete er unschätzbare Dienste. Man konnte entweder dort die Zutaten für die garnierten kalten Platten aufbewahren oder aus den dort gelagerten Vorräten schnell mit Mayonnaise verzierte Häppchen zaubern. Diese »Kleinigkeiten zum Anbieten« galten als die Visitenkarte der Hausfrau, die manchen Besucher – männlich wie weiblich – in die Küche mitnahm, um den neuen Kühlschrank gebührend bewundern zu lassen. »Wir waren beide Lehrer, dadurch konnten wir uns manche Sachen etwas früher leisten als andere Familien. 1951 zum Beispiel konnten wir uns unseren ersten Kühlschrank kaufen. Das war so ein riesiger von Bosch. Wir waren irrsinnig stolz. Jeden, der uns besucht hat, haben wir in die Küche geführt und den Kühlschrank vorgeführt.« *(Frau O., zit n. Meyer/Schulze 1985, S. 174)*

Da das eigene Auto Ende der 50er Jahre für die meisten Familien noch unerschwinglich war und der amerikanische Straßenkreuzer ein Traum blieb, übernahm der Kühlschrank diese Prestigefunktion. Die Hersteller taten das ihrige dazu und lieferten das entsprechende Design. Die geschwungene Tür mit ihrem chromglänzenden riesigen Türgriff ähnelte der eines Straßenkreuzers, und mit dem gleichen satten Geräusch fiel sie ins Schloß.

Die günstige Massenproduktion ließ den Kühlschrank Ende der 50er Jahre endgültig zum weitverbreiteten Gebrauchsgegenstand werden. Ein »Bosch« kostete 1960 nur 40 Prozent seines Preises von 1951. *(Meyer-Braun, S. 180)* Bei den gleichzeitig gestiegenen Löhnen war der Kühlschrank nun auch für weniger wohlhabende und kinderreiche Familien erschwinglich geworden und stand fast in jedem zweiten Haushalt. 1962 hatte sich der Kühlschrank nach dem Staubsauger zum häufigsten Gerät in bundesdeutschen Familien gemausert, 1964 erklärte ein Gericht den ehemaligen Luxusgegenstand Kühlschrank zum nicht pfändbaren Gebrauchsgut. *(Hellmann 1990, S. 121)*

Während der Kühlschrank seit Beginn der 60er Jahre zur Standardausstattung bundesdeutscher Haushalte gehörte und einen Verbreitungsgrad von 50 bis 70 Prozent aufwies, erreichte die Waschmaschine – Nummer 2 auf der Wunschliste – diese Werte erst zehn Jahre später.

Um das Verlangen nach einer Waschmaschine besser zu verstehen, ist es hilfreich, sich einen Vorwaschmaschinen-Waschtag vor Augen zu führen. Schon das Wort Waschtag signalisiert, daß es sich nicht um eine Tätigkeit handelte, die die Hausfrau nur kurze Zeit oder nebenher in Anspruch nahm, sondern die einen ganzen Tag ausfüllte. Häufig mußte die Wäsche schon am Tag zuvor eingeweicht werden, der Waschtag selbst begann mit dem Heizen des Waschkessels. Das Waschwasser mußte zum Kochen gebracht und die heiße Wäsche immer wieder mit einem langen Holzstab umgerührt werden. Dann legte die Hausfrau die heiße Wäsche in eine Zinkwanne, um sie auf einem Waschbrett

Technik
in höchster
Vollendung

Miele

zu ruffeln. Besonders schmutzige Stellen behandelte sie dabei zusätzlich
mit Kernseife. Anschließend spülte sie die Wäsche und wrang sie
aus. Die Waschküche war ständig mit heißem Wasserdampfnebel gefüllt,
und die Hände der Hausfrau wurden durch das Wasser und die Seife
spröde. Der anstrengenden und mühseligen Arbeit hätte sich die
Hausfrau nur mit einer Waschfrau entziehen können. Aber selbst besserverdienenden Haushalten war dieser Ausweg oft versperrt, denn
Anfang der 50er Jahre fehlte das nötige Personal. Die Frauen, die für den
Lebensunterhalt ihrer Familien (mit-)arbeiten mußten, verdienten in
der Industrie erheblich mehr als in den Privathaushalten. Der Waschküchengeruch galt als Geruch armer Leute. Heinrich Böll schrieb 1959:
»Ein Kritiker klopfte mir nach Erscheinen eines meiner Bücher
lobend auf die Schulter, indem er feststellte, daß ich nun das Armeleu-
temilieu verlassen habe, meine Bücher von Waschküchengeruch
frei und der sozialen Anklage bar seien.« *(Böll 1985, S. 294)* Dieses
Milieu sollte nicht nur der Schriftsteller, sondern wollten auch diejenigen verlassen, für die es einen Arbeitsplatz darstellte.

Dank der Arbeitserleichterung konnte die Rollenaufteilung
in der Familie beibehalten werden, und die Waschmittel- und
Waschmaschinenwerbung lieferte entsprechende Bilder. Die AEG
warb nicht zufällig für ihren Lavamat mit der Unterzeile »… Ihre
Waschfrau«.

Die Waschmaschine erschien vielen als Wundergerät. Man beobachtete sie genauestens, selbst noch Anfang der 70er Jahre, als es sich
um die eigene handelte: »Als wir 1969 zu Beginn unserer Ehe eine
Waschmaschine kauften, habe ich mich bei der Wäsche erst einmal vor
das Bullauge gesetzt und fasziniert zugeschaut, wie eine Maschine
meine Wäsche wusch. Ich hatte noch immer das Bild meiner Mutter vor
Augen, die ein Waschbrett hatte, und deren Finger regelmäßig nach
dem Waschtag wund geworden waren.« *(Frau K., geb. 1949)*

Männer waren ebenfalls von der Waschmaschine fasziniert, allerdings weniger wegen ihrer Waschleistungen. Das männliche Interesse galt vielmehr der Technik, die sie zu beherrschen meinten. Heinrich Böll beschrieb diese Situation aus dem Blickwinkel eines Handwerkers: »Seitdem ich mich auf die Reparaturen und die Überwachung automatischer Waschmaschinen spezialisiert habe, sind die Wochenenden und die Montage unruhig. Gerade an Samstagen und Sonntagen, wenn sie dienstfrei haben, spielen die Ehemänner an den Waschmaschinen herum, weil sie sich von der Qualität und Arbeitsweise dieser kostbaren Anschaffung überzeugen wollen.« *(Böll 1987, S. 656)*

Der Einstieg in den Waschmaschinen-Alltag vollzog sich selten in den eigenen vier Wänden, viele begegneten der Waschmaschine zum ersten Mal in einer Zentralwaschküche, der Gruppenwaschküche für einen Mietblock, oder den aufkommenden Münzwäschereien. Bis Ende der 60er Jahre richteten viele Wohnungsbaugesellschaften Gemeinschaftswaschküchen für sechs bis zwölf Mietparteien ein.

Die erste deutsche »etagenfähige« Waschmaschine der AEG kam 1951 auf den Markt und kostete 420 DM – mehr als das 1,5fache des Bruttomonatslohnes eines Arbeitnehmers. Die Hausfrau hatte dabei noch immer erhebliche Arbeit mit der Wäsche: Das Fassungsvermögen betrug lediglich 2,5 Kilogramm Trockenwäsche, und diese Rührflügelmaschine durfte nur maximal drei bis vier Minuten laufen, weil die auf dem Boden angebrachten Rührflügel sonst die Wäsche ruiniert hätten. Sie mußte deshalb vorher eingeweicht und gegebenenfalls vorgekocht werden. Im nassen Zustand verminderte die Wäsche das Fassungsvermögen erheblich, die Hausfrau mußte daher ständig nachfüllen, mit dem Handwringer die größte Feuchtigkeit herauswringen, erneut klarwaschen und wieder wringen.

Der erste Wasch-Vollautomat, die Constructa, war 1951 mit einem Preis von über 2 000 DM für die Durchschnittsfamilie unbezahlbar. Sie konnte alle Arbeitsgänge (Einweichen, Klarwaschen, Spülen, Schleudern) ohne Unterbrechung hintereinander ablaufen lassen. Selbst für Verkäufer war sie absolutes Neuland. So schickte ein Unternehmen einen seiner Handelsvertreter zu einem Kursus zur richtigen Bedienung der Constructa-Waschmaschine. »Sie war auch etwas Besonderes, und der Käufer erstand keine Waschmaschine, sondern eine Constructa.« *(Herr Z., geb. 1929)*

Für den durchschnittlichen Privathaushalt kam diese erste Trommelwaschmaschine mit ihrem typischen Bullauge an der Vorderfront nicht in Betracht. Wegen der Bewegung beim Schleudern mußte sie fest auf einem Zementsockel verankert sein, und ihr hoher Stromverbrauch erforderte einen eigenen Drehstromanschluß. Weder konnte der Mieter ohne weiteres einen Zementsockel gießen noch einen entsprechenden Starkstromanschluß legen lassen. Da die Constructa häufig in Gemeinschaftswaschküchen eingesetzt wurde, lernten viele Hausfrauen dort erstmalig die Vorzüge eines Vollautomaten kennen. 1962 etwa wuschen im Berliner Hansa-Viertel knapp 50 Prozent der Bewohner ihre Wäsche in der zentralen Waschanlage, 46 Prozent gaben sie in die Wäscherei und nur 4 Prozent konnten auf eine eigene Waschmaschine zurückgreifen. *(Silberzahn-Jandt, S. 40)*

Bundesdeutsche Gerichte pfändeten Waschmaschinen noch 1960 als Luxusgüter: »Haushaltsgeräte sind in der Zwangsvollstreckung wegen Geldforderungen unpfändbar, soweit sie zu einer bescheidenen Lebens- und Haushaltsführung erforderlich sind. Das Amtsgericht Schleswig hat hierzu entschieden, daß eine Waschmaschine in heutiger Zeit für breite Volksschichten noch ein ausgesprochener Luxusgegenstand sei. Wenn die Ehefrau des Schuldners aus gesundheitlichen Gründen die Wäsche nicht selbst waschen kann, sei es dem Schuldner zuzumuten, daß er die Wäsche in die Wäscherei bringt.« *(Zit. n. Silberzahn-Jandt, S. 20)*

Die Hausfrauen nahmen die Erleichterung für die »große Wäsche« gern an, die kleine mußten sie immer noch zu Hause von Hand waschen. Dies traf besonders Familien mit kleinen Kindern: »Als meine Kinder noch klein waren, das war Ende der 50er, Anfang der 60er Jahre, da hab' ich täglich Wäsche und Windeln im Waschtopf auf der Gasflamme gewaschen. Das mußte täglich sein, weil man damals gar nicht so viel Wäsche hatte. Die Wäsche wurde dann in einer Wanne ausgespült und mit der Hand ausgewrungen, eine Wäscheschleuder hatte ich anfangs noch nicht.« *(Frau G., geb. 1938, zit. n. Meyer/Schulze 1994, S. 16)*

Für diese zumindest einmal wöchentlich anfallende kleine Wäsche (Oberbekleidung, Kinderwäsche und wenig verschmutzte Kochwäsche) hätten viele Frauen gern die Maschinenunterstützung gehabt, die bei der großen Wäsche schon zur Gewohnheit geworden war. Doch die starren Waschzeiten in der Gemeinschaftswaschküche boten keine Chance für die schnelle Wäsche zwischendurch, man konnte nur ein- oder zweimal im Monat dort waschen. Manche Hausfrau versuchte deshalb ihrem Mann mit dem Hinweis auf unterschiedliche Hygienestandards den Kauf einer eigenen Waschmaschine schmackhaft zu machen: »Das Schleppen der Wäsche und des Waschpulvers vom zweiten Stock in den Keller war schon anstrengend, aber am ehesten überzeugte ich meinen Mann von der Notwendigkeit einer eigenen vollautomatischen Waschmaschine mit dem Hinweis, wie häufig die vorherige Wäscherin die Waschküche ungereinigt

Die ersten Waschsalons waren die Attraktion in jeder Innenstadt.

hinterließ und ich das Flusensieb der Waschmaschine regelmäßig vom Dreck der Nachbarn befreien mußte. So schafften wir uns 1967 eine eigene an.« *(Frau A., geb. 1921)*

Den Ingenieuren gelang es, Anfang der 60er Jahre durch spezielle Aufhängungen und Stoßdämpfer den Wandertrieb des schleudernden Automaten einzudämmen. Gleichzeitig verringerten sie den Energiebedarf für die Heizleistung, so daß kein Starkstromanschluß mehr nötig war. Dem Siegeszug der Waschmaschine stand nun nichts mehr im Wege.

Die Technik erleichterte zwar die Hausarbeit und befreite von schwerer körperlicher Arbeit, doch die versprochene Zeitersparnis blieb aus. Die Waschmaschine konnte die Waschvorgänge so »portionieren«, daß Hausarbeit auf einmal kein Hindernis für weibliche Berufstätigkeit mehr war.

Die neuen synthetischen Materialien versprachen auch bei der Maschinenwäsche Pflegeleichtigkeit und Knitterfreiheit. Textilien aus Perlon, Nylon, Orlon, Dralon, Diolen, Trevira und anderen Kunststoffen mit wohlklingenden Phantasienamen brauchten

nicht mehr gekocht, ja durften nicht mehr gekocht werden. Waschtemperaturen von 30 oder 60 Grad reichten aus und – das Bügeln entfiel.

Die Frauen mußten allerdings über diese neuen Materialeigenschaften erst aufgeklärt werden. Unter der Überschrift »Eine Aussteuer von 350 Gramm. Nylon, Perlon und Orlon bitten um zarte Behandlung« gab ihnen die »Frau im Spiegel« *(16.5.1953)* eine Einführung: »Nylon und Perlon, Wirklichkeit gewordene Träume der modisch gekleideten Frauen, Zauberfäden aus der Retorte – wie viele Tränen und ratlose Gesichter haben sie schon verursacht! ›Kein Wunder‹, meint zu den Klagen der Inhaber eines großen Bekleidungshauses. ›Was wissen die Frauen schon über Polyamidfäden?‹ Hand aufs Herz liebe Leserin – kennen Sie sie wirklich?« Es folgte eine ausführliche Pflegeanleitung für die unbekannten, neuen Gewebearten.

Nach Kriegsende setzten die Frauen neue Synthetiks zunächst mit Perlonstrümpfen gleich. Bald darauf zeigte ihnen die Textil- und Chemieindustrie immer neue Anwendungen. Eine Werbung des Warenzeichenverbandes Perlon garantierte das »Eheglück«, denn »… sie heiraten in der Perlon-Zeit. Die junge Frau braucht nicht mehr so viel zu flicken, so viel zu bügeln, das Waschen wird leichter. Man hat mehr Zeit füreinander. Was die beiden sich anschaffen, hält! Perlon bleibt ganz! Der Kleiderwohlstand wächst. Man kann sich besser anziehen und gefällt einander.« 1958 gab es beinahe ausschließlich Oberhemden aus Baumwollgewebe, vier Jahre später hatten die Synthetikhemden bereits einen Produktionsanteil von 40 Prozent. Fast jeder junge Mann trug bügelfreie Nyltest-Oberhemden, und die junge Frau hatte ihren Perlon-Petticoat im Schrank hängen. Mit diesen Textilien konnten sie ihre junge und moderne Lebenseinstellung deutlich demonstrieren. Die Produktion von synthetischen Fäden und Fasern stieg in den westlichen Industrieländern von 1953 bis 1962 von rund 5 000 Tonnen auf 93 000 Tonnen im Jahr 1962. *(Orland, S. 256)*

Für die scheinbare Pflegeleichtigkeit und Bügelfreiheit mußten ihre Träger allerdings einen erhöhten Waschaufwand in Kauf nehmen. Da die neuen Fasern fettliebend waren, wurden Kragen und Manschetten sehr schnell unansehnlich gelb. Das Synthetik-Oberhemd konnte nur noch ein oder zwei Tage und nicht mehr die ganze Woche getragen werden, und die Hausfrau mußte nun häufiger waschen.

Die Hersteller der neuen Fasern unterstützten die Frauen bei ihren Bemühungen um eine eigene Waschmaschine und betonten besonders die Haltbarkeit und Paßform (Bügelfreiheit) der Materialien. Das regelmäßige Waschen schade ihnen überhaupt nicht, wie etwa der Perlon-Warenzeichenverband in einem Waschvergleichstest von Herrensocken aus mit Perlon verstärkter Markenwolle und gewöhnlicher

Strumpfwolle nachwies: »Das Ergebnis ist überzeugend: Der Socken aus gewöhnlicher Strumpfwolle war nach dem letzten Waschen ca. 6 cm kleiner, hatte große Löcher an der Ferse und an der Fußspitze und war an einigen Stellen verfilzt. Der Perlon-Socken hingegen blieb, wie er war: ohne Löcher, er ging nicht ein, und er verfilzte nicht!« *(Fecht/Weßler, S. 46)*

Die Waschmittel änderten sich in den 50er Jahren vollständig. Die bis dahin gängigen Reinigungsmittel, Soda und Seife, die bis Mitte der 50er Jahre auch die Hauptbestandteile aller bekannten Waschmittel, wie z.B. »Persil« ausmachten, verursachten Kalkablagerungen auf Wäsche und Waschgeräten. Ihr hoher pH-Wert ruinierte auf Dauer beides. Mit dem Vordringen der Erdölchemie ersetzten die Waschmittelhersteller die Seife durch die aus Erdöl gewonnenen sogenannten Tenside. *(Steber, S. 14)* Ihre Lauge war milder, griff die Wäsche nicht so stark an, und die Waschleistung lag deutlich höher. Hinzu kam, daß die Herstellung wesentlich weniger kostete als die der herkömmlichen Seifenwaschmittel. 1953 gelang es, Soda als Wasserenthärter durch die besser wirkenden Phosphate abzulösen, die zusätzlich die Reinigungswirkung der waschaktiven Substanzen verstärkten. *(Utesch, S. 144)* Bei besonders verschmutzter Wäsche kamen Spezialmittel wie das Edelphosphat »Calgon« der Firma Henkel zum Einsatz.

Ab 1955 öffneten viele Hersteller ihren Chemiekasten noch weiter und ergänzten ihre Waschmittel durch optische Aufheller. Als Kleinstteilchen setzten sie sich auf die gewaschene Wäsche und halfen so, den Gelbstich zu überdecken. Aber die Wäsche sollte nicht nur sauberer und weißer werden, sondern auch besser riechen, und wenn die Hausfrau ihre Wäsche nicht mehr in der Waschküche, sondern auf der Etage erledigte, sollte die Wohnung nicht nach Waschküche duften. Deshalb erhielten Ende der 50er Jahre die meisten Waschmittel Duftstoffzusätze. Der Waschvorgang suggerierte nun Frische und Sauberkeit, und der Geruch entwickelte sich zu einem entscheidenden Verkaufsargument von Waschmitteln und Haushaltsreinigern. Ein zeitgenössischer Marketingexperte wies die Unternehmen auf die Bedeutung hin: »Der Duft signalisiert den Konsumenten die erwarteten, aber nur schwer überprüfbaren Produkteigenschaften, indem er Gefühle und Assoziationen hervorruft, die mit dem Produkt und seinen Wirkungen in Verbindung gebracht werden können. ... Ein Haushaltsreiniger, der nicht nach Zitrone oder ähnlich frischen Noten, sondern z.B. nach Zwiebeln riecht, wird es schwer haben, den Konsumenten zu überzeugen. Sein Geruch entspricht nicht den Erfahrungen und Erwartungen der Verbraucher.« *(Zit. n. Utesch, S. 148)* Der von Böll beschriebene Armeleutegeruch der Waschküche verschwand zugunsten einer wohlriechenden Frische.

Mutters kleine Helfer

Nichts erinnerte mehr an den mühseligen Waschvorgang, der Wohlgeruch verstärkte den Eindruck der Leichtigkeit des Waschens, das nebenher erledigt werden konnte.

Der Schaum als Symbol für die Reinigungskraft der Seife entfaltete sich bei den Tensiden jedoch schon bei niedrigen Temperaturen. Bei der Kochwäsche schäumte jetzt die Maschine häufig über. »Toll waren besonders auch die neuen Waschmittel. Ein einziges reichte nun aus. Allerdings mußte man auf andere Weise aufpassen. Wenn man zu viel nahm, entwickelte sich viel zu viel Schaum.« *(Frau L., geb. 1923)* Deswegen brachte Henkel 1957 das erste schaumgebremste Waschmittel »Dixan« auf den Markt, dem zwei Jahre später »Persil« folgte.

Nun bekam man zwar langsam den Schaum in der Maschine in den Griff, dafür schäumten die Seen und Flüsse. Die Klärwerke konnten die Tenside nur in sehr geringem Maße abbauen. Auf Initiative der überparteilichen »Interparlamentarischen Arbeitsgemeinschaft für naturgemäße Wirtschaft« (IPA) verabschiedete der Bundestag 1961 das Gesetz über Detergentien in Wasch- und Reinigungsmitteln. *(Klopfer, S. 85)* In der IPA hatten sich seit 1952 Bundes- und Landtagsabgeordnete zusammengefunden und trotz ihrer geringen Zahl maßgebliche umweltpolitische Akzente gesetzt. Sie war eine der Keimzellen der Umweltpolitik der 50er und 60er Jahre. Während die Bundesregierung versuchte, die Industrie vor Verboten zu bewahren, gelang es der Arbeitsgemeinschaft, 1964 eine Rechtsverordnung durchzusetzen, die eine biologische Abbaubarkeit der Waschsubstanzen von 80 Prozent festlegte. *(Wey, S. 178)*

1967 schrieb ein Wirtschaftswissenschaftler: »Der bis auf die Spitze getriebenen Körperpflege und Hygiene im Haushalt stehen die katastrophale Verschmutzung der Gewässer und die Verpestung der Luft gegenüber, wodurch die Gesundheit und Wohlfahrt in hohem Maße bedroht werden.« *(Imobersteg, S. 191)* Die Mahnungen blieben ungehört. Die Durchsetzung der Waschmaschine um 1970 in weit mehr als der Hälfte aller bundesdeutschen Haushalte führte zu einem massiven Anstieg des Waschmittelverbrauchs. Die Verschmutzung der Gewässer nahm weiter zu. 1975 trat ein neues »Gesetz über die Umweltverträglichkeit von Wasch- und Reinigungsmitteln« in Kraft, das die Umweltverträglichkeit der einzelnen Waschmittelkomponenten vorschrieb.

In der Zwischenzeit waren die Phosphate in die Kritik geraten. Die Einleitung ständig steigender Phosphatmengen hatte eine Eutrophierung (Überdüngung) von Flüssen und Seen zur Folge. Der übermäßige Algenwuchs führte zu Sauerstoffmangel, der das Leben von Fischen und anderen Wassertieren unmöglich machte. Deshalb beschloß die Bundesregierung 1980 eine Phosphathöchstmengenverordnung, nach der die Hersteller bis 1984 ihre Phosphatmenge in den Waschmitteln halbieren mußten. Ende der 80er Jahre hatten fast alle Waschmittelhersteller das Phosphat durch einen Ersatzstoff ausgetauscht.

Obwohl Henkel – wie auch andere Hersteller – seine Dosierempfehlung für Persil pro Waschgang von 1975 mit 275 Gramm auf 216 Gramm 1986 senkte, stieg der Waschmittelverbrauch im gleichen Zeitraum auf 665 000 Tonnen. *(Informationen Henkel KGaA)* Mitte der 80er Jahre benötigte jeder Bundesbürger 24,5 Kilogramm Wasch- und Reinigungsmittel pro Jahr und lag damit im europäischen Maßstab weit an der Spitze. Die sicher nicht weniger reinlichen Benelux-Länder verbrauchten 25 Prozent, der Durchschnitts-Westeuropäer knapp 50 Prozent weniger als die Bundesbürger. *(Heinz / Reinhardt, S. 182)* Die Gesamtmenge des eingesetzten Waschmittels sank zwar (sehr langsam), doch wesentlich geringer als die Dosierungsempfehlungen der Hersteller hätten erwarten lassen.

Neue Waschmaschinen sparten Wasser. Statt der 250 Liter, die eine Kochwäsche 1960 benötigte, sank ihr Wasserbedarf bis 1989 pro Wäsche auf ca. 100 Liter. Die Hausfrauen setzten sie immer häufiger in Gang und verbrauchten damit letztlich mehr Wasser denn je. Bei einem durchschnittlichen Wasserverbrauch von 150 Litern pro Einwohner und Tag gehört die Waschmaschine mit einem Anteil von 30 Litern heute mit ihren schmutz- und chemiebeladenen Abwässern zu den Wassergroßverbrauchern. *(Orland, S. 281f.)*

Entscheidend für diese Veränderungen waren die gewandelten Hygienenormen, die – wie bereits erwähnt – nur wenige kritisch betrachteten. Noch zu Anfang der 50er Jahre wechselte man wöchentlich die Wäsche, verbunden mit dem samstäglichen Bad. 1962 beklagten sich die Waschmittelhersteller, daß Deutschland bloß auf Platz acht der »Rangliste der Sauberkeit« stehe und erst in diesem Jahr den Vorkriegs-Pro-Kopf-Verbrauch an Waschmittel und Seife erreicht hätte. *(Jaekel, S. 133f.)* Die USA galten dagegen als Vorbild. Die Bevölkerung dort wechselte schon in den 30er Jahren alle ein bis zwei Tage Leibwäsche, Oberhemd und Handtücher sowie einmal wöchentlich die Bettwäsche. Bewundernd hatten deutsche Waschmittel-Hersteller über den Atlantik geschaut und schon 1934 festgestellt: »Solch steigender Wäscheverbrauch war nur möglich durch besondere Anstrengungen in der Propaganda. Die Seifenindustrie bediente sich z.B. dabei besonders des Begriffs Hygiene … höherer Seifenverbrauch bedeutete vermehrte Hygiene.« *(Zit. n. Hausen 1987, S. 278)*

Die deutsche Industrie scheiterte zunächst bei ihren Bemühungen um höhere Hygienestandards. Angesichts der wenigen

Haushaltswaschmaschinen und der allseitigen Sparsamkeit in den Nachkriegsjahren liefen ihre Anstrengungen ins Leere.

Doch bei steigenden Haushaltseinkommen mußte die Hausfrau nicht mehr ganz so sparsam mit Waschmitteln umgehen, sie konnte sich nun häufiger eine neue Packung oder auch ein Spezialwaschmittel erlauben. Die neuen Materialien verstärkten in den 60er Jahren den beginnenden Hygiene-Wandel. Noch 1961 beklagte sich die Zeitschrift »Wäschereitechnik und -chemie«: »Wie viele Tage wird nun das bundesdeutsche Durchschnittshemd vom starken Geschlecht getragen? Die Statistik behauptet, die Hälfte unserer männlichen Zeitgenossen über 15 Jahre wechseln nur einmal wöchentlich das Hemd. Sparsame Männer kann man da nur sagen! Doch nicht genug, sie will weiter erfahren haben, daß 15 Prozent ihr Oberhemd lediglich alle zwei Wochen durch ein frisches ersetzen. Das dürfte wohl an Geiz grenzen. Und solche Hygiene erinnert an das Mittelalter. Immerhin sind es 25 Prozent, die ein Hemd drei bis vier Tage tragen, während nur zehn Prozent der Herrenwelt sich nach ein bis zwei Tagen von ihrem Hemd trennen können.« *(Zit. n. Orland, S. 259)*

Nur gekochte Wäsche galt bis in die 50er Jahre als hygienisch sauber und keimfrei. Deshalb boten zu Beginn der 60er Jahre Waschmaschinenhersteller ihre Maschinen wie etwa die Constructa mit einem 100° C-Programm an.

Henkel und andere große Waschmittelhersteller versuchten durch Waschvorführungen ihre Kunden zu überzeugen, daß z.B. Persil seine volle Waschkraft schon bei 60 Grad entfalte. Nicht zufällig warb der amerikanische Konzern Procter & Gamble für sein Waschmittel »Ariel« in Deutschland mit dem Slogan: »So sauber wie gekocht!« Wenn die Hausfrauen die Wäsche immer weniger kochten, mußte zumindest deren »Weißheit« den Beweis für die Erfüllung aller Hygienestandards und Keimfreiheit ablegen. Bunte Hemden und Bettwäsche eroberten in den 60er Jahren Kleiderschrank und Schlafzimmer, der Anteil der Weißwäsche ging erheblich zurück. Dennoch verbrauchten die Haushalte 1970 zehnmal soviel optische Aufheller wie zehn Jahre zuvor. *(Silberzahn-Jandt, S. 78)*

1968	1988	
5	45	Täglicher Unterhosenwechsel bei Männern
59	70	Täglicher Unterhosenwechsel bei Frauen
22	38	Wechsel der Bettlaken alle zwei Wochen
72	43	seltener
5	12	Wechsel der Badehandtücher täglich
16	45	jeden zweiten Tag

Wäschewechsel in Prozent
1968 und 1988

Die Anschaffung der Waschmaschine im privaten Haushalt verführte gleichzeitig zu einem sorgloseren Umgang mit der Wäsche. Die Serviette, ein Symbol bürgerlicher Tischkultur, verschwand in der Versenkung, und das Lätzchen bei Kindern blieb den Babies vorbehalten. »Früher hat man die Wäsche nicht so häufig gewechselt. Zum Beispiel haben die Kinder nie ohne Latz gegessen und die Kleidung blieb eher sauber – oder man hatte viel mehr mit Schürzen gearbeitet, was weniger problematisch war, da man diese hinterher mal schnell auswaschen konnte.« *(Frau R. zit. n. Silberzahn-Jandt, S. 73)*

In den 70er Jahren setzte die Industrie zum entscheidenden Angriff auf die sparsamen alten Hygienestandards an. Die Waschmittelhersteller finanzierten unter dem Deckmantel einer »Aktionsgemeinschaft frische Wäsche« eine Anzeigenkampagne, in der bundesdeutsche Familien, besonders aber die Männer, auch bildlich als Schweine dargestellt wurden. In provokanten Texten in altdeutscher Schrift hieß es: »In diesem Jahr werden in einer deutschen Durchschnittsfamilie das Kind 4 Tage, die Frau 5 Tage, der Mann 7 Tage lang ihre Unterwäsche tragen. Das ist der Deutschen Sauberkeit. Auch Du gehörst dazu!« *(Der Spiegel 9/1970)* Nicht mehr die gekochte Wäsche galt als Symbol der Sauberkeit, sondern der tägliche Wäschewechsel. Die Bemühungen der Industrie verliefen erfolgreich, wie die Grafik auf der gegenüberliegenden Seite verdeutlicht.

Die Waschmaschine gehörte endgültig in den 80er Jahren zur Grundausstattung bundesdeutscher Haushalte. Der Wunsch nach jederzeitiger Verfügbarkeit und Flexibilität stand dabei einem ökonomisch und ökologisch sinnvollen Verhalten entgegen. Statt auf Ausbau von Gemeinschaftseinrichtungen zu dringen, stellten sich nun immer mehr Haushalte eine Maschine in die Wohnung. Sie wird heute höchstens zehn Stunden in der Woche benutzt, die restliche Zeit versperrt sie den ohnehin knappen Platz in Küche oder Badezimmer. *(Loske, S. 219)*

Schon seit den 20er Jahren versprachen Elektrogerätehersteller leichtere Hausarbeit, doch für die meisten Haushalte blieb es angesichts noch hoher Gerätepreise beim Versprechen. Deshalb wandten sich die Unternehmen in erster Linie an besserverdienende Haushalte. Eine Werbung der AEG für ihren Staubsauger Vampyr lebt vom Gegensatz der Leichtigkeit der Arbeit mit dem Staubsauger im Vordergrund und der Schwere der Arbeit ohne technisches Gerät im Hintergrund. Während zwei Hausfrauen mit Schürze und Kopftuch gemeinsam einen Teppich klopfen, wird die gleiche Arbeit im Vordergrund von einer gut gekleideten und frisch frisierten Frau mit hochhackigen Schuhen verrichtet. Die Werbung zielte auf das Bedürfnis nach Erleichterung und Bequemlichkeit. *(Konrad, S. 53)* Obwohl sie damit den Wunsch

Mutters kleine Helfer

vermutlich aller Hausfrauen getroffen hatte, konnte sich der Durch-
schnittshaushalt den Staubsauger bei einem Gerätepreis von fast einem
Arbeitermonatslohn nicht leisten. Der geringe Lohn der 20er Jahre
reichte lediglich für den Lebensunterhalt einer Familie, das Gerät
gehörte nicht dazu. Die Anzeige richtete sich deshalb bewußt an bürgerliche respektive großbürgerliche Schichten, denen das Dienstpersonal
abhanden gekommen war, und die sich nun selbst auf Hausarbeit
einlassen mußten. Der Staubsauger konnte offenbar diese soziale De-
klassierung auffangen, man konnte Dame und Hausfrau zugleich sein.

55	62/63	69	73	78	83	88	93	
39	65	84	91	94	96	-	-	Staubsauger
11	52	84	93	94	96	98	98	Kühlschrank
-	3	14	28	58	65	70	78	Gefrier-/Kühlkombination
10	34	61	75	82	83	86	88	Waschmaschine
-	10	26	37	46	52	53	61	elektrische Nähmaschine
59	47	37	29	23	18	-	-	mechanische Nähmaschine
-	0.2	2	7	15	24	29	38	Geschirrspüler

Verbreitungsgrad in Prozent langlebiger Gebrauchsgüter in privaten Haushalten der BRD 1955–1993

Der Staubsauger setzte sich dann in den 50er Jahren als erstes
Haushaltsgroßgerät durch. Er war im Vergleich zum Kühlschrank
oder zur Waschmaschine wesentlich billiger und kam damit für
eine Durchschnittsfamilie schon bald in Betracht. 1964 besaßen bereits
80 Prozent aller Großstadthaushalte einen Staubsauger. *(Freidank,
S. 92ff.)*
Dafür gab es noch einen weiteren Grund: Viele Familien fühlten
sich erst in einem Wohnzimmer mit Teppich wohl. Der große
Bodenteppich rangierte 1955 noch vor dem Fernseher auf Platz fünf der
Konsumwunschliste, und schon zu diesem Zeitpunkt besaßen knapp
40 Prozent ein solches Stück. »Besonders gefreut hab' ich mich, als ich
meinen Mann vom Kauf eines raumfüllenden Teppichs für das Wohnzimmer überzeugen konnte. Endlich konnte ich mir dort das verhaßte
und mühselige Bohnern ersparen. Nur wenn ich ihn zum Frühjahrsputz
rausbringen mußte, wurd's schwierig.« *(Frau A., geb. 1921)* Zehn Jahre
später belegten nach einer Umfrage des Elektrogeräteunternehmens
Hoover die Haushalte der Bundesrepublik im europäischen Vergleich
den zweiten Platz beim Teppichkauf. Problematisch war allerdings
die Reinigung, wie schon Frau A. erwähnte: Alle Gegenstände mußten
heruntergeräumt, das schwere Stück aufgerollt und mit zwei Personen
zur Teppichstange getragen, geklopft und wieder zurückgebracht
werden. Entweder faßte der Ehemann morgens vor der Arbeit mit an,
oder eine Nachbarin sprang ein; in jedem Fall war die Hausfrau auf

Hilfe angewiesen. Sie konnte ihren Mann daher schnell vom praktischen Wert eines Staubsaugers überzeugen. Mit einem vergleichsweise geringen Geldbetrag konnte er sowohl seine Frau glücklich machen als auch sich selbst von Hilfsleistungen bei der Hausarbeit befreien. Die vorstehende Tabelle zeigt die Durchsetzung der wichtigsten Geräte. *(Lenz, S. 56, Stat. Bundesamt, Fachserie M, Reihe 18, Fachserie 15)*

1962 gehörten lediglich der Staubsauger und der Kühlschrank zur Standardausstattung. Zehn Jahre später konnten beide zur Grundausstattung (Geräte in mehr als 80 % der Haushalte) gerechnet werden, und die Waschmaschine galt als Standard. Die Zahl der Geschirrspüler verdreifachte sich zwischen 1973 und 1983, die Mikrowelle wurde erstmalig 1988 von den amtlichen Statistikern zur Kenntnis genommen. Sie registrierten dieses Hilfsmittel zur schnellen Essenszubereitung zu diesem Zeitpunkt in jedem zehnten Haushalt.

In den ersten Nachkriegsjahren war ein elektrisches Haushaltsgerät die absolute Ausnahme, vierzig Jahre später verfügten die meisten bundesdeutschen Haushalte über knapp zehn solcher Geräte – von der Waschmaschine bis zum elektrischen Dosenöffner.

Die 50er Jahre waren das Jahrzehnt der Staubsauger und anderer kleinerer Haushaltshilfen wie der beliebten Küchenmaschine und dem Starmix. Die 60er und 70er Jahre elektrifizierten die Haushalte endgültig. Die erste Hälfte der 60er Jahre wurde zum Jahrfünft des Kühlschranks, und in den Neubauten der Nachkriegszeit wurde immer häufiger auf die alte Speisekammer verzichtet. Die Waschmaschine konnte dank Gemeinschaftswaschküchen zunächst noch warten und setzte sich als letztes großes Haushaltsgerät erst Ende der 60er, Anfang der 70er Jahre durch. Alle größeren Haushaltsgeräte galten in den ersten Jahren als Luxusgegenstände und waren zunächst nur begüterten Haushalten vorbehalten. Einen Geschirrspüler besaßen 1962 fast ausschließlich Selbständige. In den folgenden Jahrzehnten kauften ihn die Angehörigen aller gesellschaftlichen Klassen. Dieser »triggling-down«-Effekt vom Luxusgut zur Massenware zeigte sich für jedes langlebige Haushaltsgut.

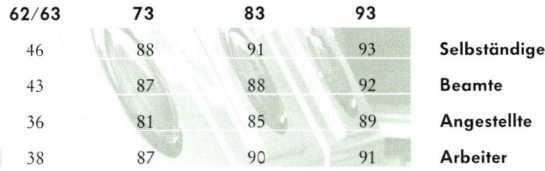

	62/63	73	83	93	
	46	88	91	93	Selbständige
Waschmaschinenbesitz	43	87	88	92	Beamte
nach sozialen Schichten in	36	81	85	89	Angestellte
Prozent 1962/63–1993	38	87	90	91	Arbeiter

Der Abstand zwischen Reich und Arm verringerte sich mit den Jahren, und der Besitz oder Nichtbesitz von Haushaltsgeräten konnte immer weniger zur sozialen Unterscheidung beitragen. Bestenfalls das Alter, die Marke oder die Ausstattung des Einzelgerätes wiesen auf die soziale Stellung des Besitzers hin. Die Elektrifizierung und Technisierung des privaten Heims setzten sich in den 60er Jahren klassen-, geschlechter-, generations- und familienstandsübergreifend durch. Keine Gruppe konnte und wollte sich diesem Prozeß entziehen. Noch deutlicher zeigte sich dies im Bereich der Unterhaltung und Kommunikation.

Die Welt im Wohnzimmer: Unterhaltung und Kommunikation

»4. März 1945 ... Da wir uns angewöhnt haben, nicht vor dem Abendangriff ins Bett zu gehen, drehte ich den sog. Polizeisender an, um zu sehen, wo die Kampfverbände bleiben. Dies ist einer der drei Sender, von denen man die Luftlage hört; er sendet Reichsprogramm und unterbricht mit ›Achtung, Achtung‹ und teilt mit, was für Flugzeuge wo sind, in welcher Richtung sie fliegen, wie viele es sind, welche Städte gewarnt werden. Also ich drehte an und gesungen wurden ›Meine Liebe ist grün‹, ›Rosen brach ich ...‹, ›Feldeinsamkeit‹ und noch viele Brahmslieder, die der Papa so liebte und die ich in meiner Jugend oft begleitete. Ich drehte das Licht aus; da war noch ein Schimmer vom Radio. ... Ich glaube, man kann sich nur vorstellen, wie schön das Leben in so einer halben Stunde ist, wenn man auch das übrige Leben hier mitmacht.« *(Boveri, S. 48)*

Mit diesen Worten beschrieb die Publizistin Margret Boveri die Bedeutung des Radios für sich und ihre Familie in den letzten Kriegstagen. Es versorgte sie mit überlebenswichtigen Informationen und schuf zugleich eine besondere Stimmung.

Das Radio konnte – so hatte seine ca. 25jährige Geschichte bis dahin in Deutschland gezeigt – viele Bedürfnisse befriedigen. Die Nationalsozialisten nutzten es als Massenmedium und zentrales Agitations- und Propagandainstrument. Die Volksempfänger boten gleichzeitig aber auch die millionenfache Chance, sich dem verordneten Hören durch den Empfang ausländischer Sender zu entziehen. Bis zu drei Millionen Deutsche schalteten im Zweiten Weltkrieg regelmäßig BBC ein.

Die Durchsetzung als Alltagskonsumgut hatte das Radio jedoch in erster Linie seiner Bedeutung als vielseitiges Freizeitvergnügen zu verdanken. Die folgende Beschreibung aus dem Jahr 1926 hatte auch 25 Jahre später nichts von ihrer Gültigkeit verloren: »Als ich kürzlich eine Bekannte besuchte, fand ich sie auf ihrem Küchenbalkon neben einem riesigen Haufen Bohnen, die sie für das Einwecken zurechtputzte, am Kopf den Radiohörer. ›Ich höre Schubertlieder!‹ rief sie mir strahlend zu, während ihre flinken Hände emsig die Bohnen bearbeiteten, ›das hilft einem glänzend über diese langweilige Beschäftigung hinweg.‹

Ich schüttelte ihr herzhaft die Hand: ›Gott, was eröffnet das Radio für die arme, mit unaufhörlicher Kleinarbeit geplagte Hausfrau für Perspektiven!‹ … Und bringt es nicht die Schönheit und den heißen, raschen Pulsschlag der großen weiten Welt in die Zurückgezogenheit und Enge der kleinen Wohnung, wo die Frauen, abgeschnitten von allen Interessen des tätigen Lebens, ihre Tage im ewigen Einerlei verbringen? Kann die Frau, die kaum zum Zeitungslesen kommt, durch diese wunderbare Erfindung nicht endlich auch an Gebieten der Kultur, an den Schätzen der Kunst teilnehmen!« *(Zit. n. Becher, S. 188)*

Zu Beginn des Zweiten Weltkrieges besaßen mehr als 60 Prozent aller deutschen Haushalte ein Radio. Für die meisten war es das erste elektrische Gerät überhaupt in der Wohnung. Obwohl jedes fünfte Gerät im Krieg zerstört worden war, bemühten sich die Familien fast gleichzeitig mit dem Kampf gegen den Hunger wieder um den Anschluß an die Welt. Bereits Ende 1947 registrierte der Nordwestdeutsche Rundfunk (NWDR) in seinem Einzugsgebiet der nördlichen Bundesländer und Nordrhein-Westfalens die gleiche Zahl an Empfängern wie 1939. *(Schildt, Hegemon, S. 460)*

Das Radio brachte sowohl Kultur, Sport, Politik und Wirtschaft als auch das Wetter ins Haus. Für viele war es das einzige (Konsum)-Vergnügen, es galt als unverzichtbar. Die westdeutschen Rundfunkgerätehersteller konnten schon 1949 die Produktionszahlen des besten Vorkriegsjahres 1938 erreichen – was bei keinem anderen Wirtschaftsgut gelang. *(Klemp, S. 13)*

Die Empfangsqualität variierte stark, teilweise war sie miserabel. Im Kopenhagener Wellenplan von 1948 waren den Rundfunkstationen im späteren Gebiet der Bundesrepublik viel zu wenig Frequenzen und zu schwache Sender zugeteilt worden. Ganze Landstriche besaßen schlechten, sehr schlechten oder sogar keinen Empfang, von Hamm über Paderborn bis Goslar zog sich ein etwa 30 Kilometer breiter sendefreier Streifen. Da es sich bei der Vereinbarung in der dänischen Hauptstadt um Mittelwellenfrequenzen handelte, versuchten die westdeutschen Rundfunkanstalten über die Einführung des nicht beschränkten UKW-Funks eine flächendeckende Empfangsversorgung zu erreichen. Der UKW-Betrieb bot darüber hinaus eine ganze Reihe weiterer Vorteile: Die Störeinflüsse, die den Mittelwellen-Empfang häufig zur Qual machten, waren wegen der kurzen Reichweite wesentlich geringer; die hohen Töne brauchten nicht mehr wie bei der Mittelwellen-Übertragung abgeschnitten zu werden, und das nun breitere Tonfrequenzband ermöglichte bessere Musikübertragungen. Ihren entscheidenden Vorteil verbuchten die UKW-Sender jedoch durch ihr engmaschigeres Sendernetz. Die Rundfunkanstalten konnten sich dadurch erheblich besser an regionale Gegebenheiten und Hörermentalitäten anpassen. *(Klemp, S. 37)*

Bei der Mittelwelle hatten sich die Hörer in den Städten konzentriert, durch den UKW-Empfang glich sich die Rundfunkdichte zwischen Stadt und Land immer mehr an. 1960 besaßen 85 Prozent aller bundesdeutschen Haushalte mindestens ein Radio, und es war schon so sehr zum Alltagsgegenstand geworden, daß es die Justiz Ende der 50er Jahre als erstes größeres technisches Gerät nicht mehr pfändete.

Zum ersten Mal kamen große Teile der Bevölkerung in den Genuß des Preisvorteils der Massenproduktion, eine Entwicklung, die sich in den 50er und 60er Jahren für alle Geräte der Haushalts- und Unterhaltungstechnik wiederholte. Die Preise waren bei Geräten mit besserer Ausstattung schon 1950 um 20 Prozent im Vergleich zu 1938 gefallen. Fast drei Viertel aller Familien kauften sich ihr Radio »auf Pump«. *(Klemp, S. 104)* 1951/52 registrierte die Rationalisierungsgemeinschaft des Handels 325 verschiedene Modelle. *(Bock/Specht, S. 146)*

Welches Radio soll's denn sein? Solche wichtigen Entscheidungen mußten immer vom Ehepaar gemeinsam gefällt werden.

Das Radio war wesentlich mehr als das »Ohr zur Welt«. Es gehörte zum neuen Lebensstil und schmückte als repräsentatives Möbelstück die gute Stube. Aus dem »elektrischen Apparat, der Geräusche von sich gibt«, war ein Prestige-Möbel geworden, das an »eine Kreuzung von hochherrschaftlichem Kleiderschrank und einem amerikanischen Auto« erinnerte. *(Eychmüller, S. 152)* Die Zeitschrift »Schöner Wohnen« griff dieses Bild Anfang der 60er Jahre auf: »Ein Holzkasten mit Goldleisten und elfenbeinfarbenen Knöpfen verziert, hochpoliert, die Skala sieht aus wie das Armaturenbrett eines amerikanischen Straßenkreuzers.« *(Zit. n. Dorn, S. 146)* Der Preis war dabei zweitrangig, die billigsten Geräte lagen in der Käufergunst nicht – wie erwartet – vorn. Die meisten Familien waren bereit, einen Monatslohn für ein neues Radio zu bezahlen.

Was man auf der einen Seite durch den Kauf eines teuren Gerätes zuviel ausgab, versuchte man auf der anderen Seite als Schwarzhörer wieder einzusparen. Immerhin waren die monatlichen Rundfunkgebühren in den Jahren direkt nach der Währungsreform mit 2 DM beträchtlich. Nur durch großangelegte Kampagnen und massive Strafandrohungen gelang es den Rundfunkanstalten, den Anteil von 20 Prozent Schwarzhörern im Laufe der 50er Jahre erheblich zu senken.

Vor allem in den Arbeiterhaushalten spielte diese Anschaffung eine wichtige Rolle. Obwohl 1951 Arbeiter vergleichsweise wenig Radio hörten und unter den Hörern des Nordwestdeutschen Rundfunks eine Minderheit darstellten *(Schildt, S. 461)*, verlangten gerade sie nach Spitzengeräten. Mehr als andere Bevölkerungsgruppen nahmen sie dafür in Kauf, sich zu verschulden. »Was macht es aus, wenn ein Kochtopf oder eine Bratpfanne fehlt? Nicht fehlen dürfen dagegen die allen Besuchern sichtbare Gardine, das bei den Arbeitern schon immer große Rundfunkgerät, die Musiktruhe oder etwa die ›Insel der Gemütlichkeit‹, der Teppich.« *(Guth, S. 162)* So kommentierte 1960 ein Ökonom die Konsumwünsche der Arbeiter. Kein anderes Konsumgut fand bei ihnen so schnell Verbreitung wie das Radio. *(Stat. Bundesamt 1963)*

Das Radio nahm in der Regel einen zentralen Platz im Wohnzimmer ein, hatte jedoch einen entscheidenden Nachteil: Es konnte dem unterschiedlichen Musikgeschmack in den Familien nicht gleichzeitig gerecht werden. Während die Eltern dem Sonntagskonzert lauschten, bevorzugten die Jugendlichen amerikanische Schlager, Rock ’n’ Roll-Klänge und die Top Twenty, wie sie der US-amerikanische Soldatensender AFN oder sein britisches Pendant BFN, später BFBS, sendeten. Ich erinnere mich noch an die fürchterlichen Opernkonzerte zum Sonntagsessen, es gab keine Chance, dem zu entwischen. Genausowenig wie die klugen Ausführungen meines Vaters aus dem Opernführer, der mir dieses Kulturgut – vergeblich – nahezubringen versuchte.

Da die Radiogeräte immer günstiger wurden, schafften sich viele Haushalte deshalb ein Zweitgerät an, und schon im August 1953 erklärten bei einer Repräsentativbefragung des Emnid-Institutes 7 Prozent aller Haushalte, ein zweites oder drittes Radio zu besitzen. *(Klemp, S.46)*

1956 verwendeten die bundesdeutschen Hersteller erstmals kleinere Transistoren für ihre Radios, und die damit aufkommenden Kofferradios verstärkten den Trend zum Zweitgerät. Sie waren bei Jugendlichen und jungen Erwachsenen sehr beliebt, die damit ihre Unabhängigkeit, Modernität und Beweglichkeit demonstrierten und ihr Ansehen unter Gleichaltrigen erheblich steigern konnten.

Anfang der 60er Jahre beschleunigte sich dieser Prozeß, und die Unabhängigkeit vom Stromnetz sorgte für einem Boom anderer mobiler Geräte, die man mit Batterien oder mit aufladbaren Akkus betrieb. In den 70er Jahren führte der Einsatz der kleinen »Power-Packs« zu einem massiven Anstieg des Schwermetallbedarfs in dieser Industrie: Von 1975 bis 1990 verdreifachte sich der Inlandsabsatz von Cadmium für Batterien auf knapp 450 Tonnen. Die Quecksilberoxid-Batterien (Knopfzellen) für Hörgeräte, Uhren, Fotoapparate oder Taschenrechner gehören heute mit einem Verbrauch von 14 Tonnen zu den für die Umwelt gefährlichsten Haushaltsprodukten. *(Neitzel, S. 152)*

Doch zurück zu den ersten mobilen Stromverbrauchern, den Radios. Viele Erwachsene beäugten diese Geräte äußerst kritisch, die mit ihnen verbundene Musik und Kultur erschien ihnen höchst suspekt.

Radiohören war auch für den Buchautor in den 50er Jahren eine Beschäftigung, die – anders als heute – die Aufmerksamkeit ganz beanspruchte.

Ich selbst erinnere mich noch daran, wie ich 1964 als 13jähriger mein erstes eigenes Radio erhielt. Es war ein billiges japanisches Standgerät mit einem weißen Plastikgehäuse, das ich sofort auf den britischen Sender BFBS einstellte. Die genaue Kenntnis der BFBS-Hitparade galt damals unter Jugendlichen als Voraussetzung für Gespräche über Musik. Der Musikgeschmack markierte auch in späteren Jahren die Trennlinie zwischen Jugendlichen und Erwachsenen. So waren meine Mitschüler und ich in der 12. Klasse um 1970 völlig entgeistert, als unser Mathelehrer, den wir eigentlich sehr schätzten, erklärte, die (psychedelischen) Iron Butterfly würde er nicht kennen, sein Musikgeschmack sei bei den Beach Boys stehengeblieben. Ausgerechnet die Beach Boys – eine Gruppe, die es zwar noch gab, die aber von uns Jugendlichen als völlig out abgetan wurde.

Rundfunkgeräte waren gleichzeitig das wichtigste (Einstiegs-) Produkt der japanischen Exportindustrie auf dem deutschen Markt. Besonders Kleinstgeräte, ohne Lautsprecher, nur mit einem kleinen Ohrhörer ausgerüstet, wurden erfolgreich von japanischen Herstellern exportiert. Mit der Ausdifferenzierung des Angebots fand jeder sein passendes Gerät: die Musiktruhe für das Wohnzimmer, das Kofferradio für Jugendliche und der Kleinstempfänger für den schmalen Geldbeutel oder für unterwegs.

Zu Beginn der 50er Jahre war das Radio noch Lebensmittelpunkt vieler Familien. Politiker erteilten ihm einen kulturellen Auftrag, es sollte »gute« Unterhaltung und Belehrung bieten. Die Hörer nahmen zwar mittägliche Informationsmagazine sowie die morgend- und abendlichen Nachrichten mit der nötigen Aufmerksamkeit wahr, aber das Interesse der Mehrheit galt vor allem der leichten Unterhaltung. Am beliebtesten waren bunte Abende, Rätselsendungen oder leichte Musik. Entgegen den hehren Ansprüchen der Politiker nutzten Hausfrauen das Radio nicht als kulturelle Freizeitbeschäftigung, sondern als »Geräuschkulisse« *(Emnid 1955)* unterhielt es sie bei der Haus- und Handarbeit. *(Kieslich, S. 62)* »Am liebsten hab' ich das Wohnzimmer sauber gemacht, da konnt' ich wenigstens Radio dabei hören. Beim Vorbereiten des Mittagessens habe ich dann häufiger die Türen zur Stube aufgelassen, um beim Kartoffelschälen Musik zu hören. Mein Mann hat sich dann immer gewundert, wenn es im ganzen Haus nach Essen roch.« *(Frau L., geb. 1923)*

Die Verantwortlichen konstatierten bei diesem Programm eine »Tyrannei der Anspruchslosigkeit« *(zit. n. Schildt, S.473)*, und der Bayerische Rundfunk stellte die äußerst beliebte Sendung »Teenager-Party«, die sich 1959 dem Musikgeschmack der Jugend geöffnet hatte, wegen »mangelndem Niveau« wieder ein. Aber dieses

Geschmacksdiktat blieb wirkungslos. Mit besseren Empfängern konnten die Jugendlichen nicht nur auf die beliebten UKW-Militärsender umschalten, sondern auch Sender im Kurzwellenbereich hören. Zum Lieblingssender stieg Radio Luxemburg auf, das über das 49 m Kurzwellenband in der gesamten Bundesrepublik – in allerdings unterschiedlicher Qualität – zu empfangen war.

Als die ARD am 1. Juli 1959 ein Nachtprogramm einführte, konnten die Bundesbürger rund um die Uhr Radio hören, zu jeder Zeit und an jedem Ort. Radio war in jeder Hinsicht grenzenlos geworden.

Das Hörverhalten begann sich erst Ende der 50er Jahre mit dem Fernsehen und der Massenmotorisierung entscheidend zu verändern. Nicht mehr nur die Hausfrau schaltete das Radio neben ihrer Hausarbeit ein, sondern es begleitete nun auch den Mann nebenher: Das Autoradio versorgte den Fahrer mit Musik und wichtigen Informationen über Straßenzustand und Staus. Durch die Konkurrenz des Fernsehens verbrachten die Radiohörer täglich immer weniger Zeit vor dem Gerät, kaum einer schenkte abends noch bewußt einer Rundfunksendung sein Ohr.

In den 70er Jahren wendete sich das Blatt wieder. Innerhalb von 15 Jahren bis 1985 verdoppelte sich die Zeit, in der das Gerät angeschaltet war, wieder auf durchschnittlich 153 Minuten am Tag. *(Hegner, S. 50)*. Bei der Fahrt zum Arbeitsplatz mit dem eigenen Wagen galt immer mehr der erste Griff dem Anschalten des Autoradios, und bei der Arbeit selbst erlaubten immer mehr Arbeitgeber das Radiohören. In Werkhallen, Amtsstuben und Büros dudelte fortan unaufhörlich die Musik.

Neben dem Radio stiegen in den 50er Jahren Plattenspieler zum entscheidenden Konsumgut für »Vergnügungen« auf. Die Kunststoff-LP aus PVC löste bis 1959 die leicht zerbrechliche Schellack-Platte vollständig ab. Mit längerer Spieldauer (33 Umdrehungen pro Minute statt 78 der Schellack-Platte) und sinkendem Preis wurde sie auch für Durchschnittsfamilien erschwinglich. Die Industrie ergänzte zudem ihr Angebot durch die 45er Single mit nur einem Musikstück, um auch Jugendliche als Käufer in die Plattengeschäfte zu locken. Bis 1960 hatte sich der Schallplatten-Absatz verelffacht, mit mehr als 67 Millionen Exemplaren kam auf jeden Bundesbürger mehr als eine verkaufte Platte. Ich erinnere mich noch gern an die Besuche bei meinen Verwandten in der Lüneburger Heide Ende der 50er Jahre. Dort gab es nicht nur eine Musiktruhe, sondern auch mein damaliges Lieblingsstück, den River-Kwai-Marsch als Schallplatte. Ich mußte nicht – wie im Radio – warten, daß er gespielt wurde, sondern konnte ihn mir mehrmals hintereinander anhören.

Die Schallplatte dominierte die 50er und frühen 60er Jahre, ihre Blütezeit war jedoch nur von kurzer Dauer. Ende der 60er Jahre übernahm das Spulentonbandgerät diese Funktion. 1963 besaßen gerade 5 Prozent der Haushalte ein solches Tonband, zehn Jahre später hatte es mit dem Plattenspielerbesitz gleichgezogen. Den Jugendlichen kam wiederum eine Vorreiterrolle zu. Weil deutsche Sender die beliebte englischsprachige Pop-Musik noch immer sehr selten spielten, wichen sie auf Platten oder Tonbänder aus.

Das Tonbandgerät – war es einmal angeschafft – erwies sich dabei als die billigere Alternative im Vergleich zum Plattenspieler. Der Traum der 60er Jahre waren die Grundig-Geräte. Robust und transportabel nahm man sie zu Freunden mit, um sich gegenseitig Radioaufnahmen zu überspielen. »Ich war auch deswegen bei meinen Freunden so beliebt, weil ich immer die qualitativ saubersten BFBS-Aufnahmen hatte. Wir wohnten am Geestrand, und ich hatte ein Zimmer direkt unter'm Dach, die besten Voraussetzungen für einen guten Empfang. Und regelmäßig kamen meine Freunde mit ihren Tonbandgeräten, um die englische Top Twenty von mir aufzunehmen.« *(Herr M., geb. 1950)*

Mitte der 70er Jahre löste das praktischere Kassettengerät das alte Spulentonband ab. Zwar hatte Philips schon 1963 auf der Funkausstellung in Berlin den ersten Kassettenrecorder vorgestellt, *(Leitmeyr, S. 196)* doch weder Fachwelt noch Öffentlichkeit nahmen damals die vom Hersteller als Sensation verkaufte Neuigkeit gebührend zur Kenntnis. Es lag in erster Linie an der schlechten Wiedergabequalität, die den sofortigen Verkaufserfolg verhinderte, und erst als die Kassette Anfang der 70er Jahre Stereoaufnahmen zuließ, setzte ihr Siegeszug ein. Mit dem Walkman, den Sony in Deutschland erstmalig 1979 vertrieb, konnte nun auch die individuelle Musikaufnahme jederzeit und an jedem Ort genossen werden.

Obwohl die Rundfunkanstalten zu Weihnachten 1958 die erste Stereosendung ausstrahlten, ertönten die meisten Geräte bis Mitte der 70er Jahre noch immer in Mono-Qualität. Jeder, der einmal Stereo genossen hatte, wollte diesen gestiegenen Hörgenuß bei sich zu Hause haben. Viele Haushalte kauften deshalb neue Geräte, auch wenn das alte noch gut und gern seine Dienste verrichtet hätte. 1978 besaßen 18 Prozent aller Haushalte eine Stereoanlage, und innerhalb weiterer fünf Jahre verdoppelte sich dieser Anteil. In den 80er Jahren wurde sie zum absoluten Muß in bundesdeutschen Haushalten, und die einzelnen Audio-Komponenten wuchsen zu einem Gesamtsystem, bei dem man auf alles jederzeit Zugriff haben konnte. Ob die Musik nun aus dem Radio, von Schallplatten oder Kassetten ertönte, spielte kaum noch eine Rolle. Mit einem einzigen Griff konnte das eine Gerät ab- und ein anderes angeschaltet werden.

Dieser grenzenlose Genuß hatte jedoch einen entscheidenden Nachteil: Er bezog sich lediglich auf das Hören. So perfekt dieser Sinn auch angesprochen wird, die Phantasie des Menschen ist weitreichender. Er möchte weit Entferntes nicht nur hören, sondern auch sehen. Das Fernsehen ist jedoch eine intime, private Veranstaltung – anders als das Radio oder sein größerer und älterer Bruder, das Kino. Anders als beim Radio verlangte das audiovisuelle Medium den direkten Augenkontakt. Die Schallwellen drangen auch ins Ohr von Zuhörern, ohne daß sie das Gerät direkt sehen mußten. Mit Radioübertragungen erreichten so die Nationalsozialisten Massen. Das Fernsehen dagegen taugte als Mittel der Massenpropaganda wenig. Das gerade einmal 30 Zentimeter kleine Bild brachte nur sehr ungenügend die großen Aufmärsche des nationalsozialistischen Deutschlands in die öffentlichen Fernsehstuben, so daß man entsprechende Versuche bald wieder aufgab.

Nur wenige durften in der Anfangszeit des Fernsehens auch die neue Wunderwelt live im Studio erleben.

Am 31. Dezember 1950 begann die Versuchsphase des Fernsehens in der Bundesrepublik mit einer Fußballübertragung des Spiels FC St. Pauli gegen Hamborn 07. Kaum jemand ahnte damals, daß ein neues Massenmedium entstand, das neue Wahrnehmungsmuster

produzieren und das Freizeitverhalten vollständig verändern sollte. Es stürzte seinen direkten Konkurrenten, das Kino, in den 50er und 60er Jahren in die größte Existenzkrise seit seinem Bestehen. Das Kino erzeugte in erster Linie Illusionen, und die »Tönende Wochenschau« glich eher einer Illustrierten mit sich bewegenden Bildern als den auf Tagesaktualitäten ausgerichteten Rundfunknachrichten. Das Fernsehen hingegen vermittelte direkte Authentizität. Der Fernsehzuschauer konnte bei großen Ereignissen direkt dabei sein, er konnte an ihnen teilhaben. Das Gerät erschuf die Geschehnisse in der Welt ein zweites Mal als direkte – wenn auch sehr kleine – Kopie im häuslichen Wohnzimmer. Die scheinbar unverfälschte Realität der gesamten Welt war nun in der Privatwohnung zu erleben. Und nicht nur das. Wie im Alltag stellte das Fernsehen einen »Fluß des Lebens« *(Kracauer, zit. n. Hickethier, S. 168)* dar, dessen Bilder unwiederholbar und flüchtig, nur in der Erinnerung reproduzierbar auf den Zuschauer einwirkten.

Selbst Aufzeichnungen vermittelten den Eindruck der direkten Teilnahme: Peter Zahns Windrose-Reportagen aus aller Welt, die als Konserve – wenngleich live kommentiert – auf dem Bildschirm erschienen, ebenso Unterhaltungsabende mit Peter Frankenfeld und Hans-Joachim Kulenkampff oder Robert Lembkes »Heiteres Beruferaten« und Heinz Maegerleins Rateshow »Hätten Sie's gewußt?« Die Fernsehansagerin, die dem Zuschauer die Theaterinszenierungen oder Filme ankündigte, schuf das Gefühl einer direkten und privaten Vorführung.

Quer durch alle Klassen und Schichten übten die Übertragungen von Großereignissen eine ungeheure Faszination aus. Die Olympischen Sommerspiele 1952 in Helsinki, die Krönungsfeierlichkeiten der britischen Königin Elizabeth II. 1953 in London, eine päpstliche Fernsehpredigt aus dem Vatikan 1954 zogen die Menschen in den Bann. Der Durchschnittsverdiener konnte ein Gerät in den frühen 50er Jahren kaum bezahlen, es kostete noch 1954 das Mehrfache des Monatslohnes eines Industriearbeiters. In Gaststätten, aber auch vor den Schaufenstern von Radio- und Fernsehgeschäften nahmen die Menschen an diesen Ereignissen teil.

Einen ersten Höhepunkt in der jungen Geschichte des Fernsehens der Bundesrepublik stellte die Übertragung der Fußballweltmeisterschaft 1954 in der Schweiz dar. Für das Endspiel Deutschland gegen Ungarn in Bern schafften sich viele Lokale extra ein Fernsehgerät an und warben mit der Übertragung der Weltmeisterschaft. Vereine charterten Sonderbusse in Orte, in denen Gaststätten Fernsehmöglichkeiten anboten. *(Schildt, Fernsehzeitalter, S. 480)* Die Fernsehzuschauer bejubelten in Gemeinschaft die »Helden von Bern«. Weitere Großereignisse wollte man auf jeden Fall wieder live erleben.

Die Presse mutmaßte noch im Frühjahr 1953, ein Fernsehgerät mit einer 36-Zentimeter-Bildröhre könne wohl kaum einmal unter 1 000 DM kosten. Im Herbst 1954 bot Neckermann ein größeres Gerät (43 cm) schon für 648 DM an, und auf einmal war der eigene Fernseher selbst für Durchschnittsfamilien keine Utopie mehr.

Dennoch erklärten bei einer großen Umfrage im westfälischen Marl vier von zehn Befragten, sie wollten keinen Fernseher besitzen. *(Kieslich, S. 63)* Bei näherem Nachfragen schrumpfte die Ablehnung allerdings erheblich. Während für Frauen andere Anschaffungen wichtiger waren, zeigten sich selbst die ablehnenden Männer vom Fernsehen fasziniert. Ihr Hauptablehnungsgrund »technisch noch nicht vollkommen« erschien als vorgeschobenes Argument, um ihre mangelnde Kaufkraft zu bemänteln. Bei einer Umfrage des NWDR Mitte 1955 hielten über 70 Prozent aller Haushalte ein eigenes Gerät für zu teuer. Der Handel erleichterte deshalb durch attraktive Ratenzahlungsangebote den Einstieg in die Fernsehwelt. Die Post zählte im April 1953 lediglich 1 524 zahlende Teilnehmer, Ende 1960 gab es 4,6 Millionen Fernsehzuschauer. Männer sorgten dafür, daß der Fernseher zu Beginn der 60er Jahre – noch vor der Waschmaschine – in die meisten Haushalte kam. Zehn Jahre später besaßen 16,6 Millionen Haushalte ein solches Gerät, das entsprach ca. 75 Prozent. *(Hickethier, S. 170)*

Trotz der verhältnismäßig hohen Anschaffungskosten besaßen Arbeiterfamilien schon 1958 in gleichem Maße Fernseher wie die Familien aus anderen sozialen Schichten, seit 1962 war der Anteil der Arbeiterhaushalte sogar höher. Dennoch entwickelte sich der Fernseher nicht zu einem Prestigeobjekt wie Radio oder Musiktruhe noch fünf Jahr zuvor. Er galt eher als das ideale Gerät zum Entspannen. Um sich vom Streß der Arbeit zu erholen, war kein Gang mehr in eine Kneipe oder ins Kino notwendig. Es genügte, den Einschaltknopf zu drücken, um den Alltag hinter sich zu lassen.

Beamte zögerten demgegenüber bei der Anschaffung eines eigenen Gerätes. Fernsehen galt in diesen Kreisen als kulturell minderwertig und primitiv – eine Meinung, die auch die Programmverantwortlichen teilten. Sie beklagten den »gefährlichen Einbruch schlechter Erziehung nicht zuletzt durch eine abwegige Amerikanisierung des Geschmacks« *(Programmbeirat des HR-Werbefunks, 23.5.1958, zit. n. Schildt, S. 491)* Ich selbst, in einer solchen Beamtenfamilie aufgewachsen, erinnere mich noch daran, wie ich Anfang der 60er Jahre am Samstagnachmittag immer heimlich zu den Nachbarskindern schlich, um Ivanhoe und Robin Hood zu sehen. Denn, »ein Gymnasiast guckt kein Fernsehen« – so die feste Maxime meiner Eltern. Erst Mitte der 60er Jahre konnte ich als ungefähr Vierzehnjähriger ihre Abneigung überwinden und sie zum Kauf eines Fernsehers überreden. Das entscheidende Argument waren die von mir behaupteten zahlreichen »bildenden Sendungen«.

Der Einzug des Fernsehens in den privaten Raum veränderte Wohnung und Alltag. Zu Beginn der 50er Jahre galt das Wohnzimmer mit seiner Couchgarnitur und dem Couchtisch zumindest idealtypisch als Zentrum der familiären Kommunikation, auch wenn es werktags nach wie vor die Küche war. Das Fernsehen strukturierte die Wohnung neu, und das Wohnzimmer wurde wirklicher Mittelpunkt der Familie. Die Sitzmöbel, vorher um den Tisch ausgerichtet, standen nun mit Blickrichtung zum Fernseher. Die Veränderung des Wohnzimmers beschrieb der Schriftsteller Günter Anders als Zeitgenosse: »Schon vor Jahrzehnten hatte man beobachten können, daß das soziale Symptommöbel der Familie, der massive, in der Mitte des Zimmers stehende, die Familie um sich versammelnde Wohnzimmertisch seine Gravitationskraft einzubüßen begann, obsolet wurde, bei Neu-Einrichtung schon fortblieb. Nun erst hat er, eben im Fernsehapparat, einen echten Nachfolger gefunden. ... Nicht den gemeinsamen Mittelpunkt liefert er, vielmehr ersetzt er diesen durch den gemeinsamen Fluchtpunkt der Familie.« *(Anders, S. 105f.)*

Der Fernsehabend begann um Punkt 20 Uhr mit der Tagesschau.

Den Fernsehapparat zum Laufen zu bringen, war nicht ganz einfach. Was in Hochglanzprospekten problemlos war, erwies sich im Alltag schwieriger als gedacht, und ist aus heutiger Sicht wohl am ehesten mit den ersten Gehversuchen am PC oder der Installation neuer Software zu vergleichen. Ein junges Mädchen beschrieb 1958 die Aufstellung des ersten Fernsehers: »Der Fernseher hieß ›Symphonie‹ oder ›Senator‹, war furchtbar kompliziert einzustellen, eigentlich waren es nur zwei oder drei Knöpfe, aber trotzdem, bis man den Sender hatte, hat es furchtbar lange gedauert. Und das Komische daran war, daß wir keine Antenne hatten und durch die ganze Wohnung mit dem Fernseher gelaufen sind, um die bestmögliche Stelle für den optimalen

Empfang rauszufinden und sind dann im Schlafzimmer meiner Eltern gelandet und glücklicherweise war dann das Bild einigermaßen; die Röhre stand dann so, daß man vom Bett aus gucken konnte, was dazu führte, daß die ganze Familie im Bett gesessen und das erste Mal ferngesehen hat. Das war das erste Mal Fernsehen, das vergeß' ich nicht mehr. Es schneite ganz fürchterlich, es waren alles nur Schatten, aber man hatte es.« *(Zit. n. Hickethier, S. 176)*

Zumeist bemühten sich die Männer darum, die damit eindrucksvoll ihre technische Kompetenz unter Beweis stellen konnten. Als Beherrscher und Bezwinger jeglicher Technik interessierte sie am Haushalt besonders dessen Technisierung, und um sich immer wieder bestätigen zu können, mußten sie sich auch immer wieder neuen Aufgaben stellen. Sie begriffen deshalb jede unbekannte Technik als Herausforderung und ebneten ihr den Weg in Küche und Wohnzimmer.

Billigere Fernseher mit immer größerem Bildschirm machten die 60er Jahre in bundesdeutschen Haushalten zum Fernsehjahrzehnt. Die technischen Weiterentwicklungen verstärkten diesen Trend. Zu den Olympischen Spielen 1964 in Tokio präsentierte die Industrie erstmals tragbare Fernseher. Als Zweitgerät in den 70er Jahren oder als Erstgerät junger Erwachsener, die einen eigenen Haushalt gründeten, setzte sich das Portable schnell durch. 1964 ermöglichte der Satellit Syncom 2 erstmalig, ein Ereignis weltweit live zu übertragen.

1966/67 begann das Farbfernsehzeitalter. Die erste spürbare Rezession in der Bundesrepublik verzögerte zwar den Durchbruch, doch mit den Olympischen Spielen 1968 in Mexiko begann die Ära der bunten Fernsehbilder. Im Juli 1969 erlebten über 200 Millionen Menschen weltweit die ersten Schritte eines Menschen auf dem Mond mit – das Fernsehen hatte die Erde in ein globales Dorf verwandelt. Jeder Ort, ja selbst der Mond erschien direkt erreichbar, Entfernungen spielten keine Rolle mehr, Zeit und Raum lösten sich im Bewußtsein vieler im Hier und Jetzt auf.

Das Fernsehen war die Errungenschaft, die am stärksten den Alltag der Bundesbürger veränderte und ihn auch gleichzeitig strukturierte. Der Abend vieler Familien begann um Punkt 20.00 Uhr mit der Tagesschau, die die ARD ab 1. Oktober 1956 täglich ausstrahlte. Es galt fortan als unfein, jemanden unangemeldet zu diesem Zeitpunkt zu besuchen oder ihn anzurufen. Für viele Bildungsbürger verschob sich am Sonntag das Mittagessen um eine Stunde auf 13.00 Uhr, weil vorher Werner Höfers »Internationaler Frühschoppen« gesehen werden mußte. Nur in »Katastrophen«-Fällen konnte die eigene Frau ihren Mann am späten Samstagnachmittag bei seiner liebsten Beschäftigung stören: dem Sehen der Sportschau. Obwohl er in dieser Zeit für die

Familie ausfiel, hatten viele Frauen nichts dagegen. Der Gatte genoß den Sport im Wohnzimmer, statt in die Kneipe zu gehen. Diesen Kaufgrund erwähnte die Ehefrau eines Bergmanns 1956: »Mein Mann lief in die Wirtschaft. Ja, denke ich, da machst du einen Strich durch. Da hab ich einen Fernseher gekauft, auf Abzahlung. Aber da hatte ich abends die Bude voll. Ja, alle kamen und wollten Fernsehen gucken. ... Ich hatte manchmal das ganze Zimmer voll.« *(Frau W., geb. 1914, zit. n. Einfeldt, S. 172)*

Mit dem Fernseher erhielt die häusliche Gemütlichkeit eine neue Qualität. Anstelle des teuren Kinobesuchs genoß die Familie nun ihre Filme in den eigenen vier Wänden oder lud dazu Bekannte ein. Der Fernsehbesuch von Freunden, die keinen Apparat oder in den späten 60ern/70ern kein Farbgerät hatten, erfreute sich großer Beliebtheit. Knapp die Hälfte aller Fernsehhaushalte hatte zumindest gelegentlich Fernsehbesuch. Fernsehen war ein kollektives Erlebnis. In dem Maße, in dem sich jedoch alle Familien ein Gerät anschafften, hockte bald jede für sich vor dem Kasten. Der gesellige Fernsehabend fand spätestens in den 80er Jahren nicht mehr statt.

Der Anschaffungsdruck wuchs aber schon Ende der 50er, Anfang der 60er Jahre, als Fernsehprogramme zu einem zentralen Gesprächsgegenstand geworden waren. Drei Viertel aller Bundesbürger erklärten bei einer Umfrage 1964, das Fernsehen bringe viele Dinge, über die man sich mit Freunden und Bekannten unterhalten könne. *(Glatzer, S. 198)*

Dreiteilige Kriminalfilme erreichten Einschaltquoten von über 50 Prozent. »Das Halstuch« von Francis Durbridge 1962 sah fast die gesamte Nation. Und als der Kabarettist Wolfgang Neuss in einer Anzeige im Westberliner »Abend« vor Ausstrahlung der letzten Folge den Mörder verriet, galt diese Tat als nationaler Verrat. Selbst sonst eher spröde Nachrichtenagenturen wie AP sprachen von einem »gewaltigen Tiefschlag«. *(Der Spiegel, 4/1962, S. 52)*

Die eigenen Kinder, die in der Schule nicht mitreden konnten, wenn die Familie keinen Fernseher hatte, gaben häufig den letzten Ausschlag für einen Kauf. Das Fernsehen war bald aus dem Alltag der Bundesbürger nicht mehr wegzudenken. 1955 und 1977 fragte das Allensbacher Meinungsforschungsinstitut nach den üblichen Wochenend-Freizeitaktivitäten. *(Hegner, S. 47)* 1955 belegten Radiohören sowie Spazierengehen die ersten Plätze, Fernsehen tauchte überhaupt noch nicht auf; 1977 war es hingegen mit weitem Abstand zur liebsten Wochenendbeschäftigung geworden.

Zu Beginn des Fernsehzeitalters dauerte das tägliche Programm zwei Stunden. Als 1963 das ZDF seine Sendungen aufnahm und ab 1964 auch die Dritten Programme dazukamen, wuchs der Programmumfang Ende der 60er Jahre auf zwölf Stunden. Vor allem nach der Zulassung privater Anbieter ab Mitte der 80er Jahre explodierte er. 1991 konnte ein Berliner Zuschauer an einem normalen Wochentag 337 Stunden Programm empfangen. *(Hickethier, S. 180)*

Doch die Nutzungsdauer stieg nicht entsprechend. 70 Minuten täglich saß 1964 der Normalzuschauer vor dem Gerät, zehn Jahre später hatte sich der Fernsehkonsum auf 131 Minuten gesteigert, und trotz der gewachsenen Programmvielfalt stagniert er seitdem. Fernsehen ist zwar noch immer eine der Hauptfreizeitaktivitäten, doch seine zentrale und strukturierende Bedeutung hat es eingebüßt. Gerade wegen des riesigen Angebots liefert das Fernsehen nicht mehr verbindenden Gesprächsstoff. Lediglich noch sportliche Großereignisse, die nur von einem Programm übertragen werden, können heute die Einschaltquoten der 60er Jahre erreichen. Hinzu kommt, daß die Zuschauer immer weniger Sendungen bis zum Ende verfolgen. Anfang der 90er Jahre hatten bis zu zwei Drittel vor Sendeschluß den Kanal einmal oder mehrmals gewechselt. Das Zappen zwischen den Kanälen ließ die sich in den 70er Jahren durchsetzende Fernbedienung nun zum wichtigsten Teil des Fernsehers werden.

Lange Zeit war der Fernsehapparat ein diktatorisches Gerät. Die Bilder blieben flüchtig, eine einmal verpaßte Sendung war verloren, solange sie nicht wiederholt wurde. Dies änderte sich mit dem Videorecorder, der sich Ende der 70er Jahre als semiprofessionelles Gerät durchsetzte. Besonders beliebt war er in Arbeiterhaushalten: 1993 besaßen in den alten Bundesländern 65 Prozent von ihnen ein solches Gerät, während im Durchschnitt erst jeder zweite Haushalt einen Recorder sein eigen nannte. *(Stat. Bundesamt, Fachserie 15, 1993)* Nun konnte jeder sein privates Programm gestalten. Ob man auf aufgezeichnete Fernsehsendungen oder Kassetten zurückgriff, die man in den an allen Ecken sprießenden Videotheken entleihen konnte, blieb dem individuellen Geschmack vorbehalten.

Die gewünschte Unterhaltung kam immer mehr direkt in die eigene Wohnung. Mit dem selbst geschaffenen Heimkino konnte man zu Hause bleiben. Dennoch wurden die meisten Familien keine Einsiedler, sondern weiteten sogar noch ihre sozialen Kontakte aus. Daran hatte das Telefon entscheidenden Anteil. Obwohl es schon über 120 Jahre alt ist, setzte es sich in der Bundesrepublik erst in den 70er und 80er Jahren durch. Ein »Wunderbuch der Technik« begann noch 1927 mit dem Telefon: »Was für Gesichter würden unsere Urgroßeltern wohl gemacht haben, wenn man etwa in Frankfurt einem von ihnen den Fernsprechhörer in die Hand gedrückt und ihm gesagt hätte: ›Sprich hinein,

Seit den 50er Jahren können gestreßte Eltern ihre Kinder vor den Fernseher setzen, um ihre Ruhe zu haben.

dein Bruder in Hamburg wird dir antworten, und du kannst dich weiter genauso mit ihm unterhalten, wie wenn er neben dir stände!‹ Wer weiß, ob nicht bei manchem das Staunen bis zu wirklicher Furcht, bis zu der Überzeugung gesteigert worden wäre, daß da etwas nicht mit rechten Dingen zuginge!«

Das Gerät war zwar allgemein bekannt, aber für den alltäglichen, privaten Gebrauch viel zu teuer. Noch Anfang des Jahrhunderts hätte ein Industriearbeiter allein für die Grundgebühr drei Monatslöhne bezahlen müssen. Bis in die 60er Jahre hinein verfügten daher nur Unternehmen und gut verdienende Selbständige über ein Telefon. Heute werden über vier Fünftel der Anschlüsse privat genutzt.

1962/63 besaßen gerade 14 Prozent aller Haushalte ein Telefon, 1983 waren es bereits 88 Prozent. Keine technische Errungenschaft konnte sich in der Geschichte der Bundesrepublik schneller durchsetzen. *(Glatzer, S. 177)* Ende der 80er Jahre registrierte die Post 30 Milliarden Orts- und Ferngespräche. Das Telefon hatte als selbstverständlicher und unverzichtbarer Bestandteil in bundesdeutschen Haushalten Einzug gehalten. Diese schnelle Diffusion erstaunt bei der langen Vorgeschichte des Telefons und seines vorherigen Bekanntheitsgrades kaum: »Als meine 80jährige Großmutter Ende der 60er Jahre ihren Anschluß bekam, wunderte sich die gesamte Familie, wie routiniert die alte Dame mit dieser technischen Neuerung umging.« *(Frau B., geb. 1963)*

Das Telefon half, Verbindungen aufrechtzuerhalten. Die jungen Erwachsenen, die ihren eigenen Hausstand gründeten, taten dies immer weniger in der unmittelbaren Nachbarschaft zu den Eltern. Wenn sie aber den Kontakt pflegen wollten, wurde das Telefon unumgänglich. Frau A. erinnert sich: »Als wir 1961 Telefon kriegten, waren wir eine der ersten Familien in der Reihenhaussiedlung. Man mußte nicht mehr die fünf Minuten zur Telefonzelle laufen. Und wir bekamen zumindest in den ersten beiden Jahren alle wichtigen Ereignisse in der Nachbarschaft direkt mit, denn unser Telefon wurde damals auch von ihnen häufig benutzt. Das war selbstverständlich, denn meine Eltern, die in einem anderen Hamburger Vorort wohnten, hatten keinen eigenen Anschluß, und ich konnte sie auch nur über deren Nachbarn erreichen. Aber die meisten bekamen sehr schnell nach uns ihren eigenen Apparat.« *(Frau A., geb. 1921)*

Das soziale Netz der Nachbarschaft oder der Kollegen wurde zunehmend durch das Telefonnetz ergänzt. Inzwischen handhaben selbst Kinder im Kindergartenalter das Gerät mit größter Selbstverständlichkeit und verabreden sich via Telefon. Es ist so selbstverständlich, daß ein Netzausfall für die meisten als höchst unangenehme Unterbrechung aller Kontakte zur Außenwelt gilt. *(Glatzer, S. 181)*

Die Konsumgüter der Unterhaltungselektronik und der Tele-kommunikation vergrößerten die als notwendig erachtete Warenwelt der Privathaushalte erheblich. Ihre kulturelle und mentale Bedeutung war dabei noch entscheidender. Die Wohnung war zum Teil der Welt gewor-den – das Radio als ihr Ohr, Fernsehen als Auge und Telefon als die interaktive Verbindung. Mit dieser Ausstattung konnte die Wohnung nun gleichzeitig Ausgangspunkt zur Entdeckung der Umwelt und be-haglicher Ort des Rückzugs werden.

Vom Häuschen im Grünen

Die Hälfte aller Deutschen verbringt nahezu jeden Abend zu Hause. Die »eigenen vier Wände« versprechen Geborgenheit und Sicherheit, sie sind der Ort des privaten Lebens. Als 1951 die Demoskopen aus Allensbach die Bundesdeutschen nach ihrem Wunschtraum befragten, wurden Haus, Wohnung oder Garten noch vor Sicherheit, Frieden oder Liebe an erster Stelle genannt. *(Noelle/Neumann 1956, S. 117)* Daran hat sich bis heute kaum etwas geändert. Der Wunsch nach einer schöneren und größeren Wohnung rangiert nach wie vor ganz oben auf der Liste der materiellen Lebensträume. *(Brunhöber, S. 183)*

Am meisten wünschten sich die Bundesdeutschen ein Häuschen im Grünen. Es versprach am ehesten Geborgenheit sowie Erholung vom Alltagsstreß und der Arbeit. Die Natur bot – im Gegensatz zur Stadt – für Kinder die besten Entfaltungsmöglichkeiten, und auf dem Land konnten die Erwachsenen dem Lärm der Stadt, ihrem Verkehr und der Hektik entkommen.

Viele Bundesbürger hegten nicht nur solche Wunschvorstellungen, sondern verwirklichten sie auch. Die Folgen waren bald unübersehbar: Die Landschaft zerfaserte, die Stadt dehnte sich molochartig aus und schluckte immer mehr nahegelegene Ortschaften. Der Gegensatz von Stadt und Land wich einer raumgreifenden Zersiedlung fast der gesamten Bundesrepublik.

Das störte den Einzelnen in seiner ländlichen Idylle zunächst nur wenig. Aber er merkte bald, daß sein schöner Traum vom Wohnen in der Natur brüchig wurde. Solange er mit seinem Häuschen im Grünen allein sein konnte, war noch alles in Ordnung. Aber zu viele träumten den gleichen Traum. Das ehemals ursprüngliche Dorf wandelte sich in eine Satellitensiedlung der Stadt und verlor nach und nach seinen Charakter und all die Attribute, die das Leben auf dem Land so attraktiv gemacht hatten.

»Da bin ich erstmal zu meiner Schwester nach Neukölln«

»Und dann bin ich hier nach Berlin gekommen. Die Wohnung war fast völlig zerstört. Die Tür hing aus den Angeln und dahinter riesige Schutthaufen. Die ganze Decke im Flur war heruntergebrochen. In den Zimmern sah es ähnlich schlimm aus. Die Fensterscheiben waren natürlich alle völlig zerstört. Im Wohnzimmer fehlte eine ganze Ecke. Da bin ich erst mal zu meiner Schwester nach Neukölln. Sie hatte eine Einzimmerwohnung, eine mit Außentoilette. In dem Zimmer schliefen in dem einen Bett meine Schwester und mein Schwager und in dem anderen meine Tochter und ich. Und in der Küche stand auch ein Bett, und da schlief die Mutter von meinem Schwager. Ja, so haben

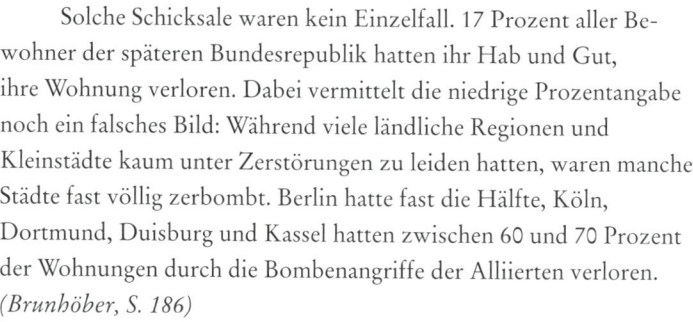

wir gewohnt. Aber wir waren froh, daß wir ein Dach über'm Kopf hatten.« *(Frau O., zit. n. Meyer/Schulze 1989, S. 230)*

So schildert Frau O. (geb. 1921) ihre und der Tochter Heimkehr nach Kriegsende in ihre alte Berliner Wohnung. Sie hatten überlebt und sogar ein Dach über dem Kopf gefunden. Die beschädigten Behausungen bedeuteten nicht nur große materielle Not, sondern prägten auch das Zusammenleben. Ein Berliner (geb. 1912), der 1948 nach neun Jahren Trennung aus der Gefangenschaft in die eheliche Einzimmerwohnung entlassen wurde, berichtete von seinen Problemen mit diesen ungewohnten Lebensumständen: »So, nun waren wir fünf Personen in einem Zimmer – drei Generationen. Meine Schwiegermutter und die beiden Kinder, meine Frau und ich hausten zusammen in einem Zimmer. Das war natürlich sehr erhebend. Also, wir waren praktisch mit meiner Schwiegermutter verheiratet. Durch die Notzeit waren Mutter und Tochter ganz aufeinander eingespielt. Ich hatte meine Schwierigkeiten damit. Ich saß wie in einer Zwickmühle. Ich wollte meine Schwiegermutter nicht verletzen, weil sie meiner Frau und den Kindern beigestanden hatte, aber ich wollte sie loswerden. Es gab sehr, sehr viel Ärger deswegen.« *(Herr F., zit. n. Meyer/Schulze 1985, S. 141)*

Jochen, Tine und Mije im selbstgebauten Dreistockbett.

Solche Schicksale waren kein Einzelfall. 17 Prozent aller Bewohner der späteren Bundesrepublik hatten ihr Hab und Gut, ihre Wohnung verloren. Dabei vermittelt die niedrige Prozentangabe noch ein falsches Bild: Während viele ländliche Regionen und Kleinstädte kaum unter Zerstörungen zu leiden hatten, waren manche Städte fast völlig zerbombt. Berlin hatte fast die Hälfte, Köln, Dortmund, Duisburg und Kassel hatten zwischen 60 und 70 Prozent der Wohnungen durch die Bombenangriffe der Alliierten verloren. *(Brunhöber, S. 186)*

Und auch diese Zahlenangaben spiegeln die Realität nur ungenügend wider. Die Wohnungsnot in der Nachkriegszeit und den ersten Jahren der Bundesrepublik hatte sich durch die zahlreichen Flüchtlinge und Vertriebenen noch dramatisch verschärft. 1939 lebten im späteren Bundesgebiet knapp 43 Millionen Menschen. Ihre Zahl war 1950 auf 50,8 Millionen angewachsen, um dann besonders durch DDR-Flüchtlinge bis zum Bau der Mauer 1961 auf 56 Millionen zu steigen. *(Bundestag, Drucksache IV/1492, S. 5)*

Dabei gab es 1939 keineswegs eine ausreichende Wohnungsversorgung. Im Deutschen Reich fehlten bei Kriegsbeginn rund eine Million Wohnungen. 1948/49 registrierten die Behörden in der späteren Bundesrepublik einen Wohnungsfehlbestand von 5 Millionen. *(Claessens/Klönne/Tschoepe, S. 345)*

Nachdem man die Ausbombungen überlebt, die Strapazen der Flucht oder Vertreibung überstanden und den ersten Hunger gestillt hatte, mußten Notunterkünfte für Millionen Deutsche als erstes Dach über dem Kopf herhalten. In der britischen Zone gab es Ende 1946 im Durchschnitt 6,2 Quadratmeter Wohnraum pro Kopf, und in Berlin hatte nach einer Anordnung der Alliierten Kommandantur ein Erwachsener Anspruch auf 7, ein Kind auf 3,5 Quadratmeter Wohnfläche. *(Schulz 1994, S. 43)*

Die Enge war so bedrückend, daß es kaum eine Privatsphäre gab. Wie sollte eine Familie unter solchen Bedingungen vernünftig leben können? Heinrich Böll beschrieb diese mangelnde Privatheit: »Die neue Tapete reicht bis zu unserer Tür und der neue Anstrich bis auf die Mitte der Türfüllung, die den Eingang zu unserer Wohnung bildet: einem einzigen Raum, von dem wir durch eine Sperrholzwand eine Kabine abgetrennt haben, in der unser Kleinster schläft, und wo der Krempel abgestellt wird.« *(Böll 1969, S. 24)*

Die eigene Wohnung galt nach den Schrecken des Krieges und der Nachkriegsnot als Refugium, als Ort, an dem man wieder zu sich fand. Von hier aus konnte man den Alltag besser bewältigen, und sie bot die Chance, zu seinem eigenen Leben (zurück-)zufinden und die Privatheit der Familie – für viele erstmalig – zu genießen. Über ein Drittel aller Bundesdeutschen lebte 1950 in schlechtesten Wohnverhältnissen, zur Untermiete, im Souterrain, im Dachgeschoß, in Bunkern, Baracken, in Nissenhütten oder Gartenhäusern. *(Polster/Voy, S. 295)*

1948 fehlten 5 Millionen Wohnungen in der späteren Bundesrepublik.

Vom Häuschen im Grünen

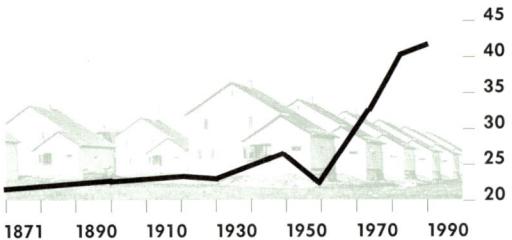

Wohnungen
je 100 Einwohner
in Deutschland
1871–1990

1871	1890	1910	1930	1950	1970	1990

45
40
35
30
25
20

Die meisten Menschen wünschten sich nichts sehnlicher als eine eigene Wohnung, und die junge Demokratie in Westdeutschland hatte nur eine Chance, wenn sie der Wohnungsnot in einem überschaubaren Zeitraum Herr wurde.

Die massiven Anstrengungen öffentlicher und privater Hand blieben nicht ohne Erfolg. In den ersten beiden Nachkriegsjahrzehnten wurden jährlich zwischen 500 000 und 600 000 Wohnungen fertiggestellt.

Zu Recht tauchte in den späten 60er Jahren daher neben dem Begriff des Wirtschaftswunders der des »Wohnungswunders« auf. Die Wohnungsbaubilanz der jungen Bundesrepublik fiel im Vergleich zu früheren Epochen noch beeindruckender aus: 1950 war sie zunächst auf den Stand des frühen Kaiserreichs zurückgefallen. Aber schon zwanzig Jahre später gab es mehr Wohnungen pro Einwohner als jemals zuvor in der deutschen Geschichte. Ende der 70er Jahre überstieg die Zahl der Wohnungen die der privaten Haushalte: Aus 10 Millionen Wohnungen (inklusive Notunterkünften) 1950 waren innerhalb von knapp 40 Jahren 1987 26,6 Millionen geworden.

Für die meisten Bundesbürger war der Wunsch nach besseren Wohnverhältnissen verbunden mit dem Traum von einem eigenen Haus, am liebsten im Grünen. Dieser Traum war um so verständlicher, da die Flächenbombardements in erster Linie die Städte getroffen hatten, das Land und die Kleinstädte waren weitgehend verschont geblieben. Auch in den ersten Nachkriegsjahren ging es den Bewohnern der Kleinstädte und Dörfer wesentlich besser als den Städtern. Sie besaßen zumeist einen kleinen Garten, in dem sie das Lebensnotwendige anbauten und so die Hungerjahre überstanden. Die Eigenheimbesitzer auf dem Lande unterstützten sich gegenseitig beim Wiederaufbau ihres zerstörten Eigentums, Selbst- und Nachbarschaftshilfe wurden großgeschrieben. *(Schulz 1988, S. 411)*

Die Menschen zog es in die kleineren und mittleren Städte, denn die Überlebenschancen waren hier höher als in den zerstörten Großstädten. Die Einwohnerzahl von Eckernförde (Schleswig-Holstein) z.B. wuchs in dieser Zeit um knapp 80, von Heidelberg um 75 Prozent.

(*Schulz 1994, S. 42*) Mit der Währungsreform verstärkte sich der Wunsch nach einem Eigenheim noch, denn der Immobilienbesitz überlebte alle Krisen – Grund und Boden hatte Bestand. Das Eigenheim garantierte das Überleben in Notzeiten und erschien gleichzeitig als Hort der Geborgenheit in besseren Zeiten.

Alle Parteien im Nachkriegsdeutschland unterstützten den Eigenheimgedanken. Was für die neu gegründete CDU selbstverständlich war, erhielt bei der SPD eine zusätzliche antikommunistische Begründung. Der Haus- und Grundbesitz sollte als Bollwerk gegenüber kommunistischen Avancen dienen. So betonte Kurt Schumacher 1953: »Im Streben von Millionen arbeitenden Menschen nach dem eigenen Haus und dem eigenen Stück Grund und Boden drückt sich ein kultureller Wille aus, der alle diejenigen Lügen straft, die behaupten, daß die Forderungen der modernen Arbeiterbewegung nur aus materialistischen Motiven stammen. … Die SPD sieht in jeder Siedlerstelle ein Stück vom Willen zur persönlichen Freiheit und wirtschaftlichen Unabhängigkeit und wird deshalb die Siedlung immer nach Kräften fördern.« (*Kurt Schumacher, zit. n. Schulz 1988, S. 413*)

Aber auch die KPD machte sich für Wohnungseigentum stark und warb im ersten Bundestagswahlkampf mit einer Broschüre, die den Titel trug: »Trautes Heim – Glück allein«. Die Kommunisten verlangten die Kreditvergabe an »viele, kleine Leute«, um ihnen zu einem »wohnlichen und gesunden Eigenheim« zu verhelfen. (*Schulz 1994, S. 94*)

Angesichts der massiven Wohnungsnot mußten die Eigenheim-Wünsche der ersten Nachkriegsjahre jedoch gegenüber dem notwendigen schnellen Bau vieler Wohnungen zurücktreten. Das erste Wohnungsbaugesetz von 1950 förderte deshalb in erster Linie den sozialen Wohnungsbau mit festgelegten Minimalstandards für Größe, Ausstattung und Mietobergrenzen. Bis 1956 konnten mit öffentlicher Unterstützung rund drei Millionen Wohnungen fertiggestellt werden.

Trotzdem lebten 1957 noch immer 400 000 Menschen in Lagern, zum Teil, weil ihnen, z.B. als Kriegsinvaliden, mit sehr geringer Rente, das Geld für die gute Mietwohnung fehlte, zum Teil, weil sie so Geld für Wohnungseigentum ansparen konnten: »›Warum soll ich aus dem Lager heraus?‹ sagt ein Flüchtling, der nun schon seit zwölf Jahren in der Baracke lebt. … ›Ich zahle 10 DM Miete im Monat. Sicher, die Unterkunft ist nicht komfortabel. Aber eine Wohnung kostet 80 bis 100 DM, und auf was muß ich da alles verzichten!‹ Manche haben sogar in den Jahren der billigen Unterkunft genug zurechtgespart, um jetzt an den Bau eines Siedlungshauses zu denken. Beim Bau arbeiten sie mit, der Sohn zieht mit ein, aus dem Lastenausgleich gibt es

Mit Onkel Robert auf dem Weg ins Eigenheim.

Vom Häuschen im Grünen

Hilfen und im eigenen Haus braucht man nicht auf die Hühner zu verzichten, die man schon im Lager gehalten hat.« *(Handelsblatt 8./9.3.1957, zit. n. Abelshauser 1987, S. 117)*

Die Häuslebauer bekamen langsam Oberwasser. 1956 war der Anteil der Eigenheime an neugeschaffenem Wohnraum bereits auf knapp 30 Prozent gestiegen. *(Schulz 1988, S. 426)* Besonders der wohnungsbaupolitische Sprecher der CDU/CSU-Fraktion und Vorsitzende des Wohnungsbauausschusses des Bundestages, Paul Lücke, machte sich für Wohnungseigentum stark. Das von ihm beeinflußte zweite »Wohnungsbau- und Familienheimgesetz« von 1956 wollte nicht mehr nur den Wohnungsmangel beseitigen, sondern für weite Kreise der Bevölkerung breit gestreutes Eigentum schaffen. 1957 ernannte Adenauer Lücke zum Wohnungsbauminister – eine folgenreiche Entscheidung. Lücke fühlte sich dem katholischen Familienbild verpflichtet, und Wohnungsbaupolitik war für ihn Familienpolitik. In seinen Vorstellungen tötete die Kleinst- und Kleinwohnung im Mietshaus »den Willen zum Kind« und zwang »zur Empfängnisverhütung, Abtreibung und Entsittlichung und damit zum biologischen Volkstod«. *(Zit. n. Schulz 1988, S. 418)* Mit seiner Eigentumsförderung wollte er aus »besitzlosen Proletariern verantwortungsbewußte Staatsbürger« machen. *(Zit. n. Brunhöber, S. 187)* »Der Spiegel« *(16.7.1958)* verspottete ihn deshalb 1958 in einer Titelstory als »Eigenheimapostel«.

Die SPD-geführte Bundesregierung setzte mit dem Städtebauförderungsgesetz von 1971 diese Unterstützung fort. Immer weniger Sozialmietwohnungen und immer mehr Eigentumswohnungen wurden gebaut und gefördert. *(Polster/Voy, S. 304)*

Jeder vierte Haushalt lebte 1950 in den eigenen vier Wänden. 1987, dem Jahr der letzten Gebäude- und Wohnungszählung, besaßen 40 Prozent aller bundesdeutschen Haushalte Wohnungseigentum. *(Stat. Bundesamt, Gebäude- und Wohnungszählung 1987)* Die Eigentumsquote steigt sogar auf knapp 50 Prozent, wenn man nicht die Haushalte, sondern die Zahl der Personen zum Maßstab nimmt. Viele der neuen Ein-Personen-Haushalte leben in Mietwohnungen, während Familien mit Kindern das eigene Haus vorziehen, sobald dies finanziell möglich ist. *(Polster/Voy, S. 298)* Für die Hälfte aller Bundesbürger ist der Traum vom eigenen Haus Ende der 80er Jahre in Erfüllung gegangen. Was der großbürgerlichen Familie Krupp Ende des 19. Jahrhunderts möglich war, ihren Wohnsitz, die Villa Hügel, fernab vom Lärm und Gestank ihrer Fabrik in der Bredeneyer Idylle zu errichten, war nun auch für die bürgerlichen Mittelschichten und gutverdienende Arbeiter erreichbar geworden.

Das Haus im Grünen gestattete die räumliche Trennung von Arbeit und Wohnen. Dort konnte man tun und lassen, was man wollte. Kein Etagennachbar beschwerte sich mehr über Kinderlärm und störte selber durch laute Musik. Besonders junge Ehepaare legten Wert auf Naturnähe, in der ihre Kinder nach Herzenslust herumtollen konnten. 1956 meinte zwar eine Mehrheit, man habe in der Stadt mehr vom Leben, aber glücklicher seien die Menschen, die auf dem Lande lebten. (*Noelle/Neumann 1957, S. 133*)

Die Natur wurde dabei als Gegensatz zum städtischen Leben begriffen. Ein Zeitgenosse beschrieb beinahe poetisch dieses Gefühl: »Durch die Nähe der Natur stellen sich die Bewohner von Einfamilienhäusern sehr auf diese Natur ein. Sie bekommen ein Gefühl und Gespür für das Wachsen und Sterben in der Natur und ihr ganzer Lebensrhythmus gleicht sich unmerklich dem Rhythmus der Natur an. Dieser Rhythmus der Natur aber gewährt dem Menschen einen Abstand von seinem sonstigen nicht naturgemäßen Lebensrhythmus. Vor allem die Bewegungsfreudigkeit wird erhöht.« (*Bennemann, S. 97*) Der Wunsch, der Natur näher zu sein, trug jedoch durch die Zersiedelung und die Zunahme des Verkehrs zu ihrer Zerstörung bei.

»Ein naturwidriger Landschaftsverbrauch«

»Die gesunde Landschaft wird in alarmierendem Ausmaß verbraucht. Voraussetzung für unser Leben ist, neben gesunder Nahrung, die gesunde Landschaft mit Boden, Luft, Wasser und ihrer Pflanzen- und Tierwelt. Diese lebenswichtigen Elemente werden übermäßig und naturwidrig beansprucht. Immer häufiger werden lebendiger Boden vernichtet, Oberflächen- und Grundwasser verdorben, Luft verunreinigt, Pflanzen und Tierwelt gestört und offene Landschaft verunstaltet.« (*Grüne Charta von der Mainau*)

Mit diesen Worten machten 1961 die Verfasser der »Grünen Charta von der Mainau« die bis dahin uninteressierte Öffentlichkeit auf den zunehmenden Landschaftsverbrauch aufmerksam. Die Aufregung war für die meisten Zeitgenossen nicht zu verstehen. Zwar hatten die Freiflächen (land- und forstwirtschaftlich genutzte, Erholungs-, Wasser- und naturnahe Flächen) zwischen 1950 und 1960 leicht um 0,6 Prozent abgenommen, ihr Anteil betrug aber noch immer 92,7 Prozent an der Gesamtfläche der Bundesrepublik. Weshalb also regten sich die Landschaftspfleger so auf? Staatliche Stellen nahmen deren Sorgen offenbar ernster als die Öffentlichkeit. Die Bundesregierung reagierte und legte 1963 dem Bundestag ihren ersten Raumordnungsbericht vor. (*Bundestag-Drucksache IV/1492*)

Ausgangspunkt des Berichtes war die gewaltige Bevölkerungs-
zunahme auf dem Gebiet der Bundesrepublik: Zwischen 1939 und 1961
hatte sich die Zahl der Bundesbürger um fast ein Drittel erhöht.
Die Bevölkerungsdichte, die 1939 noch bei 173 Einwohner pro Quadrat-
kilometer gelegen hatte, steigerte sich bis 1961 auf 226 Einwohner.
Damit lag die Bundesrepublik an dritter Stelle in ganz Europa. Die
Flüchtlinge und Vertriebenen wurden zunächst in den weniger dicht-
besiedelten Räumen aufgenommen, die nur geringfügig vom Kriegsge-
schehen betroffen waren. Die späteren Bundesländer Schleswig-
Holstein (+ 60 %), Niedersachsen (+ 50 %) und Bayern (+ 30 %)
verzeichneten bis 1950 den größten Bevölkerungszuwachs. Viele dieser
Neubürger zogen in den 50er Jahren in die industriellen Ballungs-
zentren, um dort einen Arbeitsplatz zu finden. Es blieben jedoch noch
genügend Menschen in den vormals bevölkerungsarmen norddeutschen
Flächenstaaten, so daß es heute kaum noch sehr dünn besiedelte
Kreise (unter 60 Einwohner je qkm) gibt.

Viele Arbeitnehmer hatten nach Ausbombung, Flucht oder Vertreibung billigen Wohnraum auf dem flachen Lande gefunden und
pendelten täglich zum städtischen Arbeitsplatz. Gleichzeitig suchten
viele kleine Landwirte eine zusätzliche gutbezahlte Tätigkeit in der
nahen Industrie. Aus den 3,4 Millionen Pendlern des Jahres 1950 waren
zehn Jahre später 6,1 Millionen geworden, die werktäglich für den
Weg zur Arbeit die Grenzen ihrer Wohngemeinde überschritten. Ein
Viertel aller Berufstätigen mußte 1960 pendeln. Das Häuschen
im Grünen war es für viele wert, lange Anfahrtswege zu ihrer Arbeitsstätte in Kauf zu nehmen.

In den 50er Jahren nahmen sowohl der Eisenbahnverkehr als auch
der öffentliche Straßennahverkehr erheblich zu. *(Borscheid, S. 121)*
Die meisten Pendlergemeinden lagen in der Nähe von Eisenbahnlinien,
die spinnennetzartig auf die Industriezentren zuliefen, zahlreiche neu
eingerichtete Buslinien erweiterten die Reichweite der Bahn.

Im ersten Nachkriegsjahrzehnt bis 1960 wuchs die Siedlungsfläche
der Bundesrepublik täglich um 66 Hektar, das entspricht einer Fläche
von 86 Fußballfeldern. *(Rach, S. 28)* In den 80er Jahren erreichte der tägliche Siedlungsflächenzuwachs seinen bisherigen Höchstwert von
rund 120 Hektar. Die Städte erweiterten sich zu Ballungsräumen, vormals selbständige Dörfer wurden eingemeindet. In den Regionen mit
großen Verdichtungsräumen wuchs bis Mitte der 70er Jahre die bebaute

	50	60	70	81	89	
Flächennutzung	6.7	7.3	8.7	10.5	11.4	**Bebaute Fläche**
1950 – 1989	93.3	92.7	91.3	89.5	88.6	**Freifläche**

Fläche am schnellsten. Bei gestiegenen Einkommen ließen viele Familien in den folgenden Jahrzehnten ihren Traum vom Haus im Grünen wahr werden und schufen sich das raumfressende Paradies eines freistehenden Einfamilienhauses mit Garage oder zumindest mit Carport. Die Wohnfläche verdoppelte sich, und mit Autostellplatz und großzügiger Terrasse bebauten sie nun schnell eine Fläche von 200 und mehr Quadratmetern.

»Unsere Wohnung in Hamburg war so klein, und dann mit zwei Kindern. Deswegen haben wir dann 1968 hier in der Heide unser Häuschen gebaut. Gut, ich mußte jetzt mit dem Auto zur Arbeit, aber für die Kinder war es paradiesisch. Am Wochenende haben wir sie kaum zu Gesicht bekommen, immer waren sie draußen. Es war alles so großzügig, wie wir es in der Stadt nie erlebt hatten. Der nächste Nachbar außer Hör- und Sichtweite. Na ja, und jetzt sieht's hier auch nicht mehr viel anders aus als in den Vororten.« *(Herr und Frau N., Interview 1995)*

Der Zug in die Natur verwandelte immer mehr stadtnahe Orte in Anhängsel der Stadt. Die gewünschte Natürlichkeit rückte in immer weitere Ferne, und die Familien mußten für ihren Traum vom Wohnen in einer intakten Umwelt immer größere Distanzen zu ihren städtischen Ausgangspunkten in Kauf nehmen. Gleichzeitig schafften sich immer mehr Stadtbewohner, die entweder zu wenig Geld für das eigene Häuschen im Grünen besaßen oder sehr viel Geld für zusätzlichen Immobilienbesitz übrig hatten, einen Zweitwohnsitz oder eine Freizeitwohnung an. 1981 besaßen 1,5 Millionen Haushalte eine Ferienwohnung, ein Wochenendhaus oder einen Dauercampingplatz. *(Röck, S. 178)*

Seit 1980 registrierte die Bundesforschungsanstalt für Landeskunde und Raumordnung eine zunehmende »Dekonzentration«, bei der sich das größte Bevölkerungswachstum immer mehr in die ländlich geprägten Regionen verschob. *(Bundesforschungsanstalt, S. 4)* Der Zug ins Grüne hatte nun die Gebiete der Bundesrepublik erreicht, die bis dahin als zu weit von der Stadt entfernt eingestuft wurden. Die Baupreise schnellten in die Höhe, und die zunehmend überbaute Natur in Stadtnähe veranlaßte immer mehr Familien, in weiter entfernte Gebiete auszuweichen. Für den Berufspendler nach München ist ein täglicher Arbeitsweg von 100 Kilometern und mehr keine Seltenheit.

Die Widersprüche und Nachteile des Lebens auf dem stadtnahen Lande zeigten sich allmählich immer deutlicher. Die Familien waren aufs Land gezogen, um der (Groß-)Stadt zu entfliehen, um nach der Arbeit der Natur nahe zu sein, um in einer gesunden und kindgerechten Umwelt zu leben. Gleichzeitig wollten sie auf die Vorteile der Stadt mit ihrem Kultur- und Dienstleistungsangebot, ihrem differenzierten

Gesundheits- und weiterführenden Schulwesen nicht verzichten. Die Stadtbewohner, die sich ihren Traum vom naturnahen Wohnen erfüllten, trafen sich in Stadtrandsiedlungen wieder. Diese boten zwar noch einen Garten, doch die gewünschte »unberührte Natur« rückte in immer weitere Ferne. Der Bauernhof, auf dem man frische Milch holen konnte, wich weiteren Einfamilienhäusern. Stadt- und Landleben zu verbinden, wurde unmöglich, und es blieb nur noch die Entscheidung Stadt oder Land. Wer auf dem Lande wohnen wollte, mußte immer weitere Anfahrtswege auf zunehmend ver»stauten« Einfallsstraßen in Kauf nehmen. Das Haus im Grünen wurde zu einem der ersten Konsumgüter, bei dem das scheinbar grenzenlose Wachstum an natürliche Grenzen stieß.

Die eigenen vier Wände

Die meisten Eigenheimbesitzer verfuhren nach der Devise »My home is my castle« und knüpften an feudale Grundmuster an. Die Selbstversorgung und Instandhaltung leistete jedoch nun nicht mehr eine Dienstbotenschar, vielmehr gab sich der Hausbesitzer mit Freizeit-, Garten- und Heimwerkertätigkeit autark. Allerdings diente der Garten keineswegs mehr in erster Linie der Ernährung, wie dessen zunehmende Ausschmückung zeigte. 1956 wünschten sich knapp 60 Prozent aller Bundesbürger Gartenzwerge als Zierde für ihren Garten. *(Noelle/Neumann 1957, S. 115)* Besonders beliebt waren Modelle, die die heile Natur vorführten wie »Der fröhliche Gärtner«, »Freundschaft« oder das Modell »Gesangsstunde«. Jede technische Reminiszenz, und sei es auch nur der Fotoapparat des Gartenzwerges »Bilder-Reporter«, hatte im Garten nichts zu suchen und stieß auf Ablehnung. Das Naturbild des Gartenzwergbesitzers richtete sich an einem romantischen Naturverständnis aus, das wenig mit der sich verändernden Umwelt der Nachkriegszeit zu tun hatte.

von links nach rechts:
»Der fröhliche Gärtner«,
»Freundschaft«,
»Gesangsstunde«,
»Bilder-Reporter«

Das private Glück im Grünen mußte jedoch zunächst hart erarbeitet werden, denn die Mehrheit der Deutschen verfügte über keinerlei Kapital für einen Hausbau. Von den Banken wollte man sich nicht abhängig machen, so blieb nur die Eigeninitiative und ein ressourcenschonender Einsatz von Materialien: »Dann haben wir alte Steine

Mit eigener Kraft zum eigenen Heim.

gekauft. Der ganze Bau ist mit alten Steinen aufgebaut worden. Und die waren noch nicht abgeschlagen, die mußte man also abpicken. Und da hat die ganze Familie, das heißt Vater, Mutter, mein Bruder, ich und die beiden Mädchen, wir waren ja noch nicht verheiratet, hier mitgepickt. Samstags nachmittags, sonntags haben wir dann hier die Steine mehr oder weniger aufgetürmt. ... Und dann wurden die Bankette ausgenommen, und dann haben wir hier Zement und Kies anfahren lassen. Das kam dann freitags und samtags/sonntags haben wir Beton gemacht. Alles mit der Hand.« *(Herr J., geb. 1919, zit. n. Niethammer, S. 89)*

Das private Bauvorhaben zog sich drei Jahre hin und konnte erst 1952 abgeschlossen werden. Lediglich der Dachstuhl und das Treppenhaus wurden nicht in Eigenregie gebaut. Die Familie mußte sich trotz aller eigener Anstrengungen bei der – ungeliebten – Bank um eine Finanzierung kümmern: »Wir waren aber gegen eine Hypothek. Das kam von der Einstellung vom Vater (der in der SPD war) von der Zinsknechtschaft her: ›und nachher da nehmen die uns die Bude ab, wenn einer krank wird oder einer stirbt und der andere kann dann nicht mehr bezahlen.‹« Die Familie einigte sich darauf, 10 000 DM aufzunehmen, obwohl die Stadtsparkasse auf Grund der schon erbrachten Baueigenleistungen eine Hypothek von 40 000 angeboten hatte.

Diese Erfahrung blieb nicht nur auf Arbeiter beschränkt. Ein Handlungsreisender aus dem niedersächsischen Brinkum berichtet über seinen Weg zum Eigenheim: Die Eltern von Herrn Z. (geb. 1929) besaßen ein großes Grundstück. Als der Sohn Anfang der 50er Jahre wieder Arbeit gefunden hatte, wagte er sich an den Bau. Um das fehlende Geld zu besorgen, bat er seinen Chef um einen Kredit von 2 500 DM. Beiden war klar, daß damit kein Haus zu errichten war, dennoch bekam er es als Startkapital. Nachdem er das Geld verbaut hatte, blieb der Rohbau erst einmal ein halbes Jahr stehen, erst mit einem weiteren Kredit seines Arbeitgebers konnte Herr Z. den Bau fortsetzen. Einem benachbarten Paar gefiel der Neubau so sehr, daß es die junge Familie Z. nach einer Wohnung dort fragte. Nun hatte Herr Z. zunächst nur für sich geplant, doch gegen einen Kapitalzuschuß von 600 DM, den das Paar monatlich mit 50 DM abwohnte, stockten die Z.s ein bewohnbares Dachgeschoß auf.

Mit der Vollbeschäftigung ging die anfänglich mobilisierte Selbsthilfe beim Hausbau immer mehr zurück. Der niedersächsische Bauherr hatte schon kaum Zeit, selber mit Hand anzulegen.

Das Ansparen von Eigenkapital erschien bei der Aussicht auf eine längere Prosperitätsphase attraktiv, und Bausparverträge, die nur bei einem bestimmten Prozentsatz an Eigenkapital ausgezahlt wurden,

Vom Häuschen im Grünen

nahmen die anfängliche Furcht vor der Kreditaufnahme. Da kaum ein Normalhaushalt aus eigenen Mitteln den Hausbau oder -kauf finanzieren konnte, war dies die einzig gesellschaftlich akzeptierte Kreditform. 1952 gab es in der Bundesrepublik etwas mehr als eine halbe Million Bausparverträge, fünf Jahre später waren es bereits über zwei Millionen. Jeder siebte Haushalt wählte diese Anlageform, *(Brunhöber, S. 193)* und innerhalb von zwanzig Jahren, von 1950 bis 1970, verachtzigfachten sich die Spareinlagen bei den Bausparkassen auf 40 619 Millionen DM. *(Stat. Bundesamt 1972, S. 212)* Nur beim Hausbau war das Schuldenmachen erlaubt. Und von allen denkbaren Sparmöglichkeiten war Bausparen am beliebtesten und verzeichnete die höchsten Steigerungsraten.

Während sich bis 1990 die eine Hälfte aller Bundesbürger den Traum vom Eigenheim erfüllte, verbesserte auch die andere Hälfte in diesem Zeitraum ihre Wohnbedingungen entscheidend. Die Enge in der Nachkriegswohnung verstärkte die Sehnsucht nach einer Wohnung, die ausreichend Platz bot. »Eigentlich war ich mit unserer kleinen Drei-Zimmer-Mansarden-Wohnung zufrieden. Für meine Frau, mich und unseren Lütten reichte es gut, aber wir mußten Ende 1944 meine Tante und meinen Onkel aufnehmen, die ausgebombt waren.

Da war es mir nach fünf Jahren egal, und ich war es auch leid, ob wir umzogen oder meine Verwandten eine neue Wohnung erhielten, Hauptsache ich hatte wieder etwas Platz und konnte mich mal gemütlich hinsetzen.« *(Herr L., geb. 1917)* 1950 konnte die Wohnung dann endlich wieder allein genutzt werden.

In diesem Jahr lebte jeder Bundesbürger auf einer Fläche von 15 Quadratmetern, 1981 waren es bereits 34 Quadratmeter. Innerhalb von dreißig Jahren hatte sich die pro Person beanspruchte Wohnfläche mehr als verdoppelt. Auch die Wohnungsgröße wuchs kontinuierlich. Die durchschnittliche Drei-Zimmer-Wohnung einer Arbeiterfamilie war in der Weimarer Republik ca. 50 Quadratmeter groß. An dieser Größe orientierte sich der Wohnungsbau 1950. *(Saldern, S. 233)* Schon 15 Jahre später konnte sich eine Familie auf durchschnittlich knapp 69 Quadratmetern (Mietwohnung: 59 qm, Eigentumswohnung: 86 qm) ausbreiten.

Bereits im Oktober 1955 erklärte die übergroße Mehrheit bei einer Umfrage, daß sie im großen und ganzen mit ihrer Wohnung zufrieden seien, lediglich 18 Prozent gaben an, sie wollten »lieber heute als morgen« die Wohnung wechseln. *(Noelle/Neumann 1957, S. 20)* Der Anteil der Unzufriedenen sank rasch, schon Ende der 60er Jahre war die akute Wohnungsnot kein Thema mehr.

Die Wohnsituation der Bundesbürger hatte sich in jenen Jahren noch in einer anderen Hinsicht verändert. Der Mehrgenerationen-Haushalt, der in der unmittelbaren Nachkriegszeit noch gang und gäbe war, verschwand immer mehr, und die Kleinfamilie wurde zur typischen Lebensform. In den 50er und 60er Jahren orientierte sich der Wohnungsbau an der Familie mit ein oder zwei Kindern.

Infolge der Studentenbewegung traten neben die traditionelle Kernfamilie andere Wohnformen. Das Fernsehen berichtete über die bekannte Westberliner »Kommune 2« und vermittelte den erschreckten Bürgern ein aufregendes Bild von studentischen Wohngemeinschaften. Trotz aller moralischer Entrüstung gaben solche Experimente den Anstoß, über andere Lebensformen zumindest einmal nachzudenken. Jugendliche und junge Erwachsene entdeckten in der Wohngemeinschaft eine gute Möglichkeit, die ersten eigenen Schritte außerhalb

1950	1970	1988	
19.4	25.1	34.9	1
25.3	27.1	30	2
23	19.6	16.9	3
16.2	15.2	12.7	4
16.1	12.9	5.5	>5

Haushalte der BRD
nach Personenzahl
1950–1988

des Elternhauses zu unternehmen, ohne auf einen geschützten Raum verzichten zu müssen. Gleichzeitig lockerte sich Ende der 60er, Anfang der 70er Jahre die rigide Sexualmoral. Das gemeinsame Leben und der Beischlaf von Mann und Frau erschienen nun nicht mehr nur in der Ehe oder bestenfalls in der Verlobungszeit möglich, und immer mehr Paare probten in den späten 60er Jahren das Zusammenleben zunächst ohne Trauschein. Ich erinnere mich noch daran, wie ich 1973 das erste Mal mit meiner Freundin zusammenzog. Selbst in der Großstadt Hamburg war dies nur möglich, indem wir uns gegenüber dem Vermieter als Verlobte ausgaben. Beim Wohnungswechsel zwei Jahre später konnten wir auf die Verlobungs-Notlüge schon verzichten. Die Moralvorstellungen hatten sich deutlich verändert. Von vielen werden diese Veränderungen heute als eine der größten kulturellen Errungenschaften der 68er-Bewegung angesehen.

Ab den späten 60er Jahren probierten immer mehr das Alleinleben aus. Der Anteil der Alleinlebenden war im Jahre 1950 kriegsbedingt noch sehr hoch, viele Kriegerwitwen blieben allein. In den folgenden Jahrzehnten zogen die Hinterbliebenen beim Tod eines Ehepartners nicht mehr zu den Kindern, sondern behielten ihre alte Wohnung für sich. Dieses unfreiwillige Single-Dasein war bis in die 60er Jahre verbreitet, als auch die Zahl der freiwillig Alleinlebenden – sei es als Lebensform, sei es nur für eine bestimmte Zeit – immer mehr zunahm. Junge Erwachsene verließen früher ihr Elternhaus, um auf eigenen Füßen zu stehen, und ihr Einkommen ermöglichte es, einen eigenen, kleinen Hausstand zu gründen. Allein zwischen 1968 und 1987 hat sich die Zahl der Ein-Personen-Haushalte auf 8,7 Millionen knapp verdoppelt. Sie wurden in den 80er Jahren zum häufigsten Haushaltstyp und lösten in ihrer Bedeutung die klassische Lebensform der Familie mit Kind(ern) ab. Jeder dritte bundesdeutsche Haushalt besteht inzwischen aus nur einer Person, in Großstädten wie Berlin liegt dieser Anteil schon bei über 50 Prozent. *(Wirtschaft und Statistik 8/1989, S. 498)*

Zusätzlich zur früheren Ablösung vom Elternhaus trugen auch die veränderten Geschlechterverhältnisse dazu bei, daß die Kleinfamilie zum Auslaufmodell wurde. Die Frauenbewegung hatte neue Vorstellungen von Autonomie ins Bewußtsein der Öffentlichkeit gebracht, und immer mehr Frauen bestimmten ihr Leben zunehmend selbst. *(Beck, S. 208)* Von 1950 bis 1988 verdoppelte sich die Scheidungsrate, jede dritte Ehe ging nun auseinander. *(Saldern, S. 243)* Damit nahm auch die Zahl der Ein-Eltern-Familien mit Kindern unter 18 Jahren erheblich zu.

Dieser gesellschaftliche Wandel wurde jedoch im privaten und öffentlichen Wohnungsbau nicht genügend wahrgenommen. Es wurde kaum günstiger urbaner Wohnraum geschaffen, und die verfügbaren Wohnungen entsprachen nicht mehr den veränderten Lebensverhältnissen. Der Wohnungsüberschuß, der seit Ende der 70er Jahre von Politikern beschworen worden war, existierte lediglich auf dem Papier. In den Städten fehlten die nötigen Wohnungen für Singles, und die Familien zogen weiterhin in das Eigenheim im Grünen.

Daran hat sich in den 80er und 90er Jahren wenig geändert. Für die Doppelverdiener gibt es genügend luxussanierten Altbau, und auch Singles mit entsprechendem Einkommen können sich ihre Wohnung inzwischen aussuchen. Für sozial Schwache und Studierende bleiben Wohnsilos in wenig attraktiven Stadtteilen. Die Bezeichnung dieser Wohnungen in der DDR ist auch auf die alten Bundesländer übertragbar: Arbeiterschließfächer.

Heißes Wasser und warmer Fortschritt

»Als wir Mitte der 50er Jahre in die Neue Vahr zogen, war es, als ob Weihnachten und Ostern auf einen Tag fielen. Wir hatten zum ersten Mal in unserem Leben eine Badewanne. Und dann noch die Toilette in der Wohnung, nicht mehr im kühlen Zwischengeschoß oder wie noch früher über'n Hof. Für mich als Arbeiter war das der reine Luxus.« *(Herr G., geb. 1908)* So beurteilte im Rückblick 1982 ein alter sozialdemokratischer Betriebsrat den Umzug in seine erste Neubauwohnung im Bremer Stadtteil Vahr. Diese eigene Wohnung war mehr als nur eine moderne Bleibe, sie war der konkrete Beweis, daß er teil hatte am kollektiven Aufschwung im Nachkriegsdeutschland.

Die Kritik von Architekten, Intellektuellen oder Künstlern an der Form des sozialen Massenwohnungsbaus erreichte die Betroffenen kaum. 1958 faßte der österreichische Maler Friedensreich Hundertwasser in seinem »Verschimmelungs-Manifest gegen den Rationalismus in der Architektur« diese Architektur-Kritik zusammen und forderte: »Es muß endlich aufhören, daß Menschen ihr Quartier beziehen wie die Hendeln und die Kaninchen ihren Stall.« *(Zit. n. Brunhöber, S. 197)* Er störte sich an der industriellen Bauweise mit genormten Grundrissen, die für ihn wenig mit Individualität zu tun hatte. Doch die Bewohner waren mit ihren neuen Wohnverhältnissen mehr als zufrieden.

Vom Häuschen im Grünen

Wohnungsausstattung in Prozent 1960–1978	1960	1978	
	52	90	Mit Bad und WC
	13	6	Ohne Bad, mit WC
	35	4	Ohne Bad, WC außerhalb der Wohnung

Zum ersten Mal in der deutschen Geschichte konnten sich in Sozialbauwohnungen Standards durchsetzen, die sonst nur in Bürgerhäusern üblich waren.

Die meisten Wohnungen waren noch 1950 ohne Bad. Schon sechs Jahre später erklärten bei einer Umfrage 64 Prozent aller Bundesbürger, sie könnten daheim in der eigenen Wanne baden. *(Noelle/Neumann 1957, S. 23)* Zu diesem Zeitpunkt verfügten drei Viertel aller Bundesbürger in ihrer Wohnung über fließendes Wasser, nur die Qualität ließ noch zu wünschen übrig: Viele beklagten sich über einen mehr oder minder ausgeprägten Chlorgeschmack des Trinkwassers.

Doch die Wasserqualität stieg ebenso rasch wie die Warmwasserversorgung. Ende des Jahrzehnts verfügten zwei Drittel aller Wohnungen über eine Warmwasserversorgung, die die Familien eifrig auskosteten; *(Stat. Bundesamt, Fachserie 5)* Ende der 70er Jahre verzichtete kaum noch eine Familie auf Bad und WC; Ende der 80er Jahre waren sie endgültig zur Selbstverständlichkeit geworden. Der Komfort des neuen Wohngefühls spiegelte sich in der kontinuierlichen Erhöhung des Wasserverbrauchs wider.

Das frühere sonnabendliche Baden im Zinkzuber war mühselig gewesen und hatte längerer Vorbereitung bedurft. Die Wanne mußte extra aufgestellt und jeder Liter Wasser auf dem Ofen erhitzt werden. Das heiße Badewasser war so kostbar gewesen, daß es mehrere Personen nacheinander genutzt hatten. Mit dem Durchlauferhitzer oder einem Heißwasserboiler der 50er Jahre stand heißes Wasser in ausreichender Menge zur Verfügung, und nun konnte jeder baden, so oft und so lange er wollte.

Eine Familie benötigte um 1960 pro Person täglich lediglich 70 Liter Wasser. Bis 1980 stieg der Verbrauch auf das Doppelte. Davon flossen allein 30 Liter in guter und aufwendig aufbereiteter Trinkwasserqualität durch bundesdeutsche WCs. Einmal gezogen, und 9 Liter Wasser rauschten durch die Leitung. Die Toiletten nahmen Ende der 80er Jahre den Spitzenplatz im privaten Wasserverbrauch ein. *(Bundesverband Gas-Wasser 1987)*

In der gleichen Weise veränderten sich die Heizstandards: »Der Zusammenhalt in der schlechten Zeit war ganz wichtig. Man saß eng zusammen in der Küche, weil man nur ein Zimmer heizen konnte. Und das Licht war ja genau so knapp wie das Heizmaterial. Da saßen wir denn bei einer Kerze, und ich hab vorgelesen.« *(Frau B., zit. n. Meyer/Schulze 1989, S. 249)* So beschrieb eine Mutter (geb. 1910) von vier Kindern die Wohnverhältnisse der unmittelbaren Nachkriegszeit, die sowohl in der Zwischenkriegszeit als auch in den 50er Jahren noch lange Alltag in vielen Familien waren.

Die Küche war allen Reformen zum Trotz, die diesen Raum zum durchrationalisierten Arbeitsplatz der Hausfrau machen wollten, der zentrale Kommunikationsort der Familie. Dies war besonders in der kalten Jahreszeit der Fall, denn der Küchenherd mußte ohnehin angeheizt werden, und so war die Küche der einzige Raum, der den ganzen Tag über warm war. »Morgens habe ich als erstes in der Küche den Herd angemacht. Dann mußte das Frühstück auf den Tisch, anschließend Abwasch, und dann bald schon wieder das Mittagessen vorbereiten. Nachmittags habe ich oft in der Küche Kleinwäsche gewaschen oder genäht. Mein Sohn hat dann ebenfalls in der Küche gespielt, dort konnte ich ihn am besten beaufsichtigen. Und wenn mein Mann nach Hause kam, setzte er sich erst einmal in die warme Küche.« *(Frau L., geb. 1923)*

Das Anheizen war jedoch mühselig und arbeitsintensiv: Bevor man damit überhaupt beginnen konnte, mußte die Asche des Vortages beseitigt werden. Danach legte man auf den Ofenrost locker zusammengeknülltes Papier und schichtete darauf zuvor zerkleinerte Holzscheite. Bei uns zu Hause füllte – dank der guten Beziehungen meines Vaters – der Obsthändler den Keller zweimal im Jahr mit Obstkisten aus Holz. Anschließend mußte ich mithelfen, die Kisten zu stapeln und die Nägel zu entfernen, damit mein Vater sie mit der Axt in schmale Stücke hacken konnte. Wenn das Holz im Ofen Feuer gefangen hatte, konnte die Kohle darauf geschüttet werden. Der Kohlenhändler brachte sie einmal im Jahr in den Kohlenkeller, und fast alle Familien schickten ihre Kinder im Winter regelmäßig in den dunklen

Keller zum Kohlenholen. Die Arbeit war unbeliebt, dennoch mußte sie täglich gemacht werden. Um das Ofenfeuer in Gang zu halten, legte die Hausfrau im Laufe des Tages mehrfach Briketts nach, die ebenfalls aus dem Keller geholt werden mußten. Das Anmachen des Feuers und das Heizen selbst erforderten nicht nur Aufwand, sondern auch eine besondere Geschicklichkeit – nicht umsonst wurden im Kaiserreich Kurse zum richtigen Heizen angeboten und Heizerschulen errichtet. Durch zu fest zerknülltes Papier ging die Flamme wieder aus, und der Ofen mußte leer geräumt und wieder neu gefüllt werden; zu viel aufgeschüttete Kohle ließ die Flammen ebenfalls ersticken. Wegen der Arbeitsintensität aber auch wegen des wahrnehmbaren Verbrauchs der Heizungsmaterialien – der Kohlenkeller leerte sich – beließen es die Familien häufig dabei, nur einen Raum zu heizen, die Küche.

Noch um die Jahrhundertwende wurden die Zimmer der Arbeiterwohnungen häufig um einen zentralen Ofen angeordnet. *(Brogini, S. 12)* Das Schlafzimmer konnte von der Küche aus mit erwärmt werden. Einen Flur gab es nicht, »gefangene Zimmer«, die nur über andere Zimmer betreten werden konnten, waren die Folge. Um dieses Dilemma zu vermeiden, planten die Architekten Zentralflurwohnungen, die jedem Raum eine vorherbestimmte Funktion als Küche, Schlaf-, Wohn- oder Kinderzimmer zuwiesen. Dieses Prinzip galt noch in den 50er Jahren: In der Nähe des Eingangs befanden sich Küche, Eßecke und Wohnzimmer – Räume, in die man Nachbarn, Freunde und Bekannte bitten konnte. Der hintere Teil der Wohnung war den intimeren Bereichen wie dem Schlaf- und Kinderzimmer vorbehalten.

Die Bewohner waren von dieser neuen Raumgestaltung sehr angetan. Die Zimmer benötigten nur noch eine Tür und konnten deshalb besser eingerichtet werden. Das Heizen der gesamten Wohnung durch nur einen Ofen war allerdings nicht mehr möglich. Je mehr die Familie die Ungestörtheit ihrer Individualräume schätzte, um so intensiver mußte sie im Winter nachlegen.

1960 besaß erst jede zehnte Wohnung Zentralheizung, die überwiegende Mehrheit heizte mit der heimischen Steinkohle. Am Ende des Jahrzehnts hatte der Kohlenkeller ausgedient, und die Haushalte verwendeten die bequemeren Alternativen Öl, Gas oder Strom. In der Hälfte aller Haushalte brauchte man nur noch am Heizventil der Zentralheizung zu drehen, um die gewünschte Raumtemperatur herzustellen. Insbesondere die Wohnungsbaugesellschaften errichteten ihre Neubauten mit Sammelheizungen oder rüsteten ihren Wohnungsaltbestand entsprechend um. Mieter oder Hausbesitzer, die nicht über die nötigen finanziellen Mittel für den Einbau einer Zentralheizung verfügten, gleichwohl aber nicht auf den warmen Fortschritt verzichten wollten, bauten in einzelnen Räumen – dem Wohn- oder Kinderzimmer – Elektroöfen oder Gas-/Öl-Einzelbrenner ein.

Der Heizvorgang war dadurch nicht nur wesentlich einfacher, sondern auch weniger sinnlich geworden. Die Familien, die mit Öl heizten, bemerkten den sich rascher leerenden Öltank noch direkt. Im Gegensatz dazu spürten die Benutzer von Gas- und E-Heizungen den vermehrten Verbrauch nur noch indirekt, in der Regel erst, wenn die Jahresendabrechnung kam und Nachzahlungen fällig wurden.

Sicher waren es nicht allein die veränderten Heizgewohnheiten, die die größere Selbständigkeit von Jugendlichen und Frauen bewirkten, doch sie unterstützten durchaus diese Entwicklung. Es war nun möglich, sich zu jeder Jahreszeit in »seinem« Raum aufzuhalten, und die Jugendlichen konnten sich eher dem Zugriff der Eltern entziehen, indem sie sich auch in der kalten Jahreszeit in ihr Zimmer zurückzogen – und das nicht nur zum Schlafen. Etwas überspitzt, aber nicht völlig falsch, schrieb der Schweizer Wirtschaftshistoriker Hansjörg Siegenthaler: »Kein Oswald Kolle ohne Zentralheizung!« *(Siegenthaler, S. 99)*

Das Wohnzimmer wandelte sich damals endgültig vom sonntäglichen Repräsentations- zum ganzjährigen Alltags-Raum für die gesamte Familie. Gleichzeitig verstärkte die Zentralheizung die Abspaltung der Hausarbeit vom Familienleben. Zumindest im Winter hatte der Ehemann alle Tätigkeiten seiner Frau, wie Kochen, Abwaschen, Waschen und Bügeln im Familientreffpunkt Küche mitbekommen, nun konnte der Ehemann »unbelästigt« vom Anblick der Hausarbeit im Wohnzimmer seine Zeitung lesen oder einer anderen Beschäftigung nachgehen.

Die Arbeiterfamilien hatten in den 70er Jahren durch Elektrifizierung, Bäder mit fließendem Wasser, Zentralheizung und gut ausgestattete Küchen den Anschluß an moderne Komfortstandards erreicht. Die durchaus noch vorhandenen billigen, aber schlecht ausgestatteten Wohnungen blieben zunehmend Sozialhilfeempfängern, ausländischen Arbeitern oder Studenten vorbehalten.

Schöner Wohnen

In den langen 50er Jahren konnte sich die Mehrheit der Bevölkerung zum ersten Mal in der Geschichte Wohnungseinrichtungen erlauben, die ihrem Geschmack entsprachen und nicht allein durch die Enge der Wohnung und die Größe des Geldbeutels bestimmt waren. Bürgerliche Tradition und Moderne gingen bei der Einrichtung und Ausgestaltung der Wohnung eine enge Verbindung ein. Arbeitswissenschaftler, die sich sonst um die Produktion kümmerten, hatten die Küche rationalisiert und mit neuen Werkstoffen sowie einem modernen Maschinenpark ausgestattet. Im Wohnzimmer dominierte eine Mischung aus Repräsentation, demonstrativer Muße und Gemütlichkeit.

»Man muß doch eine komplette Wohnungseinrichtung haben«, zitierte 1960 eine Dissertation einen nicht genannten Zeitgenossen und fügte hinzu: »Über das, was zu einer kompletten Wohnungseinrichtung gehört, pflegen meist durchaus konkrete Vorstellungen zu bestehen (wenn etwa das Wohnzimmer unbedingt die Couch mit zwei Sesseln enthalten muß oder man Anbaumöbel strikt ablehnt).« *(Kremp, S. 67)* Schon die erste Ausstellung »Schöner Wohnen« 1950 in Hamburg hatte den Weg in die neue Wohnwelt gewiesen. Frisch verheiratete Paare sollten sich ihre Wohnung nicht mehr nur einmal für das gesamte Leben einrichten, sondern sich häufiger etwas Neues gönnen: »Zunächst eine Couch, einen Tisch, dann einen Schrank, und schließlich bequeme Polstersessel. Die Wohnungseinrichtung soll ›wachsen‹. Jeden Monat oder jedes Vierteljahr ein neues Stück, das ist der Leitgedanke dieser Ausstellung.« *(Zit. n. Glaser, S. 129)*

Besonders die »ältere« Generation der über 35jährigen zog aus der Wohnungseinrichtung ihr soziales Prestige und gesellschaftliche Anerkennung. *(Rinsche, S. 142 f.)* Das Wohnzimmer sollte nicht nur Status und Lebensstil repräsentieren, sondern gleichzeitig Entspannung

Bei einer demoskopischen Erhebung von 1956 stellte sich heraus, wer welchen Einrichtungsstil favorisierte: Für die erste Variante entschieden sich 29%, für die zweite 2%, für die dritte 60% und für die vierte 7%.

ermöglichen. Hier wollte man von der Hektik der Arbeit und des Alltags abschalten, und der Ort für die liebsten Wochenendbeschäftigungen, Radiohören und Zeitunglesen, mußte behaglich und gemütlich sein.

Weder das großbürgerliche Jugendstilambiente noch die modernistische 50er-Jahre-Gestaltung mit Nierentisch und Cocktailsessel erfüllten diesen Zweck und stießen daher auf wenig Gegenliebe. Auch die von Gestaltern und Innenarchitekten gepriesenen funktionalen Mehrzweckmöbel waren nicht sonderlich beliebt, weil sie trotz ihres modernen Designs zu sehr an die Notwendigkeiten der Kriegs- und Krisenjahre erinnerten. Damals mochte es sinnvoll gewesen sein, eine Couch als Schlafstatt zu benutzen oder Möbel zu besitzen, mit denen man problemlos umziehen konnte – doch die Zeiten hatten sich geändert. Der Wohngeschmack der Bundesbürger war eindeutig: 60 Prozent entschieden sich für das Zimmer mit dem massiven Wohnzimmerschrank, dem Eßtisch in der Mitte und einem schweren Polstersessel. *(Noelle/Neumann, S. 107)*

Diese Vorstellung blieb den Gestaltern verschlossen. Ihre Entwürfe von Leichtigkeit, Helligkeit und Großzügigkeit fanden lediglich in der eigenen Schicht, bei Intellektuellen oder Künstlern Anklang. So ließ Wolfgang Koeppen in seinem bekannten Nachkriegsroman »Das Treibhaus« den sozialdemokratischen Fraktionsvorsitzenden Knurrewahn in einem dergestalt eingerichteten Büro sitzen: »Knurrewahn hatte sich fortschrittlich eingerichtet, in einem Stil, den er für radikal hielt und der den Anschauungen einer soliden Kunstzeitschrift entsprach. Die Möbel waren praktisch, die Sessel bequem; Möbel, Sessel, Lampen und Vorhänge erinnerten an das Schild ›Modernes Chefzimmer‹ im Schaufenster eines Innenarchitekten gemäßigt moderner Richtung.« *(Koeppen, S. 288f.)*

Die Mehrheit der Bevölkerung übernahm nicht einfach vorherige Stile, sondern entwickelte einen eigenständigen Geschmack. Die (groß-)bürgerlichen Verschnörkelungen an Decken (Stuckornamente) mußten dabei ebenso weichen wie entsprechende Verzierungen an alten oder geerbten Möbelstücken. Die Möbeltischler halfen mit der Spezialqualifikation des »Schnörkelschleifers«, die alten Stücke dem Zeitgeschmack anzupassen. Der eigene Stil, den Intellektuelle abfällig als »Gelsenkirchener Barock« bezeichneten, war von Solidität und Bodenständigkeit geprägt. Ein großer Schrank beherrschte das Wohnzimmer »wie ein Schlachtschiff« *(Bromig/Link, S. 31)* und signalisierte, daß sein Besitzer einen festen Platz im Nachkriegsdeutschland gefunden hatte. Die endlich geschaffene Behaglichkeit und Bequemlichkeit ließ die Vorwürfe von Designern und Architekturkritikern an der

angeblich vordergründigen Gemütlichkeit und dem »spießigen Einrichtungsstil« ins Leere laufen. *(Pallowski, S. 168 ff.)*

Genauso wenig wie der Nierentisch traf moderne Kunst den Zeitgeschmack der Mehrheit. Sie galt als »unnatürlich«. Nicht zufällig war der homosexuelle Verführer im Film »Anders als du und ich« des faschistischen »Jud Süß«-Regisseurs Veit Harlan ein Künstler, der nur abstrakte Bilder malen konnte. *(Karasek, S. 263)* Zwei Drittel der Bundesbürger wollten ihre Wohnung keinesfalls mit einem modernen Gemälde schmücken, sondern am liebsten mit einer in Öl gemalten Landschaft. Für 12 Prozent gehörte das besagte Ölgemälde sogar zu einem »angemessenen Lebensstandard«.

Was noch die Familienwohnzimmer der 50er und 60er Jahre bestimmte, paßte nicht mehr in die Single-Wohnungen junger Leute in den 70er und 80er Jahren. Anstelle deutscher Eiche zog hier bevorzugt skandinavische Kiefer ein. Die Möbel wurden leichter und erschwinglicher, und die im Wirtschaftswunder verpönte und an Notzeiten erinnernde Flexibilität entsprach nun der Veränderlichkeit und Dynamik der neuen Lebensstile. Der Inbus-Schlüssel, der den eigenhändigen Zusammenbau der Möbel ermöglichte, symbolisierte die neue Wohnwelt. Kaum eine Wohnungseinrichtung junger Leute kam ohne Produkte des schwedischen Unternehmens Ikea aus. Studierende, die sich gegen den überkommenen Wohnstil ihrer Eltern auflehnten, uniformierten ihre eigenen vier Wände mit dem »Ivar«-Regal, das in keiner Studentenbude seit den späten 70er Jahren fehlte. Ikea, das 1974 sein erstes Möbelhaus in Deutschland in Eching bei München eröffnet hatte, expandierte schnell. Zwölf Jahre später übersprang der Umsatz die Milliardengrenze und hat sich bis heute mehr als verdoppelt. Die 22 Häuser erzielten 1995 einen Gesamtumsatz von 2,3 Mrd. DM, das schwedische Unternehmen ist mittlerweile mit einem Marktanteil von 6,2 Prozent zum größten Möbelanbieter in Deutschland geworden. *(Ikea Deutschland GmbH)*

Der jugendliche Geschmack infizierte zunehmend andere gesellschaftliche Schichten. Anfang der 90er Jahre dominierte bei Arbeitern zwar noch der traditionelle Stil, doch schon 41 Prozent bevorzugten inzwischen die moderneren Kiefernmöbel. *(Herlyn, S. 120)* Mitte der 90er Jahre besuchten ca. 24 Millionen Menschen in Deutschland die Ikea-Häuser, die bis heute als Synonym für modernen Wohnstil gelten.

Die auf Kredit finanzierte erste Wohnungseinrichtung eines jungen Ehepaares sollte in den 50er Jahren aller Werbung zum Trotz ein Eheleben, zumindest aber mehrere Jahrzehnte halten. Die Möbel der 70er Jahre dagegen, die man nur noch für einen Lebensabschnitt kaufte, wiesen schon beim Kauf auf ihre kürzere Lebenserwartung hin.

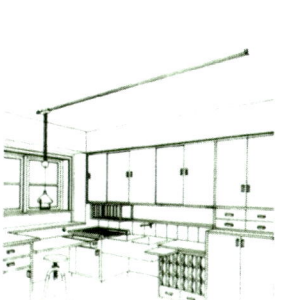

Die legendäre »Frank-
furter-Küche« beeinflußte
alle nachfolgenden
Einbauküchen.

Die industriellen Rationalisierungsbemühungen und Erkenntnisse des US-amerikanischen Ingenieurs Frederic Taylor erreichten in den 20er Jahren auch den Haushalt. Arbeitswissenschaftler – auf der Suche nach neuen Tätigkeitsfeldern – entdeckten die Küche als Ort der häuslichen Produktion. In ihren Augen verhielt sich die Hausfrau absolut unökonomisch: Sie machte zu viele Wege, hatte ihre Arbeitsgeräte schlecht organisiert, kurzum, sie brauchte den männlichen arbeitswissenschaftlichen Beistand, der ihr half, ihre Tätigkeiten zu optimieren. Architekten in Deutschland setzten diese Vorstellungen in der sogenannten »Frankfurter Küche« um, eine erste Variante der Einbauküche in den 20er Jahren. Hier waren die Schränke fugenlos verbunden und schlossen mit einer Arbeitsplatte nach oben ab. Selbst die Schütten für Zucker, Salz und Mehl hatten ihren festen, unverrückbaren Platz. Die Gestalter waren begeistert von ihrem Werk: »Mit einer halben Drehung und zwei Schritten ist sie an der Seite, die über der Spüle eine Reihe verglaster Oberschränke für das Geschirr hat. Sie öffnet die frei beweglichen Schiebefenster, um eine Schüssel herauszunehmen. Niemals wird sie den Kopf an einer aufstehenden Oberschranktür stoßen. Der Raum ist zwar klein, aber der Bewegungsraum ist groß. Mit einem Handgriff hat unsere junge Frau die Abstellfläche des Unterschranks, der an die Spüle anschließt, durch zwei herausziehbare Platten fast verdoppelt.« *(Zit. n. Krausse, S. 97)*

Selbst die Innenarchitekten mußten zugeben, daß die Hausfrauen keineswegs von ihren Ideen begeistert waren. »Die ist ja so klein, das war der Haupteinwand. … Da mußten sich die Leute erst dran gewöhnen.« Kein Wunder, daß diese neue Küche eine Bedienungsanleitung erhielt. Die Küche war von einem gemütlichen Aufenthaltsort für die ganze Familie zu einem wissenschaftlich gestalteten Arbeitsplatz der Hausfrau geworden. Allerdings fand sie keine weitere Verbreitung, und die Nationalsozialisten lehnten sie sogar als »Baubolschewismus« ab. *(Wildt, S. 137)* Nach dem Krieg feierte sie als Schweden- oder amerikanische Küche ihre Rückkehr in den Wohnungsbau. Wie sehr Baufachleute gerade die Küche mit industrieller Latte maßen, zeigte sich auch daran, daß es der einzige Wohnraum war, für den sie eine DIN-Norm festlegten: Eine Küche sollte für einen Vier-Personen-Haushalt 6,5 Quadratmeter groß sein, und die Kücheneinrichtungen sollten eine einheitliche Tiefe von 60 Zentimetern sowie eine Höhe von 85 Zentimetern haben. Diese Normung erleichterte das rationelle Bauen und die Ausstattung der vielen Nachkriegswohnungen. Eine der ersten großen Küchenausstellungen in der Bundesrepublik wurde nicht von den Hausfrauenverbänden veranstaltet, sondern vom Landesgewerbeamt Baden-Württemberg, dessen Aufgabengebiet sich ansonsten

Vom Häuschen im Grünen

auf die Beurteilung industrieller Arbeitsbedingungen beschränkte. Der Titel dieser 1954 in Stuttgart stattfindenden Schau lautete paradigmatisch: »Gute Küchen – wenig Arbeit«.

Auch Haushalts- und Einrichtungsratgeber forderten die Familien auf, die Küche rationell einzurichten: »Um nun eine rationelle ›Fließbandarbeit‹ in der Küche zu erzielen, ist es nötig, sich die genaue Reihenfolge zu vergegenwärtigen, in der die Küchenarbeiten getan werden. Aus dem so gewonnenen ›Arbeitsschema‹ lassen sich dann die Einrichtungsgegenstände und ihre zweckmäßige Aufstellung ableiten.« *(Eychmüller, S. 101)* Die Hersteller dieser neuen Einbauküchen stellten folgerichtig die Arbeitsreduzierung in den Mittelpunkt: »700 Stunden mehr Freizeit!!! Ja, 700 harte Arbeitsstunden jährlich – so hat die Fachstatistik ausgerechnet – spart die Hausfrau in einer ›rationalisierten‹ Küche gegenüber einer Küche alten Stils. 700 Stunden mehr Erholung. 700 Stunden weniger Bücken, Strecken, Schleppen, Gehen!« *(WK Sozialwerk Möbel, 1958)*

Die Familien reagierten zunächst zwiespältig auf diesen neuen Fließband-Küchentyp. So sehr sie die Behaglichkeit der alten Wohnküche schätzten, so sehr beeindruckte sie auch die Arbeitserleichterung, die die neue Küchenform versprach. Die moderne Einbauküche war zunächst unerschwinglich, deshalb schlugen Wohnungsberater den allmählichen Ausbau der Küche mit zusammenpassenden Einbauelementen vor. *(Binnenkade, S. 151)* Doch schon 1956 konnte die Zeitschrift »Haus und Heim« in einem Sonderheft »Wohnen heute« schreiben: »Wohnungen ohne Einbau-Küchen … werden in absehbarer Zeit nur noch schwer Interessenten finden.« *(Haus und Heim, S. 40)*

Omas altes Küchenbuffet hatte ausgedient, gefragt waren Kunststoffoberflächen und Chrom.

Die Verwendung von neuartigen Kunststoffen verbilligte diese Küchen deutlich und ersparte zudem durch die glatten und fugenlosen Oberflächen den Hausfrauen erheblichen Arbeitsaufwand. Fußbodenbeläge aus PVC waren nicht nur fußwärmer als der alte Steinboden, sondern es bestand auch die Chance, daß ein herunterfallender Teller auf dem weicheren Material nicht zerbrach. Darüber hinaus war der neue Belag besonders pflegeleicht. Die Modernität, die die Küchen der 50er Jahre ausstrahlten oder ausstrahlen sollten, wurde durch zahlreiches Plastikzubehör unterstützt: Resopalbeschichtete Frühstücksbrettchen, Hostalen-Plastikeimer und Plastik-Buttergefäße in fröhlichen Farben ersetzten Holz-, Metall- oder Tongegenstände. Architekten und Wohnraumgestalter sangen ein Loblied auf die neuen Materialien: »Neben den praktischen Gebrauchseigenschaften macht vor allem das Erscheinungsbild die Kunststoffe dem modernen Menschen so sympathisch. Das Charakteristikum der meisten Kunststoffe ist die frische leuchtende Farbigkeit. ... Beim Erscheinungsbild spricht aber auch der direkte körperliche Kontakt mit. Die glatte Oberfläche der Kunststoffe, die sich warm anfühlt, erweckt Sympathie beim Benutzer.« *(Schwabe, S. 5)*
Die Industrie versuchte in erster Linie den Frauen die neuen Materialien schmackhaft zu machen, denn »es kann mit Recht behauptet werden: Kunststoffe helfen der Hausfrau! Sie erleichtert sich vieles, wenn sie sich mit den Kunststoffen und Kunststoffartikeln unserer Zeit vertraut macht. Denn sie geben überhaupt erst die Möglichkeit, daß in immer größeren Mengen viele Dinge des täglichen Lebens der immer größer werdenden Bevölkerung zu angemessenen Preisen geboten werden können.« *(Euler, S. 24)*

Obwohl viele Familien gern an der Wohnküche festgehalten hätten, ließ die Größe der Küche im sozialen Wohnungsbau ihnen dazu kaum die Möglichkeit. Der Küchentisch mit abwischbarer Tischplatte und staksigen Metallbeinen erlaubte zwar noch das morgendliche Frühstück in der Küche, ansonsten verlagerten sich viele der früheren Küchen-Aktivitäten in andere Räume.

In den 70er Jahren hatte der Gegensatz gemütliches Wohnzimmer und moderne, fortschrittliche Küche ausgedient. Beide Räume verbanden zunehmend diese Prinzipien. Mit dem Fernseher zog die Modernität im Wohnzimmer ein, die zunächst noch durch den Fernsehschrank in Grenzen gehalten werden sollte. Doch der Stereoturm konnte auch durch Lautsprecherboxen aus Nußbaum nicht mehr kaschiert werden. Das Vordringen hellerer und leichterer Möbel gab der bis dahin ausschließlich vorherrschenden, altdeutschen Solidität endgültig den Rest. Auf der anderen Seite war in den 70er Jahren nicht nur in den Wohngemeinschaftsküchen eine Renaissance der Holzmöbel zu beobachten. Auch die Hersteller von Einbauküchen setzten mit Erfolg auf den rustikalen Stil und boten die Resopaloberflächen mit Eichenimitation an. Die kühle und funktionale Modernität verband sich so mit der Behaglichkeit, die man aus dem Wohnzimmer und den früheren Wohnküchen kannte.

Nach und nach hatte sich die gesellschaftlich genau definierte Wohnkultur aufgelöst, und die klassische Einrichtung einer Arbeiter- oder Angestelltenwohnung gab es nicht mehr. Vom Wohnstil konnte man nicht mehr unbedingt auf die soziale Schicht oder Klasse schließen. Zwar bestimmte das Einkommen, wie viele Waren zu welcher Qualität gekauft werden, doch über die Möblierung der Wohnung entschied der Wohnungsinhaber zunehmend nach seinem individuellen Geschmack und Lebensstil. Ob altdeutsch, Kiefer oder italienisches Design: Die größere Wohnung, die in den Nachkriegsjahrzehnten möglich wurde, statteten die Bundesbürger mit einer immer umfangreicheren Warenwelt und unterschiedlichen Materialien aus.

Vom Häuschen im Grünen

»Und läuft und läuft...«

Mit diesem Motto warb der Volkswagen-Konzern Anfang der 70er
Jahre für seine Autolegende, den Käfer. Aber nicht nur der Käfer fuhr
und fuhr, die gesamte Automobilbranche erlebte einen Boom
ohne Ende.

Das Auto war unabdingbare Voraussetzung für die Verwirklichung der Wohnträume im Grünen und veränderte den Alltag
der Bundesdeutschen mehr als jedes andere Konsumgut, vom Fernseher
vielleicht abgesehen. Wer im Grünen wohnen wollte, war nicht
mehr auf die Linienführung des öffentlichen Nahverkehrs angewiesen.
Man konnte sein Häuschen bauen, wo immer man sich wohl-
fühlte. Einen Weg, der zur nächsten Land- oder Bundesstraße führte,
gab es fast immer, denn die Gemeinden erschlossen die neuen Wohn-
siedlungen mit einem asphaltierten Verkehrsweg. Das Netz
wurde immer enger geknüpft, und Straßen durchzogen bis dahin
unberührte Landschaften wie ein Spinnennetz. Das private Fahrzeug
veränderte die Landschaft der Bundesrepublik.

Mit dem Auto war jeder Ort mit einem Mal erreichbar,
aber es bot wesentlich mehr als einen erweiterten Aktionsradius. Der
Fahrer – auch gelegentlich die Fahrerin – konnte nicht nur schneller und
bequemer von A nach B kommen, sondern sich auch als Herr
über Zeit und Raum fühlen. Bei der Fahrt zur Arbeit mußte man sich
nicht mehr dem Diktat der Fahrpläne beugen oder schwitzend
und strampelnd mit dem Fahrrad sein Ziel erreichen, am Wochenende
konnte man eine kleine Spritztour unternehmen oder entfernter
wohnende Verwandte zum Sonntagskaffee besuchen.

Doch je mehr Menschen sich diesem Vergnügen hingaben,
um so weniger Freiheit blieb dem einzelnen. Der Raum wurde eng, die
Zeit verging nicht mehr im Fluge, sondern im Stau.

Die Durchsetzung der Auto-Mobilität

»Umsteigen« forderte Mitte der 50er Jahre ein Plakat für einen Kleinst-
wagen, den Messerschmitt-Kabinenroller. *(Kellner, S. 59)* Auf
dem Bild ließ ein Mann im weißen Oberhemd seinen Motorradhelm
fallen und bewegte sich aus dem Hintergrund, in dem eine Straßenbahn und davor ein Motorrad abgebildet waren, auf das Automobil zu.
Zur gleichen Zeit hieß es in einer Anzeige von Ford: »Wir haben
es geschafft: das neue Auto steht vor der Tür. Alle Nachbarn liegen
am Fenster und können sehen, wie wir für eine kleine Wochen-
endfahrt rüsten. Jawohl, wir leisten uns etwas, wir wollen etwas haben
vom Leben, dafür arbeiten wir schließlich beide.« *(Zit. n. Sachs,
S. 117)* Hier dominierte ebenfalls der (Ehe-)Mann, der – mit Nyltest-
hemd und Krawatte – einen Koffer in den Kofferraum legt, während

sich die Köpfe der Nachbarn aus den Fenstern eines Neubaublocks recken.

Beide Anzeigen spiegeln die Wünsche der Bundesbürger der 50er Jahre wider: Nicht mehr dem Fahrplan und der überfüllten Enge der Straßenbahn unterworfen, aber auch nicht mehr schutzlos den Unbilden der Natur ausgeliefert, versprach der Messerschmitt individuelles, unbeschwertes Fahrvergnügen – vermutlich zum Arbeitsplatz. Der Ford Taunus ermöglichte darüberhinaus am Wochenende die kleine Flucht aus dem Alltag, begleitet von den neidvollen Blicken der Nachbarn.

Das Auto war nicht nur Fortbewegungsmittel, sondern – wie andere Konsumgüter auch – gleichzeitig Prestigeobjekt. Wer im Wirtschaftswunder erfolgreich war, konnte auf das Auto nicht verzichten. So argumentierte in Martin Walsers Roman »Halbzeit« die Titelfigur Anselm Kristlein gegenüber der Ehefrau, als er statt der bisherigen Tätigkeit als Vertreter eine feste Werksvertretung eröffnete: »Sie sagt: wir könnten das Auto verkaufen. Und weil sie damit recht hatte, aber auch nicht recht hatte, das Auto brauchte ich nicht mehr unbedingt, seit ich das Büro aufgemacht hatte, aber wer als selbständiger Unternehmer auftritt und kein Auto hat, der ist ein Engel, der keine Flügel hat und uns doch weismachen will, er sei ein Engel ...« *(Walser, S. 24)* Kristlein handelte konsequent: Der alte Ford 12 M wurde verkauft, statt dessen schaffte er sich standesgemäß einen Mercedes an.

Der Volkswagen begleitete die Nachkriegsdeutschen durch die gesamten Wirtschaftswunderjahre.

Diese Werbe- und Literaturbilder der frühen 50er Jahre griffen auf Vorstellungen der Vorkriegszeit zurück. Die Nationalsozialisten hatten mit dem Volkswagen die Utopie der motorisierten Volksgemeinschaft beschworen. Über einen Ratensparvertrag mit einer monatlichen Rate von 5 RM sollte ein VW für jeden finanzierbar sein. Ein starker klassenkämpferischer Unterton begleitete die Demagogie, denn die deutsche Automobilindustrie stand dem billigen Volksauto kritisch gegenüber und baute lieber schwere Mobile für die Oberschicht. Während die (sozialdemokratische) Arbeiterbewegung vor 1933 neidvoll nach Amerika blickte und vom »revolutionären Automobil« für alle schwärmte, sträubte sich die Branche noch nach 1933 gegen den Volkswagen-Plan. *(Radkau 1989, S. 302)* Die 336 000 Volkswagen-Sparer der Jahre 1938 und 1939 wurden jedoch bitter enttäuscht. Die Nazis integrierten das neugeschaffene Werk in Wolfsburg in die Militärproduktion, produzierten dort den Kübelwagen und verschoben den Bau des KdF-Wagens auf die Zeit nach dem »Endsieg«. Anders als in Deutschland hatte sich die amerikanische Gesellschaft in diesem Zeitraum dank der preiswerten Fließbandfertigung des Ford-T-Modells schon motorisiert, eine Entwicklung, die in Deutschland erst nach dem Krieg einsetzte. In seiner Eröffnungsrede zur »Internationalen Automobil- und Motorradausstellung« in Berlin hatte Adolf Hitler 1936 die Sehnsucht des deutschen Volkes nach einem eigenen Kraftwagen beschworen. Diese Sehnsüchte erwachten in den 50er Jahren wieder, doch für die Mehrheit der Bevölkerung blieb das Auto zu diesem Zeitpunkt ein Wunschtraum. Der Motorisierungsgrad Deutschlands war im Vergleich zu den USA und den westeuropäischen Staaten eher bescheiden: In Deutschland kam vor dem Krieg auf 47 Einwohner ein Wagen, in Großbritannien auf 21, in Frankreich auf 19 und in den USA sogar auf nur 4,5 Menschen. Die westlichen Industrienationen hielten noch zu Beginn der 50er Jahre den Vorsprung.

Die deutschen Männer hatten in Hitlers Wehrmacht kollektiv ihren Führerschein gemacht und in den Blitzkriegen der ersten Kriegsjahre im Lkw, Kübelwagen oder Krad Fahrpraxis gewonnen. Der kriegsbedingte »Fahrspaß« war allerdings nur von kurzer Dauer. Selbst das Steckenbleiben der deutschen Offensive im russischen Schlamm floß vermutlich in das automobile Selbstverständnis der Kraftfahrer ein: Man sehnte sich nach trockenen, breiten und asphaltierten Straßen – Bedingungen, die die Autobahnen in der Heimat boten.

Spätestens die Kapitulation beendete die kurze automobile Karriere. Die Wünsche waren geweckt und die Fähigkeiten vorhanden, doch erst, als man den Nachkriegsmangel überwunden und sich wieder in seinen vier Wänden eingerichtet hatte, war an den eigenen fahrbaren Untersatz überhaupt nur zu denken. *(Südbeck, S. 27ff.)*

Die Automobilverbände unternahmen vielfältige Anstrengungen, die Automobilbegeisterung aufrechtzuerhalten oder bei Jugendlichen zu wecken: »Laßt sie Seifenkisten-Rennwagen bauen, laßt sie spielen und basteln, laßt sie so ihre kleinen Rennen an irgendeinem Berg fahren, die eigene Arbeit der Jugend wird ihr bester Propagandist sein«, so befand die »ADAC-Motorwelt« *(Heft 1)* 1949. Die Autofeindschaft

»Und läuft und läuft…«

Wer sich kein eigenes Auto kaufen konnte, der baute es sich selbst – jeder wollte motorisiert sein.

zu Beginn des Jahrhunderts hatte sich auch bei Jugendlichen längst in Autobegeisterung gewandelt.

Die Motorisierungswelle rollte in den 50er Jahren in der jungen Bundesrepublik wie in keinem anderen westlichen Industrieland. In diesem Jahrzehnt wuchs der Motorisierungsgrad jährlich um durchschnittlich fast 21 Prozent und warf alle wirtschaftswissenschaftlichen Prognosen über den Haufen. Das Rheinisch-Westfälische Institut für Wirtschaftsforschung hatte etwa 1954 für 1960 eine Pkw-Dichte von knapp 50 Autos pro 1000 Einwohner vorhergesagt, die Realität übertraf die Schätzung mit mehr als 81 Pkw pro 1000 Einwohner erheblich. Nur sechs Jahre zuvor hatten amerikanische Experten noch gemutmaßt, daß die Deutschen den Rückstand nie aufholen könnten, wenn nicht erhebliche staatliche Maßnahmen ergriffen würden. Aber auch ohne entsprechende Programme schloß die BRD zu ihren Nachbarn auf. Die Produkte ihrer Automobilindustrie genossen zunehmend weltweit Anerkennung.

So beeindruckend diese Zahlen die Geschichte der Motorisierung beschreiben, so wenig berührte sie die Mehrzahl der Privathaushalte. Nur 3 Prozent aller Bundesbürger erklärten bei einer Umfrage im März 1955, sie würden auf ein Auto sparen, wenn sie 100 DM mehr im Monat zur Verfügung hätten. *(Noelle/Neumann 1957, S. 36)* Lediglich die Lebensversicherung war als Sparziel noch unbeliebter. Selbst mit Ratenzahlung konnten sich die wenigsten ein Auto erlauben. Mitte der 50er Jahre kannte ein Drittel nicht einmal die Ikone des deutschen Automobilismus, den Mercedes-Stern; mehr als zwei Drittel hingegen hatten keine Schwierigkeiten mit anderen Markenzeichen wie dem Erdal-Frosch oder dem weiblichen Schattenriß des Kosmetik- und Hygieneartikelherstellers Schwarzkopf. *(Noelle/Neumann 1956, S. 101)*

In den 50er Jahren wandelte sich die Bedeutung des Autos, das vom Geschäftsfahrzeug der Selbständigen zum Privatwagen aller Klassen und Schichten für die Fahrt zur Arbeit oder den Ausflug der Familie wurde. 1950 warben die Ford-Werke Köln für ihren Taunus mit dem Slogan: »Autofahren ist kein Luxus, aber immer ein Vergnügen mit dem Taunus!« Der männliche Geschäftsmann stand als potentieller Käufer im Mittelpunkt der Anzeige, und die schemenhaften Hochhaus-Silhouetten symbolisierten Dynamik, Erfolg und Aufschwung. Das Auto gehörte dazu, wenn der Wohlstand weiter wachsen sollte. *(Kriegeskorte, S. 8)* 1959 pries Ford seinen 12 M mit romantischen Naturimpressionen einer deutschen Mittelgebirgslandschaft an. Eine fröhliche vierköpfige Normalfamilie genoß die unvergeßliche Fahrt »in den farbenfrohen Herbst«. Die potentiellen Käufer sollten im

Auto eine Familienkutsche sehen, die auch ihnen zu ihrem Glück fehlte. Zu Beginn der 60er Jahre waren dann auch andere Unternehmen auf den Familienzug aufgesprungen. DKW etwa betonte die »glücklichen Gesichter« der DKW-Junior de Luxe-Insassen, die offenkundig einen Ausflug unternahmen. Das notwendige Gepäck hatte man vermutlich im »Ferienkofferraum« verstaut. (Kriegeskorte, S. 137) »Richtig eingeweiht haben wir unser'n Käfer mit einem Überraschungsbesuch bei unseren Verwandten in der Lüneburger Heide. Die haben vielleicht Augen gemacht, als wir zu dritt ausstiegen und auch noch ein großes Blech Kuchen, eine Thermoskanne Kaffee und Saft für die Kinder auspackten.« (Herr L., geb. 1921)

Für viele Bundesdeutsche gelang der Einstieg in die Massenmotorisierung jedoch mit dem Motorrad. 1955 erklärte ein Drittel aller Männer, sie würden selbst Moped, Roller oder Motorrad fahren. (Noelle/Neumann 1957, S. 36) Schon vor dem Krieg hatten Statistiker die Rolle des Kraftrades erkannt: »Das Motorrad leistet der Motorisierung Pionierdienste. Auf ihm fliegt der junge Mann sonntags in die Welt hinaus, oder fährt der Arbeiter täglich von seinem Wohnort in die ferne Fabrik.« (Zit. n. Kalt/Zürcher, S. 164)

Schon 1957 überholten die Zulassungszahlen für Pkw die der Krafträder. Besonders die Nachfrage von Arbeitnehmern war bei den zeitgenössischen Prognosen unterschätzt worden. Von allen neuzugelassenen Autos gehörten 1950 weniger als 0,5 Prozent Arbeitern, 1960 war ihr Anteil auf knapp 21 Prozent angestiegen. (Südbeck, S. 37)

Arbeiter, Angestellte und Beamte zusammen kauften schon mehr als die Hälfte aller Neuwagen. Die »Gleichheit vor der Ware« *(Sachs 1989, S. 118)* begann sich abzuzeichnen.

Der erste Wagenkauf war ein Ereignis, das die Freizeitgewohnheiten radikal veränderte und an dem die gesamte Verwandtschaft teilhatte. Das erste Auto war weniger Konsumobjekt denn Familienmitglied. Es brauchte ein Dach über dem Kopf – auch wenn es nur eine Plastikplane war – und bedurfte besonderer Pflege. »Mein Vater und sein roter Opel Kapitän. Im Haus hat er keinen Finger krumm gemacht, aber jeden Sonnabend das gleiche Ritual: Einshampoonieren, Abspritzen, Trockenledern, Wachsauftrag mit Wattebäuschen, Felgenpflege, Glasrein für die Scheiben. Und zum Schluß noch ein prüfender Blick: Kein Staubkörnchen durfte den Lack mehr verunzieren. Seine Autopflegebatterie war mindestens so zahlreich wie die Haushaltsputzmittel. Aber zu meiner Mutter sagen, sie sei manchmal ein kleiner Putzteufel!« *(Frau B., geb. 1963)*

Wie bei der Geburt eines Kindes zeigte man(n) den Arbeitskollegen und Nachbarn stolz seine Neuerwerbung, die den neuen Lebensabschnitt der Auto-Mobilität einläutete. Das erste Auto war zumeist noch winzig und seine Fähigkeiten begrenzt, doch der Kleinst- oder Kleinwagen entsprach dem begrenzten Familienbudget, trotzte nicht nur problemlos Wind und Wetter, sondern war auch mit Kind und Kegel zu benutzen und eröffnete eine neue Dimension des Fahrspaßes. Mit steigendem Einkommen sollte auch der Wagen wachsen, und der permanente Wechsel zu immer größeren, schnelleren, komfortableren Wagen begann.

Bis 1956 kauften die Bundesbürger am ehesten einen Wagen mit einem Hubraum bis 1000 ccm. *(Südbeck, S. 33)* Der Lloyd des Bremer Autobauers Borgward war mit seinen 300 ccm dabei besonders beliebt; ab 1956 spendierte das Unternehmen dem Wägelchen sogar einen 600-ccm-Motor. Dieser Wagen erreichte 1957 in der Hubraumklasse von 500 bis 1000 ccm mit über 42 Prozent seinen größten Marktanteil. Zu Recht bezeichnete ihn »Der Spiegel« *(51/1960)* rückblickend als »die Nachkriegslimousine des kleinen Mannes«. Selbst stehende Redensarten wie »Wer den Tod nicht scheut, fährt Lloyd« waren nicht abfällig gemeint, sondern reflektierten eher die automobile Entdecker-Mentalität. Die Autobauer in Zwickau nahmen den »Leukoplastbomber«, wie der Volksmund diesen Kleinwagen mit seiner Sperrholzkarosserie und dem Kunststoffüberzug nannte, als Vorbild für ihren Trabant, den sie mangels Alternativen bis zum Ende der DDR bauten.

Noch kleiner war der Messerschmitt-Kabinenroller, der in den gleichnamigen Werken als Ersatzprodukt für die von den Alliierten verbotene Flugzeugproduktion vom Band rollte. Das dreirädrige Gefährt, das die Öffentlichkeit wegen seiner abklappbaren und als Einstieg genutzten Glaskuppel als »Schneewittchensarg« titulierte, galt wegen seines niedrigen Luftwiderstandes als »Düsenjäger des kleinen Mannes«. *(Fecht/Weßler, S. 96)*

Als Traum der automobilbegeisterten Bundesbürger galt der Käfer, der in den 50er und 60er Jahren der am meisten gekaufte Wagen war und das Straßenbild dominierte. Das VW-Modell hatte in der unteren Mittelkasse (1000 – 1300 ccm) keine Konkurrenz, und 1955 entfielen auf ihn 93,5 Prozent aller Neuzulassungen dieser Klasse. Dabei hatte noch direkt nach Kriegsende eine Expertenkommission englischer Automobilfachleute von der Demontage abgeraten, denn: »Der Wagen genügt nicht den grundlegenden Ansprüchen eines Kraftfahrzeuges. In Leistung und Ausführung ist er völlig uninteressant …, viel zu häßlich und zu laut …; den Wagen kommerziell herzustellen wäre ein ganz unrentables Unterfangen.« *(Zit. n. Hardach 1993, S. 227f.)*

Das VW-Werk in Wolfsburg steigerte seinen Tagesausstoß von knapp 30 Käfern im Jahr 1947 auf mehr als 1000 im Jahr 1955 und rund 4000 Ende 1960. Zahlte ein Industriearbeiter 1950 noch den Gegenwert von 70 Wochenlöhnen für das billigste Käfermodell, so mußte er 1970 dafür nur noch rund 20 Wochenlöhne hinblättern. Der Käfer wurde zum Synonym für das Wirtschaftswunder schlechthin. Seine Robustheit, die solide und saubere Verarbeitung, seine Zuverlässigkeit und seine hohe Lebensdauer schätzten alle sozialen Schichten gleichermaßen. Motorjournalisten hielten ihn für ein »klassenloses Modell«. *(Zit. n. Südbeck, S. 58)*

Ende der 50er Jahre kauften die Bundesbürger bereits immer häufiger Wagen über 1500 ccm. Mercedes beherrschte den Markt der gehobenen Mittelklasse mit seinen Modellen der 170er, 180er und 190er Reihe, und das Spitzenmodell Mercedes 300 zog nicht nur Kinder magnetisch an, die bewundernd um die Karosserie schlichen, wenn die Luxuslimousine irgendwo auftauchte. Keine Durchschnittsfamilie konnte sich ein solches Gefährt leisten, dennoch blickte der bundesdeutsche Familienvater mit Stolz auf den fremden 300er: Endlich stellte Deutschland auch wieder Produkte von höchster Qualität und Vollkommenheit her. Diese Ikone des Luxus galt als höchster Maßstab, dem man sich annähern konnte.

Der boomende Gebrauchtwagenmarkt trug schließlich dazu bei, daß sich die Arbeitnehmer wesentlich schneller ihren Traum vom eigenen Wagen erfüllen konnten. Gleichzeitig bot sich damit die Chance, ein hubraumstärkeres Auto – unter Umständen sogar einen Mercedes – günstig zu erwerben.

Das Auto war nicht nur Gebrauchsgegenstand, sondern zunehmend auch Lustobjekt und Status-symbol.

Nicht nur die steigenden Löhne, auch die sinkenden Anschaf-fungs- und Unterhaltskosten förderten den Autoboom und die Massenmotorisierung. Trotz einer Vielzahl technischer Verbesserungen (ab 1953: vollsynchronisiertes Getriebe, ab 1954: statt 25 PS 31 PS) fiel der Preis des VW-Export-Modells von 5 450 DM (1950) innerhalb von zehn Jahren um über 15 Prozent. Das Benzin als größter Aus-gabeposten des Autofahrers verbilligte sich in den 50er Jahren eben-falls. Der Preis sank von 64 bis 69 Pfennig pro Liter bis 1960 auf 60 Pfennig. *(Shell AG)*

Auch die Politik leistete ihren Beitrag zur Automobilisierung der Gesellschaft. Um das Auto zu einem Fahrzeug für alle werden zu lassen, mußten den Arbeitnehmern steuerliche Erleichterungen bei der Kraftfahrzeughaltung eingeräumt werden. *(Klenke, S. 126ff.)* Besonders Wirtschaftsminister Erhard machte sich für die steuerliche Gleich-behandlung stark, unterstützt sowohl von den Automobilverbänden als auch von den Gewerkschaften. Alle Seiten empfanden die steuer-rechtliche Benachteiligung der Arbeitnehmer bei der Anerkennung von Werbungskosten als untragbar und ein »soziales Ärgernis«. Ledig-lich das Finanzministerium stand einer entsprechenden Regelung skep-tisch gegenüber – aus Furcht vor sinkenden Einnahmen. Mit einem Votum des Bundestages von 1954 konnten nun auch abhängig Beschäf-tigte die Fahrten zwischen Wohnung und Arbeitsstätte als »Werbungs-kosten« absetzen. Dieser Beschluß war wesentlich mehr als nur ein Schritt zur steuerlichen Gleichberechtigung: Das Parlament erkannte damit indirekt das Auto als Teil einer normalen Lebensführung an, und der Bundestag segnete mit dieser Entscheidung den Einstieg in die Massenmotorisierung parlamentarisch ab. Das Auto hatte endgültig seinen Status als Luxusobjekt verloren.

Bundesfinanzminister Fritz Schäffer hielt jedoch an seinem restriktiven fiskalpolitischen Kurs fest und wollte nur eine sehr geringe Kilometer-Pauschale von 0,16 DM pro gefahrenem Kilometer anerkennen, während das sozialdemokratisch regierte Nordrhein-Westfalen auf die wesentlich höhere Pauschale für Selbständige hinwies. Die Bundesregierung wollte sich jedoch von niemandem bei der Förderung der Motorisierung übertreffen lassen und beschloß schließlich für Arbeitnehmer die gleiche Förderung wie für Selbständige: 25 Pfennig pro Kilometer. Selbst die mächtige Autolobby des ADAC hatte nicht so viel gefordert. Die günstige Kilometer-Pauschale wirkte als weiterer Kaufanreiz, denn nun konnten Arbeitnehmer ihre Fahrten zum Arbeitsplatz zu besten steuerlichen Bedingungen geltend machen.

In den 50er Jahren gehörte das Auto noch keineswegs zum bundesdeutschen Alltag, wie sich deutlich an der Modellpolitik der Hersteller ablesen läßt. In den USA ließ die Automobilindustrie durch jährliche Modellwechsel ihre vorherigen Modelle künstlich veralten, und nur der Erwerb des jeweils neuesten Modells sicherte das Prestige. In Deutschland mußte sich das Auto dagegen erst als alltäglich genutztes Konsumgut durchsetzen. Die bundesdeutsche Modellkonstanz vermittelte das dauerhafte Gefühl der Dazugehörigkeit zur entstehenden großen Autofahrerfamilie. Beim Käfer ließ die Form des Rückfensters lediglich das ungefähre Alter des Gefährts erahnen, und selbst der Besitzer eines älteren »Brezelfenster-Käfers« (geteiltes Rückfenster) war in erster Linie Automobilist im Gegensatz zu den Nicht-Autobesitzenden.

Europäische Autodesigner der 50er Jahre betonten den Kotflügel, wenn auch nicht so ausgeprägt wie in den Vereinigten Staaten. In den vorangegangenen Jahrzehnten war er eher Anspielung auf die Schmutzabweiser alter Pferdekutschen gewesen, nun entwickelte er sich in Flügelform zum Wahrzeichen der Raumüberwindung. »Der Flügel ist nicht das Zeichen der wirklichen Geschwindigkeit, er deutet sublimes Dahinrasen an, das auf keinem Zähler verzeichnet ist. …Wie ein Organismus höherer Ordnung fliegt er nun mit seinen eigenen Flügeln. Liegt die reelle antreibende Kraft im Motor, so befindet sich die imaginäre Kraft in den Flügeln.« *(Baudrillard 1991, S. 78)* Dafür mußten aber die Straßen ein Dahingleiten oder die Hingabe an den Geschwindigkeitsrausch zulassen. Die vollen Straßen der 60er und der zum Verkehrsalltag gewordene Stau der 70er Jahre holten den Fliegenden jedoch schnell auf den Boden zurück. Die Konnotation des Kotflügels war hinfällig geworden, das reale Fliegen ersetzte die Imagination.

Das Auto wurde immer intensiver genutzt. Anfang der 50er Jahre bewegte es sein Besitzer durchschnittlich jeden zweiten Tag einmal, Mitte der 80er Jahre registrierten die Statistiker zwei Fahrten pro Tag. Die durchschnittliche Fahrtenweite hatte sich von 10 auf 20 Kilometer verdoppelt. *(Willeke, S. 23)* Gleichzeitig nahm die Bedeutung des Individualverkehrs am Personenverkehr immer mehr zu. Der motorisierte Individualverkehr machte 1950 ein Drittel am gesamten bundesdeutschen Personenverkehr aus und stieg auf über 80 Prozent in den 80er Jahren. Noch 1954 kam knapp die Hälfte aller Pendler mit öffentlichen Verkehrsmitteln zu ihrem Arbeitsplatz im Volkswagenwerk Wolfsburg, 1960 fuhren bereits zwei Drittel der Beschäftigten mit dem eigenen Pkw zur Arbeit. *(Südbeck, S. 62)* Die Bundesbürger legten 1955 erstmals mehr Kilometer mit ihren privaten Mopeds, Krafträdern und Autos zurück als mit öffentlichen Verkehrsmitteln. Das Auto galt auch gegenüber den Kollegen als Statussymbol. Obwohl zu Hause und bei der Arbeit meines Vaters die Bushaltestelle direkt vor der Tür war und bis zur Anschaffung des eigenen Wagens die gute Anbindung gelobt wurde, stieg mein Vater nach einer Woche Anstandsfrist auf das Auto um. Es sei so praktisch, man müsse nun nicht mehr auf den Bus warten.

Ebenso explodierte der Anteil des Straßenverkehrs am Energieverbrauch aller Verkehrsträger. *(Hentschel, S. 67)* Der öffentliche Nahverkehr und der Urlaub mit der Eisenbahn verloren stetig an Attraktivität. Einerseits wurden die Verbindungen zwischen Wohnorten im Grünen und der Stadt immer schlechter, andererseits versprach das Auto Bequemlichkeit sowie zeitliche und räumliche Unabhängigkeit. Da sich gleichzeitig der Güterverkehr von der Schiene auf die Straße verlagerte, mußten immer mehr Bundesbürger die Erfahrung machen, daß sich ihr Automobil in den immer häufigeren Staus in eine Immobilie verwandelte. Der ADAC hatte schon 1948 den Zusammenhang zwischen Haus und Auto hergestellt: »Unser Automobil ist ein kleines Haus auf Rädern, es ist ein Heim, in dem wir uns viele Stunden des Tages aufhalten …, so daß schon aus diesem Grunde alles getan sein sollte, um den Aufenthalt so angenehm, so entspannend wie möglich zu gestalten.« *(ADAC-Motorwelt, 1. Jg., Heft 5/1948)* Diese positive Bezugnahme hatte sich seit den 70er Jahren in ihr Gegenteil verkehrt.

Schon 1960 war der alte Käfer mit 31 PS untermotorisiert. Den durchschnittlichen Automotor trieben 34 PS an, bis 1993 kletterte diese Motorleistung auf 85 PS. Die Ingenieure der Automobilunternehmen

Ein riesiges Tankstellen-
netz spannte sich über das
Autofahrerdeutschland.

richteten ihre ganzen Anstrengungen darauf, komfortable Wagen mit immer höheren Spitzengeschwindigkeiten zu bauen. Angesichts der steigenden Zahl der Verkehrsunfälle wäre durchaus ein anderer Entwicklungsweg denkbar gewesen. Die Imperative der Massenkonsumgesellschaft – immer mehr und immer schneller – setzte die Autoindustrie in raschere Beschleunigung und höhere Endgeschwindigkeiten um. Die kaum steigenden Benzinpreise ließen bis zur ersten Ölkrise 1973/74 diesen Weg scheinbar uneingeschränkt zu. 1954 erklärte bei einer Umfrage noch weit mehr als die Hälfte aller Befragten, sie würde auf der Autobahn im Durchschnitt 80 km/h oder langsamer fahren, 16 Prozent fuhren etwa 100 km/h und nur 4 Prozent gaben an, sich schneller als mit 100 km/h fortzubewegen. *(Noelle/Neumann 1956, S. 30)* Als ich Anfang 1975 meinen ersten eigenen Neuwagen, einen Simca 1100, kaufte, testete ich die Höchstgeschwindigkeit auf der Autobahn. Trotz einiger Jahre Fahrpraxis mußte ich bei 135 km/h in den Kurven erheblich steuern und hatte das Gefühl, bei nur geringfügig schnellerer Geschwindigkeit würde es mich aus der Kurve tragen.

Die Beruhigung des Geschwindigkeitsrausches in Folge der Ölkrise währte nur kurz. Gerade einmal einen Sommer lang wiesen die Anzeigen der Autoindustrie auf geringeren Benzinverbrauch hin, dann siegte wieder das Tempo. 1993 konnten knapp 85 Prozent aller Neuwagen in den alten Bundesländern schneller als 150 km/h fahren. *(Loske, S. 160)*

Obwohl das Auto ein vollständig technisches Konstrukt war, bedienten sich die Auto- und die Zulieferindustrie weiterhin der Bilder und Symbolik der Natur. Bei der bis in die 80er Jahre ständig steigenden Zahl von Verkehrsverletzten und -toten hätte sich die behäbige Schildkröte mit ihrem dicken Panzer als Symbol einer entsprechenden Fahrphilosophie gut gemacht. Besonders gefragt waren aber Vergleiche mit der Schnelligkeit, Eleganz, Gewandtheit und Spurtstärke der Raubkatzen. Der zum Sprung ansetzende »Jaguar« krönte die Produkte des gleichnamigen britischen Herstellers, der Mineralölkonzern Esso verhieß mit seinem Benzin den »Tiger im Tank«, und der Reifenhersteller Fulda zeigte einen springenden Panther, der mit der Zeile »Schwarz. Breit. Stark.« Souveränität bei Nässe und Trockenheit versprach. *(Andersen/Kiupel, S. 44)* Unbewußt flossen in diese Anspielungen auf das Tierreich die Probleme der massenhaften Nutzung des Automobils ein: Die Vorstellung des Dahingleitens, wie sie noch das Kotflügeldesign der 50er Jahre vermittelte, konnte angesichts des immer häufiger ruhenden Verkehrs nicht mehr aufrechterhalten werden. Die Raubkatzen versprachen demgegenüber die

»Und läuft und läuft…«

rasche Beschleunigung von 0 auf 100 km/h. Aber so symbolisch diese rasante Beschleunigung war, so typisch auch ihr scharfes Abbremsen nach erfolgtem Beutezug. Dieses Bild tauchte verständlicherweise nicht in den Anzeigen auf. Der Privatwagen setzte sich in der Bundesrepublik im Gegensatz zu den meisten anderen Konsumgütern kontinuierlich durch. Wenn überhaupt, können die 60er Jahre als das Auto-Jahrzehnt gelten. In diesem Zeitraum eroberte das Auto seinen Platz im bundesdeutschen Alltag, es wurde zur Normalität. 1962/63 hatte jede vierte Familie einen eigenen Wagen, zehn Jahre später jede zweite.

»Freie Fahrt für freie Bürger«

Mit dem eigenen Wagen eroberten die Stadtbewohner am Wochenende in immer größer werdenden konzentrischen Kreisen ihre Umgebung. Immer entferntere Orte konnten als Wohnrefugium bei Beibehaltung des städtischen Arbeitsplatzes entdeckt werden. Das eigene Gefährt bestimmte zunehmend das Lebensumfeld, die autogerechte Stadt sollte die automobile Erreichbarkeit aller urbanen Einrichtungen und Einkaufsmöglichkeiten gewährleisten.

Jetzt konnten die motorisierten Kerle ihren Verlobten den spontanen Wochenendausflug ans Meer oder in die Heide bieten.

»Die Straße – unser Schicksal!«, so der Buchtitel einer 1964 erschienenen Bilddokumentation über Straßenbau und Straßenverkehr, wurde zum Motto der Verkehrsplanung. Entsprechend hieß es in dieser Veröffentlichung: »Die Frage darf niemals lauten: Wie schränken wir den Autoverkehr ein? Sondern wir müssen fragen: Wie erreichen wir für den Tag zu Tag anschwellenden motorisierten Verkehr die größtmögliche Beweglichkeit?« *(Zit. n. Kuhm, S. 164)* Für diese Verkehrsströme mußten neue Straßen gebaut werden. Die Investitionen in den Straßenbau verzehnfachten sich von 1950 bis 1960, und knapp 7 Prozent aller öffentlichen Ausgaben wurden für den Straßenbau aufgewendet. 1961 standen den Autofahrern 2 713 Kilometer Autobahn, 135 340 Kilometer Bundes- und Landstraßen und 238 770 Kilometer Gemeindestraßen zur Verfügung. Damit hätten sie neunmal den Globus umrunden können, ohne zweimal die gleiche Straße zu benutzen. Die Planungen des Verkehrsministers Hans Christoph Seebohm hielten dennoch mit der Zunahme des Verkehrs nicht Schritt und Wirtschaftsforscher beklagten 1959 den »kapazitätsmäßigen Rückstand des gesamten Straßennetzes«, der sich infolge des wachsenden Straßenverkehrs eher noch vergrößert habe. *(DIW-Wochenbericht 1959, zit. n. Südbeck, S. 90)* Die einfache Lösung lag auf der Hand: mehr Verkehr, mehr Straßenbau.

Die Politik folgte diesem simplen Rezept, und der Anteil der Verkehrsflächen an der Gesamtfläche der Bundesrepublik stieg innerhalb dieser zehn Jahre von 3,5 auf 4 Prozent. Wenngleich dieser Anteil verschwindend gering blieb, fällt dennoch das rapide Wachstumstempo auf. Der Blick auf den minimalen Flächenverbrauch wird jedoch den gesamten Auswirkungen des Verkehrs nicht gerecht. Neben der eigentlichen Fahrbahn beanspruchten die Folgen der Automobilisierung weiteren Raum: Lärm und Emissionen beschränkten sich nicht auf die Fahrbahnbreite. Auch wenn die Straßen, wie Alwin Seiffert als Reichslandschaftsanwalt beim Autobahnbau während des Nationalsozialismus betont hatte, den natürlichen Gegebenheiten der Landschaft angepaßt und nicht mit dem Lineal gezogen würden, zerschnitten auch diese »naturnahen« Verkehrswege zusammenhängende Naturräume. *(Andersen 1989, S. 156)*.

In ihrer ersten Bestandsaufnahme zur Raumordnung thematisierte die Bundesregierung den zunehmenden Verkehr und die schon erkennbare Zersiedlung mit keinem Wort. Im Mittelpunkt ihres Berichtes standen die Lebensbedingungen in industriellen Verdichtungsräumen wie dem Ruhrgebiet. Sie reagierte damit auf die SPD-Opposition, die ihren Landtagswahlkampf in Nordrhein-Westfalen 1961 unter das Motto gestellt hatte: »Blauer Himmel über der Ruhr«. Ziel der Bundesregierung war es nun, einen Ausgleich zwischen ländlichen und städtischen Regionen zu schaffen. Sie hielt deshalb eine weitere Forcierung des Straßenbaus oder – in ihren Worten – eine »rationelle Verkehrsbedienung« für nötig .

Diese Politik erwies sich in den folgenden Jahrzehnten als außerordentlich erfolgreich. Bis Ende der 50er Jahre lagen Pendlergemeinden in erster Linie an Eisenbahnlinien, in den 60er und 70er Jahren legten sie sich in immer engeren konzentrischen Kreisen um die

Städte. Das Haus oder die Wohnung im Grünen brauchte nicht mehr von der Erreichbarkeit mit der Bahn abhängig gemacht zu werden. Der private Pkw ermöglichte es, sein Domizil in einem Umkreis bis zu 100 Kilometer vom Arbeitsplatz entfernt aufzuschlagen.

Die Automobillobby sorgte für den notwendigen Straßenbau. Im »Manifest der Kraftfahrt« schrieb der ADAC 1965: »Die Politik muß nicht nur jedermann die Anschaffung eines Automobils ermöglichen, sondern auch alle Voraussetzungen für einen sinnvollen Gebrauch schaffen. ... Wer zur Motorisierung als einer großartigen friedlichen Mobilmachung aller menschlichen Kräfte ja sagt, muß im Rahmen seiner erklärten Wohlstandspolitik die notwendigen Folgerungen ziehen. ... Wer Wohlstand für alle will, braucht im Zeitalter der Motorisierung dazu vor allem gute Straßen.« *(Zit. n. Polster/Voy, S. 329)*

In einem zweiten Schub bauten Bund und Länder das Straßennetz in den 70er und 80er Jahren noch einmal erheblich aus. Dabei sollte kein Ort weiter als 25 Kilometer von einer Autobahnausfahrt entfernt sein, so das erklärte Ziel des damaligen sozialdemokratischen Verkehrsministers Georg Leber.

1989 standen dem Autofahrer in der Bundesrepublik knapp 500 000 Kilometer Straße zur Verfügung. *(Bundesministerium für Verkehr, S. 113)* Damit war das Straßennetz seit 1960 noch einmal um ein Drittel erweitert worden, und die Autofahrer hätten nun mehr als elfmal die Erde auf unterschiedlichen Straßen umrunden können. Der Verkehr beanspruchte Ende der 80er Jahre 5 Prozent der bundesdeutschen Fläche. Rechnet man noch Betriebe und Anlagen dazu wie Tankstellen, Straßenmeistereien, Parkplätze und einen 50 Meter breiten Immissionsstreifen für alle klassifizierten Straßen, erhöht sich die tatsächliche Flächenbeanspruchung auf mindestens 15 Prozent. *(Loske, S. 113)*

Der Straßenbau, aber auch der Bau neuer Eisenbahnstrecken zerschnitt Landschaften, und die neuen Verkehrswege stellten für viele Pflanzen- und Tierarten unüberwindbare Hindernisse dar oder führten dazu, daß die verbliebenen Gebiete nicht mehr groß genug waren, um bestimmte Arten zu beherbergen. Zwischen 1977 und 1987 ist die Zahl der verkehrsarmen Räume mit mehr als 100 Quadratkilometern Fläche um 15 Prozent zurückgegangen. Es gibt demnach nur noch knapp 300 Gebiete, in denen man zwei Stunden in eine Richtung laufen kann, ohne eine relativ stark befahrene Straße zu überqueren.

Die 60er Jahre waren das letzte Jahrzehnt, in dem die Gleichung: mehr und breitere Straßen gleich bessere Erreichbarkeit, noch aufging. Die Geschäfte, die expandieren wollten, wichen nötigenfalls auf die grüne Wiese aus, die die Familien dank der Massenmotorisierung problemlos erreichten. Das Versprechen des sozialdemokratischen Bundeskanzlers Helmut Schmidt, jeder Deutsche habe einen Anspruch auf einen eigenen Wagen, und die Bundesregierung baue dafür die notwendigen Straßen, schien eingelöst zu werden. *(Hohensee 1996, S. 143)* Die neuen oder verbreiterten Asphaltbänder trotzten der Natur nicht nur viele Quadratmeter Land ab, sondern ihre Benutzer dezimierten auch erheblich den Tierbestand. 1988 beschrieb die Mitgliedszeitschrift des ADAC, die »motorwelt« *(4/88, S. 64)*, den jährlichen Tod von 120 000 Feldhasen durch Verkehr. Unter der Überschrift »Lampe läuft um sein Leben!« ergänzte sie das Märchen vom Hasen und Igel um eine bittere Variante: »Sein Name ist Hase. Er ist schnell. Autos sind schneller.«

Das Auto bekam immer größeres Gewicht im bundesdeutschen Alltag und beanspruchte einen wachsenden Anteil am Haushaltseinkommen. Gab die Durchschnittsfamilie 1952 noch 2,8 Prozent für das Auto aus, schluckte 1991 der private Pkw 17 Prozent des gesamten Familieneinkommens in den alten Bundesländern.

Die Automobilisierung der bundesdeutschen Gesellschaft veränderte nicht nur massiv Landschaft und Alltag, denn das Auto war wesentlich mehr als eines der liebsten und begehrtesten Konsumgüter in der Geschichte der Bundesrepublik. Es verwandelte politische Begriffe der Aufklärung und der bürgerlichen Revolution in ideelle Grundlagen der materiell-konsumistischen Lebensweise. Freiheit, Individualität und Gleichheit (vor dem Konsumgut) galten zunehmend als Grundlagen dieser Lebensweise.

Viele Bundesbürger sahen die Vorteile der bürgerlich-demokratischen Staatsform der Republik in erster Linie in der Demokratisierung des Konsums. Der private Pkw war ihr Symbol, und die Politik tat mit den entsprechenden Steuerbeschlüssen und Verkehrsplanungen ihr übriges. Das Steuern des eigenen Wagens war Ausdruck der errungenen Freiheit und Individualität. In dieser Metapher konnte der Individualverkehr einerseits als Vergangenheitsbewältigung gegen nationalsozialistische Obrigkeitsstaatlichkeit und Diktatur angesehen werden, andererseits als Bollwerk »gegen die kollektivistische Verführung aus dem Osten«, wo es – nicht zufällig – weniger Automobile als im Westen gab. *(Auto- und Motorwelt, 22/1951, zit. n. Klenke, S. 114)*

Diese Begriffsumdeutung aus der Sphäre des Politischen in die des Konsums zeigte sich besonders in den Diskussionen um das Tempolimit, die in der Geschichte der Bundesrepublik immer wieder aufflackerten. Als sich innerhalb von drei Jahren bis 1951 die Unfallzahlen verdreifacht hatten, verlangten immer mehr Bürger eine allgemeine Geschwindigkeitsbegrenzung. Doch unisono sprachen sich Automobilverbände und Industrie dagegen aus. Nach Meinung von Fritz Schmidt, der als Daimler-Benz-Vertreter den Verkehrsausschuß des Bundesverbandes der Deutschen Industrie (BDI) leitete, schwächten festgelegte Höchstgeschwindigkeiten die Selbstverantwortung des Autofahrers. Der ADAC verglich das Tempolimit gar mit einem »Nazigesetz«, das den Idealen der freien staatsbürgerlichen Selbstverantwortung widerspreche. *(Klenke, S. 97)*

Die 1952 erfolgte Freigabe der Geschwindigkeiten im innerörtlichen Verkehr führte zu einer sprunghaften Zunahme der Unfälle mit Verletzten und Toten. Dennoch sprach sich 1954 August Straulino, der Leiter der Straßenverkehrsabteilung im Bonner Verkehrsministerium, gegen jegliche Einschränkung des Autoverkehrs aus. Die Motorisierung sei wie ein Naturereignis, das nicht aufzuhalten sei, und der »unumgänglich schmerzliche Verlust an Menschen« sei »die in Kauf zu nehmende Schattenseite« dieser Entwicklung. *(Klenke, S. 150)*

Erst der massive Druck der Öffentlichkeit führte angesichts der 12 000 Verkehrstoten des Jahres 1955 zwei Jahre später zu einem Tempolimit von 50 km/h innerhalb geschlossener Ortschaften. Die Bemühungen, auch auf Landstraßen eine Geschwindigkeitsbegrenzung von 80 km/h zu verordnen, scheiterten am Widerstand der Autolobby. Ihr zentrales Argument war die Behauptung, ein allgemeines Tempolimit appelliere an den Kadavergehorsam des Fahrers, aber nicht an die Einsicht. Die Automobilisten könnten das Tempolimit als Richtgeschwindigkeit mißinterpretieren und selbst dort, wo die Höchstgeschwindigkeit nicht möglich sei, entsprechend schnell und unfallträchtig fahren. Alle außerörtlichen Straßen blieben so frei von Beschränkungen, obwohl sich 1956 nur etwas mehr als ein Drittel aller Bundesbürger gegen eine Geschwindigkeitsbegrenzung auf Land- und Bundesstraßen ausgesprochen hatte. *(Noelle/Neumann 1957, S. 218)*

Die Deutschen entdeckten als Alternative zum Auto den preisgünstigen Roller.

Knapp zwei Jahrzehnte ruhte die Diskussion um Tempolimits oder anderweitige Einschränkungen des Autofahrens. Das Auto
galt als Symbol der unbegrenzten Mobilität und war – wie es
Jürgen Eick in einem Leitartikel der »Frankfurter Allgemeinen Zeitung«
schrieb – »das Vehikel der Freiheit« *(8.10.1971)*: »Der Mensch,
der in Zeit und Raum lebt, kann nicht aus der Zeit aussteigen; aber er
kann dies mit Hilfe des Autos in einer für frühere Zeiten unvor-
stellbaren Freizügigkeit tun. Den Zündschlüssel herumdrehen, anlassen,
abfahren, wohin man will – das ist eine ganz andere Qualität von
Ungebundenheit als das Warten an der Haltestelle auf eine überfüllte
Straßenbahn oder der Zwang, sich nach den Fahrplänen der
Bundesbahnen oder den Flugplänen der Fluggesellschaften richten zu
müssen.«

Auch wenn die FAZ nicht das Sprachrohr der Bevölkerungsmehrheit war, stießen die Aussagen dieses Leitartikels vermutlich auf
fast ungeteilte Zustimmung. Das Auto war Ausdruck höchster
Individualität. Zwar hatte schon das Fahrrad zu Beginn des Jahrhunderts einen allgemeinen Individualisierungsschub eingeleitet, doch
war es immer schweißtreibend geblieben. Ihm haftete der proletarische
Makel der Körperlichkeit an. *(Sachs, S. 110)*

Erst die Phase der Auto-Mobilität ließ die unbeschwerte, »saubere« Individualität zu. Das Autofahren diente in den 60er und 70er
Jahren gleichzeitig immer häufiger als Metaphernquelle für wirtschafts-
politische Debatten, die ohne Motor, Bremsen, Gasgeben, An-
kurbeln, Anspringen kaum noch auskamen. *(Link/Reinecke, S. 436)*
Höchste Glücksgefühle stellten sich ein, wenn der (Wirtschafts-)Motor
rund lief und man Gas geben konnte. Was konnte besser eine positive
ökonomische Entwicklung beschreiben?

Im Oktober 1973 setzten die arabischen Ölförderstaaten in Folge
des Jom-Kippur-Krieges die Ölpreise massiv herauf und drosselten
gleichzeitig die Ölförderung. Schlagartig wurde der Bundesrepublik und
den anderen Industrienationen deutlich, daß dieser Rohstoff nicht
unbegrenzt und zu den bisherigen Dumpingpreisen zur Verfügung stehen würde. Erstmalig dachten Bundesregierung und zahlreiche
Verbände über Möglichkeiten des Energieeinsparens nach. In dieser
Situation betonte Volkswagen mit einer ganzseitigen Anzeige in allen
überregionalen Tageszeitungen die Bedeutung des Autos: »Das Auto ist
ein Stück Freiheit!« *(FAZ, 23.10.1973)* Im Text schrieb das Unternehmen: »Das Auto macht seinen Besitzer in nie gekanntem Maße zum
Herren über Raum und Zeit. Es gibt ihm die Freiheit zu entscheiden,
wann und wohin die Reise geht.« Nach der Lesart der Anzeige
bedrohten erhebliche Benzinpreiserhöhungen die Freiheit. Damit

erhielten die Bemühungen der Ölförderstaaten, einen gerechteren Preis durchzusetzen, eine über die ökonomischen Faktoren hinausgehende Bedeutung: Zu hohe Benzinpreise gefährdeten demokratische Grundrechte.

Zwei Maßnahmen, die die Bundesregierung in Folge der Ölpreiskrise erließ, blieben im Gedächtnis der Bundesbürger haften: Vier autofreie Sonntage und Geschwindigkeitsbegrenzungen auf 100 km/h für Autobahnen sowie auf 80 km/h für Bundesstraßen. Das Fahrverbot stieß auf allgemeine Zustimmung. Bei einer Umfrage des Wickert-Institutes hielten über 80 Prozent der Befragten das Sonntagsfahrverbot für eine geeignete Maßnahme, den Ölverbrauch zu drosseln. Erstaunt kommentierte das »Handelsblatt« dieses Ergebnis in der Überschrift: »Fast alle für das Fahrverbot«. *(7.2.1974)* Das unerwartete Verständnis der Autofahrernation resultierte aus der begrenzten Dauer und der Neugier, wie man eigentlich noch ohne Auto zurechtkäme. Willy Brandt wies zu Recht auf den Besinnungscharakter dieser Sonntage hin: »Am 25. November (1973), als die energiesparenden Maßnahmen den Sonntagsverkehr zum ersten Mal stilllegten, regte sich bei vielen ein neues Gefühl der Zusammengehörigkeit. … Der Blick für das Wesentliche wurde in dieser – noch harmlosen – Konfrontation mit dem Mangel geschärft.« *(Willy Brandt, zit. n. Hohensee 1996, S. 159f.)*

Es gab auch reaktionäre Kritik an der Einschränkung der (mobilen) Freiheit: »Das Auto ermöglicht es wenigstens an den Wochenenden, der tristen betonierten Umgebung zu entfliehen und die Innenstädte den Gastarbeitern zu überlassen. … Das Sonntagsfahrverbot beschneidet die Menschen vor allem in ihrer Freiheit, in noch einigermaßen intakte Landschaften auszuweichen.« *(Stuttgarter Zeitung, 19.11.1973)* Die naheliegende Frage, ob der großzügige Gebrauch dieser Freiheit die Landschaften in dem gepriesenen intakten Zustand belassen würde, stellte nur eine kleine Minderheit. An diesen autofreien Sonntagen sank der Bleigehalt um das Neunfache, die Kohlenmonoxid- und die Stickstoffbelastung gingen um die Hälfte zurück. Der sinkende Schadstoffgehalt in den Innenstädten war für die Mehrheit jedoch kein Grund, die Folgen des massenhaften, »demokratischen« Autokonsums zu thematisieren.

Die Deutschen nutzten die vier autofreien Tage für ausgedehnte Spaziergänge, und knapp die Hälfte aller Familien bescheinigte sich an diesen Sonntagen eine ausgesprochen »gute Laune«. »In der Nähe unserer Siedlung führt eine Autobahn vorbei, es war wie ein Volksfest. Alle Nachbarn gingen die absolut leere Autobahn ansehen.« *(Frau L., geb. 1923)*

Ein Kommentator des Südwestfunks lobte das Verhalten der Bundesbürger: »Überwiegend hat sich aber doch wohl gezeigt, daß man hierzulande noch nicht so wohlstandsverpäppelt ist, um einer Notsituation nicht auch durch ein persönliches Opfer Rechnung zu tragen. Mit einer solchen Bereitschaft sollte man aber kein Schindluder treiben; man weiß nie, wie sie noch gebraucht wird.« *(Zit. n. Hohensee 1996, S. 151)*. Auch die Automobilindustrie und die Verbände brachten dieser Regelung Verständnis entgegen.

Anders die Reaktion auf die Geschwindigkeitsbegrenzungen: Sie stießen auf erbitterten Widerstand, der noch wuchs, als Anfang 1974 deutlich wurde, daß das Erdöl wieder unvermindert in der Bundesrepublik zur Verfügung stand, und damit der Grund der Beschränkung wegfiel. Der sozialdemokratische Verkehrsminister Lauritz Lauritzen thematisierte die gesunkenen Unfallzahlen während der Ölpreiskrise zumindest, doch kaum einer hörte ihm zu. Der ADAC kritisierte die »Regelungswut« der Bundesregierung, denn jegliche Geschwindigkeitsbegrenzung sei eine erhebliche Einschränkung der Freiheit. In einer massiven Kampagne, in deren Verlauf der Autoclub millionenfach einen Aufkleber mit dem Motto: »Freie Bürger fordern freie Fahrt« unter die Autofahrer brachte, versuchte er die Rücknahme des Tempolimits durchzusetzen. Die Bundesregierung gab dem Drängen der Autolobby schließlich nach und mußte der christdemokratischen Mehrheit im Bundesrat folgen. Auf den Autobahnen galt fortan eine unverbindliche Richtgeschwindigkeit von 130 km/h und auf den Bundesstraßen die alte Höchstgeschwindigkeit von 100 km/h.

Mobilität war ein Muß - auch ohne Auto, mit der »Vespa« oder »Lambretta« ob beim Hindernisparcours oder bei der Hochzeit.

»Und läuft und läuft...«

Wegen der zunehmenden Abgase auf den Autobahnen propagierte ein findiger Unternehmer seine Sauerstoff-Inhalatoren an den Raststätten.

Trotz des Erfolges hatte der ADAC die Freiheitssymbolik der freien Fahrt eindeutig überzogen. Nur ein knappes Drittel lehnte jegliche Begrenzung ab. Zwei Drittel sprachen sich für ein Tempolimit aus, wenngleich die Mehrheit von 59 Prozent eine Höchstgeschwindigkeit über 100 km/h bevorzugte. *(Institut für Demoskopie Allensbach, Blitzumfrage 2144)* Selbst bei den ADAC-Mitgliedern fand sich keine absolute Mehrheit für die erneute Freigabe der Geschwindigkeit auf Autobahnen. Die meisten waren bereit, sich mit diesen Grenzen der (Konsum-)Freiheit abzufinden. Die Benzinpreiserhöhung wirkte nur sehr kurzzeitig. Die bis dahin vollzogene Demokratisierung des Pkw-Verkehrs brauchte nicht rückgängig gemacht zu werden, im Gegenteil: Der Anteil der Pkw-besitzenden Haushalte stieg weiter an. Das Auto symbolisierte den gesellschaftlichen Fortschritt. Angesichts der Auseinandersetzungen um das Tempolimit schrieb der damalige Chefredakteur der »Bild am Sonntag«, Peter Boenisch: »Dieses Volk muß bei der nächsten Wahl klar entscheiden, wohin es fahren will: Mit dem Auto in die Wohlstandsgesellschaft oder mit dem Bus in den Wohlfahrtsstaat.« *(10.2.1974)*

Die Verfügbarkeit des eigenen Pkw schien die Überlegenheit des Westens gegenüber der realsozialistischen jahrelangen Wartefrist auf ein technisch in jeder Hinsicht überholtes Produkt zu beweisen. Es stand auch für den wachsenden Wohlstand des einzelnen im Konsumismus. Die ökologischen Folgen des Individualverkehrs begannen sich zwar abzuzeichnen und wurden zunehmend in der Öffentlichkeit thematisiert. Aber der einzelne Autofahrer fühlte sich über lange Zeit nicht betroffen, denn sein persönlicher Anteil daran war kaum nachweisbar. Der Effekt von Flächenverbrauch und Emissionen wirkte und wirkt langfristig-chronisch. Er verschloß sich den Protagonisten des Geschwindigkeitsrausches, die sich als Folgen des Autofahrens schlimmstenfalls einen Unfall vorstellen mochten.

Neuwagenkäufer konnten ab 1986 ihr potentiell schlechtes Gewissen ob der Umweltschädlichkeit ihres Gefährts beruhigen, da der Katalysator obligatorisch wurde und vermehrt bleifreies Benzin zum Einsatz kam.

Die Fahrgewohnheiten änderten sich jedoch kaum. Als nach der deutschen Wiedervereinigung die Verkehrspolitik die strikten Geschwindigkeitsbegrenzungen der DDR (auf Autobahnen 100 km/h, auf Landstraßen 80 km/h) hätte übernehmen können, blieb die Bundesregierung bei den Bestimmungen der alten Bundesländer. Die Bundesbürger unterstützten die Regierung, und selbst die Anhänger der Grünen bevorzugten mehrheitlich die alte westdeutsche Regelung. *(Allensbacher Berichte, nr. 20/1990)*

Ein Umdenken bezüglich des eigenen Autos hat bisher kaum stattgefunden. Solange Mobilität und individuelle Beweglichkeit kulturelle Grundmuster des Konsumismus bleiben, stößt die Möglichkeit, den Individualverkehr einzuschränken, auf unüberwindbare Schranken. Die Folgen des Autos, das zum »Leitfossil der Moderne« (Ruppert) geworden ist, zeigen sich in der Stadt sowie zu Ferienbeginn und -ende deutlich auf den Autobahnen: Der Stau wird inzwischen als naturgegeben hingenommen und zum Teil als positives Erlebnis – Picknick auf der Autobahn – umgedeutet. In der Stadt sind die Chancen größer, zu einer anderen Einstellung zu finden. Das urbane Lebensgefühl, das sich in autofreien Zonen einstellt, gerät in Widerspruch zu den Ansprüchen der autogerechten Stadt. Jeder, der in den verkehrsfreien Innenstädten flaniert und gern in Tempo-30-Zonen wohnt, spürt diesen Widerspruch.

Doch dieser Antagonismus läßt sich nur auflösen, wenn entweder die Ansprüche auf Urbanität oder die auf uneingeschränkte individuelle Beweglichkeit im städtischen Bereich aufgegeben werden. Damit wird nicht auf das Auto generell verzichtet, doch sein Wert als ein zentrales Prestigeobjekt vermindert sich. Seine kulturgeschichtliche Aufladung als Symbol der (individuellen) Freiheit kann wieder zurückgeführt werden auf seinen ursprünglichen Zweck: eines von zahlreichen Angeboten für Mobilität.

Auf den Spuren der Capri-Fischer

Das Auto wurde auch zum Motor einer Reisewelle. Das Fernweh brauchte sich nicht mehr nur in Schlagern oder Speisen zu erfüllen, sondern konnte direkt befriedigt werden.

Die Capri-Fischer rückten näher. Erholung suchte man nicht mehr nur an der Nordsee, sondern am Mittelmeer, und die Sehnsucht erstreckte sich bald auf den ganzen Globus.

In der Reiselust fokussierten sich Träume, Bildungshunger und die Flucht aus dem Alltag. Besonders das Unbekannte, das scheinbar Unerreichbare faszinierte. Erst das fremde Italien versprach im Gegensatz zum nahen Schwarzwald eine bisher nicht gekannte Freiheit, eine im Arbeitsalltag nicht erlebte Gegenwelt.

Aus dem Urlaubstraum am Mittelmeer wurde bald das Fernweh nach der Karibik, und das Auto reichte bestenfalls noch für die Fahrt zum Flughafen. Die neuen Traumstrände konnte man nur noch mit dem Urlaubsjet erreichen. Hatte das Fernsehen die ideelle Verbindung zur gesamten Welt hergestellt, waren nun alle Traumziele und Ferienorte direkt erreichbar. Damit veränderte sich nicht nur die Wahrnehmung von der Welt, sondern auch die Welt selbst. Das verträumte kleine Fischernest am Mittelmeer wandelte sich zur Bettenburg. Der touristische Geheimtip ging in Allgemeinbesitz über. Den überquellenden Mittelmeerorten suchte man mit dem Flugzeug zu Fernreisezielen zu entkommen – vergeblich. Einzig die Freunde von »Miles and More« Programmen kamen auf ihre Kosten. Nun verbrauchte der Urlauber für einen Flug in die Karibik so viel Treibstoff, daß er damit seinen Pkw gut und gern mehrere Jahre hätte bewegen können.

»Ohne Italien geht's nicht in die Kiste!«

»Weit, verrückt weit muß das Ziel sein, Seume das richtige Vorbild. Und gegen das Motorengeräusch des Zweitakters brüllt er die Namen der Städte, durch die Seume getippelt ist, schmeckt sie ab und wiederholt sie immer wieder: ›Triest! Venedig! Ancona! Terni! Rom! Neapel! Palermo! Syrakus!‹« *(Delius 1995, S. 12)* So beschreibt Friedrich Christian Delius in seinem Roman »Der Spaziergang von Rostock nach Syrakus« die Phantasien des (realen) DDR-Bürgers Paul Gompitz. Gompitz verwirklichte seinen Traum noch in den 80er Jahren und – kehrte in die DDR zurück. Vorbild für dieses Abenteuer war der von seinem sächsischen Landsmann Johann Gottfried Seume beschriebene »Spaziergang nach Syrakus« 1801/1802. Ein Zitat Seumes hatte es ihm besonders angetan: »… und der letzte Gang nach Sizilien war vielleicht der erste ganz freie Entschluß von einiger Bedeutung.« Nicht zufällig wählte 1989 die Gesellschaft für deutsche Sprache in Wiesbaden »Reisefreiheit« zum Wort des Jahres.

Noch in der Weimarer Republik waren Ferien ein Privileg der Begüterten gewesen. Die Gewerkschaften hatten einen Urlaubsanspruch durchgesetzt, der jedoch zumeist in Geld abgegolten wurde. Selbst wenn der Beschäftigte seine Woche frei genommen hatte, fehlte ihm in aller Regel das Geld, um eine längere Reise zu finanzieren. Arbeiter und kleine Angestellte waren so vom Tourismus ausgeschlossen gewesen. Erst der Nationalsozialismus weckte mit seiner Organisation »Kraft durch Freude« die Hoffnung auf einen erschwinglichen Urlaub. 1936 kostete eine vierzehntägige Urlaubsfahrt nach Binz auf Rügen für den Gau Mainfranken 59 Mark, für eine sechstägige Wanderfahrt an den Chiemsee hatte der Teilnehmer 19 Mark zu zahlen. *(Spode, S. 298)* Im Preis waren Hin- und Rückfahrt ab Würzburg, Unterkunft und Vollpension inbegriffen. Über sieben Millionen Menschen nahmen die mehrtägigen Angebote der KdF wahr, für die meisten war es der erste Urlaub außerhalb der eigenen vier Wände. Die KdF-Übernachtungen machten zwar in Deutschland nur bis zu 10 Prozent des gesamten Fremdenverkehrs aus. Aber sie förderten die Demokratisierung des Tourismus.

Die Mehrheit der Arbeiter hatte trotz aller Propaganda bis 1939 noch immer keine mehrtägige Urlaubsreise genossen. Der Traum einer Fahrt an Nord- oder Ostsee war aber nicht länger eine Utopie. Daran konnte auch die Motivation der Nationalsozialisten nichts ändern, über Erholung die Arbeitsintensität zu steigern, oder wie es Robert Ley formulierte: »Die KdF überholt jede Arbeitskraft von Zeit zu Zeit, genauso wie man den Motor eines Kraftwagens nach einer gewissen gelaufenen Kilometerzahl überholen muß.« *(Robert Ley, zit. n. Spode, S. 291)* Der Krieg zerstörte die Illusion, der Faschismus gewährleiste den Massentourismus dauerhaft. Die KdF widmete sich nun ausschließlich der Truppenbetreuung.

Krieg und Nachkriegsnöte ließen die Urlaubswünsche nicht völlig in Vergessenheit geraten, doch waren sie angesichts der Situation nicht realisierbar. Für die Deutschen standen in den ersten Nachkriegsjahren zunächst andere Prioritäten auf der Tagesordnung, an Urlaub dachten damals die wenigsten. Dennoch war der Wunsch groß, das Elend der zerstörten Nachkriegsstädte wenigstens für kurze Momente hinter sich zu lassen. Eine junge Angestellte aus Hamburg berichtete: »Na ja, 1945/46 kamen wir am Wochenende schon mal raus aufs Land. Aber dann mußten wir ja bei Bauern Eßbares organisieren. Erholung war das nicht gerade. Aber als die erste Not vorbei war, bin ich häufiger mit meiner Schwester auf einem Fahrrad rausgefahren. Wir haben dann übers Wochenende Verwandte in der Heide besucht. Das war schon etwas anderes. Nichts war zerstört, man konnte die

Capri-Fischer

Wenn bei Capri die rote
Sonne im Meer versinkt
und vom Himmel die
bleiche Sichel des Mondes
blinkt,
zieh'n die Fischer mit ihren
Booten auf's Meer hinaus,
und sie legen im weiten
Bogen die Netze aus.
Nur die Sterne, sie zeigen
ihnen am Firmament
ihren Weg mit den Bildern,
die jeder Fischer kennt.
Und von Boot zu Boot das
alte Lied erklingt,
hör von fern wie es singt.
Bella, bella, bella Mari,
bleib mir treu, ich komm
zurück morgen früh!
Bella, bella, bella Mari,
vergiß mich nie!
Sieh den Lichterschein
draußen auf dem Meer,
ruhelos und klein,
was kann das sein,
was irrt dort spät nachts
umher?
Weißt du, was da fährt?
Was die Fluten durch-
quert?
Ungezählte Fischer, deren
Lied von fern man hört.

Natur genießen, und reichlich zu essen gab es meistens auch.«
(Frau A., geb. 1921) Die Wochenendausflüge waren kein richtiger Urlaub, sondern lediglich eine kleine Flucht aus dem tristen Alltag,
die den Wunsch nach mehr weckte. Knapp 80 Prozent aller Deutschen
hatten 1949 nach einer Umfrage keine Urlaubsreise unternommen,
und die meisten von ihnen hielten dies auch 1950 für unwahrscheinlich.
(Noelle/Neumann 1956, S. 48) Die Sehnsüchte nach Erholung und
heiler Welt mußten zunächst über Schlager gestillt werden. Lieder wie
»Komm ein bißchen nach Italien«, »Komm mit mir nach Tahiti«,
»Oh mia bella Napoli«, »Ganz Paris träumt von der Liebe«, »Tulpen aus
Amsterdam«, »Weiße Rosen aus Athen« nahmen die Hörer mit zu
den erträumten Zielen.

Schon 1946 ließ Rudi Schuricke in den »Capri-Fischern«, einem
der bekanntesten Nachkriegsschlager, »bei Capri die rote Sonne im
Meer versinken«. Die Ferne versprach Romantik und unberührte Natur.
Die mühevolle Arbeit der Fischer erschien im Schlager als sangesfreu-
dige, beschwernisfreie Idylle. Capri galt in den 50er Jahren als Synonym
für Entspannung und Urlaub.

Unternehmen versuchten diese Stimmung für sich zu nutzen. So
nannte Langnese sein beliebtestes (Orangen-) Eis »Capri«, und die
Bekleidungsindustrie kreierte die Caprihose, ein dreiviertellanges Kleidungsstück, das mit der Knöchelfreiheit Assoziationen an Sonne und
Freizeit zu wecken vermochte. Capri und andere besungene Landschaften und Städte blieben in den 50er Jahren Orte der Sehnsucht.
Obwohl Österreich zu Beginn der 50er Jahre das Reiseland Nummer
eins war (»Die Rose vom Wörthersee«), führte Italien mit weitem
Abstand vor der Schweiz die Liste der Wunschziele an. *(Noelle/Neu-
mann 1956, S. 48)*

Bis Ende des Jahrzehnts begab sich lediglich ein Drittel der
erwachsenen Bundesbürger auf eine Urlaubsfahrt. Verwandtenbesuche
mit der Eisenbahn oder dem Bus waren dabei das Hauptziel. 1954
nächtigten 43 Prozent aller deutschen Urlauber bei Verwandten oder
Bekannten. *(Studienkreis für Tourismus, Tab. 11)* Diese vertrauten Orte
reichten bald nicht mehr aus, und 1959 hatten Pensionen und Frem-
denheime die Privatunterkunft als beliebteste Übernachtungsmöglich-
keit abgelöst. *(DIVO-Institut 1962, S. 45)*

1949 prophezeite Carl Degener, einer der Pioniere des Massentourismus und einer der Gründerväter des größten deutschen
Reiseveranstalters der Nachkriegszeit, Touropa: »Die Deutschen werden wieder reisen wie noch nie, wenn sie erst wieder satt zu essen
haben.« *(Der Spiegel 29/1956)* Schon Anfang der 30er Jahre hatte er
mehrere hundert Urlauber aus Großstädten in Sonderzügen an billige

Endlich war es wieder möglich, den Heimatort hinter sich zu lassen und fremde Regionen zu inspizieren – zuerst vor allem mit dem Autobus.

Urlaubsorte verfrachtet. Diese Idee griff er nach Kriegsende wieder auf und schickte bereits 1949 rund 28 000 Urlauber in das von ihm als Ferienort entdeckte Ruhpolding. *(Glaser 1983, S. 57)*

Die Reisenden erschlossen sich zumeist erstmals – friedlich – neue Welten. Ich erinnere mich noch an meine erste große Urlaubsfahrt, die mich im Alter von acht Jahren 1959 von Hamburg an den Neckar führte. Vorherige Verwandtenbesuche in der Lüneburger Heide verblaßten demgegenüber völlig. Zum ersten Mal betrat ich auf dem Hamburger Hauptbahnhof einen Bahnsteig, der dem Fernverkehr vorbehalten war. Die Familie hatte sich eine Stunde vor Abfahrt des Zuges dort eingefunden, nicht nur um pünktlich zu sein, sondern auch um das Urlaubstreiben in sich aufzunehmen. Der Hauptbahnhof war der Ausgangspunkt für das aufregende Abenteuer Urlaub.

Während der bürgerliche Reisende des 19. Jahrhunderts seinen Bildungs- und Kulturhorizont erweitern oder unbekannte Landschaften entdecken wollte, sahen die Touristen der 50er Jahre im Urlaub in erster Linie die Erholung. Nach den Kriegsjahren, der entbehrungsreichen Nachkriegszeit und den Anstrengungen des Wiederaufbaus sehnte man sich im Urlaub nach Entspannung. Mehr als drei Viertel der Bundesbürger wollten im Urlaub »ausruhen, entspannen oder ausschlafen«, 36 Prozent sahen das Hauptanliegen des Urlaubs darin, »aus dem

(Berufs-) Alltag herauszukommen« und nur etwas mehr als ein Viertel versprach sich vom Urlaub auch das Kennenlernen einer anderen Gegend. *(DIVO-Institut, S. 50)* Trotz aller Italienträume lag der erreichbare ideale Reiseort im Mittelgebirge. Er sollte möglichst keinen Verkehr aufweisen, ruhig gelegen und wenig oder nicht betriebsam sein.

Zu Beginn der 60er Jahre war das Verreisen noch eine Frage des Geldbeutels. Die oberste Einkommensgruppe konnte sich eine dreiwöchige Urlaubsreise erlauben, bei den Geringverdienenden reichte das Geld gerade für eine Woche. Die Unterschiede waren aber im Laufe der 50er Jahre immer geringer geworden, und knapp jeder dritte Deutsche brach nun einmal jährlich zu einer Urlaubsreise auf. Auch Gutverdienende waren gelegentlich Reisemuffel. Ihnen fehle die nötige Zeit, begründeten sie ihre Haltung. Es handelte sich hierbei in erster Linie um Selbständige und Freiberufler, die, obwohl sie von allen Berufsgruppen die beste Konsumgüterausstattung in ihren Haushalten hatten und die meisten Pkw besaßen, nicht häufiger als Arbeiter in den Urlaub fuhren. Der (Wieder-)Aufbau der selbständigen Existenz oder einer eigenen Praxis brachte ihnen zwar ein überdurchschnittlich hohes Einkommen, das aber mit erheblichem Zeitaufwand bezahlt werden mußte. Sie kompensierten ihre fehlenden Ferienerlebnisse über den Besitz anderer Konsumgüter. Während die Beamtenfamilie über

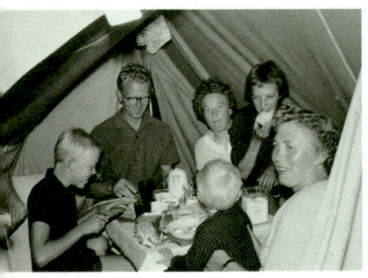

Natur und Technik
verbinden sich auf dem
Campingplatz
zu einem einzigartigen
Urlaubserlebnis.

die Fahrt an den Neckar berichten konnte, zeigte der Freiberufler seinen (hubraumstärkeren) Wagen.

Nur 5 Prozent der Befragten verspürten überhaupt kein Bedürfnis nach einer Urlaubsreise. Für die meisten rangierte aber der Urlaub in der Rangliste der Sehnsüchte weit oben. Bei der Frage, was man mit einem Lotto- oder Totogewinn anfangen würde, genossen die Ferien hohe Priorität; lediglich das Sparkonto und Anschaffungen für die Wohnung rangierten davor. Die Urlaubsfahrt wurde beispielsweise als gleich wichtig wie die Anschaffung eines Kühlschrankes oder einer Waschmaschine erachtet.

Neben dem Einkommen bestimmten immer stärker andere Faktoren, wie etwa der Wohnort, die Verwirklichung des Urlaubswunsches. Besonders Großstädter erholten sich außerhalb ihres urbanen Umfeldes. War das Haus im Grünen schon nicht erreichbar, wollte man wenigstens zwei Wochen im Jahr Landschaft und Natur genießen können. 1961 fuhr fast jeder zweite Bewohner einer Großstadt in die Ferien, während in den kleinen Landgemeinden nur jeder Zehnte verreiste.

Die Naturliebhaber wollten aber keinesfalls auf den gerade erreichten Komfort verzichten. Als Lösung bot sich ein Camping-Urlaub an, bei dem sich die Sehnsucht nach Natur-Romantik mit den zivilisatorischen Errungenschaften der Moderne verband. *(Bennemann, S. 161)*

Ein zeitgenössischer Beobachter beschrieb das Treiben auf dem Campingplatz: »Man kommt nach Campingtown. ... Nicht anders als wie in Zürich oder in Paris läßt man sich vom Strom der Fußgänger mitnehmen, schaut links und rechts die Auslagen an, da einen glitzernden kleinen Gasherd mit hochkomprimiertem Brennstoff im Behälter, dort in raffinierter Stahlrohrzusammenklappform Tisch und Stühle, gedeckt mit bestem Geschirr, nebenan eine Liegeapparatur von haremhafter Behaglichkeit, dahinter an einer blanklackierten Wohnwagenwand einen schön gefaßten Spiegel, davor einen sich rasierenden Mann, und das Kabel, das zum nahen Auto führt, besagt, daß es auf elektrische Weise geschieht. So wandert man wie durch eine Ausstellung ›Zivilisation erleichtert das Leben‹.« *(Zit. n. Obrecht, S. 169)*

Die Großstadt, aus der die Camper geflohen waren, hatte sich in eine Campingstadt verwandelt, in der Parzelle an Parzelle jeder sein eigenes Reich besaß. Man konnte für sich bleiben, doch häufig entwickelten sich aus der zufälligen Nachbarschaft auf den Campingplätzen Bekanntschaften und Freundschaften, die die Urlaubszeit überdauerten.

Ende der 50er Jahre beherbergten die 60 000 deutschen Campingplätze rund drei Millionen Camper, die Ausrüstungsgegenstände im Wert von einer halben Milliarde DM mit sich führten. *(Bennemann, S. 161)* Ihre Mobilität entsprach dem Zeitgeist. Die für diese Urlaubsform besonders vermarkteten Produkte wie Kofferradios, Pulverkaffee oder Coca-Cola-Dosen zeugten von der Mobilität des Besitzers und suggerierten Modernität sowie Komfort. Mit diesem Image fanden sie einen Käufer- und Benutzerkreis weit über den Campingplatz hinaus. Der Handel spürte das große Geschäft und schenkte diesem Zweig des Tourismus seine besondere Beachtung. Das »Deutsche Warenhandelsorgan« vom 11.6.1959 schrieb: »Es gibt gewisse Standardartikel, die zu jeder Camping-Ausrüstung gehören. … Zum Camping gehören auch gewisse Nahrungsmittel und Genußmittel, wie Pulverkaffee, Konserven aller Art, Büchsenmilch, alkoholische und alkoholfreie Getränke. … Die Hausratersteller haben für den Campingbedarf Kanister, Schüsseln, Teller, Becher, eigene Campingsäcke und Flaschen entwickelt. … So ist das Camping für fast alle Zweige der Industrie und des Handels eine Absatz- und Verdienstquelle, die von Jahr zu Jahr stärker fließen wird.«

Die Mehrheit der Besucher steuerten den Campingplatz mit dem Auto und der gesamten Familie an, dennoch war er häufig der erste Urlaubsort für Jugendliche oder junge Erwachsene. Ihre größere Ungebundenheit und ihre höhere Mobilität ließen die unter 21jährigen zur reisefreudigsten Altersgruppe werden. Die geringen Geldmittel, die ihnen dabei zur Verfügung standen, nutzten sie für preiswerte Urlaube im Zelt oder bei Jugendfahrten.

Der beginnende Massentourismus der 50er Jahre schwoll dank des steigenden Realeinkommens in den 60ern zur ersten größeren Reisewelle an. Zwei Dinge änderten sich dabei: das Reiseziel und das benutzte Verkehrsmittel. 1968 fuhren erstmalig mehr Bundesbürger ins Ausland als an deutsche Ferienorte, und das Auto löste die Eisenbahn als Hauptverkehrsmittel der Urlaubsreise ab. Der Urlaub als Freizeitbeschäftigung einer Minderheit verwandelte sich in den 70er Jahren in ein jährlich mindestens einmal wiederkehrendes Ereignis der Mehrheit. *(Hegner, S. 125)*

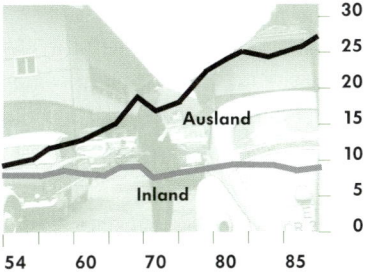

Reisende in Mio.
In- und Ausland
1954–1985

Die Träume der Nachkriegsjahre wurden nun Wirklichkeit. Österreich und Italien hatten sich zu den beliebtesten ausländischen Reisezielen entwickelt, und die Alpenrepublik blieb bis zu Beginn der 80er Jahre Spitzenreiter sowohl auf der Liste der Urlaubswünsche wie bei den realisierten Urlaubsfahrten. Das Land war Heimat und Ausland zugleich. Man sprach deutsch, und manche alte Österreicher begrüßten ihre deutschen Gäste wie Landsleute mit dem Satz: »Ach, Sie kommen aus dem Altreich.« Andererseits erschien die Speisekarte so fremd, daß es Übersetzungen brauchte. Hinter dem Paradeiser-Salat verbargen sich Tomaten, die Ribiesel-Torte war mit Johannisbeeren bedeckt und der wundervolle Nachtisch Palatschinken war ein gewöhnliches deutsches Hauptgericht, Pfannkuchen. Dennoch prägte der Italienurlaub die westdeutschen Auslandserfahrungen viel stärker.

Auch weil viele Deutsche keine Fremdsprachen beherrschten, war Österreich ein ideales Reiseziel.

Länder, die das nationalsozialistische Deutschland überfallen hatte oder die zu den Siegermächten gehörten, waren zunächst als Urlaubsgebiete problematisch. Die Bevölkerung dieser Staaten stand den Deutschen skeptisch gegenüber, und die Urlauber mußten dort in ihrer »schönsten Jahreszeit« mit Anfeindungen rechnen. So rieten 1956 Holländer einem befreundeten deutschen Ehepaar aus Köln, sie sollten ihr Auto unbedingt in einer Garage parken, denn Passanten könnten am deutschen Nummernschild Anstoß nehmen. *(Peters, S. 51)* Anders dagegen Italien: Die gemeinsame faschistische Vergangenheit ließ das Land politisch unproblematisch erscheinen. Die Italien-Urlauber interessierten sich dabei weniger für die italienische oder klassische Kultur als vielmehr für Sonne, Wein, Strand und Erholung. Der bildungsbürgerliche Studienrat oder Altphilologe, der auf den Spuren Goethes oder Seumes nach Italien reiste und der die Antike für sich entdecken wollte, wurde zur unbedeutenden Randgruppe unter den Ferienreisenden. Die Alltagskenntnisse der neuen Italienurlauber von ihrem Ziel waren mager. Herr B. schilderte eine Situation während seiner ersten Italienreise 1955: »In einem Wirtshaus tranken wir aus winzigen Tassen eine schwarze, bittere Flüssigkeit. Es war wohl Espresso.« *(Zit. n. Bausinger, S. 28)*

Reiseführer wiesen den Deutschen den Weg: »Spaghetti ›trinkt‹ man, das heißt, man saugt sie ein. Die Dinger sind so lang – aber bitte, legen Sie das Messer weg! Wir wollen nicht auffallen. Nehmen wir die Gabel steil in die rechte Hand, senken sie ins Gewirr, drehen sie ein

Das Urlaubsfoto vor dem schiefen Turm von Pisa täuscht:

Die Italienurlauber genossen vor allem Sonne, Strand und Meer.

paarmal um ihre Achse und führen die Beute zum Munde. Es ist ganz einfach.« *(Zit. n. Schumann, S. 35)* Was dem Reiseführer theoretisch gut gelang, war für die ersten Italienreisenden längst nicht so einfach. Frau L., die im September 1953 mit ihrem Mann und einem befreundeten Paar in einem geliehenen Ford 12 M die Reise antrat, berichtete in einem Tagebuch von ihrem ersten Spaghetti-Essen in Venedig: »Feurige Blicke der kleinen quirligen Makkaronis, und ich glaube, wir waren doch sichtlich erleichtert, als wir erst mal jeder mit einem Teller Spaghetti vor einer der Osterias saßen, wo die Kellner die Käselöffel nur so schwangen. Dazu Weißwein, von uns durstigen Seelen mit großen Mengen Wasser verdünnt. Für mich war das Spaghetti-Essen die reinste Tortur, aber was tut man nicht alles, um zünftig zu erscheinen.« *(Frau L., geb. 1930)*

Der Mehrheit der deutschen Italienurlauber war vollauf zufrieden, »wenn man Chianti getrunken, in Venedig Tauben gefüttert und die Ehefrau vor dem schiefen Turm von Pisa photographiert hatte« – so die Volkskundlerin Margit Berwing. *(Berwing, S. 207)*

Die Urlaubsreise mit der Bahn bot Komfort auf kleinstem Raum.

Die Postkartenmotive mußte man mit eigenen Augen gesehen haben. Als Nachweis dienten selbstgemachte Fotos, die die Heimkehrenden den Freunden als Höhepunkt im Rahmen einer Diashow vorführten. Diesem Ritual zu entkommen, war so gut wie unmöglich. Man konnte sich nur mit einer Gegeneinladung und dem Zeigen der eigenen Trophäen rächen.

Gerade die ersten Urlauber in den frühen 50er Jahren sahen die Fremde mit besonderen Augen. Sie beachteten nicht nur die landschaftlichen Schönheiten und touristischen Attraktionen, sondern richteten auch ihr Augenmerk auf Neubauten, die vielleicht für das im Wiederaufbau befindliche Deutschland Vorbild sein könnten. Besonders fasziniert war besagte Frau L. von den italienischen Tankstellen und dem neuen römischen Bahnhof: »In Padua imponierte uns mächtig eine im Bau befindliche Aquila-Tankstelle aus Stahl, Beton und Glas mit freischwebendem, elegant geschwungenem Dach. … Ganz besonders fesselte unsere Aufmerksamkeit die ›Stazione‹ in Rom, nur Marmor, Beton und Glas, so formschön, wie wir es noch nie gesehen hatten.«

Der touristische Zug über die Alpen ließ die Übernachtungszahlen an beliebten Adriaorten wie Rimini Mitte der 60er Jahre auf sechs Millionen Übernachtungen anschwellen. Die einer Völkerwanderung ähnelnden Ströme der Reisenden verursachten nicht nur zunehmenden Verkehr, sondern veränderten auch die küstennahe Mittelmeerlandschaft. In Marina di Massa, einem kleinen Ort am Golf von Genua, gab es 1950 noch kein einziges Fremdenverkehrsbett;

In den 60er Jahren eroberten die Deutschen auch den Luftraum.

1961 standen bereits 7000 Betten für Urlauber zur Verfügung. Bettenburgen pflasterten den Weg in den Massentourismus. Ähnlich wie beim Umzug in das Umland entwickelte sich nun auch in der Mittelmeerregion das Häuschen-im-Grünen-Dilemma: Die Demokratisierung des Urlaubsvergnügens verwandelte die fast unberührte Landschaft in Betonlandschaften.

Der Massentourismus wirkte auf den deutschen Alltag zurück. Wer sich die Italienreise noch nicht erlauben konnte, holte sich in Form von Chiantiflaschen das südländische Flair und die Stimmung von Entspannung und Erholung in die eigenen vier Wände. Als Wandschmuck oder als Behältnis einer Tropfkerze zauberten sie geleert eine »italienische Atmosphäre«. Auch für Frau L. war die Flasche von besonderem Reiz. Der Wein wurde nach der Flasche und nicht nach dem Inhalt gekauft: »Ich hoffe und glaube, daß uns die Flasche, neuerdings in Form einer Lampe noch recht viel Spaß machen wird.«

Auch das südliche Treiben fand bis in den äußersten Norden der Republik seine Nachahmer. Für Sommerfeste hängte man – ähnlich wie die Lokale an der Adria – bunte Lampions auf und spannte Ketten mit verschiedenfarbigen Glühlämpchen über Balkon, Terrasse oder Garten.

In jedem Ort, jedem Stadtteil, jedem Stadtzentrum der Bundesrepublik siedelten sich in den späten 50er und 60er Jahren eine Eisdiele und ein Pizzalokal an. Das Eis hatte man bis dahin als Konditorware in altmodischen Cafés genossen, nun entwickelten sich die Eisdielen zu den neuen Jugendtreffs. Die Eiscafés hießen »Cortina« oder »Rimini«, und schon der Name weckte Urlaubserinnerungen und -sehnsüchte, denen sich auch die Elterngeneration bei einem Eis gern hingab. Der Besuch der örtlichen Pizzeria, die bis in die 70er aus Ermangelung anderer Alternativen noch als »der« Italiener bezeichnet wurde, galt noch immer als etwas Besonderes, ein Hauch von Ferien im Alltag. Daß die Pizza in Italien die traditionelle Armenspeise war, war kaum jemandem bekannt. Den Lokalbesitzern gelang es durch Anpassung an den deutschen Geschmack, beispielsweise indem sie den Teigfladen mit Schinken belegten, diese Tradition zu verdrängen. Da es den Deutschen der 50er und 60er Jahre in erster Linie um den Erholungswert des Adriagebiets ging, ließen sie sich gern die Pizza als italienische Delikatesse verkaufen. Sie erinnerte an die italienischen Fischerorte, in denen man sie unter mit Muscheln und getrockneten Seesternen geschmückten Fischernetzen genossen hatte.

Noch 1956 – vor Beginn der ersten Reisewelle – befürchtete der Publizist Günter Anders, daß Radio und Fernsehen die Menschen zu Masseneremiten verwandele, die Welt komme zum Menschen statt umgekehrt. *(Anders, S. 110)* Anders sollte sich täuschen. Das Fernsehen mit seinen Bildern aus aller Welt machte neugierig, wieder in die Welt hinauszugehen und neue Ziele zu entdecken. Die weltumspannenden Fernsehberichte setzten die Maßstäbe für die Wahl möglicher Urlaubsorte und nicht mehr die Fußläufigkeit des 19. Jahrhunderts, die Geschwindigkeit der Eisenbahn oder die Reichweite des eigenen Autos. Jeder Ort der Erde konnte zum Urlaubsort werden.

In den 60er Jahren entdeckten viele Urlauber erstmalig das Flugzeug als Transportmittel für sich. Doch zunächst nutzten die meisten ihr (erstes) Auto, um an das Ziel ihrer Träume zu kommen. Über 60 Prozent fuhren mit dem Pkw in die Ferien. Seit Beginn der 70er Jahre stagnierte dann der Anteil der Autotouristen, immer mehr

	1954	1965	1974	1985	
	56	34	20	11	Bahn
	19	56	59	60	Pkw
		4	12	18	Flugzeug
	25	6	9	11	Bus/Sonstiges

Verkehrsmittel der Urlaubsreise 1954–1985 in Prozent

Menschen stiegen in das Flugzeug. *(Studienkreis für Tourismus, Tab. 7, Hochreiter/Arndt, S. 32)*

Aus einer Million Auslandsflugreisenden 1960 waren dreißig Jahre später mehr als 24 Millionen Passagiere geworden. Nicht nur die Passagierzahlen explodierten, auch die Ziele verschoben sich. Der erste Flugboom in den 60er Jahren spielte sich fast ausschließlich in Europa ab. Anfang dieses Jahrzehnts reisten gerade 46 000 Menschen nach Spanien oder auf spanische Inseln wie Mallorca oder Ibiza. 1970 waren es mehr als zwanzigmal so viele, die es per Flugzeug auf die Balearen oder die iberische Halbinsel zog. Vom unbedeutenden Reiseland entwickelte sich Spanien in den 80er Jahren nach Italien zum beliebtesten Reiseziel der Deutschen und verdrängte Österreich endgültig auf den dritten Platz.

Diesen Erfolg verdankte es in erster Linie den immer billigeren Flugreisen. 1956 flogen die ersten 30 Urlauber mit einer vollbesetzten Propellermaschine vom Typ Vickers Viking nach Mallorca. Zehn Jahre später begann bei den Charterfluggesellschaften mit den Flugzeugen Caravelle und der Boeing 727 mit einer Kapazität von 125 Sitzen das Düsenzeitalter. *(Schumann, S. 39)* Für die meisten war dies die erste Flugreise ihres Lebens. Der Pilot, der sie sicher in den Urlaub und zurückbrachte, wurde beim guten Ausgang dieses Abenteuers beklatscht.

Immer schnellere und größere Flugzeuge, die Ablösung von Propellerturbinen- durch Strahlenturbinenflugzeuge ließen die Kosten pro Flugkilometer innerhalb von 20 Jahren bis 1970 um ein Drittel fallen. Die Reiseveranstalter gaben die Preisvorteile an die Kunden weiter. Der Flugtourismus boomte, und immer mehr Deutsche konnten sich einen Urlaub in immer entfernteren Gegenden erlauben. 1971 verwendete die Condor als erste Ferienfluggesellschaft der Welt einen Jumbo-Jet, die Boeing 747. Mit seinen 366 Passagieren flog er zunächst noch nach Mallorca. Nun aber lockten Australien, Ozeanien und Asien die Urlauber. Die Anzahl der Reisenden mit diesen Reisezielen verzehnfachte sich in den 70er und 80er Jahren. *(Auskunft Stat. Bundesamt 1996)* Wer jetzt noch bei der Landung klatschte, erntete nur noch mitleidsvolle und verwunderte Blicke seiner Mitreisenden.

Doch das konkrete Ziel der Reise, die fremde Kultur, wurde immer unbedeutender. War der Strand von Mallorca abgegrast und die Reise dorthin nicht mehr imagefördernd, so mußte man eben weiter weg fahren. Der gleiche Hoteltypus, das gleiche Pauschalreisearrangement führte nun in die Dominikanische Republik oder zu Orten, die noch besser geeignet erschienen, einen Hauch von Exotik zu garantieren. Häufig waren es gerade die Individualtouristen, die neue

Gebiete dem Massentourismus erschlossen. Der Geheimtip verwandelte sich fünf Jahre später im Reisebüro zum vielfach nachgefragten Ziel.

»Wo's im Urlaub so hingeht? Überall, ganze Welt. Also jetzt machen wir's halt so, daß wir einmal im Jahr 'n Campingurlaub machen und einmal fliegen. Zum Beispiel jetzt waren wir noch in Frankreich, Italien/Frankreich/Schweiz, und jetzt im November wollen wir in 'ne Karibik. … Davor das Jahr waren wir auf Lanzarote, dann haben wir 'n bißchen Spanien abgegrast, USA«, schildert ein Montagearbeiter bei VW. *(Zit. n. Herlyn, S. 187)* Für den 28jährigen verheirateten Arbeiter in Wolfsburg gibt es bei der Wahl des Urlaubsortes keinerlei geographische Einschränkungen mehr.

Die Urlauber erwarteten 1987 vom Urlaub am häufigsten Sonne (54%), Natur (38%) und Ruhe (33%). Diese Wünsche erfüllten Mittelmeerorte genauso wie karibische Ziele, doch die Ortswahl galt immer weniger dem konkreten Ziel, sondern war vielmehr vom Geltungsbewußtsein und dem Gruppendruck des jeweiligen Lebensumfeldes bestimmt. In den Cluburlauben spielte der Ort überhaupt keine Rolle mehr, und die Animation im Clubghetto ebnete die bestehenden landschaftlichen Unterschiede völlig ein.

Seit den 70er Jahren veränderten sich noch einmal die Urlaubsgewohnheiten. Die Bundesbürger wollten nun lieber kürzer, aber öfter verreisen. Mitte der 80er Jahre trat schon ein Drittel aller Bundesbürger eine zusätzliche Kurzreise an, um das Arbeitsjahr nochmals durch einen kurzen Ausflug zu unterbrechen. »Ich muß manchmal raus, packe meine Sachen, dann fahre ich Freitagnachmittag, also nach der Arbeit, nach Hannover und komme halt Sonntag früh oder Samstagnachmittag wieder«, so eine 53jährige verheiratete Arbeiterin bei VW. *(Zit. n. Herlyn, S. 189)*

Der Slogan der Tourismusbranche »Für die schönsten Wochen des Jahres« spiegelt den gesellschaftlichen Wertewandel wider. Die konkrete Arbeit verliert ihre herausragende Bedeutung für die Lebensweise des einzelnen, Freizeit und Urlaub gewinnen zusätzliche Distinktionsfunktionen. Die Urlaubsländer der Arbeiter waren dabei keineswegs »massentouristischer« als die Ziele der bildungsbürgerlich geprägten Schichten. Doch während Arbeiter als Zielangabe eher den Ländernamen wählen (Spanien, Türkei, USA), bevorzugen Intellektuelle die Toscana, die Provence oder die Bretagne. *(Herlyn, S. 188)*

»Das Verlangen, aus dem sich der Tourismus speist«, schrieb Enzensberger schon 1958 in seiner »Theorie des Tourismus«, »ist das nach dem Glück der Freiheit.« *(Enzensberger, S. 204)* So läßt Anfang der 90er Jahre Sten Nadolny in seinem Roman »Netzkarte« den Erzähler

eine Bundesbahn-Netzkarte kaufen. »Die Wahrheit ist, daß ich gern im Zug sitze und aus dem Fenster sehe, meine Phantasie in Gang kommen lasse und allerlei Pläne mache. Das einzige, was mich bisher daran gestört hat, war die Zumutung, irgendwo aussteigen zu müssen, weil die Fahrt zu Ende war. Aus diesem Grund kaufte ich mir die Netzkarte. ... Die Freiheit soll es sein und keine Fessel, kein Joch – niemals!« *(Nadolny, S. 11)* Der Erzähler konnte sich für die Gültigkeitsdauer seiner Netzkarte einen Monat ziellos durch die Republik bewegen. Nichts Geringeres als die Freiheit war seine Reisemotivation. Damit unterscheidet er sich wenig vom bundesdeutschen Pauschaltouristen, der zwar ein konkretes Reiseziel vor Augen hat, jedoch ebenso auf der Suche nach dem kurzen Ausstieg aus dem (Arbeits-)Alltag ist.

Ältere Menschen mußten wegen geringer Rente in den 50er und 60er Jahren häufig noch auf Urlaub verzichten. Dabei wollten immerhin 80 Prozent von ihnen gern verreisen, aber nur 30 Prozent konnten ihren Wunsch auch in die Tat umsetzen. Mit höheren Renten und steigender Lebenserwartung hatten sie immer mehr Zeit, ihre Urlaubswünsche wahr werden zu lassen. Jemand, der 1892 geboren war und 1955 mit knapp 63 Jahren starb, konnte sich lediglich in den letzten fünf Lebensjahren an seiner sehr knappen Rente erfreuen. Die Lebenserwartung eines 1925 Geborenen betrug 68,5 Jahre, bei seinem Tod hatte er seinen Ruhestand schon neun Jahre und damit schon manchen Urlaub genießen können. Ein Wirtschaftswunderkind, geb. 1956, wird voraussichtlich 72,2 Jahre alt, davon verbringt es die letzten zwölf Lebensjahre mit seiner Altersversorgung. *(Hegner, S. 90)* Da der jährliche Urlaub für diese Generation selbstverständlich geworden ist, wird sie diese Gewohnheit mit dem Ende der Erwerbsphase nicht sofort aufgeben. Die Reiseunternehmen haben inzwischen auf die demographische Entwicklung reagiert und bieten für Senioren besondere Reiseprogramme an, beispielsweise Überwinterungen auf den Kanarischen Inseln.

Die individuelle Mobilität und die Reisefreiheit entwickelten sich in den 50er Jahren zum wichtigen Bestandteil der materiell-demokratischen Lebensweise. Es blieb der Bürgerbewegung der DDR gegenüber dem bürokratischen Staatssozialismus vorbehalten, mit dem Kampf für die Reisefreiheit diese Lebensweise als unverzichtbares bürgerlich-demokratisches Grundrecht zu begreifen. Nicht zufällig fiel die Mauer durch die Aufhebung des Visumzwanges. Der Freiheitsbegriff der Französischen Revolution wurde um die Reisefreiheit erweitert. Daß die individuelle Inanspruchnahme dieser Freiheiten die Konsumgesellschaft an ihre ökologischen Grenzen treibt, ist kein Geheimnis mehr.

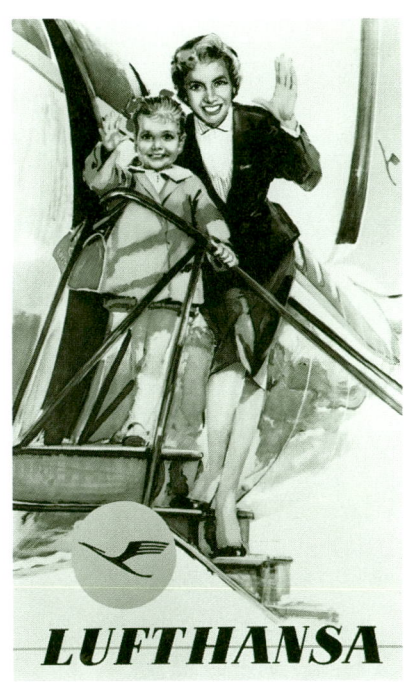

LUFTHANSA

Auf den Spuren der Capri-Fischer

Geld und Zeit

Für das Leben in der Konsumgesellschaft benötigten die Bundesbürger sowohl Zeit als auch Geld, um sich all die neuen Dinge leisten zu können, sie zu genießen und die vielen neuen Möglichkeiten, die ihnen nun offenstanden, zu nutzen. Angesichts der Nachkriegsnot erschien die entscheidende Voraussetzung für den Konsum die finanzielle Kaufkraft zu sein. Die Familien benötigten viele Dinge des alltäglichen Lebens, die zerstört, zerschlissen oder anderweitig abhanden gekommen waren. Der kärgliche Lohn reichte dafür jedoch nicht aus – sofern man überhaupt Arbeit hatte. Der mit kirchlichem Segen versehene kleine Überlebensdiebstahl, das »Fringsen«, bot nur eine begrenzte Perspektive. Brauchte man dringend Güter des täglichen Bedarfs, blieb in der Regel nur ein Weg offen: das Anschreiben.

In der Weimarer Republik war es in Arbeiterfamilien gang und gäbe, beim Kaufmann anschreiben zu lassen, um die letzten Tage bis zur nächsten Lohntüte zu überbrücken. Die regelmäßige Rückzahlung war selbstverständlich und gehörte zum stillschweigenden Abkommen zwischen Kaufmann und Kunden. Die Mehrheit der Kreditnehmer begriff das Anschreiben nicht als Kredit, zumal in den allermeisten Fällen keine Zinsen fällig wurden. Der Wochen- oder Monatsverdienst mußte in erster Linie zum Lebensunterhalt reichen und für größere Anschaffungen oder Notsituationen bemühte sich die Familie, Geld auf die hohe Kante zu legen. Eine mögliche Kreditaufnahme belegte mangelnde Sparsamkeit oder schlechte Haushaltsführung. Lediglich bei unvorhergesehenen Ereignissen wie Krankheit oder Unfall konnte man sich Geld leihen, ohne bei den Nachbarn ins Gerede zu kommen.

Doch der Nachkriegsmangel brachte viele Familien in eine solche Situation. Wenn Kleidung, notwendige Haushaltsgegenstände oder Möbel fehlten, reichte auch das Anschreiben nicht mehr, so daß viele in ihrer Not auf einen Kredit zurückgriffen. Das schlechte Gewissen blieb, doch mit zunehmendem Warenangebot wuchs die Begehrlichkeit. Trotz gesellschaftlicher Ablehnung sahen viele Deutsche nun den Kredit als Chance, den persönlichen Einstieg ins Konsumparadies vorzufinanzieren.

Um sich den neuen Dingen zu widmen, bedurfte es aber auch Zeit. Das Verhältnis von Geld und Zeit begann sich in den 50er Jahren entscheidend zu verändern. Vorher reichte der Lohn nur für das Lebensnotwendige, und die Arbeiterbewegung forderte Arbeitszeitverkürzungen, um genügend Erholungszeit für ihre Arbeitskraft zu haben. In den 50er Jahren bekam die Freizeit einen eigenständigen Stellenwert. Kürzere Arbeitszeiten sollten nun für mehr Muße sorgen, um sich Familie und Hobby zu widmen. Auch der Traum von der

Italienreise setzte nicht nur eine gefüllte Urlaubskasse, sondern ebenso die nötigen Urlaubswochen voraus.

Lohn und Zeit waren über die Forderung nach Arbeitszeitverkürzung bei vollem Lohnausgleich immer noch aneinander gekoppelt. In den 80er und 90er Jahren verschob sich dieses Verhältnis. Viele Arbeitnehmer können sich heute vorstellen, freiwillig auf einen kleineren Teil ihres Einkommens zu verzichten, wenn sie dafür mehr Freizeit erhielten.

Das Glück auf Raten

Das stetig steigende Angebot neuer Konsumgüter weckte Wünsche, die sich häufig nicht mit dem verfügbaren Geld im Portemonnaie deckten. Während in den USA der Ratenkauf etwas Selbstverständliches war, war Schuldenmachen in Deutschland verpönt. Wilhelm Röpke, Nationalökonom und Lehrer Ludwig Erhards, verurteilte den Konsumentenkredit: Der Kreditnehmer sei »unordentlich, leichtfertig und zigeunerhaft und mit dem Makel des auf Kosten der übrigen Schmarotzenden, des Lebensuntüchtigen und Verantwortungslosen behaftet«. *(Röpke, Borgkauf, S. 12ff.)* Der »Humus der bürgerlichen Lebensordnung und Lebensgesinnung« sei »durch die katastrophalen Ereignisse des letzten Jahrzehnts bis auf eine gefährlich dünne Schicht zerstört worden« und werde durch den Konsumentenkredit nun »in bedenklichem Maße ausgewaschen«.

1958 sprachen sich zwei Drittel der westdeutschen Bevölkerung gegen Ratenkäufe aus. Ältere Männer (über 45) lehnten sie sogar zu drei Viertel ab. *(DIVO-Institut 1959, S. 95)* Sie waren noch mit der Vorstellung groß geworden, man könne erst eine Ware kaufen, wenn das nötige Geld vorhanden sei. Die große Mehrheit älterer Frauen war zwar auch gegen Abzahlungskäufe, aber Frauen mußten im Haushalt manchen finanziellen Engpaß überwinden, und zeigten deshalb durchaus Verständnis für einen Ratenkäufer. Zu diesem Zeitpunkt wurde Kredit immer noch mit Mangel und nicht mit erweitertem Konsum gleichgesetzt, wie die massive Ablehnung dieser Finanzierungsform (72 %) durch die »oberen Schichten« bewies. Es galt als unfein, »materialistisch« und unpreußisch, sein gutes Leben durch einen Vorgriff auf die Zukunft zu finanzieren.

Für viele verband sich der Kreditkauf mit Armut und finanziellem Engpaß. Sie hatten aus eigener Erfahrung und in ihren Familien das Anschreiben beim Kaufmann erlebt, wenn der Wochenlohn nicht mehr ausreichte, neue Lebensmittel aber benötigt wurden. »Wenn kein Geld da war, wurde auch angeschrieben. Aber meine Mutter war sehr genau, die hat das immer sehr genau genommen mit dem Geld.

Also da wurde nicht Gottweißwas gepumpt.« *(Einfeldt, S. 152)* Man war froh, wenn man sich dieser Schulden entledigen konnte, und die Hausfrau, die immer (wieder) anschreiben ließ, galt in den Augen der Nachbarn als eine, die nicht wirtschaften konnte, die in ihrer Fürsorgepflicht gegenüber der Familie versagt hatte. Akzeptiert wurden bestenfalls persönliche Gründe wie Krankheit, Familienzuwachs oder Heirat als vorübergehender Grund, einen Kredit aufzunehmen.

Doch wie so oft: Reden war das eine, Handeln das andere. Trotz des kreditkritischen Bewußtseins wurde der Konsumentenkredit zu einem wichtigen Motor für den Einstieg in die Konsumgesellschaft. Bis zur Währungsreform gab es einen ausgesprochenen Verkäufermarkt, die knappen Waren fanden immer ihren Absatz, und die Händler hatten zunächst keinerlei Interesse an einer Teilzahlung. Dies änderte sich schlagartig mit dem Ende des Schwarzmarktes und der Einführung der D-Mark. Vor allem Anbieter von Waren, deren Preise die vorhandene Kaufkraft momentan noch überstiegen, waren an Teilzahlungskäufen interessiert. Im Frühjahr 1949 propagierten etwa die Möbelhändler der englisch-amerikanischen Bi-Zone dieses Kaufmodell und forderten dazu – allerdings vergeblich – die Bereitstellung öffentlicher Mittel. *(Koch, S. 14)* Im Mai 1949 gründeten Berliner Unternehmen die »Teilzahlungsgemeinschaft des Einzelhandels«. Die Hälfte aller Haushalte hatte in einer Befragung der Gemeinschaft angegeben, es sei für sie unmöglich, für Anschaffungen einen bestimmten Teil ihres Einkommens zu sparen. Die andere Hälfte war zwar sehr an den Waren interessiert, mußte aber einräumen, sie »nicht sofort realisieren zu können«.

Vor allem die Möbelbranche war am Teilzahlungsmodell interessiert und engagierte sich für die Durchsetzung dieser Finanzierungsform. Im Juni vereinbarte der Hamburger Möbelfachverband mit den beiden Hamburger Sparkassen ein Abkommen, nach dem diese Kundenkredite zum Zinssatz von 8% p.a. und 1/6% (pro Monat) Provision vergaben. Die Käufer mußten allerdings die Hälfte der Kaufsumme ansparen, um den Kredit in Anspruch zu nehmen. Die Möbelsparhilfe – so der offizielle Name – erwies sich als besonders zugkräftig, wie die Darlehensentwicklung bei der Hamburger Sparkasse von 1827 zeigte: *(Hallermann, S. 88)* 1949 vergab sie gerade 268 Möbelspardarlehen mit einer Gesamtsumme von 95 000 DM, zwei Jahre später war das Geschäftsvolumen auf 9 418 Darlehen im Wert von über 3,7 Millionen DM angewachsen.

Das Hamburger Finanzierungsmodell blieb jedoch die Ausnahme. Die großen Privatbanken hatten das Geschäft mit den kleinen Privatkunden noch nicht entdeckt, es erschien ihnen zu wenig profitabel. Selbst die Sparkassen als Finanzinstitution kleiner Leute lehnten mehrheitlich das Kleinkreditgeschäft ab. Ihr Ziel war in erster Linie die Förderung des Spargedankens, der sich mit der Konsumfinanzierung nicht vereinbaren ließ. Einer der führenden Sparkassenfachleute erklärte 1951: »Ohne Zweifel ist der Konsumkredit unerwünscht, sowohl vom Standpunkt des Handels aus als auch im Interesse des Käufers. Eine allgemeine Unterbindung jeglicher Käufe auf Ratenzahlung würde eine Fülle von Unzuträglichkeiten und Schädigungen aus der Welt schaffen, ohne daß aufs Ganze gesehen sich irgendwelche Nachteile ergeben würden.« *(Zit. n. Hallermann, S. 63)*

Die erste Teilzahlungsbank hatte 1926 Walter Kaminsky in Königsberg gegründet. Anders als die damals vorherrschenden Pfandleiher setzte er besonders auf den Einzelhandel. Mit anderen Teilzahlungsbanken gründete Kaminsky im gleichen Jahr die »Schutzgemeinschaft für Absatzfinanzierung« (Schufa). Das Prinzip war sehr einfach: Die Unternehmen forschten die finanziellen Verhältnisse des Antragstellers nicht weiter aus und verpflichteten sich stattdessen, jeden Teilzahlungsvertrag, jede Vertragsänderung oder Zahlungsrückstände der Schufa zu melden.

Im ersten Jahr nach der Währungsreform nahm Kaminsky sein Teilzahlungsgeschäft wieder auf, und die Schufa wurde wieder zum Leben erweckt. 1949 fanden sich die bestehenden und wieder gegründeten 49 Institute und Teilzahlungsbanken zum »Wirtschaftsverband Teilzahlungsbanken« zusammen. Bis 1955 hatten sich 7 000 Firmen dem Kontrollsystem der Schufa angeschlossen. Im gleichen Jahr waren bei ihr Kreditunterlagen von 8,5 Millionen Haushaltsvorständen bzw. Familien registriert. *(Koch, S. 39)* In den ersten sieben Jahren nach der Währungsreform hatte somit ein Viertel aller Familien in der Bundesrepublik einen Kredit in Anspruch genommen. Man sprach nicht darüber, aber man nutzte diese Möglichkeit, um sich zunächst das Lebensnotwendige und später immer mehr ein Stück vom Konsumparadies zu finanzieren. Innerhalb von zehn Jahren erhöhte sich die Konsumentenkreditsumme bis 1962 auf knapp 64 Milliarden DM um über das Vierfache. *(Reis, S. 270)*

Wie eine »Kreditkarriere« aussehen konnte und was sie mit den insgesamt geliehenen 14 500,- DM angefangen hatte, berichtete 1961 eine Frau anläßlich der Aufnahme ihres 50. Kredites: »Mein Mann ist Polizeibeamter. Wir kamen 1945 aus Schlesien, wo wir unser Hab und Gut verloren hatten. Wie Sie aus den Akten ersehen, verdiente mein Mann 1949 netto DM 300,-. Unser erster Kredit, den wir bei Ihnen aufnahmen, belief sich auf DM 150,- und half uns bei der Anschaffung eines Anzuges für meinen Mann, der noch in alten

Der Konsumentenkredit ermöglicht für viele den Einstieg in die neue Warenwelt.

Uniformstücken ging. Dann sind es in der ersten Zeit vornehmlich Textilien und kleinere Hausratsgegenstände gewesen, die gekauft wurden. In den folgenden Jahren wurden Möbel angeschafft, auch ein Kinderwagen und eine Baby-Ausstattung. Kosten für einen dringenden Kuraufenthalt wurden mit einem Kredit bestritten, und nun meinten mein Mann und ich, daß wir uns einmal etwas persönlich gönnen sollten, und so haben wir im vorigen Jahr mit Hilfe eines Kundenkredits eine Urlaubsreise gemacht.« *(Zit. n. Fincke, S. 148 f.)*

In den 50er und 60er Jahren erwirtschaftete der Einzelhandel in der Bundesrepublik etwa 15 Prozent seines Umsatzes über Kreditverkäufe. *(Effer, S. 99)* Die beliebteste Kreditform in dieser Phase war das legendäre Anschreiben. Von 10 Kreditkäufern ließen im Durchschnitt 8 anschreiben. Die Kredite verteilten sich dabei unterschiedlich auf die einzelnen Branchen. Während Möbel 1953 etwa nur zu knapp einem Drittel auf diese Weise gekauft wurden, waren es im Buchhandel 98 Prozent. Das Lebensmittelgeschäft kannte ausschließlich diese Art der Kreditgewährung.

Bei der Einsicht in eine Kreditkartei wunderte sich der Direktor des Instituts für Wirtschaftswissenschaften an der TU Berlin, Waldemar Koch, 1956 darüber, »bis zu welchen sozialen Schichten hinauf (z.B. bei den Beamten bis zum Ministerialdirektor) Kredite beansprucht werden«. *(Koch, S. 32)* Selbst Fachleute waren zu diesem Zeitpunkt offenbar noch immer der Meinung, der Konsumentenkreditnehmer handele nur aus Not. Es schien kaum denkbar, daß sich auch durchschnittlich oder gar besser Verdienende ihre Konsumwünsche über Kredite erfüllten. Der hohe Anteil von Kreditkunden im Buchhandel zeigte das Gegenteil, auch wenn es nicht um teure Konsumgüter ging. Die (gehobenen und höheren) Beamten galten als eine Berufsgruppe, die sich unter keinen Umständen zu einem Kredit hinreißen ließ – die Öffentlichkeit unterstellte ihnen die preußische Tugend der Sparsamkeit als Maxime ihres Privatlebens.

Die Kreditwirklichkeit sah allerdings ganz anders aus: Die größte deutsche Teilzahlungsbank, die Kundenkreditbank (KKB) in Düsseldorf, untersuchte 1960 die finanzielle Situation ihrer Kunden und stellte dabei überraschend fest, daß der größte Teil ihrer Klienten einer mittleren Einkommensgruppe – dazu zählten auch Beamte – angehörte. *(Hallermann, S. 113)* Steigende Einkommen bewirkten offenbar eine zunehmende Bereitschaft, die Bedürfnisse nicht mehr durch Erspartes, sondern durch einen Kredit schneller zu befriedigen.

Angesichts des zunehmenden Geschäftserfolges der Teilzahlungsbanken gaben die Sparkassen 1952 ihre Zurückhaltung auf. Sie boten zunächst den sogenannten »Kaufkredit« an, bei dem der

Geld und Zeit

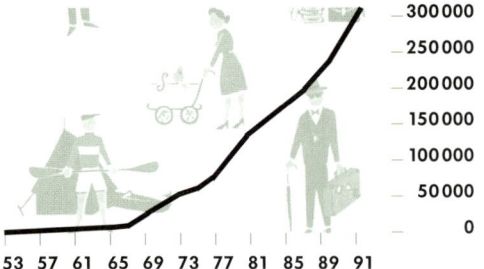

Konsumentenkredite
in Millionen DM
1953–1991

300 000
250 000
200 000
150 000
100 000
50 000
0

53 57 61 65 69 73 77 81 85 89 91

(Einzel-)Händler seinem Kunden einen Kredit einräumte, den er aber
an die Sparkassen abtrat. Schon am Ende des Jahres hatten sich
die Banken auf diese Weise ein Viertel des Kreditumsatzes gesichert.
(Weiss, S. 107) Dennoch stiegen sie nur sehr zögerlich in dieses
Geschäft ein. Die Sparkassenvorstände waren immer noch genauso
kreditskeptisch wie die Bevölkerungsmehrheit. Obwohl es ihr Geschäft war, teilten sie die vorherrschende Meinung, Waren erst
zu kaufen, wenn das nötige Geld angespart war. Deshalb gingen sie
mit ihrem neuen Angebot auch nicht in die Offensive. »Die Sparkassen
haben es stets abgelehnt, durch betonte Werbemaßnahmen den
ohnehin schon bestehenden Anreiz zum Abzahlungsgeschäft zu ver-
stärken«, so ein Vertreter der Sparkassen. *(Krämer, S. 177ff.)*

Ende der 50er Jahre schwanden die Bedenken bei Sparkassen
und Großbanken endgültig. Die finanzielle Situation in den
Privathaushalten hatte sich stabilisiert, in den Jahren 1956 bis 1958
stieg die Sparquote steil an. *(Glastetter, S. 414)* Gleichzeitig erhöhte
sich die Selbstfinanzierungsquote der Unternehmen. Die Spareinlagen wuchsen, Kreditnachfragen im Unternehmensbereich sanken.
Die Banken hatten so immer mehr Geld in ihren Tresoren und
sie wußten kaum, wohin damit. Das Konsumkreditgeschäft erschien
als goldener Ausweg.

Noch galt die aus dem Jahr 1939 stammende Richtlinie, nach der
Kleinkredite höchstens 18 Monate laufen und nur bis 600 RM betragen durften. Im Dezember 1958 änderte die Bankenaufsicht die
Regelung. Die Banken durften nun Kredite bis 2 000 DM vergeben,
und die Kunden konnten sich für die Tilgung zwei Jahre Zeit lassen.
Am 2. Mai 1959 nahmen die drei Großbanken (Deutsche Bank,
Dresdner Bank, Commerzbank) das Kleinkreditgeschäft auf, und
schon am Ende dieses Geschäftsjahres verzeichnete die Dresdner Bank
die positive Resonanz ihrer Kunden im Geschäftsbericht. Im Herbst
1961 führte der Deutsche Sparkassen- und Giroverband ein »An-
schaffungsdarlehen« mit einer Laufzeit von bis zu 42 Monaten und
einer Höhe bis 6 000 DM für kostspieligere Konsumgüter ein.

Andere Banken schlossen sich sehr schnell dieser Kreditausweitung an. Die gesamte Kleinkreditsumme wuchs bis 1967 auf knapp 10 Milliarden DM an – eine jährliche Steigerungsrate von 14 Prozent.

Die Einführung des bargeldlosen Zahlungsverkehrs über Lohn- und Gehaltskonten in den 60er und 70er Jahren war für das Massengeschäft aber noch bedeutsamer. Allein von 1969 bis 1974 stieg die Zahl der Girokonten von 6 auf 20 Millionen. Noch benutzten viele Arbeitnehmer ihr Girokonto als Lohnbüro und hoben einmal im Monat ihren gesamten Lohn ab. *(Reis, S. 127)* Die Miete oder die Kosten für Gas, Wasser und Strom wurden dem Vermieter persönlich gebracht oder beim monatlichen Ablesen den Stadtwerken übergeben. Die Familie hatte dadurch einen direkten Überblick über ihren Verbrauch und ihre Ausgaben. Mit entsprechender Nachhilfe der Geldinstitute lernten die Verbraucher jedoch schnell, mit ihrem Girokonto umzugehen, und Daueraufträge, Lastschrifteinzüge und Überweisungen ersetzten mehr und mehr die realen Geldscheine.

Ab 1967 gab es eine weitere Erleichterung des Zahlungsverkehrs: die Scheckkarte. Alles erschien einfacher, der Gang mit der Miete zum Hausbesitzer wurde überflüssig, ebenso das Warten auf den Stromableser. Dieser Lernprozeß war aber nicht immer einfach. So berichtete Frau K. (geb.1932) von ihrer 80jährigen Tante, die im Haus eines verwandten Einzelhändlers wohnte. Obwohl schon lange aufgefordert, endlich per Überweisung die Miete zu begleichen, bestand die alte Dame auf Barzahlung. Die brüskierende Zurechtweisung, »mit deinem Bargeld kann die Buchhaltung nichts anfangen«, beleidigte zutiefst. Das gute Geld – sogar sorgfältig abgezählt – nichts wert? Doch ihr blieb keine Wahl.

Hatte vorher eine Familie am Monats- oder Wochenanfang den Inhalt der Lohntüte fein für die unterschiedlichen Ausgaben gehäufelt, wurden mit dem Girokonto die einzelnen Positionen der Haushaltsausgaben zunehmend abstrakter. Eine Mieterhöhung oder der vermehrte Stromverbrauch war in der »Vorkonto-Zeit« noch direkt sicht- und nachvollziehbar. Ein zusätzlicher Zehnmarkschein mußte aus der Lohntüte in den Umschlag für die Mietzahlung gesteckt werden. Nun erinnerte nur die Veränderung des Dauerauftrags an die gestiegenen Kosten.

Mit der Einführung des Dispositionskredits machten die Sparkassen 1968 schließlich jeden – einigermaßen solventen – Arbeitnehmer mit Gehalts- oder Lohnkonto zum potentiellen Kreditnehmer. Das leere Portemonnaie gehörte der Vergangenheit an, regelmäßigen Lohn vorausgesetzt. Ende der 70er Jahre besaßen knapp 90 Prozent aller Arbeitnehmer und Rentner ein Lohn-/Gehalts- sowie ein

Sparkonto. 95 Prozent der Bevölkerung über 14 Jahre hatten »ihre« Bankverbindung.

Die kreditkritische Haltung in Deutschland war damit aber nicht völlig verschwunden, im Vergleich zu den angelsächsischen Ländern, aber auch zu Staaten wie Japan oder Schweden, blieb die Verschuldung der Privathaushalte jedoch wesentlich niedriger. Die Bankdirektoren rieben sich die Hände und konnten sich nun auch in Deutschland über einen massiven Kreditboom freuen. *(Deutsche Bundesbank, Monatsbericht April 1993, S. 19ff.)* Die Hemmschwelle, wegen eines Darlehens nachzufragen, war erheblich gesunken, der Kredit kein Makel mehr. Für kleinere Anschaffungen konnte man das Konto ohne Rückfragen überziehen. Für größere Ausgaben wandte man sich beim regelmäßigen Gang zur Sparkasse an seinen Sachbearbeiter, um bei ihm einen Kredit zu beantragen.

Bankgeschäfte gehörten ab den 70er Jahren zum Alltag jedes Bundesbürgers, und die Banken taten alles, um die Kreditnahme ebenso alltäglich erscheinen zu lassen. Die alte Vorstellung, man müsse erst das nötige Geld mühsam ansparen und auf etwas verzichten, um sich Wünsche zu erfüllen, sollte nun der Mentalität des direkten Verbrauchens, der sofortigen Bedürfnisbefriedigung weichen.

Die Bevölkerung nahm diesen Einstellungswandel der Banken und Sparkassen gern zur Kenntnis. In einer ersten Phase hatte sie sich in den 50er Jahren – zum Teil über Kredite – mit dem Lebensnotwendigen versorgt, nun wollte sie sich das gönnen, was die Werbung schon ab Mitte der 50er Jahre versprochen hatte. Ähnlich wie das HB-Männchen »Bruno«, das seit 1956 ebenfalls schwierige Situationen zu bewältigen hatte, wollte sie »frohen Herzens« genießen. Der Kredit hatte für die meisten Bundesbürger seine Rolle als unanständiges, unseriöses Geschäft mit dem eigenen Bankkonto verloren. Wenn nicht mehr »obskure« Kreditvermittler für das nötige Eintrittsgeld in die Konsumgesellschaft sorgten, sondern so veritable Einrichtungen wie die Deutsche Bank – das Symbol des Wirtschaftswunders – , dann mußte man einen Kredit auch nicht mehr verheimlichen.

Der entscheidende Mittler war der Bankangestellte. Er sollte als der kompetente Mann von nebenan das nötige Vertrauen herstellen und den potentiellen Kreditnehmer vom Bittsteller zum Kunden werden lassen. Ein Handbuch zur modernen Bankwerbung erklärte dann auch »das menschliche Element« zum unverzichtbaren Bestandteil der Bankprodukte. *(Sandmann, S. 149)* Treffend beschrieb ein Slogan der Sparkasse 1976 das gemeinsame Interesse: »Sie wollen Geld? Wir geben Kredit! – Machen wir beide das Geschäft!« *(Zit.*

Die 1001 Kredite
er Commerzbank.

Einige Beispiele:
Der Elfmeter-Kredit.
. Der Kredit zum Anlassen.
Der Mahagoni-Kredit.
Der Leinwand-Kredit.
Der Urlaubshobby-Kredit.
Der Ja-Kredit. Der
Hammer und Nagel-Kredit.

COMMERZBANK

n. Reis, S. 135) In Anspielung auf das Füllhorn orientalischer Märchen warb die Commerzbank 1975 für »1001 Kredite« für jeden Konsum-Zweck: Für den Autofreund gab es den »Kredit zum Anlassen«, für Wohnwagenliebhaber den »Kredit zum Anhängen«, für die Erstausstattung junger Paare den »Ja-Kredit«, für Möbel den »Mahagoni-Kredit« und für Haushaltsgeräte, z.B. einen Geschirrspüler, den »Tellerwäscher-Kredit«.

Die verstärkte Werbung fiel auf fruchtbaren Boden: In den 70er Jahren wuchs die Kreditsumme Jahr für Jahr durchschnittlich um knapp 17 Prozent. 1970 hatte jeder Privathaushalt durchschnittlich knapp 500 DM Schulden, 1992 war die Schuldensumme auf das Achtfache, auf mehr als 4 000 DM, angewachsen.

Im Laufe der Jahrzehnte veränderte sich nicht nur der Gesamtumfang, auch die Wünsche, die mit dem Kredit erfüllt werden sollten, waren andere geworden. Die Kredite folgten dabei den – schon beschriebenen – Konsumwellen: In den ersten Jahren nach der Währungsreform dominierten Textilien, lebensnotwendige Dinge wie Kleidung und Bettwäsche mußten wieder beschafft werden. Aus einer Militärdecke und einem Wehrmachtsmantel ließ sich nun einmal nicht die gesamte Winter- und Sommergarderobe einer Familie schneidern. Auch rare, besonders »organisierte« Stoffe wie Fallschirmseide für Blousons waren weder ewig halt- noch beliebig verfügbar. *(Prinz/ Krauss, S.83)* Die besonders in Bayern beliebte gestreifte Lazarettbettwäsche, die Frauen dort zu Dirndln umarbeiteten, gab es ebenfalls nur begrenzt. Die Preise für Textilien waren nach der Währungsreform immerhin bezahlbar, wenn auch nicht auf einen Schlag. Das Teilzahlungsgeschäft mit der Kleidung florierte, die benötigten Beträge konnten auch mit schmalem Geldbeutel am ehesten zurückgezahlt werden. *(Tabelle n. Hallermann, S. 75f., Weiss, S. 119f.)*

Textilien	Haushalts-geräte	Möbel	Pkw	Rundfunk Fernsehen	Sonstiges	
27	16	10	23	21	3	1951
23	15	19	30	8	5	1954
29	14	18	27	6	6	1957
19	11	14	37	9	10	1960
16	8	14	38	7	17	1963

Privatkredite nach
Verwendungszweck
in Prozent
1951–1963

Besonders begehrt und auf Kredit gekauft war zu Beginn der 50er Jahre das Radio, der erste »kleine Luxus«. Es ging dabei nicht nur um eine Ersatzbeschaffung, sondern man wollte das Gerät auch als erstes Prestigeobjekt vorzeigen können. Der Musikschrank stand bei vielen ganz oben auf der Wunschliste, so daß der Handel vom »Kauf auf Abmessung« sprach. *(Klemp, S. 54)* Besser verdienende Arbeiter gönnten sich bevorzugt diesen – über Kredit finanzierten – Luxus der neuen Nachkriegswarenwelt.

Für viele dieser Arbeiter waren diese regelmäßigen Kreditzahllungen zu hoch, so daß ihr Lohn gepfändet werden mußte. Bei zwei großen Bergwerksgesellschaften, der »Consolidation« und »Unser Fritz u. Königin Elisabeth« mit zusammen über 11 000 Beschäftigten, lag der Anteil der Bergleute, deren Lohn gepfändet wurde, bei über 15 Prozent. Die höchstbezahlte Arbeitergruppe, die Hauer, war hier besonders betroffen. *(Klemp, S. 55, 105)* Mit steigendem Realeinkommen sank die Zahl der Pfändungen im Verlauf der 50er Jahre allerdings wieder.

Ab 1953 setzte die »Einrichtungswelle« ein, mit neuen Möbeln und Haushaltsgeräten machte man es sich in der jungen Bundesrepublik bequem. Viele Familien behalfen sich zunächst mit Provisorien, denn der Kauf eines Schlafzimmers oder eines neuen Wohnzimmers überstieg 1950 selbst bei Teilzahlung das Budget. Das Beispiel der Hamburger Sparkasse hatte bundesweit keine Schule gemacht. Erst als sich Mitte der 50er Jahre die Aussichten auf wirtschaftliche Prosperität festigten, nahmen viele das Wagnis eines größeren Kredits auf sich. 50 Prozent des gestiegenen Umsatzes des Möbelhandels resultierten aus dem Teilzahlungsgeschäft. *(Hallermann, S. 88)* Obwohl der Anteil der Kreditsumme für Haushaltsgeräte leicht sank, stieg ihre Bedeutung für die Ausstattung. Die sinkenden Preise ermöglichten bei gleicher Summe den Kauf mehrerer oder höherwertiger Elektrogeräte. Viele kauften ihre Elektrogeräte beim günstigeren Großhandel oder direkt bei der Industrie und mußten dort bar zahlen. Das Geschäft lief damit an den Teilzahlungsbanken vorbei.

In einer dritten Kreditwelle gönnten sich die Bundesbürger ab 1959 mit jedem dritten Kredit einen eigenen Pkw. Mitte der 50er Jahre wurden bei den Pkw 50, bei Motorrädern 75 und bei Kleinwagen (z.B. dem Goggo-Glas) 80 Prozent aller Käufe über Kredit abgewikkelt. Auch die Autofirmen selbst versuchten ihren Absatz über Kredite zu fördern. Sowohl Opel mit seiner »Allgemeinen Finanzierungsgesellschaft« als auch Ford mit der »Credit AG« hatten direkt nach der Währungsreform ihre eigenen Absatzfinanzierungsbanken wiedergegründet. Rund 14 Prozent aller Opel wurden 1953 über die Hausbank finanziert.

Zu Recht schrieb der Geschäftsführer des Wirtschaftsverbandes Teilzahlungsbanken, Fritz Weiss, 1969: »Ohne Teilzahlungskredite hätte es keine Massenproduktion und keinen Massenabsatz der Automobilindustrie geben können und ebensowenig wäre das Kraftfahrzeug von einem Luxusgut zu einem Gebrauchsgegenstand geworden.« *(Weiss, S. 118)* Zumindest wäre der Einstieg in die mobile Konsumwelt ohne Abzahlungsgeschäfte wesentlich langsamer verlaufen.

Mit einem Kredit hatte es der Bundesbürger geschafft, seinen Konsumwünschen unabhängig vom aktuell verfügbaren Geld nachzugehen. Doch die 50er und 60er Jahre boten nicht nur die Möglichkeit, sich beim Einkauf von der Zeit zu lösen, in der man die nötigen Geldmittel vorweisen konnte, sondern sie machten den Kunden auch unabhängiger von den Einkaufsorten. Der aufkommende Versandhandel löste das Problem des Raums, weil alle Dinge jetzt per Katalog bestellt werden konnten. Zeit und Raum verloren ihre begrenzende Funktion beim Einstieg in die Konsumwelt.

In der ersten Hälfte der 50er Jahre etablierten sich auch die Versandhäuser. Josef Neckermann, dessen Karriere im Nationalsozialismus 1938 mit der Übernahme eines jüdischen Versandhauses begonnen hatte und der im Krieg zum stellvertretenden »Reichsbeauftragten für Kleidung und verwandte Gebiete« avanciert war, galt als Synonym des wirtschaftlichen Aufschwungs. Seine Werbebotschaft »Neckermann macht's möglich« war das Versprechen, daß jeder die Chance hatte, all die vielen schönen neuen Dinge zu erwerben, die es nun gab. Der Neckermann-Katalog fand dank

28 Paar Schuhe konnten aus dem ersten Otto-Katalog von zu Hause aus bestellt werden.

204 **205**

Geld und Zeit

Einkaufen wie in Paris.
Die große Wirtschafts-
wunderwelt kam
per Katalog ins Haus.

Hans Magnus Enzensberger, der ihn als Resultat eines unsichtbaren Plebiszits charakterisierte, sogar Eingang in die Kulturkritik. *(Enzensberger, S. 168f.)* Andere Versandhäuser zogen nach. Der erste Otto-Katalog z.B. umfaßte 1950 ein Warenangebot von 28 Paar Schuhen. Anhand von eingeklebten Fotografien konnten sich die Kunden in den 300 Exemplaren des 14 Seiten dünnen »Bestsellers« ihr Traumpaar aussuchen. *(Archiv Otto-Versand)* Schon fünf Jahre später betrug die Auflage des Sommerkataloges 85 000. Auf 138 Seiten präsentierte Otto nun 1101 Produkte vom Damenmantel bis zum Kinderwagen. Den Herbst-/Winter-Katalog 1966/67 brachte das Versandhaus erstmals über eine Million Mal in bundesdeutsche Haushalte, und beim Frühjahrskatalog 1977 konnten sich die Kunden erstmalig durch mehr als 1000 Seiten durcharbeiten.

Die Versandhäuser sorgten für die flächendeckende Verbreitung neuer Moden und Konsumgüter. Selbst eine Dorfbewohnerin, die sich vorher nur über Illustrierte modisch auf dem laufenden halten konnte, hatte nun die Chance, sich dem Trend entsprechend zu kleiden oder einzurichten und die gewünschten Waren zu bestellen.

Gleichzeitig konnte man im Gegensatz zum Ladengeschäft im Katalog des Versandhandels jederzeit schmökern. Das Ladenschlußgesetz von 1956, das den Beschäftigten im Einzelhandel zahlreiche Schutzrechte einräumte, war vielen Verbrauchern und Einzelhändlern ein Dorn im Auge. *(Bremer Nachrichten, 4.5.1996)* Drei berufstätige Frauen aus Bonn und Düsseldorf beschwerten sich im Januar 1958 beim Bundesverfassungsgericht, weil das Gesetz ihr Recht auf Konsumwahl einschränkte. Sie vermißten genügend Zeit, um Waren »nach Billigkeit, Brauchbarkeit und eignem Geschmack« auswählen zu können. Doch das Gericht sah in seinem Urteil vom November 1961 das von Erhard propagierte Grundrecht auf Konsumfreiheit durch das Ladenschlußgesetz nicht angetastet. Es blieb ihnen der Katalogbummel, der nicht nur unabhängig von Ort und Zeit war, sondern bei dem auch Wind und Wetter keine Rolle spielten.

»Samstags gehört Vati mir!«

Mit der langsamen Normalisierung der Wirtschaft Ende der 40er Jahre und dem rapiden Wirtschaftswachstum stieg die Wochenarbeitszeit in der Industrie. Zwei bis drei Überstunden wurden die Regel. *(Schudlich, S. 16ff.)* In einer Befragung von Berufstätigen in Marl erklärte ein knappes Drittel, daß sie fünf- bis sechsmal die Woche Überstunden machten, nur für weniger als 14 Prozent fielen überhaupt keine Überstunden an. *(Kieslich, S. 112)*

Im ersten Nachkriegsjahr hatten die Besatzungsmächte die wöchentliche Arbeitszeit auf 48 Stunden an sechs Werktagen gesenkt. Die 60-Stunden-Woche für Männer und die 58-Stunden-Woche für Frauen und Jugendliche, die die Nationalsozialisten im August 1944 zur Sicherung der Kriegsproduktion verordnet hatten, gehörten endgültig der Vergangenheit an. Zerstörungen, Demontage, Produktionsbeschränkungen sowie der generelle Rohstoff- und Energiemangel verhinderten jedoch eine systematische Produktionsplanung direkt nach Kriegsende. Die Maschinen standen immer wieder still.

Von einer planbaren Zeitökonomie konnte keine Rede sein, die von den Alliierten vorgesehene Normalarbeitszeit stand nur auf dem Papier. Die Beschäftigten waren froh, wenn ihr Betrieb überhaupt produzieren konnte. Auf der anderen Seite stand die schlechte Versorgungslage, so daß die Gewerkschaften – vergeblich – unter dem Motto: »Hunger zwingt zur 40-Stunden-Woche!« versuchten, eine Arbeitszeitverkürzung durchzusetzen. *(Detje, S. 42)*

Die mangelnde Versorgung führte zu hohen Krankenständen von zeitweilig über 25 Prozent. Viele mußten krankfeiern, um ihr Überleben zu sichern, und kümmerten sich in der gewonnenen Zeit um den Kleingarten und die Kleintierhaltung oder organisierten Hamsterfahrten und Schwarzmarktgeschäfte. »Das wichtigste für mich war die Versorgung meiner jungen Familie. Mein größter Erfolg war, als ich im Cuxhavener Fischereihafen im Kinderwagen fünf Kilo Fisch – verstaut unter meiner schlafenden Tochter – an den bewachenden Polen vorbeischmuggeln konnte.« *(Herr Z., geb. 1927)* Die Arbeitszeit war trotz Gewerkschaftskampagne und einigen Streiks in der Nachkriegszeit kein öffentlich diskutiertes Thema.

Zum 1. Mai 1956 begann der DGB seine Kampagne für die Fünftagewoche mit der berühmt gewordenen Parole: »Samstags gehört Vati mir!« Auf einem Plakat forderte ein kleiner Junge damit mehr Familienfreizeit ein. Dieses Ansinnen war äußerst populär und das nicht ohne Grund: Viele Beschäftigte hatten in der unmittelbaren Nachkriegszeit den freien Sonnabend erstmalig schätzen gelernt, und zahlreiche Betriebe behielten ihn in besseren Zeiten bei. Angesichts der tatsächlichen Wochenarbeitszeit von 48 Stunden stieg die tägliche Arbeitszeit bei fünf Wochenarbeitstagen auf 9,6 Stunden, der 10-Stunden-Tag war damit keine Seltenheit. Als 1954 die Chemischen Werke Hüls in Marl die Fünftagewoche ohne Arbeitszeitverkürzung einführten und die Arbeiter inklusive der unbezahlten 45minütigen Mittagspause zehneinhalb Stunden täglich im Werk bleiben mußten, war dennoch die Mehrheit der Betroffenen mit der neuen Regelung zufrieden. *(Schudlich, S. 25)*

Bei einer Allensbach-Umfrage entschieden sich 1955 immerhin 73 Prozent aller Arbeiterinnen und Arbeiter, bei gleichbleibender Wochenarbeitszeit für einen freien Samstag täglich lieber etwas länger zu arbeiten. *(Schmidtchen, S. 39)* Die Freizeit bedeutete den Bundesbürgern zu diesem Zeitpunkt viel: »Wenn bei uns in Westdeutschland die 40-Stunden-Woche eingeführt wird und Sie genau soviel verdienen wie jetzt: Würden Sie dann gern Überstunden machen und alles in allem doch 48 Stunden arbeiten, um mehr zu verdienen, oder wäre Ihnen das zu schade um die Freizeit?« Mehr als zwei Drittel aller Befragten entschieden sich für längere Freizeit, lediglich 27 Prozent legten Wert auf den Mehrverdienst durch Überstunden. Die Mehrheit hoffte angesichts des Wirtschaftswunders auf weitere Reallohnsteigerungen, um den steigenden Lebensstandard mit wachsender Freizeit zu verbinden. Das knappe Drittel, das auf den Mehrverdienst nicht verzichten konnte, kämpfte noch um die Sicherung des Lebensnotwendigen. Die erste Frage zeigte aber auch, daß die Priorität nicht bei einer allgemeinen Arbeitszeitverkürzung, sondern bei einem freien Wochenende lag.

Und am freien Wochenende ging es mit der ganzen Familie zum Picknicken aufs Land.

Die zusammenhängende Freizeit veränderte das Konsumverhalten entscheidend. Der zeitgenössische amerikanische Ökonom Paul Mazur sprach sogar davon, daß das freie Wochenende für den vermehrten Konsum so bedeutend sei wie die Erfindung des Rades für die Produktion. *(Meyer-Dohm, S. 42)* Mitte der 50er Jahre lagen mit Lesen, Haus- und Gartenarbeit, Verwandten- und Freundesbesuchen sowie Spaziergängen noch fünf wenig konsumintensive Tätigkeiten in der Beliebtheitsskala der samstäglichen Freizeitbeschäftigung vorn. Mit dem freien Wochenende verwandelten sich die Spaziergänge in Spritztouren und kleine Ausflugsfahrten mit dem Auto. Die Gartenarbeit und die Hausarbeit (der Männer), die sich zumeist auf kleinere Reparaturen bezog, ließ den Hamburger Wirtschaftswissenschaftler Meyer-Dohm begeistert von 10,9 Millionen

Erwachsenen sprechen, die »als Verbraucher der für diese Betätigungen notwendigen Gerätschaften, Materialien und Anleitungen auftreten«. Der Beginn der »Do-it-Yourself-Welle« und das Erscheinen der ersten Fachzeitschrift »Selbst ist der Mann!« hatten hier ihren Ursprung. Es entstand eine »Nachfrage nach ›Äxten‹, die den heute so teuer und vor allem knapp gewordenen ›Zimmermann‹ ersparen« sollten. *(Meyer-Dohm, S. 50 u. 56)*

Seit Mitte der 50er Jahre sanken die tatsächlichen Wochenarbeitszeiten. Vom absoluten Höhepunkt im Jahre 1955 mit 49 Wochenarbeitsstunden gingen sie zurück auf 45,2 im Jahr 1970 und 41,3 Stunden 1985. *(Hegner, S. 10)* Nicht mehr nur das freie Wochenende, sondern auch die 40-Stunden-Woche standen zur Diskussion. Die Ausgangsforderung der Arbeiterbewegung Ende des 19. Jahrhunderts, der Acht-Stunden-Tag, war für die Fünftagewoche Wirklichkeit geworden.

Der Anteil der Freizeit am Zeitbudget wuchs ab Mitte der 70er Jahre erheblich: 1985 hatte jeder Voll-Erwerbstätige nach Abzug der Zeit für Schlafen, Körperpflege und Essen eine tägliche Freizeit von 5,1 Stunden. Freizeit-Forschungsinstitute gründeten sich, und Begriffe wie Erlebnis- oder Freizeitgesellschaft entstanden. Der Soziologe Peter Kmieciak kam 1976 in einer Studie für die Bundesregierung zu dem Ergebnis, daß die Freizeit auch für andere Lebensbereiche einen immer höheren Stellenwert erhielt, und 1980 erklärte der Soziologe Ralf Dahrendorf die Arbeitsgesellschaft für nicht mehr existent. *(Dahrendorf, S. 749ff.)* Ein Jahr später stellte Horst Opaschowski zum ersten Mal empirisch fest, daß den Berufstätigen ihre Freizeit mehrheitlich wichtiger sei als die Arbeit. *(Opaschowski/Raddatz, S. 17)*. Die Bedeutung der Arbeit hatte sich relativiert und war nicht mehr entscheidender Lebensinhalt – zumindest bei einem vorhandenen Arbeitsplatz. Das von Max Weber beschriebene protestantische Arbeitsethos gehörte der Vergangenheit an.

Die nun verfügbare freie Zeit mußte gestaltet werden. Zu Beginn der 50er Jahre tauchte immer wieder der Wunsch auf, endlich einmal richtig auszuschlafen, um sich von der anstrengenden körperlichen Arbeit zu erholen. In den späten 70er Jahren spielten das späte Aufstehen oder das Mittagsschläfchen kaum noch eine Rolle. Alte Freizeitaktivitäten, die eher Pflicht als Vergnügen waren, reichten nicht mehr aus. Jeder Fünfte nahm 1953 zum Beispiel an kirchlichen Aktivitäten teil, 1979 war der Anteil auf 11 Prozent gesunken. Der sonntägliche Kirchgang hatte sich in diesem Zeitraum fast halbiert. *(Hegner, S. 49)*

1950	1960	1970	1980	1989	
277	248	216	209	187	Arbeitstage
52	52	52	52	52	Sonntage
0	26	52	52	52	Freie Samstage
10	10	11	12	13	Feiertage
12	16	21	27	32	Urlaub
0	0	0	0	18	Freischichten
74	104	136	143	167	Summe arbeitsfreier Tage

Arbeitstage 1950–1989

Freizeit bedeutete zunehmend Konsumgenuß oder dessen Zurschaustellung. Die Einladung bei Freunden und Bekannten zählte inzwischen zu den beliebtesten Aktivitäten, durch die der Gastgeber demonstrieren konnte, in welchem Umfang er bereits am Wirtschaftswunder teilhatte. In den 50er Jahren konnte man die Eingeladenen noch mit Schnittchen, russischen Eiern oder Toast Hawaii beeindrucken, doch die kulinarischen Statussymbole traten mit zunehmender Verbreitung in den Hintergrund, und anstelle aufwendiger Häppchen genügten Wein oder Bier mit Knabbergebäck. Das Ambiente der Wohnung erschien nun wichtiger, die neue Sofagarnitur, der erste Fernseher und eine moderne Braun-Küchenmaschine vermittelten soziales Prestige und persönlichen Lebensstil. Die Konsumdynamik bestimmte auch persönliche Beziehungen. Über was sollte man sich unterhalten, wenn kein Fernseher im Haus war, um sich den neuesten Durbridge-Krimi anzusehen, der mit seinen Einschaltquoten als Straßenfeger galt? Wie sollten Urlaubserinnerungen ausgetauscht werden, wenn die Familien, statt in die Ferien zu fahren, zu Hause geblieben waren?

Neben Besuchen nutzten immer mehr ihre freie Zeit für Wochenendfahrten, Wanderungen und Reisen. Bis Ende der 70er Jahre wiesen sie die höchsten Steigerungsraten bei Freizeitaktivitäten auf. Das Auto hatte das Fahrrad oder öffentliche Verkehrsmittel abgelöst, und selbst die Wanderung begann mit einer Autofahrt. Der Wochenendausflug oder der Verwandtenbesuch in einer anderen Stadt wären ohne das freie Wochenende nicht möglich gewesen, ebenso wie für längere und weitere Reisen erst eine fast dreimal so lange Urlaubsdauer die Voraussetzung schuf.

Nur ein wirkliches Vergnügen verlor Ende der 50er Jahre deutlich an Attraktivität – der Kinobesuch. Das lag jedoch nicht am schlechten Programm oder dem Wunsch, etwas Sinnvolles, z.B. im Sportverein oder in der Gemeinde, zu tun. Der Siegeszug des Fernsehens ersetzte nun den Kinospaß. Nicht zufällig bürgerte sich die Bezeichnung »Pantoffelkino« ein, die auf diese Substitutionsfunktion hinwies. Unter Konsum- und Umweltaspekten stellte der Erwerb des ersten Schwarz-Weiß-Fernsehers und die später erfolgende Ersatzinvestition eines Farbfernsehgerätes nicht nur eine Konsumausweitung dar, er erhöhte ebenfalls den Energieverbrauch sowie die Kosten für Freizeitvergnügen.

Verbrachte man die arbeitsfreie Zeit einst mit (lebens-)notwendigen Beschäftigungen, so wurde sie nun immer mehr zum reinen Vergnügen, wie sich besonders am Beispiel der Gartenarbeit deutlich zeigte: In der direkten Nachkriegszeit dienten der Kleingarten oder die Parzelle als Nutzgarten zur Existenzsicherung. *(Hegner, S. 63)* Die Zahl der Gartenbesitzer stieg nach 1960 parallel zur Zahl der Hauseigentümer. Während 1963 erst 44 Prozent aller Bundesbürger Gartenarbeit leisteten, hatte sich der Anteil der Gartenbesitzer in den 80er Jahren auf 60 Prozent gesteigert. Doch nur noch ein gutes Viertel sah ihn ausschließlich als Nutzgarten, die Mehrheit betrachtete ihn als Zierfläche, und mit der entsprechenden Ausrüstung vom Rasenmäher bis zur Rosenschere wurde die Gartenpflege zum puren Hobby.

Die wachsende Freizeit und Lebenszeit schufen den nötigen Spielraum, um das ständig zunehmende Waren- und Dienstleistungsangebot auszukosten. Der Zeitgewinn wandelte sich angesichts der überbordenden Warenwelt in einen Streßfaktor, um alle Freizeit- und Konsumangebote zu nutzen. Der Terminkalender regierte nun das gesamte Leben – selbst von Kindern und Jugendlichen. Noch haben wir es nicht geschafft, die neuen Zeit-Spielräume vom Rationalisierungsgedanken der Arbeitswelt zu lösen.

»Elvis Presley gegen meinen Vater«

»Techno, Rave, Hip-Hop, Rap – das ist doch alles der gleiche Krach!«
So äußerte sich kürzlich ein besorgter Vater über den differenzierten
Musikgeschmack seines Sohnes. Wie schön, melodisch und musi-
kalisch wertvoll seien doch demgegenüber die alten Stücke der Beatles
oder Rolling Stones. Der alte Generationenkonflikt scheint sich immer
zu wiederholen: Die Jugend sucht neue Wege, und die Alten, die
in ihrer Jugend auch Neues ausprobiert haben, verstehen die Welt nicht
mehr. Die Melodie bleibt gleich, nur der Takt ändert sich.

Im nachhinein erscheint auch die Jugend der 50er Jahre lediglich
als Vorreiter neuer Werte, die langsam von der ganzen Gesellschaft
zunächst akzeptiert und dann übernommen wurden. Heute gehört
etwa Rock 'n' Roll zum Standardprogramm jener Einrichtung, die als
Schule des guten Benehmens und Anstandes gilt: der Tanzschule.

Und dennoch, die Wirtschaftswunderkinder waren mehr als nur
wieder eine neue, junge Generation. Zwei Umstände prägten diese
Generation: die erzwungene Selbständigkeit in den ersten Nachkriegsjahren und die Erfahrungen mit der amerikanischen Besatzungs-
macht. Die in den letzten Vorkriegs- und Kriegsjahren Geborenen
hatten ihre Kindheit nur in den seltensten Fällen durchgängig an einem
Ort verbracht, sie waren ausgebombt oder evakuiert worden oder
mußten fliehen. *(Preuss-Lausitz, S. 30)* Viele Väter fielen als Kriegsteil-
nehmer für das Familienleben aus, und die Träume, die Kinder während
des Rüstungsbooms in der zweiten Hälfte der 30er Jahre entwickelt
hatten, waren zerstoben. War das eigene Überleben dank der Eva-
kuierung gesichert, machte man sich in der Fremde Sorgen um das des
Vaters, der Familie oder der Freunde, die in den von Bombardierungen
stärker gefährdeten Städten geblieben waren.

Doch trotz oder vielleicht auch wegen dieser miserablen Lebens-
umstände stieg diese Generation als erste vorbehaltlos in eine neue,
konsumorientierte Welt ein. Ob Unterhaltungselektronik, ob Motor-
roller oder Urlaub, immer gehörten die Jugendlichen zu den Vor-
reitern der neuen Warenwelt, des neuen Lebensgefühls. Die Heranwachsenden realisierten erstmalig in der Geschichte ihre Chancen auf
größere Eigenständigkeit und prägten so das Bild der jungen Bundesrepublik entscheidend mit.

Der Aufbruch

»Gegenwärtig besitzen in Darmstadt mehr als ein Drittel der Zehn-
jährigen und mehr als ein Viertel der Vierzehnjährigen kein eigenes
Bett.« *(Baumer, zit. n. Pallowski 1985, S. 23)* So faßte ein Unter-
suchungsbericht 1952 die Situation der Kinder und Jugendlichen in
einer deutschen Großstadt zusammen. Die meisten von ihnen

mußten sich das Bett mit jemandem teilen oder schliefen in Behelfsbetten. Da die Eltern mit allen Mitteln die Versorgung der Familie sichern mußten, blieben die Kinder und Jugendlichen sich zumeist selbst überlassen.

Natürlich sorgten sich die Eltern, doch so genau wollten sie gar nicht wissen, womit sich ihre Kinder beschäftigten: »Man hat ja nun nicht alles zu Hause erzählt. ... Bei mir war es dann so, daß meine Mutter gearbeitet hat. Sie war Kindergärtnerin und hat auch im Kindergarten gearbeitet und ich hatte eigentlich die Möglichkeit, dort auch in den Kindergarten zu gehen. Aber das war für mich ein Horror, da vielleicht meinen Tag zu verbringen. Lieber war ich allein zu Hause mit meinem Bruder und meiner Großmutter; die starb dann, als ich acht war und dann waren wir allein. Hatten einen Schlüssel, konnten machen eigentlich, was wir wollten.« *(Zit n. Preuss-Lausitz, S. 34)*

Die Kinder nahmen sich die Großen zum Vorbild. Bisher geltende Erziehungsnormen (»Man stiehlt nicht!«) waren durch deren eigenes Verhalten de facto außer Kraft gesetzt. »Diese Klauerei galt ja auch als legitim. Der ganze Dachboden war nachher voll mit so Saatgut, was geklaut wurde. Also jeder klaute damals. Die Eltern hatten da 'ne ambivalente Haltung. Das galt als zulässig, da am Feldrand was abzumähen.« *(Jugendlicher, Jg. 1940, zit. n. Preuss-Lausitz, S. 34)*

Die unter diesen Umständen gewonnene Selbständigkeit prägte über den normalen Ablösungsprozeß hinaus die Auseinandersetzungen mit den Eltern in den 50er Jahren. Das beginnende Wirtschaftswunder belebte die konservativen Familienwerte.

Die Mütter kehrten zurück an Heim und Herd und versuchten, alte Erziehungswerte erneut zur Geltung zu bringen. Für viele Kinder und Jugendliche ging die Nachkriegsfreiheit dabei verloren. Die Eltern setzten als Maßstab der Familienbeziehungen auf die Regeln und Normen der Vorkriegsfamilie. Die Heranwachsenden hatten nun wieder genau Auskunft zu geben, wohin sie unterwegs waren und was sie taten. Der Kontakt zum anderen Geschlecht wurde unterbunden, nur in der Tanzstunde durfte man sich ihm – in aller Form natürlich – annähern.

Auch für die Eltern selbst änderten sich die gesellschaftlichen Vorgaben: Das »Schlüsselkind« galt nun als vernachlässigt: Die Mutter hatte das Kind nach der Schule zu versorgen, und Eltern, die es nicht schafften, sich diesem Schema zu fügen, mußten sich in der Öffentlichkeit pädagogische Fehlleistungen vorwerfen lassen. Dennoch konnten die Eltern die einmal erworbene Selbständigkeit der jungen Generation nicht mehr rückgängig machen. Es blieb die Ambivalenz von Rebellion und »50er-Jahre-Muff«.

Die Protesthaltung zeigte sich weniger im politischen Aufbe-
gehren als vielmehr in einer betont jugendlich-konsumistischen
Abgrenzung gegenüber der Elterngeneration. Kritischen Zeitgenossen
galt die Jugend als angepaßt und unpolitisch. Nicht zu Unrecht: Die
21–25jährigen verzeichneten von allen Altersgruppen in den ersten beiden Bundestagswahlen die bei weitem schwächste Wahlbeteiligung.
Lediglich in den völlig unerwarteten Rock 'n' Roll-Krawallen 1956 bis
1958 brach sich diese Auflehnung auch gewaltsam ihre Bahn. Ausgangspunkt waren fast immer Kinovorführungen. In Bremen z.B. zogen
am 2. November 1956 nach der Uraufführung von Bill Haleys »Rock
around the clock«, der unter dem deutschen Titel »Außer Rand und
Band« angelaufen war, mehrere Hundert Jugendliche – Haley-Lieder
singend – im Demonstrationszug durch die Stadt. Am nächsten
Tag das gleiche Spiel, nur diesmal reagierte die Polizei und löste die
Kundgebung auf. Als Reaktion versammelten sich am nächsten Tag

wieder Jugendliche. Die »Freiheit«- und »Rock 'n' Roll«-Rufer versuchte die Polizei mit Wasserwerfern zu entmutigen. Diese »Halbstarken-Krawalle«, die ab Frühjahr 1956 zwei Jahre lang amerikanische Filme und Rock-Konzerte begleiteten, verstärkten die Gleichsetzung von Amerikanismus, Jugendlichen und Gewalt. Eine hilflose Erwachsenengeneration demonstrierte in den Leserbriefspalten der Tageszeitungen ihr völliges Unverständnis. So etwa im »Weser-Kurier«; ein Mediziner schlug für einen »frechen Rüpel von 16 Jahren« Psychopharmaka vor: »Die Drohung mit der ›Besserungsanstalt‹ und dem Jugendgefängnis kennt er zur Genüge, macht sich aber absolut nichts draus. ... Neuere Forschungen haben einwandfrei ergeben, daß bei 70 Prozent derartig abnormer Kinder sich auch abnorme Gehirnwellen nachweisen lassen. Man ist daher dazu übergegangen, diesen Kindern ähnliche Medikamente zu verabreichen, wie sie auch Epileptikern mit Erfolg gegeben werden. Nur eine Tablette täglich veränderte den Charakter und ließ endlich mal liebenswürdigere Züge bei diesen unliebsamen Kindern erscheinen.« *(Zit. n. Rothermund, S. 123)*

Die Jugendrevolte verschwand jedoch so plötzlich wie sie gekommen war und zeigte keinerlei langfristige Wirkungen. Spätestens mit der Heirat paßten sich die meisten Jugendlichen den Normen der Elterngeneration, ihren Einstellungen zu Familie, Beruf, Gesellschaft und Politik an. Der 1943 geborene Herr W. resümiert enttäuscht die Entwicklung seiner Cliquen-Mitglieder: »Und diese Übergänge, wo man dann dieses Jugendleben abgelegt hat, haben sich bei den meisten, wenn ich das so erinnere, damit auch verbunden, daß sie eine andere Musikrichtung einschlugen, also vom Rock 'n' Roll zum modernen deutschen Schlager. Als Statussymbol kamen, wenn man eine Wohnung hatte ... ein Plastikspringbrunnen, farbige Fontäne und so 'ne Negerplastik irgendwo auf den Wohnzimmertisch.« *(Zit. n. Maase, S. 200f.)* Trotz der Ernüchterung über die Anpassung seiner Freunde übersah er, daß die Konsumorientierung seiner Generation – ob angepaßt oder rebellisch – zu einem der entscheidenden Werte geworden war. Egal, ob Kofferradio oder »Negerplastik«, es ging um demonstrativen Konsum. Das Sparsamkeitsideal hatte bei der 1940er Generation ausgedient. Anders als ihre Eltern hatte sie die Chance, sich von unmodischen Gegenständen zu trennen, obwohl diese noch einen Gebrauchswert besaßen.

»Ihr mit eurem Ami-Gejaule«

Der konsumistische Aufbruch sollte zugleich als Abgrenzung von der Elterngeneration dienen. Entsprechende Vorbilder waren gefragt, und die Kinder und Jugendlichen fanden sie in den Amerikanern. Die

In den amerikanischen Jugendclubs kamen die deutschen Teenager zum ersten Mal mit der amerikanischen Kultur und Konsumwelt in Berührung.

US-Soldaten hatten ihr Image in den Besatzungsjahren durch Kaugummis, Süßigkeiten, Schokolade, Lebensmittel und Zigaretten geprägt, und ihre Kinderfreundlichkeit verbannte die nationalsozialistischen Tiraden vom gefährlichen, womöglich schwarzen Amerikaner schnell in das Reich der schlechten Propaganda. Bei der jungen Generation bildete sich in den ersten Nachkriegsjahren eine deutlich positive Haltung zu den USA heraus.

Daran hatten auch die vielen amerikanischen Jugendclubs in der Besatzungszone nicht unerheblichen Anteil, die mit Ausflügen, Tanzveranstaltungen und Sportkursen den deutschen Jugendlichen wieder ein umfangreiches Freizeitprogramm anboten. Nichts war mehr von oben verordnet, und die amerikanischen Beigaben bei Veranstaltungen wie Kakao und Schokolade erhöhten den Reiz der Mitgliedschaft in diesen Clubs beträchtlich. *(Club-Express des Bremen-Youth-Club, 7.3.1947)* Wenn dann auch noch Jungen und Mädchen zusammenkommen konnten, waren die älteren Jugendlichen begeistert – im Gegensatz zu ihren Eltern.

Die Einstellung der Älteren gegenüber den Besatzern blieb kritisch oder verhalten. Bei einer Umfrage 1953 äußerte sich ein Drittel anerkennend über die Amerikaner, ein Drittel überwiegend negativ, und das letzte Drittel hatte ambivalente Gefühle. *(Noelle/Neumann 1956, S. 333)* Gerade die skeptische Einstellung der Elterngeneration verstärkte die Attraktivität der amerikanischen Populär- und Alltagskultur bei den Jugendlichen.

Was für die Älteren ein Synonym für Kulturverflachung und Verschwendungsmentalität war, war für die Jungen gleichbedeutend mit Modernität und Aufbruch. Das aufstrebende Amerika stand gegen die zerstörten und unwiederbringlichen nationalsozialistischen Illusionen der Eltern.

»Wichtig war schon in erster Linie die aus Amerika kommende Musik. Das hatte, glaube ich, mit meinem ureigensten Protest – und nicht nur meinem natürlich – gegen diese Erwachsenen zu tun. Ich denke, das drückt es immer ein Stück aus – die anderen Klamotten oder Musik, die man lieber hört, das ist heute auch nicht anders. Aber ich denke, es kam noch mal dazu, daß wir diesen Erwachsenen dieses Kaputtmachen der Welt auch übelgenommen haben. … Immer wenn die dann kamen, und sagten: ›Ihr mit Eurem Ami-Gejaule‹, haben wir halt gesagt: ›Ihr mit Eurem Hitler!‹« *(Frau K., geb. 1941, zit. n. Maase, S. 82)*

Um den eigenen Geschmack gegenüber den Eltern zu betonen, kam der Musik eine besondere Bedeutung zu, die sie gleichzeitig zum Hauptgrund für Auseinandersetzung im Elternhaus werden ließ:

»Elvis Presley gegen meinen Vater«

»Oft gehörter Satz meiner fünfziger Jahre: Mach das Radio leiser, Vati arbeitet. Elvis Presley gegen meinen Vater. Vordergründig gewann mein Vater. Aber die aufgekratzte, aufreizende, aufwühlende Musik schlich sich auch leise gestellt in meine Träume.« *(Kroymann, S. 183)*

Das Leisedrehen war jedoch eine schlechte Alternative. Ein eigenes Gerät war der große Wunsch, und für viele Jugendliche war das Radio das erste selbst gekaufte, größere Konsumgut. Anfang der 60er Jahre besaß weit mehr als die Hälfte der jungen Erwachsenen über 21 ein eigenes Radio. Sogar bei den 12- bis 16jährigen, die kaum über ein eigenes Einkommen verfügten und von den Taschengeldrationen der Eltern abhängig waren, konnte jeder sechste seinen persönlichen Transistorempfänger einschalten. Beim Radiohören im Jugendzimmer stand man noch immer unter elterlicher Kontrolle, deshalb erfreuten sich die aufkommenden Kofferradios besonderer Popularität. Sie erhöhten die Unabhängigkeit von den Eltern, und man konnte sich damit schon als 14jähriger eigene kulturelle Räume – und sei es nur im Schwimmbad – schaffen. Das Kofferradio war das erste Gerät, das fast ausschließlich für Jugendliche bestimmt war. *(Heinig, S. 71)*

Es blieb nicht beim Radio. Anfang der 60er Jahre konnten sich die meisten Jugendlichen zwar noch keine Plattenspieler leisten, dennoch verfügte fast jeder zweite über eigene Schallplatten. *(Maase, S. 78)* Wenn einem der eigene Plattenspieler schon verwehrt blieb, dann beeindruckte man zumindest durch seine Plattensammlung oder die ein oder andere besondere Single. Die Schallplattenindustrie setzte 1949 sechs Millionen ihrer Produkte ab, neun Jahre später bereits das Neunfache. 60 Prozent der Platten kauften Jugendliche. *(Heinig, S. 106)* 1960 nannte jeder von ihnen durchschnittlich zehn Platten sein eigen. Diese geringe Zahl täuscht, denn nur die aktuellen Platten zählten zum Bestand. Ältere, nicht mehr gehörte Aufnahmen verstaubten in einer Ecke oder wurden weggeworfen. Ich erinnere mich noch an meine erste Geburtstagsparty bei einem Freund, der 15 wurde. Selbstverständlich wünschte er sich Singles. Von mir bekam er »Speedy Gonzales«, die wie jede Single damals 4,75 DM kostete.

Tonbandgeräte gehörten Anfang der 60er Jahre zu den Ausnahmen in bundesdeutschen Wohn- und erst recht in Jugendzimmern. Das Tonband garantierte die Unabhängigkeit vom Radio, und im Gegensatz zu Schallplatten veralteten die Bänder nicht. Die – nicht ganz billigen – Platten trafen schon nach kurzer Zeit nicht mehr den Musikgeschmack und wurden aussortiert, das Tonband konnte dagegen mehrmals neu bespielt werden.

Die amerikanischen Film- und Rock-Ikonen der 50er Jahre wie Bill Haley, Marlon Brando und besonders Elvis Presley sowie

Nicht mehr Marschmusik gab den Ton an, sondern internationale Rhythmen waren jetzt gefragt.

James Dean trugen neben ihrer Kunst auch durch ihr Äußeres zur ersten konsumorientierten Jugendmode in Deutschland bei. Die Elvis-Tolle, die Arbeitskleidung von James Dean (Blue Jeans und großkariertes Hemd) waren Ausweis der Zugehörigkeit zu dieser Kultur und Abgrenzungsmerkmal zur Elterngeneration.

Diese Amerikanisierung konnte von den Älteren nur als Bedrohung des eigenen Lebensstils verstanden werden, als therapiebedürftige Krankheit: »Rock 'n' Roll ist eine Epidemie, die man als Tanzwut bezeichnen kann… Der große Arzt Paracelsus empfahl gegen die zu seiner Zeit auftretenden Fälle von Massen-Tanzhysterie folgende Gegenmaßnahmen: »Isolierung der Tanzwütigen, wodurch die Sache ihre Suggestionskraft verliert. Weiter empfahl er die Anwendung von Prügeln und Güssen mit kaltem Wasser.« *(Die Zeit, 31.10.1958)*

Doch Versuche, sich den Amerika-orientierten Vorlieben der Jugendlichen entgegenzustellen, blieben meist erfolglos. Die Jugendlichen waren erfinderisch: Wenn sich die Eltern weigerten, die Modewünsche zu erfüllen, griffen sie zur Selbsthilfe und verwandelten die von den Erwachsenen gekauften Kleidungsstücke selbst in jugendliches, amerikanisches Outfit: »In die Schule gingen wir gesittet. Während ich morgens zum Beispiel die Strickjacke brav vorn zugeknöpft hatte, trug ich sie nachmittags in der Eisdiele als Pullover, hinten zwei Knöpfe offen und eingeschlagen als Ausschnitt« – so die Erinnerung einer Frau an ihre Jugend in den 50er Jahren. *(Schmidt-Harzbach, S. 37)*

Die Politik hatte sich in jenen Jahren die USA als Gesellschaftsmodell auserkoren, an dem sich die junge deutsche Demokratie orientieren sollte. Diese politisch positive Grundhaltung gegenüber den USA blieb von den Jugendprotesten unbeeinflußt. Bis zur Studentenbewegung der späten 60er Jahre blieb die USA politischer und kultureller Bezugspunkt der Jugendlichen.

Nachdem sich viele Deutsche von ihrer alten Sparsamkeit verabschiedet hatten, entwickelten sich die Vereinigten Staaten in den späten 50er Jahren zum Konsumvorbild nicht nur der Jugendlichen, sondern breiter Bevölkerungskreise. Der amerikanische Straßenkreuzer war der Traum des deutschen Mannes, die Modelle einer vollautomatischen Küche ließen die deutschen Frauenherzen höher schlagen. Die traditionellen bürgerlichen Werte konnten dem Mythos der Überlegenheit der amerikanischen Lebensweise nicht mehr standhalten.

Auch die Kinder nahmen sich diese Welt des Kaugummis und der Coca-Cola zum Vorbild. Micky-Maus-Hefte erfreuten sich großer Beliebtheit, und der Besitzer solcher Hefte genoß bei seinen

Freunden Ansehen – besonders, wenn er sich bereit erklärte, sie gelegentlich zu verleihen. Die Comics vermittelten den Kindern amerikanische Lebensart. Es war ohne weiteres möglich, einen Millionär (Onkel Dagobert) in der Familie zu haben, und selbst der eher arme Donald besaß ein eigenes Haus und ein Auto. Selbstverständlich hatten seine bei ihm wohnenden Neffen ein eigenes Zimmer. Auch bei den Spielen orientierte man sich am atlantischen Nachbarn. 1955 spielten die jungen West-Berliner am liebsten Cowboy und Indianer, im Osten war dieses Spiel auch populär, bloß hieß es dort Räuber und Polizei. *(Weber-Kellermann, S. 174)*

Jugendlichkeit wurde bald auch zum Ideal der Älteren. Die Jugend lebte das vor, was viele sich wünschten. Ihre Unbeschwertheit war bei der älteren Generation im Krieg auf der Strecke geblieben.

Besonders das Frauenbild der 50er Jahre veränderte sich: Neben die betont weiblichen Formen einer Marilyn Monroe oder einer Gina Lollobrigida trat das erotische Leitbild eines Teenagers, den am deutlichsten Brigitte Bardot verkörperte. Arthur Miller machte in seinem Erfolgsstück der frühen 50er Jahre »Blick von den Brücke« ebenfalls einen Teenager zur Hauptfigur, und Vladimir Nabokovs Roman »Lolita«, der 1955 in deutscher Sprache erschien, schildert die Liebesbeziehung eines erwachsenen Mannes zu einer Zwölfjährigen.

Die speziell für weibliche Jugendliche angebotene Mode fand nun auch bei älteren Frauen Zuspruch. Hosenhersteller kreierten im Winter 1959/60 auffallend gefärbte Strumpfhosen für Teenager, und schon bald registrierten sie massenhafte Bestellungen des Handels in Frauengrößen. *(Heinig, S. 120)* Die leichtere Parfümierung und die extrem hellen Farben bei Lippenstiften, die die Kosmetikindustrie eigens für junge Mädchen entwickelt hatte, gefielen nicht nur der eigentlichen Zielgruppe, sondern auch viele »reifere Frauen« erwarben die als Teenagerartikel ausgezeichnete Ware.

Die Kinder und Jugendlichen setzten in den eigenen Familien Einkaufsmaßstäbe. Bei einer Umfrage des DIVO-Institutes erklärten 1960 rund 80 Prozent aller Jugendlichen, sie nähmen Einfluß auf die Kaufentscheidung ihrer Eltern. *(DIVO-Pressedienst, S. 11)* Der Ökonom Heinig, der diese Befragung auswertete, hatte zur Kontrolle Eltern befragt und kam zu dem Schluß, daß die Jugendlichen ihren Einfluß sogar noch unterschätzten: Fast alle Erwachsenen hätten ihre Kaufabsichten geändert, wenn ihre Kinder dieses oder jenes Kaufvorhaben als unmodern abgetan hätten. *(Heinig, S. 122)*

Dabei beriet nicht nur die Tochter ihre Mutter in Modefragen. Die Eltern holten sich besonders den Rat beim Kauf technischer Geräte, die die Jugendlichen wesentlich selbstverständlicher handhaben als sie selber. Schon von Kindesbeinen an wurden sie an technische Systeme herangeführt. Die elektrische Eisenbahn war bei Jungen besonders beliebt und verkörperte den spielerischen Umgang der Kinder mit Technik und Elektrizität. Diese Selbstverständlichkeit konnte im Jugendalter problemlos auf andere Geräte übertragen werden. Gleichzeitig nutzten viele Väter diesen Weg, um sich eigene, unerfüllt gebliebene Kindheitsträume zu erfüllen. Als ich zu Weihnachten 1953 meine erste elektrische Eisenbahn geschenkt bekam, durfte ich selbst zunächst gar nicht damit spielen. Nur der Vater durfte sie wegen der »Gefährlichkeit von Strom« bedienen. Immerhin – ein Jahr später war ich zum Stationsvorsteher aufgestiegen, durfte eine rote Mütze aufsetzen und die Trillerpfeife als Abfahrtsignal betätigen. Mein Vater blieb aber noch für Jahre der Herr über Lokomotiven und Trafo.

Bunte Kuh und Metropol

In den 50er Jahren bildete sich auch eine erste öffentliche Jugendkultur heraus, die sich – im Gegensatz zur Wandervogelbewegung – eigene Räume in der Stadt schuf. Eisdielen und Milchbars wurden zu Treffpunkten der Heranwachsenden. Sie waren zumeist einsehbar, und so schien zumindest die visuelle Kontrolle durch die Eltern gewährleistet zu sein. Für die Jugendlichen hingegen waren sie Orte ohne elterliche Bevormundung. Sie mußten nicht mehr in die Natur ausweichen, sondern konnten am Wohnort Räume finden, die der konsumistischen Jugendkultur entsprachen. Die Anrüchigkeit und Verruchtheit, die mit dem Wort »Bar« verbunden war, verband sich in der Milchbar mit einem unschuldigen, gesundheitsfördernden Getränk. Der nachmittägliche Milchmix ersetzte das alkoholische Mixgetränk der Nachtbar. Die Jugendlichen konnten eine Bar – Ausdruck von erwachsener Lebenskultur – besuchen und gleichzeitig ihre eigenen Werte entwickeln. In seinem Jugendroman »Die Milchbar zur bunten Kuh« beschrieb Hans-Georg Noack diesen Einstieg in die Erwachsenenwelt: »Der Junge blieb stehen und legte die Stirn gegen die Schaufensterscheibe, um durch den grobmaschigen Vorhang sehen zu können. Dann ging er zwei Schritte weiter und öffnete eine Tür. Er wollte also auch in die Milchbar ›Zur bunten Kuh‹, genau wie Bärbel. Wenn man irgendwo die ersten Schritte in die Welt der herablassend lächelnden Kollegen tun konnte, dann sicher hier.« *(Noack, S. 7)*

In der Milchbar lernten die Jugendlichen – bei aller Eigenständigkeit –, sich die Normen der Erwachsenen anzueignen. Auch mit den Eigenarten und Verhaltensweisen des anderen Geschlechts konnte man hier erste Erfahrungen sammeln: »Seit einer Viertelstunde beobachtete

Für Bubis war in Milch-
bars kein Platz, die
Wurlitzer ließen nur echte
Männer an sich ran.

der Wirt über die Theke hinweg immer wieder Peter Frings, der allein am Tisch saß, alle dreißig Sekunden den Pulloverärmel zurückstrich und auf die Uhr schaute. ›Daran mußt du Dich gewöhnen, Peter‹ sagte er, ›Frauen sind selten pünktlich…‹« *(Noack, S. 77)*

Junge Mädchen, die nach den Freiheiten der unmittelbaren Nachkriegsjahre in den 50er Jahren wieder in das moralisch-sittliche Korsett der Restaurationsjahre gezwängt wurden, nutzten diese Orte, um sich kleine Fluchten zu erhalten, wie Frau S.: »Wir trafen uns in Cliquen an bestimmten Plätzen in der Stadt, in den Milchbars, wo wir Milch-Shakes, Cola oder Sinalco tranken bis abends 19 Uhr, dann mußten die meisten von uns sowieso nach Hause. In die Milchbar konnten wir als Mädchen einfach so hingehen, allein oder mit einer Freundin. Eine Musikbox gab es da auch, manchmal wurde sogar nachmittags getanzt. … Für diese Nachmittage richteten sich viele Mädchen regelrecht her. Wir trugen zwar damals auch schon lange, enge Hosen – Jeans waren natürlich absolut in – aber auch ganz enge Kleider und Röcke mit Dior-Falte, die dann beim Rock 'n' Roll immer aufriß.« *(Schmidt-Harzbach, S. 37)*

Die Milchbars verbanden die traditionellen Werte der Erwachsenenwelt mit der neuen, amerikanisch geprägten Jugendkultur. Nur wer sich den Milchshake erlauben konnte, durfte eintreten; wer 50 Pfennig in die Musikbox stecken konnte, war bei anderen Besuchern beliebt. Die Musikbox wurde das wichtigste und meistbenutzte Requisit in diesen Treffpunkten. Innerhalb von fünf Jahren bis 1960 verzehnfachte sich ihre Zahl auf 50 000. *(Maase, S. 78)* Und selbst noch Mitte der 60er Jahre übten sie eine besondere Faszination aus. Ich erinnere mich noch an meine regelmäßigen, heimlichen Besuche in einer Imbißbude: eine Currywurst für 1,30 und 1 Mark für vier Titel in den Musikautomaten. Mit meinen 13 Jahren fühlte ich mich dort absolut lässig und erwachsen.

Der zweite zentrale Begegnungsort war das Kino. Das »Metropol« oder der »Kino-Palast« waren nicht nur in der Namensgebung Mittelpunkte des Lebens. Die ganzen 50er Jahre hindurch bis in die 60er hinein besuchten Jugendliche es durchschnittlich zweimal im Monat. Während sie zuerst noch in den »guten« oder den Heimatfilm gingen, bevorzugten sie schon bald amerikanische Streifen. *(Emnid 1954, S. 249)* Die amerikanischen Filme Mitte der 50er Jahre waren nicht zufällig einer der Ausgangspunkte der Jugendrevolten – etwa der 1955 anlaufende Film »Denn sie wissen nicht, was sie tun«, in dem James Dean einen unverstandenen Jugendlichen spielte, der sich bei aller Ruppigkeit nach nichts weiter als Verständnis und Liebe sehnte. Die Wirtschaftswunderkinder suchten ebenfalls vergeblich elterliche Unterstützung beim Erwachsenwerden. Jugendliche Gewalt entzündete sich dabei erstmalig nicht an den miesen Lebensumständen der Slums, sondern an der Verständnislosigkeit der wohlsituierten Elterngeneration. Jeder Jugendliche, der diesen Film sah, fühlte sich ein bißchen wie der gerade umgekommene Leinwandheld.

In der zweiten Hälfte des Jahrzehnts entwickelten sich immer mehr die Western zur »Endstation Sehnsucht« der (männlichen) Jugendlichen. Nicht mehr die rebellische Empfindsamkeit, sondern Manneshärte und hehre Ideale waren wieder gefragt. Das Cowboyspiel der Kinder fand hier seine Fortsetzung. »Ich konnte kräftig durchatmen, wenn die Kamera auf ein Fels-Gestein zufuhr und sich erhob und ein tiefes Panorama freigab. Hollywood löste mit solchen Kamera-Bewegungen Amerikas Verheißungen eines offenen Landes ein. Dagegen kam mir die Bundesrepublik klein, grau und eng vor, ich mochte sie nicht sonderlich; ich wuchs in engen Wohnverhältnissen auf. Ich lernte, die Leinwand nach den Gefahren, die meinen Helden auflauerten, abzusuchen.« *(B., geb. 1945, zit. n. Gries, 1989, S. 106)*

Das Kino war nicht nur ein Ort für Visionen, sondern realer Treffpunkt der Jugendlichen. Ich selbst erinnere mich noch gut daran, wie wir eines Sonntags meine Großeltern besuchten, die in der Nähe von Hamburg lebten. Als wir am Dorfkino vorbeikamen, beobachtete ich sehnsüchtig die Jugendlichen, die sich davor versammelt hatten. Sie lachten und hatten offenbar Spaß miteinander. Ich aber mußte mit meinen Eltern gehen.

Ein Jugendroman beschreibt den typischen Sonntagnachmittag vor einem Kino Ende der 50er Jahre: »Im Vorraum standen die Besucher herum, Sonntagsstimmung, die Jungen aus den Vororten hatten sich über die Kinos der Innenstadt ergossen, sie füllten die Foyers, … ein Abenteuer wartete auf sie, ein Rausch von Spannung, da wollten sie hinein, mittendrin sein. Sie hatten Mädchen dabei, ein paar wenigstens, auf hochhackigen Schuhen, Pfennigabsätzen; paarweise standen sie beisammen, redeten nur aus Seitenblicken heraus, die sie auf die Jungen warfen, wenn die Jungen nicht herschauten. … Die toupierten Haare gefielen den Jungen, es machte einen stärker, sich mit modisch gekleideten, richtig geschminkten Frauen zu zeigen.« *(Theobaldy, S. 89)*

Als die älteren Zuschauer Mitte der 50er Jahre zu den heimischen Fernsehern abwanderten, wurde das Kino noch stärker zum Treffpunkt von Jugendlichen. Beide Orte, die Milchbar und das Lichtspielhaus, stellten einen Gegenentwurf zur erwachsenen Arbeitswelt dar. Neben dem Arbeitsethos der Älteren und ihrer Mentalität des Ärmel-Aufkrempelns mußte es noch etwas anderes geben:

»Elvis Presley gegen meinen Vater«

Mit dem offenen Wagen ging es hinaus zum Rendezvous im Grünen.

Lebensfreude. Musik, modische Kleidung, Mobilität und Fernweh – in den Augen der Jugendlichen gehörte das alles zu einem guten Leben.

Ende der 50er Jahre richteten immer mehr Familien ihrem Nachwuchs eigene Zimmer ein. Bessergestellte Familien hatten schon in der Vorkriegszeit Kinderzimmer ausgestattet, doch waren diese zumeist unbeheizt und mit alten Möbeln der Erwachsenen vollgestellt gewesen. Der Raum diente nur als Schlafzimmer, und in den seltensten Fällen bot er den Kindern einen Rückzugsraum. Der soziale Wohnungsbau hatte das Jugendzimmer integriert, und zum ersten Mal erhielten die Kinder und Jugendlichen eigene Räume. Die Kinderzimmer der 50er Jahre wurden mit modernen Jugendmöbeln ausgestattet, wenn auch Eigenarbeit bis zum Ende des Jahrzehnts zunächst vielfach die noch fehlenden finanziellen Ressourcen ersetzen mußte. So formulierte der »Ratgeber für Haus und Familie« 1958/59 unter der Überschrift :»Auf Schatzsuche in der Rumpelkammer« seine Vorschläge für die Möblierung dieser Räume: »Da ist zum Beispiel ein alter zweitüriger Schrank mit Kugelfüßen, geschweiftem Aufsatz und Zierleisten. Wer mit Hammer und Säge umzugehen versteht, kann ihn leicht selbst modernisieren, wer weniger geschickt ist, überläßt das dem Schreiner. Die Füße werden abgenommen, ebenso der Aufsatz, der nur mit Zapfen verankert ist. Auch die Zierleisten müssen verschwinden, meist kann man sogar die ausladenden Erker kurzerhand absägen. Dann streicht man alles außer den Schranktüren mit schwarzer Lackfarbe an, nachdem die alte Farbe oder die Politur abgebeizt wurde. Die Schranktür bekleben wir mit einer bunt gemusterten, abwaschbaren Tapete oder mit Kunststoff und bringen auf dieser neue, glatte Beschläge an.« (Zit. n. Pallowski, S. 25)

Die Mehrzweckmöbel hatten im erwachsenen Wohn- und Schlafbereich der 60er Jahre ausgedient, sie überlebten dieses Jahrzehnt als erste eigenständige Jugendmöbel. Das String-Regal des elterlichen Wohnzimmers erfüllte als Vorläufer des Ikea-Regals mit seinen eingehängten Kästen, Schreibplatten und Bücherregalen im kleinen Kinder- und Jugendzimmer seinen Zweck als »Schulmöbel«. Das Klappbett war die platzsparende Alternative zur ausrangierten Hälfte des elterlichen Ehebettes. Ich hatte ebenfalls ein solches Bett, das tagsüber im 8 Quadratmeter großen Zimmer hochgeklappt hinter einem grell gemusterten Stoffvorhang verschwand und genügend Raum zum Spielen schuf. Das Kinder- und Jugendzimmer mit eigener Möblierung wurde in den 60er Jahren zum Standard.

Eigenes Geld und eigene Wünsche

Die Kinder und Jugendlichen ließen sich nicht nur in neue Konsummuster integrieren, sondern entwickelten sich auch zum Motor dieser Muster. Schon 1940 hatten Volkswirtschaftler auf die heraufziehende große Konsumbereitschaft der Heranwachsenden hingewiesen: »Die jüngere Generation läßt eine größere Aufgeschlossenheit erkennen für neu im Markt erscheinende Artikel, noch unerprobte Werkstoffe und Verwendungsarten, sowie als zeitgemäß geltende Herstellungsweisen, Formgebungen und Farben.« *(Proessler, S. 49)* Als Psychologen Anfang der 50er Jahre die »erhöhte Wendigkeit und Entschlußfähigkeit« *(Muchow, S. 11)* der Nachkriegsjugend betonten, gingen die Ökonomen folgerichtig von einer größeren Aufgeschlossenheit dieser Altersgruppe gegenüber Werbeappellen aus. *(Heinig, S. 20)*

Voraussetzung für diese eigenständige Entwicklung waren eigene finanzielle Ressourcen. Zu Beginn der 50er Jahre gab es für die junge Generation keine Chance, einen selbständigen, konsumorientierten Weg einzuschlagen. Die Eltern fanden gerade Arbeit und kauften das Notwendigste, das Taschengeld war karg, wenn es überhaupt welches gab. Der Anteil der Jugendlichen an den Arbeitslosen betrug bis zu 25 Prozent, und die hohe Arbeitslosigkeit bei Jugendlichen verleitete 1950 einen Berichterstatter der »Deutschen Zeitung/Wirtschaftszeitung« sogar dazu, von den »Merkmalen einer vorrevolutionären Situation« zu sprechen. *(Zit. n. Chaussy, S. 37)* Auf jede für einen männlichen Anwärter ausgeschriebene Lehrstelle kamen 3 bis 8 Bewerbungen, bei jungen Frauen war das Verhältnis noch krasser: Bis zu 17 Jugendliche mußten sich hier um einen Ausbildungsplatz streiten.

Mitte der 50er Jahre zeigte sich ein völlig anderes Bild. Die Jugendarbeitslosigkeit war fast vollkommen verschwunden, und die Jugendlichen fanden nun sogar wesentlich schneller einen Arbeitsplatz als ihre Eltern. Der Aufbau des Wirtschaftswunders erforderte junge, unverbrauchte Kräfte, die die Kriegsgeneration nicht zu bieten hatte.

Anders als die Jugendlichen der späten 60er Jahre bekannte sich die 50er-Jahre-Generation noch zum Arbeitseifer der Eltern. Selbst die berüchtigten »Halbstarken« waren vom Aufstiegsstreben geprägt und hatten eine positive Einstellung zum Beruf. *(Dorner, S. 164)* Zwei Drittel der mißtrauisch beäugten Halbstarken sprachen sich sogar lobend über ihren unmittelbaren Vorgesetzten aus. Doch Arbeit war für die heranwachsende Generation nicht mehr der alleinige Lebenszweck, die Freizeit mit all ihren (Konsum-)Möglichkeiten spielte eine wichtige Rolle. Nicht mehr die Konsumenthaltsamkeit der arbeitenden Menschen, ihre Sparsamkeit und haushälterischen Fähigkeiten garantierten den Erfolg, sondern der Glaube an das unaufhörliche Wachstum und die Bereitschaft, entsprechend zu konsumieren. Der Genuß – zunächst nur als kleine Flucht aus der Alltagserfahrung von Knappheit und Arbeit betrachtet – gewann zunehmend an Bedeutung.

In der Arbeitswelt wurden die Grenzen zwischen Arbeitern und Angestellten fließender. Der Jugendliche mußte nicht mehr automatisch seinem Vater oder seiner Mutter in der Berufswahl folgen, es eröffneten sich ihm neue Horizonte, die sich mit den Bildungsreformen der 60er Jahre noch erweiterten. Der soziale Aufstieg wurde klassenübergreifend möglich. *(Vester)* Jeder schien seines eigenen Glückes Schmied, und der Teilnahme am Konsumparadies stand kaum etwas im Weg.

Ohne eigene familiäre Verpflichtungen und nach einer Phase der Unsicherheit und Arbeitslosigkeit im Nachkriegsboom groß geworden, erschien der jungen Generation die Sparsamkeit ihrer Eltern als überflüssige, überkommene Tugend. Auf die Frage: »Wenn Sie 1000 DM zu Ihrer freien Verfügung geschenkt bekämen, was würden Sie damit tun?« nannten 1953 knapp zwei Drittel der Jugendlichen zwischen 15 und 24 konkrete materielle Wünsche oder Reisen. *(Emnid 1954, 1955)* Die männlichen Jugendlichen begeisterten sich besonders für das Auto, die Wünsche der jungen Frauen orientierten sich dagegen eher an ihrer späteren Rolle als Ehefrau: Einrichtungen standen auf ihrer Wunschliste ganz oben. Sparen spielte bei Männern und Frauen eine gleichermaßen untergeordnete Rolle. Nur eine sehr kleine Minderheit äußerte – nach Träumen gefragt – individuell-ideelle Wünsche wie Weisheit und Zufriedenheit oder politisch-soziale wie absoluten Frieden, ein vereinigtes Deutschland oder die Rückkehr der Kriegsgefangenen.

Die viereinhalb Millionen Jugendlichen verfügten 1960 über eine jährliche Kaufkraft von über vier Milliarden Mark. *(Heinig, S. 51)* Das Sparen schien wieder an Bedeutung gewonnen zu haben, mehr als

Schöne Frauen gab es nicht nur an der Côte d'Azur, sondern auch auf Norderney.

drei Viertel der Jugendlichen legte einen monatlich festgelegten Betrag auf die hohe Kante. Man wollte sich nun aber nicht mehr nur allgemein eine Urlaubsreise oder einen neuen Mantel gönnen, sondern man sparte, um »mit der Freundin im Sommer 1961 an den Gardasee zu fahren« oder einen »blauen Popelinemantel mit 1/2 Arm, wie in der ›Constanze‹ gezeigt« zu kaufen. Erwachsene legten noch Ende der 50er Jahre Geld auf die hohe Kante, um Rücklagen für schlechte Zeiten oder Notfälle zu haben. Dieses Sparargument tauchte bei den Jugendlichen mit zunehmendem Abstand zu Kriegserinnerungen nicht mehr auf.

Für Mobilität und den Besuch fremder Länder brauchte man nicht mehr den Krieg, sondern konnte sich diese Wünsche in Frieden und Freizeit erfüllen. So etwa reiste eine 19jährige 1953 für zehn Tage nach Norderney. »Ich war schon immer reiselustig. Die Fahrt sollte 90 DM kosten. Das war sehr viel Geld. Aber ich habe ein ganzes Jahr auf diese Fahrt gespart und bin dann mit meiner Freundin auf die Insel gefahren.« *(Frau K., geb. 1934)* Auch wenn die Ziele zumeist in Deutschland und häufig noch in der näheren Umgebung zum Wohnort lagen, war diese Generation die erste, für die die Urlaubsreise eine Selbstverständlichkeit war.

Zu den Ferien gehörte der Fotoapparat, der bei Jugendlichen Ende der 50er Jahre zum beliebtesten technischen Gerät geworden war. Er demonstrierte die wachsende Unabhängigkeit vom Elternhaus. Sogar im gemeinsamen Familienurlaub sorgten die selbst geschossenen Bilder für eine eigenständige Wahrnehmung: Nicht mehr der väterliche Blick bestimmte die papierene Erinnerung, sondern der Jugendliche konnte seine Welt für sich allein fotografisch bestimmen. Gleichzeitig hielt er die vergänglichen Träume wie eine erste Urlaubsfahrt fest, um sie für sich und (neidische) Freunde immer wieder verfügbar zu haben.

Die Generation der späten 40er und 50er Jahre verband Lebenszufriedenheit mit materiellem Wohlstand und hielt sich von der Politik fern. Schließlich hatten die Nationalsozialisten gezeigt, wohin gesellschaftliche Utopien führten. Im Gegensatz zur Elterngeneration, die über dem Konsum die eigene Geschichte verdrängte und den Sparsamkeitsvorstellungen verhaftet blieb, nutzten die Jungen die »Gnade der späten Geburt«. Ihr Lebensziel bemaß sich an einem unbeschwerten Einstieg in die Konsumgesellschaft.

Erst die Studenten- und Jugendrevolte der späten 60er Jahre formulierte noch andere Werte, die Lebenszufriedenheit ausmachten. Ihre Kritik an den entfremdeten und entmündigenden Formen des Massenkonsums stellte die herkömmlichen »materialistischen« Werte in Frage. Das zeigte sich auch sehr handfest im Kampf gegen den

Konsumterror. Mit dem Ruf »Advent, Advent, ein Kaufhaus brennt« zogen in der Vorweihnachtszeit 1969 Jugendliche durch die Hamburger Innenstadt und verteilten in den Lebensmittelabteilungen der Kaufhäuser die dortigen Waren kostenlos an verdutzte Kunden. Die Elterngeneration wollte von solchen »Geschenken« nichts wissen. Sie hatte das Wirtschaftswunder aufgebaut und durfte als Dank an der glitzernden Warenwelt teilhaben. Die Kritik der neuen heranwachsenden Generation an ihrer konsumistischen Lebensweise mußte daher auf Ablehnung und Unverständnis stoßen. Solche Aktionen, die ihren Höhepunkt in der Frankfurter Kaufhausbrandstiftung von Andreas Baader und Gudrun Ensslin fanden, ernteten wenig Unterstützung. Dennoch bestimmten zunehmend »postmaterialistische« Werte wie Selbstverwirklichung, Selbstbestimmung, Partizipation und Schutz der natürlichen Umwelt das Denken nicht nur der Jugend.

In den 70er Jahren war das Auto häufig der Stolz einer studentischen Wohngemeinschaft. In den bewegten Nach-68er-Zeiten benötigten es die WGs, um morgens vor entlegenen Fabriktoren Flugblätter verteilen zu können. Die Wagen waren oft sehr alt und blieben häufig stehen. Konnten die eigenen Basteleien das betagte Gefährt nicht mehr in Gang setzen, halfen selbstverwaltete Werkstätten wie »Der rote Hammer« weiter. An die Stelle dieser Autoselbstverständlichkeit ist heute das Fahrrad getreten. Zwar haben jetzt mehr Studierende einen eigenen Wagen, doch wer allein aufs Auto setzt, wird von seinen Mitstudierenden nicht mehr bewundernd, sondern eher mitleidig oder scheel angesehen.

Die neuen Werte waren nicht immer umweltfreundlicher, wie die individuelle Selbstverwirklichung über Flugreisen in den Fernen Osten beweist. Der durch die Studentenbewegung hervorgerufene »Wertewandel in der westlichen Welt« (Inglehart) ermöglichte aber den Abschied von der Massenkonsumgesellschaft der 50er und 60er Jahre und den Beginn einer noch zu bestimmenden sozial-ökologischen Zukunft.

»Strom im Haus – nutzt es aus!«

Sei es der erste Fernseher, die erste Waschmaschine, das erste Auto
oder die erste Neubauwohnung mit fließend Wasser und WC,
immer sind es in der Erinnerung konkrete, vorzeigbare Güter, die den
wachsenden Wohlstand und die Verbesserung des Lebensstandards
spürbar werden ließen.

Die nötige Energie, um all die neuen Geräte zu betreiben und
den Komfort zu genießen, stand wie selbstverständlich zur Verfügung
und war deshalb in den ersten Jahrzehnten der Bundesrepublik nie
Gegenstand einer kritischen Diskussion. Energie hatte einfach dazusein,
und nichts weiter.

Der Energieverbrauch explodierte ab den 50er Jahren, doch es
war eine Explosion, die kaum einer hörte. In der Energiewirtschaft herrschte der gesellschaftliche Konsens, Kohle und Erdöl als Primär-
energieträger zu nutzen und Atomkraft als zentrale Energiequelle der
Zukunft einzuplanen.

Als Ende der 50er Jahre die Erdöl- und Importkohlepreise
sanken und die (Absatz-)Krise des bundesdeutschen Steinkohlebergbaus
begann, standen lediglich wirtschafts- und ordnungspolitische Maßnahmen zur Debatte. Die sinnvollste energetische Nutzung der
unterschiedlichen Energieträger war kein Thema öffentlicher Diskurse.
Im Alltag gab es spannendere Gesprächsthemen – sieht man von
den Phantasien zur Atomnutzung ab.

Die friedliche Nutzung der Atomenergie war in den Vorstellungen der Öffentlichkeit der Schlüssel, der den Sesam des Konsum-
paradieses noch weiter öffnen half. Die Energiewirtschaft strickte ebenfalls an dem Bild der nie versiegenden Energievorräte: Der Strom
kommt aus der Steckdose. Doch die Erdölkrise und die fast zeitgleich
beginnenden Auseinandersetzungen um den Bau des Atomkraft-
werkes in Wyhl verdeutlichten, daß die Ressource Energie weder unbegrenzt noch unproblematisch war.

Nach der langen Phase des Wachstums dachten die Bundesbürger
zum ersten Mal wieder an Sparen – die Perspektive hatte sich aber
verschoben. Es ging nicht mehr um das individuelle Sparen mangels
finanzieller Masse, sondern zaghaft wuchs die Erkenntnis, daß
unser Globus begrenzt ist und daß man mit dessen Ressourcen haushalten mußte.

Kohletal und Kohleberg

Neben dem Hunger litten die Nachkriegsdeutschen besonders unter
der Kälte. Der Wintermantel wurde zum Hausmantel und häufig
getragenen Kleidungsstück im Wohnzimmer. In der kalten Wohnung
erstarrte das Leben, das Bett war oft der letzte warme Zufluchtsort.

Klamme Decken und kühle Schlafzimmer ließen aber auch diesen Platz nicht zu einem sonderlich beliebten Aufenthaltsort werden.

Während die Erwachsenen zumindest etwas von ihrer (dürftigen) Substanz zehren konnten, waren Kinder dem Hunger und der Kälte völlig ausgeliefert. Um gerade Kleinkinder vor gesundheitlichen Schäden und Erfrierungen im kalten Winter zu bewahren, mußten fehlende Heizmaterialien nötigenfalls »gefringst« werden: »Ich hatte das Glück, ich war genau wie mein Vater bei der Reichsbahn beschäftigt. Wir waren eine richtige Eisenbahnerfamilie und hatten so natürlich unsere Kontakte. Ein Freund der Familie arbeitete im Stellwerk. Mit ihm organisierten wir unsere Kohle. Wenn die Kohlenzüge aus dem Ruhrgebiet nach Hamburg kamen, stellte er das Signal einfach etwas später auf grün. Wir warteten derweil schon am Bahndamm und füllten dann schnell die Säcke. Natürlich hat er für seine langsame Signalbedienung auch seinen Anteil erhalten.« *(Frau A., geb. 1921)*

Um den kalten Winter zu überstehen, »fringsten« die Nachkriegsdeutschen das notwendige Heizmaterial.

Die Steinkohleförderung war 1945 nahezu zusammengebrochen. Im Juni 1945 bauten die Kumpel täglich gerade ein Viertel der Vorkriegsmenge ab. *(Kroker, S. 75)* 1946 förderte der deutsche Steinkohlebergbau weniger als zu Beginn des Jahrhunderts – und eine baldige Besserung war nicht in Sicht. Die Substanzverluste der Kriegsjahre wurden im Bergbau deutlich spürbar. Die zahlreichen untertage beschäftigten Zwangs- und Fremdarbeiter, die im Krieg die Produktion aufrechterhalten hatten, konnten heimkehren, und die deutschen Bergarbeiter litten in den Städten des Ruhrgebiets unter der katastrophalen Versorgungs- und Ernährungslage. Die Zechenbelegschaften waren überaltert, und viele hielten die noch geltende zehnstündige Schichtzeit nicht durch. All diese Faktoren wirkten sich negativ auf die Produktion aus.

Die Engpässe in der Kohleproduktion hielten bis Ende der 40er Jahre an. Trotz der bevorzugten Lebensmittelversorgung der Bergleute blieb die Fluktuation hoch, so daß selbst 1953 mit knapp 1,5 Tonnen die Schichtleistung des Vorkriegsjahres 1936 mit mehr als 2 Tonnen pro Mann und Schicht nicht erreicht wurde. Mit der Korea-Krise 1950/51 und den von der Internationalen Ruhrbehörde festgesetzten Zwangsexporten kam es erneut zur Kohleknappheit.

Nicht nur an Steinkohle mangelte es in den ersten Nachkriegsjahren, auch Strom fehlte. Allein in Bayern wurde von Ende Oktober 1946 bis Mitte März 1947 über 54 1/2 Stunden der Strom vollständig abgeschaltet. *(Zängl, S. 222)* Die Kontrollratsgesetze Nr. 7 vom 30. November 1945 und Nr. 19 vom 29. März 1946 hatten die Höhe des Haushaltsstromverbrauchs begrenzt und die Verwendung von Elektrizität für Raumheizung, Schaufenster- und Reklamebeleuchtung ganz verboten.

Immer wieder kam es zu Teilgebietsabschaltungen oder zu »Industriefeiertagen« für Betriebe, die besonders stromintensiv waren. Noch im Oktober 1951 erließ das Bundeswirtschaftsministerium Strombeschränkungen. Industriebetriebe, die mehr als 2 000 Kilowattstunden verbrauchten, mußten 10 Prozent ihres Strombedarfs einsparen, Werbebeleuchtung war auf die Geschäftzeit sowie eine halbe Stunde davor und danach beschränkt.

Privathaushalte hatten ebenfalls unter dem Strommangel zu leiden. Sie versuchten hier – ähnlich wie bei der Kohle – zu »organisieren«, auch wenn das zwangsläufig schwieriger war. »Strom bekamen wir übern Schießdraht vom Hinterzimmer des Friseurs damals. Da war eine Steckdose, die stand unter Spannung. Wo der Strom herkam, wußte kein Aas. Aber von dieser Steckdose, da gingen 50, 60 Klingeldrähte, also Schießdrähte aus 'm Bergbau, wo die Schüsse mit gezündet wurden, in die einzelnen Wohnungen. Und da hing echt nur eine Birne dran. Denn selbst 'ne elektrische Birne war damals 'n Ding, nich' wahr, da mußte man schon irgendwie krumm drankommen. Es gab ja nichts, absolut nichts.« *(Herr K., zit. n. Niethammer, S. 60)*

Der Mangel der Nachkriegsjahre bestimmte sowohl die Energieerfahrungen wie die Energiepolitik. Erst mit Aufhebung des Ruhrstatuts und der Auflösung der Internationalen Ruhrbehörde verschwanden die Produktionseinschränkungen bei der deutschen Steinkohle, und 1952 stand den Privathaushalten und der Industrie erstmalig wieder ausreichend Steinkohle zur Verfügung. Der niederliegende Kohlebergbau hatte sich langsam erholt. Mitte der 50er

Jahre wandelte sich die Kohleknappheit in einen Überschuß. Der Unternehmensverband Ruhrgebiet unkte: »Ist das Ende des Kohlenzeitalters gekommen?« Was noch wenige Jahre zuvor kaum möglich erschien, davon zeugten Ende 1958 die Kohlehalden im Revier: Es gab mit einem Mal zuviel von diesem »Lebenssaft der Produktion«.
Die Probleme der ersten Jahre hatten sich aufgelöst. Der deutsche Steinkohlebergbau hatte Absatzschwierigkeiten, über 10 Millionen Tonnen lagerten auf den Halden im Ruhrgebiet.

Anstelle der Sparappelle der Kriegs- und Nachkriegsjahre (»Der Strom, den du ersparst, arbeitet für den Sieg!«) versuchte die Energiewirtschaft nun, den Verbrauch mit verstärkten Absatzbemühungen anzukurbeln, und die Versorgungsunternehmen bemühten sich, ihren Stromverkauf erheblich auszuweiten. Die meisten bundesdeutschen Haushalte besaßen zu Beginn der 50er Jahre einen Stromanschluß, so daß ihn die Verbraucher nur entsprechend nutzen mußten, oder wie die Werbebotschaft mit kategorischem Imperativ argumentierte: »Strom kommt sowieso ins Haus – nutzt das aus!« *(Tetzlaff, Laß mich, S. 19)*

Elektrizität ist Fortschritt

Schon in den Anfangsjahren der allgemeinen Haushaltselektrifizierung schwärmte Siemens vom riesigen Markt, der sich nun eröffnete: »Man überlege einmal, welche Absatzmöglichkeiten sich bei Großgeräten wie Herden, Speichern, Waschmaschinen und Kühlschränken noch bieten. Diese Geräte sind verhältnismäßig wenig verbreitet, erfreuen sich aber in letzter Zeit steigender Wertschätzung. Die Hausfrau ist heute mehr denn je bereit, für arbeits- und zeitsparende Elektrogeräte auch entsprechende Geldbeträge aufzuwenden.« *(Siemens-Zeitung »Der Anschluß«, Oktober 1951, zit. n. Zängl, S. 244)*

Zu Beginn der 50er Jahre waren Elektrogroßgeräte noch verhältnismäßig teuer, so daß sich der durchschnittliche Haushalt solche Anschaffungen nicht ohne weiteres leisten konnte. Da die Energieversorgungsunternehmen (EVU) jedoch am steigenden Stromverbrauch interessiert waren, offerierten sie ihren Kunden günstige Abzahlungsmodelle für entsprechende Geräte.

Unter dem Namen »Elektrissma-Teilzahlungen« bot beispielsweise die Berliner Bewag günstige Finanzierungen für den Kauf von Herden, Kühlschränken, Waschgeräten, Staubsaugern und Beleuchtungskörpern an. *(Hallermann, S. 90)* Zwischen Dezember 1949 und Ende 1956 hatte sie 250 000 Elektrissma-Verträge in Höhe von 57 Millionen DM finanziert. Andere Stadtwerke standen dem Berliner Beispiel in nichts nach.

Für die AEG avancierten die Elektrogeräte zu den »Grundlagen des modernen Lebens«: »Nach dem Grundsatz ›Strom kommt sowieso ins Haus, nutzt das aus!‹ bildeten zwei kleine Löcher in der Wand die Ausgangspunkte ihrer Überlegungen, jene kreisrunden Kanäle der Steckdose, bei denen Plus-Minus nicht etwa Null, sondern eine runde Summe herrlicher Möglichkeiten ergibt. ... Niemand kann darum eine solidere Grundlage für ein lebenswertes Dasein legen als mit diesen vier AEG-Geräten (Elektroherd, Kühlschrank, Heißwassergerät, Waschmaschine). Wer sie anschließt, findet Anschluß an ein besseres Leben.« *(AEG-Anzeige, in: Westermanns Monatshefte 2/1956)*

An die Gefährlichkeit des Stroms hatten sich die Haushalte im Laufe der Jahrzehnte gewöhnt. Das Gefährdungspotential war überschaubar: Eine Stromleitung durfte eben keiner anfassen. Die Konkurrenz Kohle und Gas dagegen war schmutzig oder viel gefährlicher. Mit Kohle zu heizen, bedeutete das Schleppen schwerer Kohleneimer, rußgeschwärzte Decken und Dreck. Das unsichtbare Gas blieb unheimlich: Man konnte daran sterben, ohne es zu merken. Ohne Vorwarnung zerstörten Gasexplosionen Häuser und Wohnungen.

»Strom im Haus – nutzt es aus!«

234 **235**

Beim Vergleich der Energieträger schnitt die Elektrizität immer positiver ab, und Strom galt bald als Inbegriff der Modernität. Die Beschäftigten der Stadtwerke Bremen warben etwa auf der 1. Mai-Demonstration des DGB 1951 mit einem Motivwagen für Elektroküchen unter dem Motto: »Elektrizität ist Fortschritt«. Auf dem Wagen sah man eine »Schwarze«, die als »Primitive« ein Stück Fleisch am Spieß über einem offenen Feuer briet; als Pendant der Nachkriegszeit werkelte eine Frau in Kittelschürze und Männerhose an einem offenen Herdfeuer mit verrußtem Rauchfang; in der Mitte hantierte als sichtbare Lichtgestalt eine frisch ondulierte, junge Frau im sauberen, weißen Kittel an einem weiß emaillierten Elektroherd. Die Botschaft war eindeutig.

In großen Veranstaltungen und Ausstellungen warben die Energieversorgungsunternehmen für eine vermehrte Stromnutzung. Die Vereinigung Deutscher Elektrizitätswerke (VDEW) und die Hamburger HEW veranstalteten im Sommer 1954 im Park »Planten un Blomen« eine große Ausstellung mit dem Titel »Strom für uns«. (*Tetzlaff, Welt, S. 29*) Über 100 000 Besucher strömten allein innerhalb der ersten drei Wochen in diese Ausstellung, die aufwendig die grenzenlosen Möglichkeiten des Stromeinsatzes demonstrierte:

In den Lehrküchen konnten sich die Hausfrauen mit den neuen technischen Möglichkeiten vertraut machen.

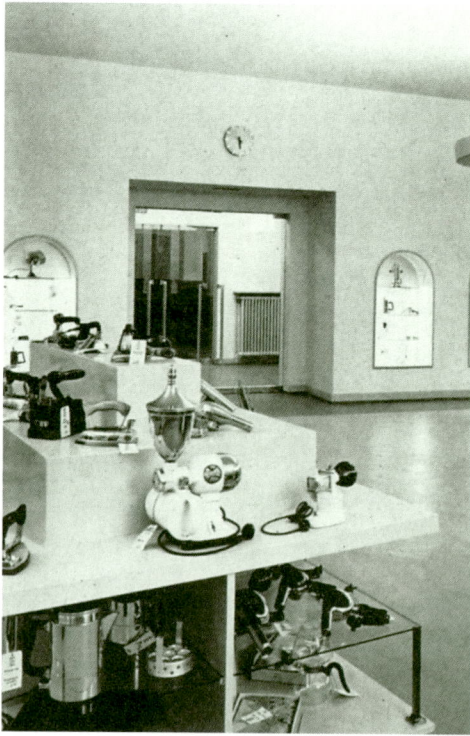

Die Werbung der Energieversorgungsunternehmen vermittelte eine klare Botschaft: Elektrizität bedeutet Arbeitserleichterung für alle Hausfrauen.

Lebende Papageien bewegten sich in einer künstlichen Tropenlandschaft, die mit Infrarotstrahlern auf Temperatur gehalten wurde. Gegenüber hatten die Veranstalter eine Nordpolarlandschaft hinter Plexiglas inszeniert: »Einige muntere Pinguine, die wie auf allen Ausstellungen stets das tierliebende Herz der Besucher finden, fühlen sich in dieser elektrisch erzeugten Arktis offenbar in ihrem Element.« Es war Hochsommer, doch mit Elektrizität war offenbar alles möglich. Selbst das Klima ließ sich nach Wunsch erzeugen.

In der gesamten Republik unternahmen die Stromversorgungsunternehmen in solchen und ähnlichen Ausstellungen erfolgreich den Versuch, ihren Kunden die Nutzung der neuen Geräte zu erklären und deren wunderbare Vorteile schmackhaft zu machen. Nicht die Anschaffung einer bestimmten Marke stand im Vordergrund, sondern der Kauf eines neuen Elektrogerätes unabhängig vom Hersteller: »Wir haben den Leuten gezeigt, wie man die Zeit richtig einteilt, wie man neben dem Kochen auch das Waschen erledigen kann. … Es macht doch einen Unterschied, ob man an den Geräten selbst arbeitet. Wir mußten ja nicht für ein Fabrikat werben, wir mußten den Leuten zeigen, welche Geräte auf dem Markt waren«, berichtet eine Energieberaterin. *(Frau B., zit. n. Meyer-Braun, S. 186)* Die Lehrküche half Frau B. bei ihren Bemühungen. Die Kontakte zu den Schulen und den Hauswirtschaftslehrerinnen waren für sie besonders wichtig: »Na klar wollten wir auch Strom verkaufen. In den Schulen saßen die zukünftigen Verbraucher.«

Der Elektroherd avancierte bald zum wichtigsten Gerät im elektrischen Haushalt. Das »Mittagstal«, in dem die Industrie weniger Energie verbrauchte, sollten nun die privaten Haushalte mit dem elektrischen Kochen ausfüllen und so eine gleichmäßigere Ausnutzung der Stromproduktion gewährleisten. Der Erfolg ließ nicht lange auf sich warten. 1950 kochten gerade zwei Millionen aller Haushalte mit einem E-Herd, 1965 waren es bereits zehn Millionen. Nicht nur die Zahl der E-Herde hatte sich innerhalb von 15 Jahren knapp verfünffacht, auch die Leistungsfähigkeit steigerte sich erheblich: Die durchschnittliche Backofenleistung lag 1946 bei 1 200 Watt, 1966 bereits bei 2 100 Watt. *(Zängl, S. 245)*

Mit technischen Mitteln versuchten die Gerätehersteller, die strombedingten Nachteile des elektrischen Kochens – lange Anheizzeiten, Verschwendung der Restwärme – zu beseitigen. Schon Anfang der 50er Jahre galt eine Schnell- oder »Blitz«-Kochplatte als Standard. Mit Tips zum Ausnutzen der Restwärme (Erwärmen der Milch, Warmhalten von Speisen) konnten die Nachteile gegenüber dem Gas so weit gemindert werden, daß heute bei optimaler Nutzung der

»Strom im Haus – nutzt es aus!«

Wirkungsgrad von Gas- und E-Herden fast gleich ist. Allerdings liegt der Einsatz der Primärenergie bei der Stromerzeugung dreimal so hoch wie beim Gas. Mit der Menge Primärenergie, die im Strom für das Erhitzen eines Liters Wasser steckt, lassen sich auf dem Gasherd drei Liter zum Kochen bringen. Obwohl Elektrizität beim Kochen erst in den vergangenen Jahren den Geldbeutel des Einzelhaushaltes nicht stärker strapaziert als Gas und aus ökologischer Sicht Gas immer noch die bessere Wahl ist, kochten bereits zu Beginn der 90er Jahre fast 80 Prozent aller bundesdeutschen Haushalte mit Strom. *(Groenewold/Ohl-Hinz, S. 72)*

Besonders bei den Großvorhaben des sozialen Wohnungsbaus in den 50er und 60er Jahren hatten die Stromversorgungsunternehmen alles getan, um die ungeliebte Konkurrenz der anderen Energieträger abzuhängen. Als im Juli 1961 in Bremen die Neue Vahr, ein republikweit Aufsehen erregendes Projekt mit 40 000 neuen Wohnungen, eingeweiht wurde, waren die Bewohner begeistert. »Sie fühlen sich in ihren vorbildlich eingerichteten Wohnungen mit Fernheizung, elektrischer Einbauküche, Durchlauferhitzer, Bad und Heißwasserspeicher wohl«, berichtete der lokale »Weser-Kurier«. *(31.7.1961)* Auch bei kleineren Neubauvorhaben unterstützten die Energieversorgungsunternehmen die Architekten mit vorbereiteten Ausarbeitungen kompletter Elektrifizierungspläne. *(Tetzlaff, Laß mich, S. 19)*

Angesichts der noch unzureichenden Energieversorgung der jungen Bundesrepublik sprach sich 1952 der Autor einer Studie zum Energieverbrauch gegen eine zu intensive Stromnutzung privater Haushalte aus. Jede größere elektrische Heizung müsse »als Verschwendung der Kohle betrachtet werden, besonders da sie außerdem nicht preiswürdig« sei. *(Solling, S. 92)* Die Wärmeversorgung war und ist mit etwa 80 Prozent der größte Energiefresser der Haushalte, und an diesem riesigen Markt wollten die Energieversorgungsunternehmen teilhaben. Der energietechnische Unsinn, aus Kohle Strom zu erzeugen, um ihn dann wieder in Wärme zu verwandeln, spielte in den Strom-Absatzplänen der Energieunternehmen bis in die 80er Jahre hinein ebensowenig eine Rolle wie ökologische Aspekte. Selbst bei heutiger Technik schneiden Elektroheizungen mit 30 Prozent Wirkungsgrad im Vergleich zu anderen Wärmeversorgungssystemen am schlechtesten ab. *(Zängl, S. 276)* Nach den Berechnungen der Energieversorgungsunternehmen entsprach der Stromverbrauch eines elektrisch beheizten Mehrfamilienhauses dem einer ganzen Straße ohne elektrische Heizung – Grund genug, ihre Kunden von der Elektroheizung zu überzeugen.

Schon in den 50er Jahren hatte die Elektrizitätswirtschaft Elektro-öfen als Übergangs- und Zusatzheizungen verkauft. Heizsonnen, Strahlöfen, Heizlüfter und E-Kachelöfen waren flexibel, sauber und gaben ihre Wärme sofort ohne langes Anheizen ab. Schon ein einziges dieser Geräte konnte in mehreren Räumen für Behaglichkeit sorgen, es mußte nur in die Steckdose gestöpselt werden. Nach seinem morgendlichen Einsatz im Badezimmer vertrieb der Heizlüfter oder Elektroofen anschließend die Kälte in der Küche beim Frühstück, erwärmte nachmittags das Kinderzimmer, um abends vor dem Schlafengehen – wenn nötig – im elterlichen Schlafzimmer eine behag-liche Temperatur zu schaffen. Grund genug für viele, sich eines oder

Elektrische Heizungs- und Warmwasseranlagen ermöglichten Behaglichkeit auf Knopfdruck.

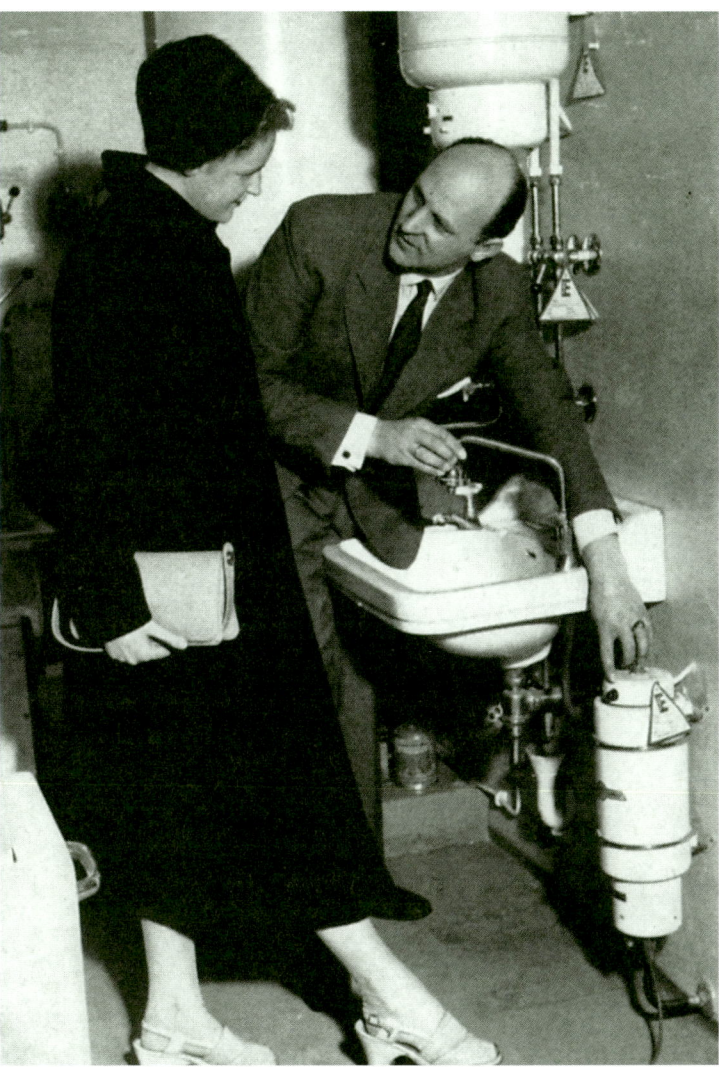

»Strom im Haus – nutzt es aus!«

238 **239**

mehrere solcher Geräte anzuschaffen. Bis 1964 fanden über zehn Millionen Elektroheizgeräte Eingang in bundesdeutsche Wohnungen. *(Tetzlaff, Laß mich, S. 22)*

Dieser kurze Boom hatte Folgen. Heizen, so erlebten die Verbraucher jetzt in der alltäglichen Praxis, mußte offenbar nicht länger mit Dreck, Ruß und Arbeit verbunden sein. Es genügte, auf einen Knopf zu drücken oder an einem Schalter zu drehen, und schon wurde es angenehm warm. Nach diesen Erfahrungen wünschten sich die Familien verstärkt Zentralheizungen, die ähnlich komfortabel arbeiteten und in jedem Raum fest installiert waren. Gleichzeitig hatten die Heizstrahler den Energieversorgungsunternehmen ihre Grenzen gezeigt. Sie forderten die Kraftwerke im Winter und tagsüber zu Zeiten, in denen diese mit Spitzenlast fuhren.

Mit der – schon in den 30er Jahren propagierten – Idee der Nachtspeicherheizung versuchten die Stromversorgungsunternehmen mehrere Fliegen mit einer Klappe zu schlagen: Das »Nachttal« der geringen Kraftwerksausnutzung sollte aufgefüllt und über den Boom neuer (Zentral-)Heizungssysteme der Absatz weiter angekurbelt werden. In den Vorstellungen der Stromkonzerne verwandelten sich die Haushalte mit vollelektrischer Ausstattung, bei denen noch mit Öl geheizt oder mit Gas gekocht wurde, in allelektrische, bei denen auf jeden weiteren Energieträger verzichtet wurde.

Die Hamburger HEW, die als Vorreiter schon ab 1958 Nachtspeicheröfen installierte, konnte bis Mitte der 60er Jahre jedes Jahr 5 Prozent mehr Strom verkaufen. Mit dem neuen billigen Nachtstromangebot stieg der jährliche Verbrauch nunmehr um 15 Prozent an. Innerhalb von 30 Jahren kletterte in der gesamten Bundesrepublik der Anteil der E-Heizungen von 0 (1960) auf knapp 10 Prozent. *(Zängl, S. 284)* Angesichts der Ölkrise und der Ölpreissteigerungen erschien diese Heizungsart als das Nonplusultra des Komforts. Die E-Heizungen verbrauchten 1986 etwa 40 Prozent der gesamten Elektrizität aller Privathaushalte. Von einer unbedeutenden Endenergie mit einem Anteil von knapp 5 Prozent im Jahre 1950 stieg der Anteil der Elektrizität bis Ende der 80er Jahre auf über 17 Prozent und wurde zu einem der Hauptenergieträger in der Bundesrepublik. Die Elektrizitätswirtschaft versuchte mit dem Slogan »Strom kommt aus der Steckdose« der ökologischen Kritik zu begegnen und verkaufte ihr Produkt als »saubere Energie«. So falsch schien diese Argumentation auch auf den ersten Blick gar nicht zu sein. Mit Rauch, Ruß und Gasgefahren gab es nun in den Privathaushalten keine Probleme mehr, und obendrein sparte die E-Heizung Platz, weil Kohlekeller und Erdöltank überflüssig wurden. Auch öffentliche Ver-

waltungen ließen sich vom schönen Schein des Stroms blenden und schrieben elektrische Speicherheizungen vor, weil die Öffentlichkeit »saubere Energie« verlangte. *(Zängl, S. 283)* Ein ganzes Stadtviertel konnte auf Schornsteine verzichten und die Ikonen des Drecks als Kraftwerke auf der grünen Wiese ins Abseits verlagern. Die Luftverschmutzung, die nach wie vor entstand, war damit zumindest aus dem unmittelbaren Blickfeld verschwunden.

Dank neuer Filtertechnologien senkten die Kraftwerke ihre Schmutzfracht erheblich. Die Auseinandersetzungen um den Bau neuer Anlagen waren lokal begrenzt geblieben, so daß die Mehrheit der Bundesbürger die diffusen Emissionsquellen der Kohle-, Gas- und Ölheizungen nicht hautnah spürte. Die Luftverschmutzung, die die Stromherstellung verursachte, erreichte sie weder real noch mental; Strom galt nach wie vor als »die saubere Energie«, die tatsächlichen Nebenwirkungen waren im öffentlichen Bewußtsein zwar ausgeblendet – aber deshalb nicht weniger real. Anfang der 80er Jahre stellte das Institut für Energie und Umwelt in einer Bilanz verschiedene Heizungsarten einander gegenüber. Das Ergebnis: Strom verschwendet nicht nur ungeheure Mengen von Primärenergie durch Umwandlungsverluste, sondern auch die durch die Stromerzeugung verursachten Emissionen waren alles andere als gering. *(Natur 5/1982)*

Mediterranes Klima durch Atomtabletten

Der Energiemangel der 40er und frühen 50er Jahre und der darauffolgende explosionsartige Anstieg des Energieverbrauchs ließen Wirtschaft und Politik nach anderen Energieträgern suchen. Schon bald konzentrierten sich die Diskussionen auf die Kernenergie. Sie galt bereits in den 20er Jahren als zukunftsträchtigste Form der Energiegewinnung, obwohl dies zu diesem Zeitpunkt noch völlige Utopie war. Dennoch lobte eine Veröffentlichung der sozialistischen Urania Buchgemeinschaft: »Soviel ist schon heute zu übersehen, daß diese Lösung des Energie-Problems die umfassendste wäre und allen Energiehunger gegenstandslos machen würde.« *(Lowitsch, S. 75)*

Der zeitgenössische Karikaturist kommentiert die Atomenergie.

Die amerikanischen Atombombenabwürfe von Hiroshima und Nagasaki hatten die ungeheure Energiefreisetzung demonstriert: Wenn eine einzige Bombe eine ganze Stadt ausradierte, dann mußte die gebändigte Energie der Kernspaltung von unglaublichem Nutzen sein. Atomenergie galt als »Fortschritt pur«. Besonders beeindruckte die Öffentlichkeit damals die Gegenüberstellung der winzigen Spaltstoffmenge einer »Atom-Tablette«, die im Vergleich zur Kohle für die Erzeugung der gleichen Energieleistung benötigt wurde. Das Mengenverhältnis wurde mit 1:60000 oder noch größer angegeben. Die Energie, die ein Kraftwerk aus einem Güterzug Kohle mühselig und mit schwerer Arbeit gewann, konnte jetzt offensichtlich spielerisch und unproblematisch mit einer winzigen Uran-Tablette erzeugt werden. Solche Vergleiche regten die Phantasie der Zeitgenossen an.

Schon die erste Ausgabe der Zeitschrift »Das Auto» (später »auto, motor, sport«) im Dezember 1946 widmete zwei Seiten dem Thema »Atom-Energie als Autotreibstoff«. *(Das Auto, H. 1, 1946)* Der Autor mußte zwar die Hoffnung »mancher Kraftfahrer dämpfen, demnächst durch die Verwendung von Atom-Energie von seinen Kraftstoffsorgen befreit zu werden«. Seine große argumentative Anstrengung belegt aber, wie viele Erwartungen in diese neue Energie gesetzt wurden. Er hielt den Atomantrieb nicht für völlig unmöglich.

Als das atombetriebene amerikanische U-Boot »Nautilus« 1956 auf Fahrt ging, zeigte sich sogar der »Der Spiegel« *(4.4.1956)* fasziniert von den geringen Mengen des benötigten Brennstoffes: »Die wenigen Kilogramm Uran, die bei der Fertigstellung des U-Bootes als Brennstoff in den Atomofen eingebettet wurden, trieben die Nautilus über eine Entfernung, die größer ist als der Umfang der Erde.«

Die deutsche Uranknappheit, die solche Versuche erschweren würde, tat der Spiegel-Autor als bewältigbares Problem ab. Brutreaktoren würden mehr Brennstoff erzeugen als verbrauchen. Das Hamburger Nachrichtenmagazin zitierte zustimmend den Geesthachter Kernphysiker Bagge von der Gesellschaft für Kernenergieverwertung in Schiffbau und Schiffahrt: »Dann beginnt das goldene Atomzeitalter.«

Atomenergie galt in den 50er Jahren unbestritten als zentrale und dauerhafte Energiequelle der Zukunft. Atomkraftwerke, davon war die Mehrheit überzeugt, seien unproblematisch und ungefährlich: »Wer das Atomkraftwerk von morgen betritt, wird sich zunächst wundern, daß der Unterschied gegenüber einem konventionellen Dampfkraftwerk gar nicht so groß ist. Da ist ein Dampfkessel, der geheizt wird, da ist eine Turbine, wie man sie seit eh und je kennt, und da ist ein Stromgenerator. ... Pessimisten könnten nun sagen: Was geschieht aber, wenn alle Regel- und Kontrollorgane gleichzeitig ausfallen? Keine Angst! Selbst dann kann dieser Reaktor nicht zur Atombombe werden. ... Man sieht, Atomkraftwerke sind ungeheuer einfach und absolut sicher.« *(Gerwin, S. 60ff.)*

Angesichts dieser strahlenden Zukunft war lediglich der Zeithorizont, in dem die einheimischen fossilen Energieträger und das Import-Erdöl abgelöst werden konnten, Grund für kontroverse Ansichten. Die Energieversorgungsunternehmen waren in diesem Punkt realistischer als andere: Sie standen angesichts der hohen Kosten und der ungelösten technischen Probleme bis weit in die 70er Jahre der Kernenergie abwartend bis kritisch gegenüber – im Gegensatz zu Wissenschaft, Politik und Öffentlichkeit.

Als die Bundesrepublik mit den Pariser Verträgen im Mai 1955 ihre volle Souveränität erlangte, fielen auch in der deutschen Kernforschung die alliierten Auflagen. Im August 1955 fand in Genf gleichzeitig die erste große UN-Konferenz zum Thema Atomkraft statt. Sie zog einen Schlußstrich unter die militärische Dominanz der Atomforschung und forderte verstärkt den Ausbau der friedlichen Nutzung der Atomenergie, denn: »Wenn die Atomenergie nicht bereits entdeckt wäre, würde es höchste Zeit dafür!« *(Radkau/Varchim, S. 188f.)*, so ihr Resümee. Fachleute wie interessierte Laien ergingen sich euphorisch in zukünftige Szenarien einer weltweit gelösten Energieversorgung.

Die Bundesregierung richtete im Oktober des gleichen Jahres das Bundesministerium für Atomfragen ein, um die deutsche Kernforschung und -entwicklung voranzutreiben. Franz Josef Strauß forcierte als erster »Atomminister« in der Geschichte der Bundesrepublik diesen Entwicklungsprozeß, und obwohl die Atomenergie praktisch noch keine Rolle spielte und ökonomisch völlig unbedeutend war, gab es einen breiten gesellschaftlichen Konsens, der diesen Prozeß begleitete. Der BDI genauso wie der DGB unterstützten die Anstrengungen der Bundesregierung, und beide richteten Atomausschüsse ein.

Auch die SPD und kritische Intellektuelle sprangen auf den Atomzug auf. Diese neue Energieart bot die Chance für eine gerechtere Weltgesellschaft. In den Vorstellungen des nordrhein-westfälischen Staatssekretärs für Wirtschaft und Verkehr, Leo Brandt, war der »neue Brennstoff nicht hundert, nicht zehntausend, sondern drei Millionen mal besser als Kohle«. *(SPD-Parteitag 1956, S. 149ff.)* Mit ihm würden »die unterentwickelten Völker die notwendige Energiebasis erhalten«.

Gleichzeitig eröffnete die Kernkraft aber auch die Chance, die konsumistische Lebensweise noch schneller in die Drittweltstaaten zu exportieren: »Wahrhaft eine große Aufgabe für die technisch fortgeschrittenen Völker, den Vorwärtsstrebenden zu helfen, aber auch zunächst unerschöpfliches Wirkungsfeld für Exportindustrien in der Lieferung von Produktionsmitteln und Konsumgütern für den Aufbau der neuen Wirtschaftsgebiete draußen in Übersee.«

In den Atom- und Fortschrittsphantasien waren nicht nur sämtliche Energieprobleme der Zukunft gelöst, sondern auch die völlige Gestaltbarkeit der Erde erschien möglich. Das »Prinzip Hoffnung« zeigte sich für Ernst Bloch gerade in der Gestaltungskraft, die der neuen Energie zugrunde lag: »Wie die Kettenreaktionen auf der Sonne uns Wärme, Licht und Leben bringen, so schafft die Atomenergie, in anderer Maschinerie als der der Bombe, in der blauen Atmosphäre des Friedens, aus Wüste Fruchtland, aus Eis Frühling. Einige hundert Pfund Uranium und Thorium würden ausreichen, die Sahara und Nordkanada, Grönland und die Antarktis zur Riviera zu verwandeln. Sie würden ausreichen, um der Menschheit die Energie, die sonst in Millionen Arbeitsstunden gewonnen werden mußte, in schmalen Büchsen, höchstkonzentriert, zum Gebrauch fertig darzubieten.« *(Bloch, S. 775)*

Die Paradiesvorstellungen von Bloch bezogen sich auf den Urlaubstraum fast aller Deutschen: Italien. Da mit der Atomenergie

auch der arbeitsintensive und körperlich schwere Bergbau als wesentlicher bundesdeutscher Energieträger wegfallen konnte, suggerierte die Blochsche Atom-Zukunft auch leichtere Arbeit. Die Marxsche Utopie der »Deutschen Ideologie« schien mit der Kernenergie denkbar: Morgens fischen, nachmittags jagen und abends philosophieren – und das alles in mediterranem Klima. Auch die Wissenschaftler, die die berühmte »Göttinger Erklärung gegen den Atomkrieg« unterzeichneten, sahen eine ihrer Aufgaben darin, »die friedliche Verwendung der Atomenergie mit allen Mitteln zu fördern«. *(Zit. n. Zängl , S. 235)*

Angesichts dieser Begeisterung aller politischen Lager erstaunt es wenig, daß im März 1956 sich zwar die meisten einmal die Insel Capri ansehen wollten, doch für immerhin 8 Prozent das Traumziel in der Beobachtung einer Atomexplosion oder dem Besuch in den US-amerikanischen Atomlaboratorien von Oak Ridge bestand – noch vor dem Besuch der Spielbank von Monte Carlo. *(Noelle/Neumann 1957, S. 41)*

Die Zeitgenossen der 50er Jahre setzten Atomenergie mit Fortschritt gleich. Die Befürworter des neuen Energieträgers warnten vor einer erneuten langfristigen Verknappung der herkömmlichen Energieträger und griffen damit auf die Mangelerfahrungen zurück. Selbst die erste Absatzkrise des deutschen Steinkohlebergbaus 1957 und der steile Anstieg der Erdölimporte konnte noch als Energielücke konkurrenzfähiger heimischer Energieträger interpretiert werden. *(Radkau/Varchim, S. 189)*

1967 faßte Alfred Buch das Ziel einer deutschen Atomwirtschaft wie folgt zusammen: »Ingenieure und Chemiker werden mit Ernst, Gewissenhaftigkeit und größter Beschleunigung den Ausbau der Atomkraftwerke zu lösen haben, um nicht nur der gegenwärtig lebenden Menschheit, sondern auch den künftigen Generationen ein sorgenfreies Dasein durch ein ausreichendes Energiedargebot zu sichern.« *(Zit. n. Zängl, S. 235)* Die uneingeschränkt positive Einstellung zur Atomenergie hielt sich bis in die 70er Jahre.

Die ersten Proteste der badischen Winzer gegen das geplante Kernkraftwerk in Wyhl tat die Öffentlichkeit noch als fortschrittsfeindliche Stimmungen der ohnehin als rückständig angesehenen Bauern ab. Mit Parolen wie »Sich hier wehren – die Heimat ehren: »Kein KKW in Wyhl!« schien es lediglich um die heile Kaiserstühler Welt zu gehen. *(Rucht, S. 128ff.)* Die Nebelschwaden der Kühltürme ließen die Weinbauern eine Veränderung des Mikroklimas befürchten, der gute badische Wein wäre nicht mehr von der Sonne, sondern von Feuchtigkeit und Wolken verwöhnt worden. Die Breite des Protestes – über 90 000 Menschen aus der Region formulierten im

»Strom im Haus – nutzt es aus!«

Frühjahr 1974 Einsprüche gegen das Projekt – und die Vielfältigkeit der Bedenken sorgten jedoch bald für einen Stimmungsumschwung. So hielten meine Eltern, die regelmäßig Urlaub im Kaiserstuhl machten, die Proteste der dortigen Bevölkerung zunächst für fortschrittsfeindlich und lächelten milde über die konservative Borniertheit der Weinbauern. Als sie jedoch 1974 wieder zurückkamen, überraschten sie mich mit einer kritischen Haltung zur Atomkraft. Ein Weinbauer hatte sie bei einem oder zwei Gläschen Wein überzeugt, daß die Qualität ihres guten Tropfens in Gefahr geraten könne.

Neben den ökologischen Bedenken wie Klimaveränderungen, Erwärmung von Gewässern oder Grundwasserabsenkungen traten allmählich die Unfallrisiken in den Vordergrund. Der gesellschaftliche Konsens zugunsten der Atomenergie bröckelte. Sie war nicht länger ein schimmernder Garant der Zukunft, sondern erschien immer stärker als Hypothek auf die Zukunft. Mit der Unterstützung nicht mehr nur einer gesellschaftlichen Gruppe, sondern einer ganzen Region, übertraten die Bauplatzbesetzer in Wyhl 1975 die Grenzen der Legalität. Zum ersten Mal in der bundesrepublikanischen Geschichte rief ein technisches Großprojekt einen derart massiven Widerstand hervor. Das in den Köpfen der Bundesbürger fest verankerte lineare Fortschrittsmodell bekam Risse. Es waren nicht mehr nur Studenten oder Intellektuelle, die mit ihrer Kritik an der konsumistischen Lebensweise die Entwicklung der Massenkonsumgesellschaft hinterfragten. Nun stellte auch die durch alle Schichten gehende Anti-AKW-Bewegung den Wirtschaftswunder-Imperativ »Weiter so!« in Frage.

Effizienzrevolution durch sauren Regen

Die Atomenergiediskussion der 50er und 60er Jahre probte den Vorgriff auf die energetische Zukunft der bundesrepublikanischen Gesellschaft. Der Übergang von der Kohle zum Erdöl war demgegenüber energetische Realität. 1950 dominierte die Kohle mit knapp 90 Prozent den Primärenergieverbrauch in der Bundesrepublik. Der Anteil von Erdöl lag unter 5 Prozent, er kletterte bis 1965 auf 40,5 Prozent und erreichte Mitte der 70er Jahre mit über 50 Prozent seine größte Bedeutung. Erdöl war zu Beginn der Wirtschaftswunderjahre noch doppelt so teuer wie der vergleichbare Wärmepreis für Steinkohle.

Die USA dominierte die Förderung und hielt den Preis hoch. Erst mit der Erschließung neuer, riesiger Erdölvorkommen im Nahen Osten und in der UdSSR erwuchs der führenden Industrienation eine beträchtliche Konkurrenz. Nach der Suez-Krise 1956 und der

Gründung der OPEC 1960 brachen die neuen Förderstaaten das Preismonopol. Erdöl stand nun als billige Energiequelle zur Verfügung und ermöglichte in den 60er Jahren den Ersatz der Einzel- durch eine Zentralheizung.

Auch die individuelle Mobilität profitierte: War die Finanzierung eines Autos geklärt, ließ der ebenfalls gefallene Benzinpreis die Nutzung eines Privatwagens nicht mehr als unwägbares finanzielles Risiko erscheinen. Die Familien genossen den Komfort- und Mobilitätsgewinn. Die Folgen des steigenden Energieverbrauchs waren für die Öffentlichkeit zunächst nicht absehbar.

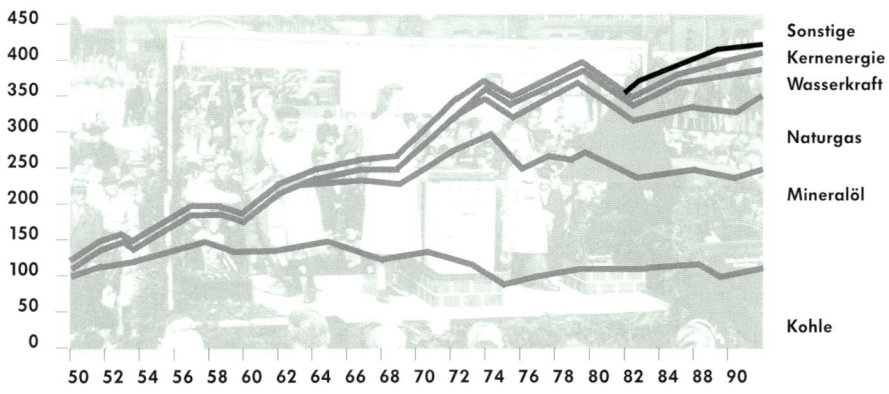

Sonstige
Kernenergie
Wasserkraft

Naturgas

Mineralöl

Kohle

Primärenergieverbrauch in Millionen Steinkohleeinheiten (SKE) der BRD nach Energieträgern, 1950–1990

Als die Luftqualität sich zunehmend verschlechterte, galt die politische Sorge in erster Linie den industriellen Emissionen. Angesichts der schwefelgelb-schwarzen Rauchschwaden hatte die SPD 1961 ihren Bundestagswahlkampf unter das Motto »Blauer Himmel über der Ruhr« gestellt. Der Wissenschaftsjournalist Thomas von Randow schrieb dazu in der »Zeit« *(Nr. 32/1961)*: »Das Ruhrgebiet ist einer der dichtbesiedeltsten Landstriche der Welt. Aber es ist nicht die Enge, die die Menschen bedrückt, ihre große Sorge ist die Luft. Sie werden um das Sonnenlicht betrogen, das von einer Dunstglocke abgefiltert wird, sie müssen Staub und Gas einatmen, und was vielleicht das Schlimmste ist, sie fühlen sich dieser Situation hilflos ausgeliefert.« Für die Betroffenen blieb nur der Umzug. So berichtete Frau V. (geb. 1929): »1959 zogen wir von Duisburg nach Iserlohn, mit weitreichenden Folgen. Die Fenster und die Wäsche sahen nun völlig anders aus. Man konnte die Wäsche sogar wieder bedenkenlos draußen trocknen, ohne vor Rußflecken Angst haben zu müssen.«

Die – nur zögerlich – eingesetzten technischen Möglichkeiten zur Emissionsminderung hielten nicht Schritt mit der Ausweitung der Produktion. Angesichts der – allerdings nicht sonderlich erfolgreichen –

»Strom im Haus – nutzt es aus!«

246 **247**

Kampagne der sozialdemokratischen Opposition verabschiedete die Bundesregierung 1964 die erste Technische Anleitung zur Reinhaltung der Luft (TA Luft), die Einrichtungen zur Immissionsverminderung vorschrieb. Die Unternehmen setzten nun verstärkt Rauchgasentschwefelungen und -entstickungen sowie Elektrofilter ein. Als Nonplusultra galt wie seit über 100 Jahren der immer mehr in die Höhe schießende Schornstein. Selbst als schon Forstleute die raumgreifende Verteilung der Schadstoffe kritisierten und die überarbeitete TA Luft von 1974 die Emissionsminderung vorschrieb, blieb er das Mittel der Wahl. Die nordrhein-westfälische Landesregierung legte noch Ende der 70er Jahre ein Programm zum Bau von Hochschornsteinen (250 Meter und höher) vor.

Die Kohle-Arbeiter mußten ordentlich schaufeln, um Deutschland in eine rauchende Industrielandschaft zu verwandeln.

Die Emissionen nahmen in den 70er Jahren insgesamt weiter zu, die Folgen verschärften sich. Am 18. Mai 1978 schrieb Martin Urban in einem Leitartikel der »Süddeutschen Zeitung«: »Der deutsche Wald muß sterben, der Kölner Dom zerfallen, weil die Schlote qualmen sollen. … Das Sterben der Nadelwälder vollzieht sich bereits in den Randzonen des Ruhrgebiets. Ursächlich ist (neben dem Fluor) die hohe Konzentration an Schwefeldioxid, welche die TA-Luft erlaubt, das als schweflige Säure Gebäude, Kunstwerke und Bücher zerfrißt.« Doch erst die im November 1981 im »Spiegel« begonnene Serie »Das stille Sterben – Säureregen zerstört den deutschen Wald« sorgte für das notwendige öffentliche Problembewußtsein.

Der saure Regen und die Diskussion um das Waldsterben sensibilisierten die Bevölkerung in Deutschland mehr als in anderen Ländern. Der mythenbehaftete deutsche Wald lichtete immer deutlicher seine Kronen, und das vom Hamburger Nachrichtenmagazin geprägte Schlagwort des »Waldsterbens« bestimmte die Umweltdiskussionen der folgenden Jahre. Knapp 8 Prozent der Waldfläche waren nach dem ersten Waldschadensbericht im Frühjahr 1983 geschädigt. Im Herbst des gleichen Jahres galten bereits 2,5 Millionen Hektar als krank, ein Drittel des gesamten Waldbestandes der Bundesrepublik. *(Wetstone/ Rosenkranz, S. 50)* Die 1981 vom Berliner Senator für Stadtentwicklung und Umweltschutz gemessenen Schwefeldioxidbelastungen erreichten schon längst überwunden geglaubte Höchstwerte der Weimarer Republik. *(Senator für Stadtentwicklung und Umweltschutz, S. 20)*

Die alleinige Schuldzuweisung an die Industrie erwies sich nun als immer weniger haltbar. Mit Zentralheizung und Pkw trugen die Privathaushalte erheblich zur abgasgeschwängerten Luft Ende der 70er Jahre bei.

Durch den Einsatz schwefelärmerer Brennstoffe konnte zwar der Schwefeldioxidausstoß in der alten Bundesrepublik innerhalb von zwanzig Jahren bis 1990 immerhin um zwei Drittel auf 889 Millionen Tonnen gesenkt werden; der Anteil von CO_2 (1990 = 720 Mio. t) und NO_x (1990 = 2397 Mio. t) veränderte sich dagegen kaum. *(Informationen des Umweltbundesamtes, 1996)* Was die Industrie sowie Kraft- und Fernheizwerke bei den Stickoxiden einsparten, machte die rasante Steigerung beim Verkehr wieder zunichte.

Kaum erfaßt ist die Energiebilanz beim Fliegen. *(Schallaböck, S. 23ff.)* Die Flugzeuge haben in den letzten dreißig Jahren zwar ihren Energieverbrauch halbiert, doch die zunehmende Demokratisierung des Konsumguts Flugreise, die den Urlaubscharterflug zum Normalfall werden ließ, hat diesen Erfolg mehr als aufgefressen. Schon heute werden auf deutschen Flughäfen 7 Prozent des gesamten Treibstoffes für Verkehrszwecke abgegeben. Da die Emissionen in den oberen Atmosphärenschichten jedoch wesentlich schädlicher sind als im erdnahen Bereich, potenzieren sich die klimaschädigenden Auswirkungen des Urlaubsfluges.

Ein Paradoxon belastet zusätzlich den Energieverbrauch: *(Joerges/Keine, S. 151f.)* Die sozial schwächeren Haushalte benötigen zum einen weniger Energie als die Besserverdienenden, da in einem Arbeitslosenhaushalt weniger Elektrogeräte vorhanden sind und verwendet werden als in dem eines Studienrates. Auf der anderen Seite verbrauchen sie jedoch die »schlechtere« Energie, das heißt für ihre Energieleistungen wird vergleichsweise mehr Primärenergie pro

Einheit nützlicher Energie eingesetzt. Die alte Waschmaschine tut in diesen Haushalten immer noch ihren Dienst, sie kann mit den Ökowaschmaschinen in der Energiebilanz aber nicht mithalten. Neue, sparsamere Techniken können sich Geringerverdienende seltener leisten, und die ärmeren Haushalte müssen so bis zu einem Drittel mehr für eine Energieeinheit bezahlen als die Besserverdienenden.

Findet der Arbeitslose eine Beschäftigung, steigt sein Lebensstandard. Alte Energiefresser werden ersetzt, die neu angeschafften Elektrogeräte gehen wesentlich effizienter mit Energie um. Doch die Menge seiner neuen Energiespargeräte frißt die Effizienzsteigerungen mehr als auf.

Ulrich von Weizsäcker fordert in der aktuellen Umweltdebatte deshalb eine »Effizienzrevolution« in bezug auf den Energieverbrauch, immense Sparpotentiale blieben bisher ungenutzt. Was in der Industrie allein schon aus Kostengründen zumindest ansatzweise funktioniert – die Wirtschaft bemühte sich schon seit dem letzten Jahrhundert, ihren Energieverbrauch zu senken –, klappte beim explodierenden Energieverbrauch der Haushalte nicht. Erst mit der massiven

Erhöhung der Ölpreise 1973 überprüften sowohl Unternehmen als auch Privathaushalte wieder verstärkt Einsparmöglichkeiten.

Die Durchsetzung der Konsumgesellschaft führte im Energiesektor zu zwei Ergebnissen: Ein massiver Anstieg des Energieverbrauchs und eine zunehmende Energieeffizienz. Die Dynamik des Wachstums war allerdings so rasant, daß die steigende Effizienz den Energieverbrauch nicht entscheidend mindern konnte.

Neben Energieverbrauch und -einsatz veränderte sich in der Nachkriegszeit auch die Wahrnehmung von Energie. *(Baudrillard 1991, S. 66f.)* In früheren Zeiten versprach ein besonders gut gereinigter Herd mehr Zug, eine weitere aus dem Keller geholte Schütte Kohle verhieß mehr und längere Wärme. Rubbelte die Hausfrau die Wäschestücke auf dem Waschbrett besonders lange, erhöhte sich deren Sauberkeit. Der Herd sollte die Küche heizen und das Essen garen, die Beleuchtung, die das Herdfeuer abwarf, war schon im 19. Jahrhundert als zu geringe »Zusatzleistung« erkannt und durch Gasleuchten ersetzt worden. Das Verbrennen von Gas oder Petroleum schuf brauchbareres Licht als der Herd.

In den 50er Jahren wurde Energie immer mehr zu einem abstrakten Begriff. Das Umlegen eines Schalters konnte wahlweise eine Heizung anschalten, eine Glühbirne zum Leuchten bringen, die Trommel der Waschmaschine in Bewegung setzen oder einen Automotor starten. Dieses Bild nutzte auch die Werbung: »Im Handumdrehen Wäsche waschen, eine einzige Schalterdrehung genügt, damit in gut einer Stunde völlig automatisch die Vorwäsche, die Hauptwäsche mit gleichzeitigem Kochen, das Spülen und das Schleudern erledigt werden.« *(Rondo-Werke, Westermanns Hefte 2/1956, S. 88)* Der Zusammenhang von Arbeit und Energie hatte sich aufgelöst.

Beim Benzin blieb zumindest noch ein Hauch des Konkreten zurück, der Tankvorgang war noch immer zum Teil Handarbeit. Die verfahrene Menge Benzin mußte ersetzt und bezahlt werden, und die Energiekosten der Mobilität waren damit jederzeit nachvollziehbar. Anders dagegen beim Haushaltsstrom: Der Dauerauftrag ersetzte den Stromableser, der noch monatlich ins Haus kam, um den Verbrauch abzulesen und gleichzeitig abzurechnen. Die jährliche Abrechnung ermöglichte kaum noch einen Überblick über den häuslichen Energieverbrauch. Sie war so kompliziert, daß sie sich selbst einem Ökonomen wie dem damaligen Bundeskanzler Helmut Schmidt nicht erschloß.

Wenn aber Energie derart abstrakt auftritt, müssen Energiesparappelle an ihre Grenzen stoßen. Normalglühbirnen lassen sich durch

Sparlampen ersetzen, Temperaturfühler und Thermostatventile vermeiden die Verschwendung von Wärmeenergie, Sparprogramme in Waschmaschinen mindern den Strom- und Wasserverbrauch. Dennoch: Eine bessere Energieausnutzung von Heizsystemen oder Haushaltsgeräten muß nicht zu einer Senkung des Gesamtenergieverbrauchs führen, solange die Vorstellung eines guten Lebens untrennbar verbunden ist mit einem Haus im Grünen, einer größeren Wohnfläche, einer weiteren Zunahme des Individualverkehrs und Urlaubsflugreisen in immer weiter entfernte Orte.

Askese und Luxus

Als 1953 Herr und Frau L. auf ihrem Rückweg aus dem ersten Italienurlaub durch die Schweiz fuhren, bekamen sie eine Vorstellung davon, wie der zukünftige Alltag aussehen könnte: »In Zug besichtigten wir eine moderne Schule, überhaupt machten wir in der Schweiz Bekanntschaft mit den tollsten neuen Errungenschaften wie Selbstbedienung, Selenzellen an den Geschäftseingängen, Verkehrsreglern für Fußgänger, moderne Kinoneubauten, in den Möbelgeschäften moderne Wohnkunst mit aufgehelltem Holz, Klein-Taxen etc. Uns fielen die eleganten Geschäfte und Frauen auf, als wir durch Zürich bummelten. ... Den modernsten Flughafen Europas, nämlich Kloten, mit unheimlichem Flugverkehr schauten wir uns von ferne an.« *(Frau L., geb. 1930)*

Hier waren alle Elemente versammelt, die die Moderne, die den Traum vom guten Leben für die Nachkriegsdeutschen ausmachten: funktionale öffentliche Einrichtungen, moderne Kulturstätten, zeitgemäße Wohnungen, fließender Verkehr, der auch die Fußgänger reglementiert, und die Möglichkeit zu fliegen. Das Auto fehlt in dieser Aufzählung, weil die Urlauber bereits selbst – zumindest während dieser Fahrt – im Besitz eines individuell fahrbaren Untersatzes waren. Die Erinnerungen der Reisenden verknüpfen sich mit technischen Errungenschaften und Gestaltungselementen. Die politische Kultur der besuchten Schweiz oder Italiens nahmen die Urlauber entweder nicht wahr, oder sie hinterließ keinen bleibenden Eindruck.

Die Zukunft lag im Konsum, im Wirtschaftswunder. Die Verbrechen der nationalsozialistischen Herrschaft versuchte man zu verdrängen. Der wirtschaftliche Erfolg verhinderte die Auseinandersetzung mit unbequemen Fragen, weil, wie es Alexander und Margarete Mitscherlich formulierten, »die manische Abwehr durch Ungeschehenmachen im Wirtschaftswunder sehr erfolgreich war, die Welt akzeptiert ›deutsche Wertarbeit‹, was immer sie sonst von den Deutschen denken mag. ... Die Restitution der Wirtschaft war unser Lieblingskind; die Errichtung eines demokratischen Staatsgebäudes hingegen begann mit dem Oktroi der Sieger, und wir wissen bis heute nicht, welche Staatsform wir selbst spontan nach dem Kollaps der Naziherrschaft gewählt hätten.« *(Mitscherlich, S. 19 u. 25)*

Das große politische Vorbild war Bismarck, das »alte Kaiserreich« nach der sozialen Konstellation der Gegenwart die Wunschgesellschaft *(Allensbach-Umfrage 1952)*. Offenbar entsprach eine gemilderte autoritative Gesellschaft am ehesten den Vorstellungen der Bundesdeutschen. Diese Rolle füllte der erste Bundeskanzler der neuen Republik, Konrad Adenauer, bestens aus. Bei seinen paternalistischen Vorstellungen konnte der 1949 bei Regierungsantritt bereits 73jährige bis in die Mitte der 60er Jahre die politischen Geschicke vatergleich führen. Die Haftung für die Vergangenheit und die Zukunft übertrug man gern dieser Vaterfigur, so daß die eigene Verantwortung auf das individuelle Wohlergehen beschränkt werden konnte. Der christdemokratische Slogan der 50er Jahre »Keine Experimente« bezog sich ausschließlich auf politische, gesellschaftliche und kulturelle Normen. In der Technik und im Konsum hingegen war alles möglich und erlaubt.

Mit politischen Utopien hatten die Deutschen deutlich Schiffbruch erlitten. Die Phantasien richteten sich deshalb nicht mehr auf die politische und soziale Gestaltungskraft; sie konzentrierten sich nun fast ausschließlich auf die Privatsphäre, auf das gute Leben, das mit materiellem Wohlstand gleichgesetzt wurde. Erstmals in der Geschichte bestand selbst für Arbeiter die Chance, an Konsumgütern teilzuhaben, die bis dato nur den Reichen vorbehalten waren. Das Füllhorn des Konsums begann sich über die Nachkriegsdeutschen auszuschütten, wie es keine Generation vorher erlebt hatte. Der Alltag veränderte sich in vielfältiger und revolutionärer Weise.

Das Fernsehen öffnete globale Horizonte der Wahrnehmung und brachte die Welt ins heimische Wohnzimmer. Im Massentourismus erschloß sich der Zugang zur realen Welt in bisher ungekanntem Ausmaß. Was in den 20er Jahren mit den Ausflügen in die unmittelbare Umgebung begonnen hatte, entwickelte sich über innerdeutsche Urlaube hin zur Sucht nach Ferne: zunächst Europa, dann ab 1970 die ganze Welt. Eisenbahn, Bus, Auto und Flugzeug ersetzten die ursprünglich bis Mitte des 19. Jahrhunderts fußläufigen Anstrengungen des eigenen Entdeckens.

Die Fiktion des HB-Männchens: »Es geht alles wie von selbst« wurde das Motto für die Freizeitgestaltung und das Leben in den eigenen vier Wänden. Die Werbung, die den Hausfrauen die AEG-Waschmaschine als neue Waschfrau anpries oder die ihnen suggerierte, der NEFF-Herd sei ein Genie, der ganz von allein das fertige Menü zubereite, lockte mit den Versprechungen einer schönen neuen Welt, die sich zum Teil auch erfüllten.

Die harte körperliche Arbeit als Lebensmühe, Not und Plage, die jedem Menschen auferlegt war, verlor im Alltag der 50er Jahre entscheidend an Bedeutung. Es blieb der wachsende Zeitaufwand. Die Arbeit selbst wurde zunehmend abstrakter und von Maschinen übernommen, deren Bedienung sich immer mehr anglich. Es genügte ein Tastendruck, um Wäsche zu waschen, um das Menü in der Mikrowelle zu erhitzen oder heißes Wasser zu bereiten.

Angesichts dieses Wandlungsprozesses von konkreter zu abstrakter Arbeit spielte deren Zunahme kaum eine Rolle. Ein Mehr an Maschinen schien ein Mehr an Bequemlichkeit zu gewährleisten. Keiner interessierte sich für die Arbeit, die in der Herstellung und dem laufenden Betrieb der Geräte steckte. Der zunehmende Maschineneinsatz machte sich zwar im steigenden Energieverbrauch bemerkbar, doch die geringen Energiekosten und wachsenden Reallöhne verhinderten ein Problembewußtsein. Energie erschien unerschöpflich, und sie konnte heute in Bewegung, morgen in Wärme und übermorgen in Licht verwandelt werden.

Die Abstraktion des Alltags führte zu einer Entwertung der eigenen Fähigkeiten. Die Hausfrau konnte mit ihrem überlieferten Erfahrungswissen nicht mehr viel anfangen, das nun durch technisches Experten-Know-how ersetzt wurde. Die Frage war nicht mehr, wie sie überhaupt Wäsche weiß wusch, sondern welches Maschinenprogramm sie einstellen mußte.

Technische Utopien, die das Leben noch angenehmer machten, traten an die Stelle von gesellschaftlichen Zukunftsvisionen. Die Technik, mit der die meisten Deutschen vorher fast ausschließlich bei der Arbeit und im Rahmen der Kriegsmaschinerie in Berührung gekommen waren, hatte in den 50er Jahren Eingang in die Privatsphäre des einzelnen gefunden. Die Vorkriegs- und Kriegserfahrungen konnten nun von Mann und Frau positiv gewendet werden. Die Welt der Technik, die zeitweilig für Arbeitsstreß und Kriegsschrecken gestanden hatte, nutzte endlich auch dem privaten Wohlbefinden. Angesichts dieses Bedeutungswandels erstaunt die Technikeuphorie der 50er und 60er Jahre wenig.

Abstraktion und Globalität sind die Schlagworte der langen 50er Jahre. In manchen Fällen verbanden sich beide Tendenzen, so etwa beim Essen. Nicht mehr nur die heimische Landwirtschaft deckte die Versorgung, zunehmend konnten die Bundesbürger Lebensmittel aus aller Welt zu sich nehmen. Angesichts der jederzeitigen Verfügbarkeit von Konserven oder Tiefkühlkost verblaßten die Erfahrungen früherer Generationen von Wachstums- und Erntezyklen. So wie der Strom dem berühmten Slogan der Energieversorgungsunternehmen zufolge »aus der Steckdose« kam, kamen Nahrungsmittel nun aus dem Supermarkt und waren weder jahreszeiten- noch ortsabhängig. Die natürliche Umwelt schien keinerlei Rolle mehr zu spielen, sie konnte offenbar unberücksichtigt bleiben.

Hinzu kam eine Veränderung der (Konsum-)Mentalität in der Bundesrepublik der 50er und 60er Jahre. 1957 fragte das Frankfurter DIVO-Institut die Bundesbürger: »Wenn Sie sich etwas kaufen, wie z.B. Einrichtungsgegenstände oder Radios, kaufen Sie dann lieber etwas Teures und von besserer Qualität mit der Absicht, es so lange wie möglich zu benutzen, oder kaufen Sie dann lieber etwas billiger, um sich, wenn das Alte unmodern geworden ist, wieder etwas Neues anzuschaffen?« *(DIVO-Institut 1958, S. 99)* Damals bevorzugten 90 Prozent das qualitativ Bessere und beteuerten, es so lange wie möglich benutzen zu wollen.

Gegen Ende der 50er Jahre gaben die Bundesbürger das Ethos der Enthaltsamkeit langsam auf. Die industrielle Arbeitsethik, die Max Weber beschrieben hatte, definierte bis dahin die Sparsamkeit als Voraussetzung des Erfolgs. Diese Geisteshaltung bestimmte die gesamte Gesellschaft. Während ärmere Schichten haushalten und sparsam wirtschaften mußten, um mit knappen Ressourcen ihren Lebensunterhalt und den ihrer Familien zu bestreiten, war die Sparsamkeit der Besserverdienenden und Selbständigen der Garant für wachsenden Wohlstand. Der Einstieg in den Massenkonsum vertrug sich jedoch immer weniger mit dieser Haltung. Für den »Vater des Wirtschaftswunders«, Ludwig Erhard, war der Einstieg in den Massenkonsum Garant für wirtschaftlichen Aufschwung. Vor dem neuen Glauben an unaufhörliches Wachstum standen die Apostel der Sparsamkeit bald auf verlorenem Posten. Da die alte Tugend des Maßhaltens an die Not und das Elend der Kriegs- und Nachkriegsjahre erinnerte, unterwarfen sich die Deutschen diesem Mentalitätswandel um so eher. Vor allem der Nachkriegsgeneration fiel der Einstieg in die Konsumwelt nicht weiter schwer.

Die Werbung tat ein übriges. Auf einer Tagung der Farbwerke Hoechst hatte der Zürcher Sozialpsychologe und Marketingfachmann Gerhard Schmidtchen darauf hingewiesen, daß bei der Durchsetzung des neuen Kunststoffes Hostalen der Spruch »Sicher gehn – mit Hostalen!« zwar bei potentiellen Käufern mehr Anklang fand als »Sicher gehn – nimm Hostalen«, sich aber als weniger wirksam erwies. Er fragte sich, warum der unsympathischere Spruch der erfolgreichere war. »Die meisten Menschen wehren sich gegen den Gedanken an neue Geldausgaben. Eine wirksame Werbung bringt immer einen Konflikt mit Sparsamkeitsmaximen mit sich. Aus diesem Grund muß die wirksame Werbung, die Käufer aufstöbert, mit gewissen Widerständen dieser Art rechnen.« *(Schmidtchen 1963, S. 12)* Diese Widerstände verringerten sich jedoch im Laufe der ersten beiden Nachkriegsjahrzehnte, so daß der Slogan »Ex und Hopp!« der Getränkemittelindustrie zur Durchsetzung von Einwegflaschen Anfang der 70er Jahre auf keinerlei Widerstände mehr stieß. Was nun zählte, war der schnelle Verbrauch, der Blick auf Ressourcen erschien überflüssig.

Wenn nach Wirtschaftsminister Ludwig Erhard die freie Konsumwahl ein wesentliches demokratisches Grundrecht war, dann erschien Konsumieren als erste Bürgerpflicht. Wer diesem Credo nicht folgte, paßte nicht in die neue Republik, nicht in die neue Zeit des Massenkonsums. Jürgen Habermas verurteilte zwar schon 1956 die »Aufblähung des Konsums«, der zum »Index einer ganzen Gesellschaft« aufgerückt sei *(Habermas, S. 216)*, doch prallte diese Kritik an der jungen bundesrepublikanischen Gesellschaft ab. Denn die Demokratisierung des Konsums schien die Demokratisierung von Wirtschaft und Gesellschaft ersetzen zu können.

Die Zugehörigkeit zu einer sozialen Klasse oder Gruppe machte sich immer weniger am Besitz bzw. Nichtbesitz von Konsumgütern fest. Statt dessen bildeten sich verschiedene Milieus heraus, bei denen die soziale Lage nur noch ein Bestimmungselement war. Die unterschiedlichen Verhaltensmuster, wie sie z.B. der französische Soziologe Pierre Bourdieu mit dem distinktiven Oberklassen-, dem prätentiösen Mittelklassen- und dem Notwendigkeitshabitus der sogenannten Volksklassen für die französische Gesellschaft der 60er Jahre festgestellt hatte, differenzierten sich in der bundesdeutschen Gesellschaft ab 1970 weiter aus. *(Bourdieu 1994)* Die alltägliche Lebensführung entkoppelte sich zunehmend von den typischen Schemata der sozialen Zugehörigkeit. Das schnelle Auto war nicht mehr automatisch das Signum eines jungen Facharbeiters. Manche von ihnen etwa fühlten sich einer alternativen Lebensweise zugehörig und erfüllten sich ihren Wunsch nach Mobilität eher mit einem Rennrad. Obwohl das Fahrrad einen erheblich geringeren materiellen Wert als das Auto darstellt, ist es längst vom Arme-Leute-Odium befreit. Sowohl für den Auto- als auch den Fahrradbesitzer sind die materiellen Anschaffungen Teil ihrer Selbstverwirklichung. Wenn der amerikanische Politologe Robert Inglehart einen postmateriellen Wertewandel in den 80er Jahren konstatiert, dann trifft dies zwar für die abnehmende Bedeutung der Arbeit und des protestantischen Arbeitsethos' zu; die Selbstverwirklichung, die soziale und individuelle Abgrenzung, wird hingegen noch immer über – unterschiedliche – konsumistische Muster erfüllt. *(Inglehart 1989)*

Die Demokratisierung des Konsums hat maßgeblich zur Individualisierung der Lebensstile beigetragen: Jeder kann heute nach eigener konsumistischer Façon selig werden. Die ökologischen Kosten der unterschiedlichen Wege entsprechen dabei nicht immer der Selbsteinschätzung: Das Kennenlernen fremder Kulturen als scheinbar postmaterieller Wert erweist sich in dieser Hinsicht als höchst problematisch. Die eher materialistisch eingestellte Arbeiterfamilie kann sich mit ihrem Bergmannshäuschen am Rande einer Ruhrgebiets-Großstadt, ihrem alten VW-Golf und dem Urlaub an der Nordsee ökologischer verhalten als das aufgeklärte intellektuelle Paar, das in seinem mit Sonnenkollektoren bestückten Domizil im Grünen getrennt Müll sammelt und beim Öko-Bauern einkauft, bei dem gleichzeitig aber beide jeden Tag getrennt mit ihren sicheren schwedischen Wagen zur Arbeit fahren und mindestens zweimal im Jahr in die Ferne fliegen. Sowohl der Arbeiter- als auch der Intellektuellen-Haushalt haben auf ihre Weise die Demokratisierung des Konsums umgesetzt.

Dieses »Projekt der materiell-individualisierten Lebensweise« *(Ossing, S. 412)*, das sich in den 50er und 60er Jahren durchzusetzen begann, konstituierte einen antagonistischen Widerspruch zur Umwelt, zu den gesellschaftlichen Naturverhältnissen. Er wird sich in dem Maße noch verschärfen, in dem sich das konsumistische Modell der Industrienationen weltweit auf dem energetischen Niveau westlicher Gesellschaften verallgemeinert. Momentan verbraucht ein Viertel der Weltbevölkerung drei Viertel des Weltenergieaufkommens und schon jetzt erzeugt dieses Viertel der Weltbevölkerung globale Umweltprobleme. Allein auf die Verbesserung der Umweltverträglichkeit von Produkten zu setzen, wird nicht ausreichen. Was nutzen sparsame Drei-Liter-Autos, wenn die Verkehrsdichte und der Mobilitätswunsch weiter steigen?

Eine umfassende Änderung des Lebensstils und der Verhaltensweisen ist notwendig. Kehren wir deshalb noch einmal zu unserer Ausgangsfrage zurück: Wieviel Dinge braucht der Mensch? Das Glücksversprechen der materiellen Welt des Komparativs und Superlativs konnte sich auch in der Phase des kontinuierlichen Wirtschaftswachstums der 50er und 60er Jahre nur sehr kurz behaupten. Das fortgesetzte »Mehr, schneller und besser« wurde nur zum Ausgangspunkt neuer Begehrlichkeiten, der angestrebten Zufriedenheit war man nicht wesentlich nähergekommen. Als konsumistischer Sisyphos mußte der Käufer feststellen, daß die endgültige Befriedigung der Wünsche unerreichbar blieb.

Dennoch ist das asketische Gegenmodell keine realistische Alternative. Gerade in einer Situation, in der sich die materiellen Lebensbedingungen erstmalig nicht mehr verbessern und erhebliche Teile der Bevölkerung ihren Lebensstandard senken müssen, kann der Ausweg aus dem konsumistischen Dilemma nicht im Verzicht liegen. Die »Lessness«, wie jene neue Form der Konsumverachtung heißt, die weniger Warenverbrauch zum Nachweis für mehr Moral erklärt *(Der Spiegel 51/1996, S. 106)*, ist aus der Not geboren und damit keine gute Voraussetzung für einen nachhaltigen Mentalitätswandel.

Wenn eine neue Lebensweise erfolgreich sein soll, die Luxus und Askese gleichermaßen beinhaltet und sich vom bisherigen Konsumismus absetzt, muß die Entscheidung für sie freiwillig fallen. Die

Bedingungen dafür sind nicht so schlecht, wie vielleicht angenommen wird. Denn schon jetzt gewinnen immer mehr immaterielle »Werte« an Bedeutung, die als Luxus, als erstrebenswert angesehen werden.

»Time is money« galt lange als oberstes Prinzip in allen Chefetagen. Doch selbst dort sind offenbar erste Anzeichen einer Trendwende erkennbar. »Mut zur Langsamkeit« war im April 1997 die Titelgeschichte der »Wirtschaftswoche« überschrieben, in der Christian Deysson konstatiert: »Ausgerechnet ganz oben, auf der Chefetage, findet neuerdings die große Abrechnung mit dem Tempowahn, die Suche nach der verlorenen Zeit und das Forschen nach einer neuen Zeitkultur statt.« Unter dem nach wie vor geltenden Diktat der Effizienz zeige sich eine Abkehr vom »Stereotyp der ewig gehetzten Führungskraft« hin zu einem Arbeitsstil, der der Langsamkeit produktive und kreative Seiten abgewinnt.

Nicht nur für eine kleine Schicht von Managern ist die Zeitsouveränität eine Perspektive, sondern auch für Arbeiter, Hausfrauen und Alleinerziehende. Andere Arbeitszeitmodelle, die nicht mehr von einer festen Wochenarbeitszeit ausgehen, die nicht mehr den Arbeitstag fest vorschreiben, gewinnen an Bedeutung, und werden bereits in einigen Unternehmen erfolgreich umgesetzt. Die Beschäftigten verteilen ihr Arbeitspensum selbstverantwortlich über ein ganzes Jahr oder über eine noch längere Periode. Das erarbeitete oder auch unbezahlte »Sabbatjahr« ist keine Utopie mehr.

Die Gestaltung der so gewonnenen freien Zeit folgt jedoch bis heute überwiegend den in der modernen Arbeitswelt geltenden Mustern – schneller ist besser ist mehr. Das Gefühl, etwas zu verpassen, das uns beim Fernsehen zappen, beim Fahrradfahren Walkman hören, beim Essen lesen läßt, bestimmt eine Freizeitgestaltung, die auf immer neue Konsum-Angebote reagiert: von der Unterhaltungsindustrie, die rund um die Uhr auf immer mehr Kanälen sendet, über die Tourismusbranche, die das ganze Jahr das Paradies auf Erden verspricht, bis zur Kulturindustrie, die für jeden Geschmack und Lebensstil die passende Veranstaltung anbietet. Die freie Zeit verkommt damit zur reinen Konsumzeit, und auch der materielle Konsum, zum »Erlebniseinkauf« stilisiert, verschlingt Zeit. Im hektischen Aktionismus, in dem alles konsumierbar und käuflich zu sein scheint, verschwindet selbst die Vorstellung einer anderen, nicht-konsumistischen Lebensweise.

Die gewonnene Zeitautonomie läßt zumindest auch die Möglichkeit einer Kultivierung der Muße zu, die Möglichkeit, sich stärker persönlichen Interessen, Lebenszielen und sozialen Beziehungen zu widmen, die weder dem Effizienzkriterium noch Nützlichkeitserwägungen verhaftet sind. Nicht mehr die Vorgaben eines dichtgepackten Freizeitkalenders, die schon für Kinder gelten, bestimmen den Tagesablauf. Frei-Zeit in ihrer Wortbedeutung gewinnt an Gewicht. Ruhe und entschleunigte Mobilität ersetzen Hektik und Betriebsamkeit, als wahrer Luxus gilt die Abkopplung von Terminplaner, Sekundenzeiger und Handy – die Langsamkeit.

Eine 1997 erschienene Studie der Zeitschrift »Art« mit dem Titel »Wertewandel = Luxuswandel« faßt ihre Ergebnisse wie folgt zusammen: »Luxus ist nicht nur Geld. Luxus ist auch Zeit. … Der größte Luxus besteht darin, Zeit zu haben, oder sich Zeit zu nehmen.« *(S. 17)*

Der Titelheld John Franklin in Sten Nadolnys Roman »Die Entdeckung der Langsamkeit« wird zum Vorbild dieses neuen Zeitverständnisses: »Als die letzten Körner fielen, drehte Dr. Orme die Sanduhr wieder um, und das Zählwerk stand. Feierlich sagte er: ›330! Du bist der Langsamste!‹ John freute sich. Seine Besonderheit war erwiesen. ›Das ist eine sehr wichtige Verschiedenheit der Menschen‹, sagte Dr. Orme. ›Diese Entdeckung wird noch viel Nutzen bringen.‹« *(Nadolny, S. 127)*

Die Beschleunigung verliert entscheidend an Bedeutung, der PC muß nicht Bruchteile von Sekunden schneller starten, der neue »Fliegende Hamburger« der Bahn nicht drei Minuten schneller als sein Vorgänger von Hamburg nach Berlin gelangen. Ein Genießer, wer sich nur mit Tempo 100 über die Autobahn zu bewegen braucht. Nicht mehr »fit for fun«, sondern »just for fun« wäre die luxuriöse Alternative zur leistungs- und rekordsüchtigen Freizeitsport-Szene. Es ist nicht mehr die schöne, bunte Warenwelt der 100 000 Artikel aus dem Versandhauskatalog, es sind nicht das neue, größere Auto oder die Flugreise in noch exotischere Gefilde, die das »gute Leben« ausmachen.

Dinge werden verzichtbar. Damit erst wird die Voraussetzung geschaffen, auch die ökologischen Kosten der konsumistischen Lebensweise zu verringern. Aufgabe der Gesellschaft wäre es, diese luxuriöse, umweltverträglichere Lebensweise sozial gerecht zu gestalten. Nur wenn dieser neue Luxus sich mit einem angemessenen Lebensstandard verbindet, dann ist die freie Zeitverfügung des Arbeitslosen kein Hohn, sondern vielleicht der Übergang zu einem neuen, erfüllten und »guten Leben«.

Askese und Luxus

260 **261**

Anhang

Literatur

Abelshauser, W., Probleme des Wiederaufbaus der westdeutschen Wirtschaft 1945 bis 1953, GG-Sonderheft 5, Göttingen 1979.

Abelshauser, W., Wirtschaftsgeschichte der Bundesrepublik Deutschland 1945–1980, Frankfurt 1983.

Abelshauser, W., Die Langen Fünfziger Jahre, Düsseldorf 1987.

Althaus, D., Die konjunkturelle Problematik des Teilzahlungskredits, Würzburg 1974.

Ambrosius, G., Wirtschaftlicher Strukturwandel und Technikentwicklung, in: Schildt/Sywottek 1993.

Anders, G., Die Antiquiertheit des Menschen, Bd. 1, München 1956.

Andersen, A./**Kiupel,** U., Die Entwicklung des Automobils. Ablehnung und Faszination, in: Geschichte lernen, 4/1988.

Andersen, A., Heimatschutz: Die bürgerliche Naturschutzbewegung, in: Brüggemeier/Rommelspacher 1989.

Andersen, A. (Hg.), Perlon, Petticoats und Pestizide, Basel/Berlin 1994.

Andersen, A., »Plastik macht das Leben schöner«, in: Andersen 1994.

Andersen, A., Mentalitätenwechsel und ökologische Konsequenzen des Konsumismus, in: Kaelble, H./Kocka, J./ Siegrist, H. (Hg.), Konsumgeschichte als Gesellschaftsgeschichte, Frankfurt/New York 1997.

Andersen, A., Vom Industrialismus zum Konsumismus – Der Beginn einer neuen Phase der gesellschaftlichen Naturverhältnisse in den 1950er Jahren, in: Behrens, H., u.a. (Hg.), Wirtschaftsgeschichte und Umwelt – Hans Mottek zum Gedenken, Marburg 1996.

Andersen, A., »…und so sparsam!« Die Geschichte des Massenkonsums und seine Auswirkungen, Zürich 1997 (im Erscheinen).

Andritzky, M. (Hg.), Oikos. Haushalt und Wohnen im Wandel, Gießen 1992.

Art, Wertewandel=Luxuswandel?, Hamburg 1997.

Aubry, L., Von der tiefgefrorenen Erbse zum kompletten Feinschmeckermenü, in: Protzner 1987.

Bänsch, D. (Hg.), Die fünfziger Jahre, Tübingen 1985.

Ballerstedt, E., Zieldimensionen und Indikatoren der Verkehrsversorgung, in: Zapf, W. (Hg.), Lebensbedingungen in der Bundesrepublik, Frankfurt/New York 1977.

Bandhauer-Schöffmann, I., Die Amerikanisierung des Geschmacks: Coca-Cola in Österreich, in: historicum, Linz, Herbst 1995.

Baudrillard, J., Das Ding und das Ich, Wien 1974.

Baudrillard, J., Das System der Dinge, Frankfurt/ New York 1991.

Bausinger, H., Wie die Deutschen zu Reiseweltmeistern werden, in: Stiftung Haus der Geschichte 1996.

Becher, U., Geschichte des modernen Lebensstils, München 1990.

Beck, U., Risikogesellschaft. Auf dem Weg in eine andere Moderne, Frankfurt 1986.

Bennemann, J., Verbrauch und Verbrauchswandlungen, Nürnberg 1962.

Benz, W. (Hg.), Die Bundesrepublik Deutschland, 2 Bde., Frankfurt 1983.

Berwing, M./**Köstlin,** K. (Hg.), Reise-Fieber, Regensburg 1984.

Berwing, M., Die Reisewelle der 50er Jahre: Capri und die Folgen, in: Berwing 1984.

Bickel, O., Der Verbraucher in der Spannung zwischen Marktleitbild und Markterlebnis, in: Vershofen 1960.

Biedermann, U., Ein amerikanischer Traum, Hamburg 1985.

Binnenkade, A., »Eine Küche soll freundlich und inspirierend sein.«, in: Andersen 1994.

Bloch, E., Das Prinzip Hoffnung, in: Ernst Bloch Gesamtausgabe, Bd. 5, Frankfurt 1990.

Bock, J./**Specht,** K. G. (Hg.), Verbraucherpolitik, Köln/Opladen 1958.

Böge, S., Erfassung und Bewertung von Transportvorgängen: Die produktbezogene Transportkettenanalyse, in: Läpple, D. (Hg.), Güterverkehr, Logistik und Umwelt, Berlin 1993.

Böll, H., Zur Verteidigung der Waschküche, in: H. Böll, Reden und Schriften 1952–1959, München 1985.

Böll, H., Das Brot der frühen Jahre, in: H. Böll, Romane und Erzählungen 2, Köln 1987.

Böll, H., Und sagte kein einziges Wort, Köln, 2. Aufl. 1969.

Borscheid, P., Auto und Massenmobilität, in: Pohl 1988.

Böschen, S., Risikogeneseforschung: Bedingungen und Restriktionen früher Folgenerkenntnis, Erlangen 1996, MS.

Bourdieu, P., Die feinen Unterschiede, Frankfurt, 7. Aufl. 1994.

Boveri, M., Tage des Überlebens, Berlin 1945, München 1968.

Brogini, G., Wohnen, Heizen, in: Das 1950er Syndrom, Schriftenreihe »Studentische Arbeiten an der IKAÖ«, Bern 1994.

Bromig, C./**Link,** A. (Bearb.), Die Stadt im ersten Jahr der documenta, Kassel 1955.

Bruchhausen, A., Der Funktionswandel der Lebensmittelverpackung in den letzten 25 Jahren, Düsseldorf 1978, MS.

Brüggemeier, F.-J./**Rommelspacher,** Th. (Hg.), Besiegte Natur, München 1989.

Brüggemeier, F.-J./**Rommelspacher,** Th., Blauer Himmel über der Ruhr, Essen 1992.

Brunhöber, H., Wohnen, in: Benz, W. (Hg.), Die Bundesrepublik Deutschland, Bd. 2, Frankfurt 1983.

Bundesforschungsanstalt für Landeskunde und Raumordnung, Laufende Raumbeobachtung, Materialien zur Raumentwicklung, Heft 67, Bonn 1995.

Bundesministerium für Verkehr (Hg.), Verkehr in Zahlen 1995, Bonn 1996.

Chaussy, U., Jugend, in: Benz 1983.

Claessens, D./**Klönne,** A./**Tschoepe,** A., Sozialkunde der Bundesrepublik Deutschland, Düsseldorf/Köln, 8. Aufl. 1978.

Dahrendorf, R., Im Entschwinden der Arbeitsgesellschaft, in: Merkur 34, 1980.

Dauskardt, M./**Gerdt,** H. (Hg.), Der industrialisierte Mensch, Münster 1993.

Delille, A. (Red.), Perlonzeit, Berlin 1985.

Delius, F. C., Der Sonntag, an dem ich Weltmeister wurde, Reinbek 1994.

Delius, F. C., Der Spaziergang von Rostock nach Syrakus, Reinbek 1995.

Der Rat von Sachverständigen für Umweltfragen, Umweltprobleme der Landwirtschaft. Sondergutachten März 1985, Stuttgart/Mainz 1985.

Detje, R., Von der Westzone zum Kalten Krieg, Hamburg 1982.

Deutsches Tiefkühlinstitut (Hg.), Verbrauch an Tiefkühlkost in Deutschland, Köln 1995.

DIVO-Institut (Hg.), Erhebungen über Tourismus, Frankfurt 1962.

DIVO-Institut (Hg.), Umfragen 1957, Frankfurt 1958.

DIVO-Institut (Hg.), Umfragen, Bd. 2, Frankfurt 1959.

DIVO-Pressedienst (Hg.), Einfluß der Jugend auf Entscheidungen in der Familie, Februar 1960.

Dorn, M., Möblierte Geselligkeit, in: Projektgruppe: Partykultur der 50er Jahre (Hg.), Partykultur?, Tübingen 1991.

Dorner, R., Halbstark, in: Siepmann 1981.

During, A., How Much is Enough? The Consumer Society and the Future of the Earth, Norton 1992.

dynamik im handel, Sonderausgabe »50 Jahre Selbstbedienung«, Oktober 1988.

Effer, F., Die Bedeutung des Konsumentenkredites für den deutschen Einzelhandel, in: Schneider 1969.

Egner, E. (Hg.), Aspekte des hauswirtschaftlichen Strukturwandels, Berlin 1967.

Einfeldt, A.-K., Zwischen alten Werten und neuen Chancen. Häusliche Arbeit von Bergarbeiterfrauen in den fünfziger Jahren, in: Niethammer 1983.

Eklöh, H., Der Siegeszug der Selbstbedienung, in: dynamik im handel, 1988.

Anhang

EMNID, Jugend zwischen 15 und 24, Bielefeld 1954.

EMNID, Jugend zwischen 15 und 24. Zweite Untersuchung zur Situation der deutschen Jugend im Bundesgebiet, Bielefeld 1955.

Enzensberger, H. M., Das Plebiszit der Verbraucher (1960), in: Enzensberger, Einzelheiten I. Bewußtseins-Industrie, Frankfurt 1964.

Enzensberger, H. M., Theorie des Tourismus, in: Enzensberger, Einzelheiten I, Frankfurt, 7. Aufl. 1971.

Erhard, L., Einen Kühlschrank in jeden Haushalt, in: Welt der Arbeit, 16.6.1953.

Erster Bericht der Bundesregierung über die Raumordnung, Deutscher Bundestag, Drucksache IV/1492.

Euler, W., Haushaltsgeschirre aus Kunststoffen, in: Haus und Heim 1957.

Eychmüller, H. F., Wie richte ich meine Wohnung ein?, in: Schondorff, E. (Hg.), Möbel, Haus und Wohnung, München 1955.

Fecht, T./**Weßler,** S. (Hg.), Plastikwelten, Berlin 1985.

Fincke, K., Vertrauen in die wirtschaftliche Vernunft des Konsumenten, in: Schneider 1969.

Fischer, R., Der Mensch und der Verkehr, in: Die politische Meinung, 1. Jg. 1956, H. 5.

Fotiadis, F., u.a., Konsum- und Investitionsverhalten in der Bundesrepublik seit den fünfziger Jahren, Bd. 1, Berlin 1980.

Freidank, M., Langfristige Entwicklungstendenzen auf den Märkten ausgewählter Haushaltungsmaschinen, Zürich 1966.

Gebhard, M., Die Entwicklung der Verpackung für Konsumfertigwaren seit 1945, Nürnberg 1957.

Gerwin, R., Atomkraftwerke von morgen, in: Westermanns Monatshefte, 2/1957.

Giedion, S., Die Herrschaft der Mechanisierung, Frankfurt 1987.

Glaser, H., Kulturgeschichte der Bundesrepublik Deutschland, Bd. 2, München/Wien 1986.

Glaser, R., »Ruhpolding einverstanden«, in: Glastetter, B., Die wirtschaftliche Entwicklung in der BRD 1950–1980, Frankfurt 1983.

Glatzer, W., u.a., Haushaltstechnisierung und gesellschaftliche Arbeitsteilung, Frankfurt/New York 1991.

Grebing, H., Der Sozialismus, in: Schildt/Sywottek 1993.

Grefermann, K., Die volkswirtschaftlichen Funktionen der Verpackung – die vermeidbare Umweltbelastung, in: Internationaler IKOFA-Kongreß: Verpackung und Umwelt, München 1988.

Gries, R., Die Rationengesellschaft. Versorgungskampf und Vergleichsmentalität, Münster 1991.

Gries, R., u.a., Gestylte Geschichte, Münster 1989.

Groenewold, E./**Ohl-Hinz,** G., »Koche – backe – brate – elektrisch ich dir rate!«, in: Museum der Arbeit 1993.

Grosser, D., Die Wirtschaftspolitik, in: Bundesrepublik Deutschland. Geschichte – Bewußtsein, Bonn 1989.

Grüne Charta von der Mainau, in: Geschieht genug für die natürliche Umwelt? Bonn 1980.

Gummert, H./**Werschnitzky,** U., Wirtschaftliche Auswirkungen von Maßnahmen zur Verbesserung der Agrarstruktur, Stuttgart 1965.

Günther, K., Sozialdemokratie und Demokratie 1946–1966, Bonn 1979.

Guth, E., Zur Psychologie des Arbeiters, in: Vershofen 1960.

Habermas, J., Notizen zum Mißverhältnis von Kultur und Konsum, in: Merkur, 10. Jg., 1956, H. 3.

Hallermann, D., Der Teilzahlungskredit, Münster 1966.

Hardach, K., Wirtschaftsgeschichte Deutschlands im 20. Jahrhundert (1914–1970), Göttingen, 3. Aufl. 1993.

Harmssen, G. W., Reparationen, Sozialprodukt, Lebensstandard, 3 Hefte, Bremen 1948.

Haus und Heim, Sonderheft »Wohnen heute«, Hamburg 1956.

Haus und Heim, Sonderheft »Kunststoffe und Plasticgeräte für den Haushalt«, Hamburg 1957.

Hausen, J., Wir bauen eine neue Welt, Berlin 1957.

Hausen, K., Große Wäsche, in: Geschichte und Gesellschaft 13, 1987.

Hegner, F., Erwerbsgebundene Zeit und erwerbsfreie Zeit, hg. v. Institut für Landes- und Stadtentwicklungsforschung NRW, Dortmund 1988.

Heineke, R., Probleme der industriellen Gemüseverarbeitung, Kiel 1958.

Heinig, J., Teenager als Verbraucher, Stuttgart 1962.

Heinz, A./**Reinhardt,** G., Chemie und Umwelt, Braunschweig/Wiesbaden 1990.

Hellmann, U., Künstliche Kälte. Die Geschichte der Kühlung im Haushalt, Gießen 1990.

Hellmann, U., Schockgefroren und Gefriergetrocknet, in: Andritzky 1992.

Henksmeier, K. H., 50 Jahre Selbstbedienung im Rückblick, in: dynamik im handel 1988.

Henseling, K. O., Zur Geschichte des PVC, in: Claus, F., u.a., Es geht auch ohne PVC, Hamburg 1990.

Hentschel, V., Staat und Verkehr. Motive, Ziele und Mittel der Verkehrspolitik westlicher Industriestaaten seit 1880, in: Pohl 1988.

Herlyn, U., u.a., Neue Lebensstile in der Arbeiterschaft?, Opladen 1994.

Heydemann, B./**Meyer,** H., Auswirkungen der Intensivkultur auf die Fauna in den Agrarbiotopen, in: Deutscher Rat für Landespflege (Hg.), Landespflege und landwirtschaftlich intensiv genutzte Gebiete. Schriftenreihe des Deutschen Rates für Landespflege H. 42, Bonn 1983.

Hickethier, K., Der Fernseher, in: Ruppert 1993.

Hilck, E./**Auf dem Hövel,** R., Jenseits von Minus Null, Köln 1979.

Hochreiter, R./**Arndt,** U., Die Tourismusindustrie, Frankfurt 1978.

Hohensee, J., Der erste Ölpreisschock 1973/74, Stuttgart 1996.

Hohensee, J./**Salewski,** M. (Hg.), Energie – Politik – Geschichte, Stuttgart 1993.

Holm, J.-M., Das Verhalten potentieller Konsumkreditnehmer, Hamburg 1977.

Inglehart, R., Kultureller Umbruch, Frankfurt/New York 1989.

Imobersteg, M., Die Entwicklung des Konsums mit zunehmenden Wohlstand, Zürich 1967.

Institut für Demoskopie Allensbach, allensbacher berichte, nr. 20/1990.

Institut für Demoskopie Allensbach, Blitzumfrage 2144 zum Thema »Geschwindigkeitsbegrenzung auf Autobahnen«, Februar 1974.

Jaekel, P., Wäscheberge wie noch nie, in: Museum der Arbeit 1993.

Jahrbücher der öffentlichen Meinung, Allensbacher Jahrbücher für Demoskopie, 1957–1976.

Joerges, B./**Keine,** N., Privater Energieverbrauch: Umweltbelastend und sozial diskriminierend, in: Joerges, B. (Hg.) Verbraucherverhalten und Umweltbelastung, Frankfurt/New York 1982.

Kalt, M./**Zürcher,** T., Das uneingelöste Versprechen, in: Andersen 1994.

Kellner, J., u.a. (Hg.), 50 Jahre Werbung in Deutschland, Frankfurt 1995.

Kettel, P., Vertrauenswerbung und Abnehmerberatung, in: Korte 1954.

Kieslich, G., Freizeitgestaltung in einer Industriestadt, Dortmund 1956.

Kistler, H., Die Bundesrepublik Deutschland, Bonn 1985.

Klemp, H., Die Käufermentalität als Element der Wirtschaftsstruktur dargestellt am Strukturwandel der Radionachfrage, Köln 1956.

Klenke, D., Bundesdeutsche Verkehrspolitik und Motorisierung, Stuttgart 1993.

Klopfer, M., Zur Geschichte des deutschen Umweltrechts, Berlin 1994.

Kluge, U., Vierzig Jahre Agrarpolitik in der Bundesrepublik Deutschland, Hamburg/Berlin 1989.

Kmieciak, P., Wertstrukturen und Wertwandel in der Bundesrepublik, Göttingen 1976.

Koch, W., Die Entwicklung der deutschen Teilzahlungswirtschaft seit 1945 und ihre Problematik, Berlin 1956.

Koeppen, W., Das Treibhaus, in: Koeppen, W., Gesammelte Werke Bd. 2, Frankfurt 1990.

Konrad, I., Bilder einer neuen Welt, in: Museum der Arbeit 1993.

Korte, F.H. (Bearb.), Werbung um Vertrauen, Frankfurt 1954.

Krämer, W., Kaufkredit der Sparkassen, in: Teilzahlungswirtschaft, Jg. 1955.

Krausse, J., Die Frankfurter Küche, in: Andritzky 1992.

Kremp, H., Determinanten des Konsums, Hamburg 1960.

Krieg, B., Elektrifizierung im ländlichen Haushalt, in: Dauskardt/Gerdt 1993.

Kriegeskorte, M., Werbung in Deutschland 1945–1965, Köln 1992.

Kroés, G., Der Beitrag der Flurbereinigung zur regionalen Entwicklung, Hiltrup 1971.

Kroker, E., Zur Entwicklung des Steinkohlenbergbaus an der Ruhr zwischen 1945 und 1980, in: Hohensee/Salewski 1993.

Kropf, H.F.J., Die Werbemittel und ihre psychologische, künstlerische und technische Gestaltung, Essen 1953.

Kroymann, M., Auf Du und Du mit dem Stöckelschuh, in: Delille 1985.

Kühnau, J., Die veränderte Ernährungssituation des heutigen Menschen, in: Universitas, 1971, H. 12.

Kuhm, K., Das eilige Jahrhundert, Hamburg 1995.

Kuhn, A. (Hg.), Frauen in der deutschen Nachkriegszeit, Bd. 2, Düsseldorf 1986.

Lambertz, W., Selbstbedienung forcierte Wachstum der Sortimente, in: dynamik im handel 1988.

Lauter, B., Vom Nachkriegsbrot zu Spezialsorten und Brotspezialitäten, in: Protzner 1987.

Leitmeyr, P. A., Der unaufhaltsame Aufstieg des sprechenden Notizbuchs, in: Kultur und Technik 4/1988.

Lenz, O., Deutschlands soziale Wirklichkeit, in: Die politische Meinung, Jg. 1956, H. 2.

Link, J./**Reinecke,** S., »Autofahren ist wie das Leben«, in: Segeberg, H. (Hg.), Technik in der Literatur, Frankfurt 1987.

Löbsack, T., Die Müll-Lawine in unserer Gegenwart, in: Universitas, 1971, H.12.

Loewy, R., Häßlichkeit verkauft sich schlecht, Düsseldorf 1953.

Loske, R., u.a., Zukunftsfähiges Deutschland, Basel 1996.

Lowitsch, A., Energie, Planwirtschaft und Sozialismus, Jena 1929.

Lutz, B., Der kurze Traum immerwährender Prosperität, Frankfurt/New York 1984.

Maase, K., Bravo Amerika, Hamburg 1992.

Mammen, R., Kinderarbeit im Schlaraffenland, in: Bremer Nachrichten, 24.12.1995.

Marx, K., Das Kapital, 1. Band, in: K. Marx/F. Engels, Werke 23, Berlin 1969.

Meadows, D., u.a., Die neuen Grenzen des Wachstums, Reinbek 1993.

Mertsching, K., Recht auf Urlaub, in: Stiftung Haus der Geschichte 1996.

Meyer, A., Das Wunderbuch der Technik, Stuttgart 1927.

Meyer, S./**Schulze,** E., Wie wir das alles geschafft haben, München 1984.

Meyer, S./**Schulze,** E., Von Liebe sprach damals keiner, München 1985.

Meyer, S./**Schulze,** E., Auswirkungen des 2. Weltkriegs auf Familien, Berlin 1989.

Meyer, S./**Schulze,** E., Technik im Familienalltag, Zürich 1994.

Meyer-Braun, R., Elektrizität im Haushalt, in: Christiansen, J. (Hg.), Bremen wird hell. 100 Jahre leben und arbeiten mit Elektrizität, Bremen 1993.

Meyer-Dohm, P., Arbeitszeitverkürzung und Verbraucherverhalten, in: Arbeitszeit und Freizeit, Berlin 1961.

Miegel, M., Die verkannte Revolution (1), Stuttgart 1983.

Mitscherlich, A. und M., Die Unfähigkeit zu trauern, München, 13. Aufl. 1980.

Mooser, J., Arbeiterleben in Deutschland 1900–1970, Frankfurt 1984.

Muchow, H. H., Jugend im Wandel, Schleswig 1953.

Museum der Arbeit (Hg.), Das Paradies kommt wieder, Hamburg 1993.

Nadolny, S., Netzkarte, München, 3. Aufl. 1994.

Nadolny, S., Die Entdeckung der Langsamkeit, München, 7. Aufl. 1987

Neitzel, H., u.a., Zur Empirie des »Sustainable Consumption«, in: Seel, B./Stahmer, C. (Hg.), Haushaltsproduktion und Umweltbelastung, Frankfurt/New York 1995.

Niethammer, L. (Hg.), »Hinterher merkt man, daß es richtig war, daß es schiefgegangen ist«, Bonn 1983.

Niethammer, L., Privat-Wirtschaft. Erinnerungsfragmente einer anderen Umerziehung, in: Niethammer 1983.

Nitzschke, V., Landwirtschaft im Unterricht, Hannover 1978.

Noack, H.-G., Die Milchbar zur bunten Kuh, Ravensburg 1971.

Noelle, E./**Neumann,** E. (Hg.), Jahrbuch der öffentlichen Meinung 1947–1955, Allensbach 1956.

Obrecht, S., »Moderne Zigeuner«, in: Andersen 1994.

Opaschowski, H. W./**Raddatz,** G., Freizeit im Wertewandel, Hamburg 1982.

Orland, B., Wäsche waschen. Technik- und Sozialgeschichte der häuslichen Wäschepflege, Reinbek 1991.

Ossing, F., u.a., Innere Widersprüche und äußere Grenzen der Lebensweise – Aspekte der ökologischen Entwicklung, in: Voy, u.a. 1993.

Packard, V., Die geheimen Verführer, Düsseldorf/Wien, 11. Aufl. 1969.

Pallowski, K., Wohnen im halben Zimmer, in: Delille 1985.

Pallowski, K., Sozialer Fortschritt, aber Geschmackskatastrophe?, in: Kaschuba, W., u.a. (Hg.), Arbeiterkultur seit 1945 – Ende oder Veränderung?, Tübingen 1991.

Panati, C., Universalgeschichte der ganz gewöhnlichen Dinge, Frankfurt 1994.

Pater, S., Zum Beispiel McDonald's, Göttingen 1994.

Peters, C., Reise in die »heile Welt«, in: Stiftung Haus der Geschichte 1996.

Pfister, C., Das 1950er Syndrom. Der Weg in die Konsumgesellschaft, Bern/Stuttgart/Wien 1995.

Piore, M. J./**Sabel,** Ch. F., Das Ende der Massenproduktion, Frankfurt 1989.

Pohl, H. (Hg.), Die Einflüsse der Motorisierung auf das Verkehrswesen von 1886 bis 1986, Stuttgart 1988.

Polster, W./**Voy,** K., Die Entfaltung der Industriewirtschaft – Zum Strukturwandel von Wirtschaft und Erwerbsarbeit in der Industriegesellschaft, in: Voy, u.a. 1993.

Polster, W./**Voy,** K., Eigenheim und Automobil – Materielle Fundamente der Lebensweise, in: Voy, u. a. 1993.

Poser und Groß-Naedlitz, I. von, Wandlungen der Vorratswirtschaft der Familienhaushalte, in: Egner 1967.

Preuss-Lausitz, U., u.a., Kriegskinder, Konsumkinder, Krisenkinder. Zur Sozialisationsgeschichte seit dem 2. Weltkrieg, Weinheim/Basel 1983.

Priebe, H., Wer wird die Scheunen füllen?, Düsseldorf 1954.

Pries, P., Zur Geschichte des Kaugummis – Rückblick auf die Entwicklung seit 150 Jahren, in: Gordian 10/1995.

Prinz, F./**Krauss,** M. (Hg.), Trümmerleben, München 1985.

Pritzl, H., Wandlungen des Verbrauchs. Dargestellt am Beispiel des Bierabsatzes, in: Vershofen 1960.

Proessler, H., Handbuch der Verbrauchsforschung, Bd. 2, Berlin 1940.

Protzner, W. (Hg.), Vom Hungerwinter zum kulinarischen Schlaraffenland, Wiesbaden 1987.

Protzner, W., Vom Hungerwinter bis zum Beginn der »Freßwelle«, in: Protzner 1987.

Anhang

Rach, D., Landschaftsverbrauch in der Bundesrepublik Deutschland, in: Informationen zur Raumentwicklung, Heft 1/2, 1987.

Radkau, J./**Varchim,** J., Kraft, Energie und Arbeit, Energie und Gesellschaft, Reinbek 1981.

Radkau, J., Technik in Deutschland, Frankfurt 1989.

Radkau, J., »Wirtschaftswunder« ohne technologische Innovation?, in: Schildt/Sywottek 1993.

Rais, K., Entwicklung der Schlepperverwendung in der Landwirtschaft seit 1949, in: Wirtschaft und Statistik 10/1988.

Reck, H.U., Schwierigkeiten mit der Moderne, in: Hugger, P. (Hg.), Handbuch der schweizerischen Volkskultur, Bd. 3, Zürich 1992.

Reis, C., Konsum, Kredit und Überschuldung, Frankfurt 1992.

RG Verpackung im RKW (Rationalisierungskuratorium der Deutschen Wirtschaft), Produktionsmenge und Produktionswert der Verpackungsindustrie, Verschiedene Jge., Eschborn 1955–1995.

Richter, H.W., Traumland aus Kohl und Spinat, in: Mein erstes Geld. Währungsreform 1948, Augenzeugenberichte, Freiburg/Basel/Wien 1985.

Riethmüller, W., Selbstbedienung, München 1952.

Rinsche, G., Der aufwendige Konsum, Berlin 1961.

Ritter, G.A., Der Sozialstaat. Entstehung und Entwicklung im internationalen Vergleich, München, 2. Aufl. 1991.

Röck, S., Flächeninanspruchnahme durch Freizeitwohnungen, in: Informationen zur Raumentwicklung, 1987, H. 4.

Rode, F.A., Der Weg zum neuen Konsumenten, Wiesbaden 1989.

Röpke, W., Borgkauf im Lichte sozialethischer Kritik, Köln/Berlin 1954.

Röpke, W., Die Abstimmung von Schiene und Straße, in: Der Volkswirt vom 30.4.1954.

Rothermund, H., Halbstark, in: Bremer Blatt (Hg.), Scene in Bremen, Bremen 1986.

Rucht, D., Wyhl: Der Aufbruch der Anti-Atombewegung, in: Linse, U., u.a. (Hg.), Von der Bittschrift zur Platzbesetzung, Berlin/Bonn 1988.

Ruppert, W. (Hg.), Fahrrad, Auto, Fernsehschrank. Zur Kulturgeschichte der Alltagsdinge, Frankfurt 1993.

Sachs, W., Die auto-mobile Gesellschaft, in: Brüggemeier/Rommelspacher 1989.

von Saldern, A., Von der guten Stube zur »guten Wohnung«, in: Archiv für Sozialgeschichte Bd. 35, Bonn 1995.

Sandmann, H., Moderne Bankwerbung, Frankfurt 1985.

Schallaböck, K.O., Kleine Zahlen – große Wirkung. Luftverkehr und Klima, in: Wechselwirkung, 17. Jg., Heft 4/5 1995.

Schenkel, W./**Faulstich,** M., Versorgung – Entsorgung, in: Universitas Nr. 536, 2/1991.

Schildt, A./**Sywottek,** A. (Hg.), Massenwohnung und Eigenheim, Frankfurt/New York 1988.

Schildt, A./**Sywottek,** A. (Hg.), Modernisierung im Wiederaufbau. Die westdeutsche Gesellschaft der 50er Jahre, Bonn 1993.

Schildt, A., Der Beginn des Fernsehzeitalters, in: Schildt/Sywottek 1993.

Schildt, A., Hegemon der häuslichen Freizeit: Rundfunk in den 50er Jahren, in: Schildt/Sywottek 1993.

Schmidt, M., Im Vorzimmer, in: Niethammer 1983.

Schmidt-Harzbach, I., Rock 'n' Roll in Hanau, in: Delille 1985.

Schmidtchen, G., Die befragte Nation, Freiburg, 2. Aufl. 1961.

Schmidtchen, G., Test der Anzeigenwirkung durch Feldexperimente. Vorträge zur Marktforschung 18, Hamburg 1963.

Schneider, F. (Hg.), Die Finanzen des privaten Haushalts, Frankfurt 1969.

Schneider, U., Waschmaschinen. Von der »Befreiung der Frau« und den unsichtbaren Folgen, in: Museum der Arbeit 1993.

Schön, I., Wandlungen in den Verzehrgewohnheiten bei Fleisch von 1945 bis zur Gegenwart, in: Protzner 1987.

Schudlich, E., Die Abkehr vom Normalarbeitstag, Frankfurt/New York 1987.

Schulz, G., Eigenheimpolitik und Eigenheimförderung im ersten Jahrzehnt nach dem 2. Weltkrieg, in: Schildt/Sywottek 1988.

Schulz, G., Wiederaufbau in Deutschland, Düsseldorf 1994.

Schulze, G., Metamorphose der Sozialwelt seit den fünfziger Jahren, in: Mitteilungen des Institutes für Sozialforschung, 3/1993.

Schumann, K., Grenzübertritte – das »deutsche« Mittelmeer, in: Stiftung Haus der Geschichte 1996.

Schwabe, A., Warum Kunststoffe?, in: Haus und Heim 1957.

Seeberg, S., Langlebige Haushaltsgüter und Haushaltsinvestitionen, in: Egner 1967.

Seitz, N., Bananenrepublik und Gurkentruppe, Frankfurt 1987.

Senator für Stadtentwicklung und Umweltschutz (Hg.), Emissionen in Berlin. Energieverbrauch und SO_2-Emissionen seit 1900, Berlin 1981.

Siegenthaler, H., Zur These des »1950er Syndroms«, in: Pfister 1995.

Sieglerschmidt, J. (Hg.), Der Aufbruch ins Schlaraffenland, Environmental History Newsletter, 2/1995.

Siepmann, E. (Hg.), Bikini, Kalter Krieg und Capri-Sonne, Berlin 1981.

Silberzahn-Jandt, G., Wasch-Maschine, Marburg 1991.

Silvers, E.R. (USA), in: Neue Aspekte der Selbstbedienung (Vortragssammlung), Zürich 1958.

Solling, H., Der Energiebedarf der Haushalte und seine wirtschaftliche Deckung, Frankfurt 1952.

Sombart, W., Moderner Kapitalismus, Leipzig 1902.

Sombart, W., Liebe, Luxus und Kapitalismus, Neuausgabe, Berlin 1992.

Spode, H., »Der deutsche Arbeiter reist«. Massentourismus im 3. Reich, in: Huck, G. (Hg.), Sozialgeschichte der Freizeit, Wuppertal 1980.

Stange, S., Die Atomenergie im Urteil der Zeitschrift »Der Spiegel« 1955–1985, Kiel 1990, MS.

Stat. Bundesamt, Stat. Jahrbücher der Bundesrepublik.

Stat. Bundesamt, Bevölkerung und Wirtschaft 1872–1972, Wiesbaden 1972.

Stat. Bundesamt, Ausstattung privater Haushalte mit ausgewählten langlebigen Gebrauchsgütern, Fachserie 15, Heft 1.

Stat. Bundesamt, Preise, Löhne, Wirtschaftsrechnungen. Fachserie M, Reihe 18, Einkommens- und Verbrauchsstichproben, Ausstattung der privaten Haushalte mit ausgewählten langlebigen Gebrauchsgütern 1962/73, Stuttgart/Mainz 1964.

Stat. Bundesamt, Fachserie 5, Gebäude- und Wohnungszählungen 1960–1987.

Stat. Bundesamt, Gebäude- und Wohnungszählung vom 25. Mai 1987, H. 1–5, Stuttgart 1989–1991.

Steber, J., Ökologische Ausrichtung chemischer Produkte am Beispiel von Waschmitteln, in: Wasser und Boden, 48. Jg., 1996.

Stehlin, H., Der Wandel des Verkaufssystems im Detailhandel, Basel 1955.

Stender, D., Das Kühlschrank-Syndrom, in: Museum der Arbeit, 1993.

Stender, D., Die Freiheit aus der Truhe, in: Sieglerschmidt 1995.

Stiftung Haus der Geschichte der Bundesrepublik Deutschland (Hg.), Endlich Urlaub! Die Deutschen reisen, Köln 1996.

Strasser, S., Satisfaction guaranteed, New York 1990.

Studienkreis für Tourismus e.V., Urlaubsreisen 1954–1985, Starnberg 1986.

Südbeck, T., Motorisierung, Verkehrsentwicklung und Verkehrspolitik in der Bundesrepublik Deutschland der 1950er Jahre, Stuttgart 1994.

Südwestdeutscher Einzelhandelsverband e.V. (Hg.), Einkaufsgewohnheiten in Baden-Württemberg, Stuttgart 1960.

Tetzlaff, S., Die »wunderbare Welt der Elektrizität« lockt, in: Museum der Arbeit 1993.

Tetzlaff, S., »Laß mich hinein..!« Die Eroberung der Haushalte durch die Elektrizitätswirtschaft, in: Museum der Arbeit 1993.

Teuteberg, H. J., Der Verzehr von Nahrungsmitteln in Deutschland pro Kopf und Jahr seit Beginn der Industrialisierung (1850–1975), in: Archiv für Sozialgeschichte, Bd. 19 (1979).

Teuteberg, H. J., Geschichte der Kühl- und Gefriertechnik und ihr Einfluß auf die Ernährung in Deutschland seit dem 19. Jahrhundert, in: Ernährungsforschung, Bd. 38 (1993).

Teuteberg, H. J., Die Rationalisierung der Warenpackung durch das Eindringen der Kunststoffe und die Folgen, in: Sieglerschmidt 1995.

Theobaldy, J., Sonntags Kino, Reinbek 1978.

Theunert, Einen Kühlschrank in jeden Haushalt, in: Welt der Arbeit, 5.6.1953.

Timm, U., Vogel friß die Feige nicht, Köln 1996

Thomas, C., Das 1950er Syndrom, in: Bernhard Schneider, Alltag in der Schweiz seit 1300, Zürich 1991.

Torniepoth, G., Technik im Haushalt: Knopfdruck – Arbeit weg?, in: Steffen, D. (Hg.), Welche Dinge braucht der Mensch?, Gießen 1995.

Tornow, G., Die Spur der lila Kuh, in: Berliner Zeitung, 21.4.1995.

Trittel, G., Hunger und Politik. Die Ernährungskrise in der Bizone (1945–1949), Frankfurt 1990.

Tucher von Simmelsdorf, F. W., Die Expansion von McDonald's Deutschland Inc., Wiesbaden 1994.

Uffelmann, U., Der Weg zur Bundesrepublik. Wirtschaftliche, gesellschaftliche und staatliche Vorstellungen 1945–1949, Düsseldorf 1988.

Umweltbundesamt, Materialien zum Abfallwirtschaftsprogramm '75, Berlin 1975.

Utesch, G., Waschmittel. Saubermacher und Gewässerverschmutzer zugleich, in: Museum der Arbeit 1993.

Vahrenkamp, R., Botschaften der Industriekultur – Technikdebatten und ihre Wirkungen, in: Technikgeschichte Bd. 55 (1988).

Vershofen, W., u.a. (Hg.), Der Mensch im Markt, Berlin 1960.

Vester, M., u.a., Soziale Milieus im gesellschaftlichen Strukturwandel, Köln 1993.

Voy, K./**Polster**, W./**Thomasberger**, C. (Hg.), Marktwirtschaft und politische Regulierung, Marburg 1994.

Voy, K., u.a. (Hg.), Gesellschaftliche Transformationsprozesse und materielle Lebensweise, Marburg 1993.

Walser, M., Halbzeit, Frankfurt 1960.

Weber-Kellermann, I., Kindheit der fünfziger Jahre, in: Bänsch 1985.

Weiss, F., Die Entwicklung und Bedeutung der Teilzahlungswirtschaft in der Bundesrepublik, in: Schneider 1969.

Welz, G., Schnellimbisse, in: Dauskardt/Gerdt 1993.

Wey, K.-G., Umweltpolitik in Deutschland, Opladen 1982.

Wetstone, G. S./**Rosenkranz**, A., Weltbedrohung Saurer Regen, Freiburg 1985.

Wildt, M., Am Beginn der »Konsumgesellschaft«, Hamburg 1994.

Willeke, R., Motorisierung und Volkswirtschaft, in: Pohl 1988.

Wirtschaft und Statistik, verschiedene Jahrgänge.

Wolff, J. L., Kaufen Frauen mit Verstand?, Düsseldorf 1959.

Zängl, W., Deutschlands Strom, Frankfurt/New York 1989.

Zahn, E., Soziologie der Prosperität, Köln/Berlin 1960.

Zur längerfristigen Entwicklung der Konsumentenkredite und der Verschuldung der privaten Haushalte, in: Deutsche Bundesbank (Hg.), Monatsbericht April 1993.

Zur Neuberechnung der Preisindizes für die Lebenshaltung und des Index der Einzelhandelspreise auf Basis 1976, in: Wirtschaft und Statistik 11/1979.

Zur Neuberechnung des Preisindex für die Lebenshaltung auf Basis 1985, in: Wirtschaft und Statistik 1/1990.